职业教育汽车类专业理实一体化教材
职业教育改革创新教材
内蒙古自治区"十四五"职业教育规划教材

汽车电工电子技术基础

主　编　刘　江　王慧丽　张　勇
副主编　郭晓宇
参　编　王莲花　樊可钰　李耀武　张勇强　李诚智
主　审　朱　光

机械工业出版社

本书是职业教育汽车类专业理实一体化教材,分为理论知识和习题册两部分,分别装订成册。

本书理论知识共 10 章,内容包括汽车电路基本常识、交流电路的分析与应用、变压器、直流电机、交流电动机、稳压电源电路分析、放大电路的分析与应用、数字电路基础、安全用电、技能训练,部分章节附有观察思考、注意事项、应用案例、拓展提高等环节来深化电工电子技术基础知识。本书内容新颖且实用,知识结构合理,避免了繁杂的理论推导和计算,实现了理实一体化的编写目标。

本书可作为高职高专汽车运用与维修技术、新能源汽车技术、汽车电子技术、汽车制造与装配等相关专业的电工电子技术课程的教学用书,也可以作为非电类专业培训教材,还可供从事电工电子技术专业的工程技术人员参考。

为方便教学,本书配有免费课件、配套习题册、模拟试卷及答案,凡选用本书作为授课教材的教师,均可登录机械工业出版社教育服务网(www.cmpedu.com)免费下载。咨询电话:010-88379375。

图书在版编目(CIP)数据

汽车电工电子技术基础/刘江,王慧丽,张勇主编.—北京:机械工业出版社,2021.2(2024.7重印)
职业教育汽车类专业理实一体化教材　职业教育改革创新教材
ISBN 978-7-111-67279-1

Ⅰ.①汽…　Ⅱ.①刘…②王…③张…　Ⅲ.①汽车-电工技术-职业教育-教材②汽车-电子技术-职业教育-教材　Ⅳ.①U463.6

中国版本图书馆 CIP 数据核字(2021)第 009593 号

机械工业出版社(北京市百万庄大街22号　邮政编码100037)
策划编辑:高亚云　责任编辑:高亚云　张　丽
责任校对:李　杉　封面设计:王　旭
责任印制:邓　敏
河北京平诚乾印刷有限公司印刷
2024年7月第1版第8次印刷
184mm×260mm · 17 印张 · 406 千字
标准书号:ISBN 978-7-111-67279-1
定价:52.00元(含习题册)

电话服务　　　　　　　　　　网络服务
客服电话:010-88361066　　机 工 官 网:www.cmpbook.com
　　　　　010-88379833　　机 工 官 博:weibo.com/cmp1952
　　　　　010-68326294　　金 书 网:www.golden-book.com
封底无防伪标均为盗版　　机工教育服务网:www.cmpedu.com

前　言

"汽车电工电子基础"是一门汽车类专业的专业基础课，覆盖面广、应用性强。本书适应高等职业教育发展的需求，依托典型工作案例，按照"岗位—工作任务—职业能力—课程—知识要点"的思路进行内容设计。通过本书的学习，可使学生获得必要的电工电子技能，掌握必要的电工电子知识，为学习后续课程打下良好的理论和实践基础，为后续获取汽车维修电工技能等级证书和提升电工职业素养储备知识。

本书落实立德树人根本任务，符合人才培养方案的要求，注重培养学生的综合运用能力、创新能力和实践能力，融"知识学习、技能提升、素质培养"于一体。本书编写设置了知识拓展专栏，通过生活实例、实践案例等内容引导学生用科学理论分析问题，培训学生的发散思维；设置视野拓展专栏，通过科学家事迹和科技成就等内容开阔学生思维，增强学生的敬业精神和民族自豪感。本书采用理实一体化编写模式，分为理论知识和习题册两部分，分别装订成册。理论知识选取当前应用广泛的典型汽车实用电路，共包括10章内容。习题册为可撕活页式，便于教学效果验收。本书具有如下特点：

1）图文并茂，可读性强。

2）打造立体化、多元化、数字化教学资源。包含电子课件、微课视频及演示动画，有丰富的案例资源及活动素材，并附二维码扫描观看，打通纸质教材与数字化教学资源之间的通道，支持教师线上教学及学生自学，为混合式教学提供保障。

3）知识结构合理，没有繁杂的理论推导和计算；降低教学难度，突出知识的应用，体现教材的实用性。

4）部分章节还附有观察思考、注意事项、应用案例、拓展提高等环节，强调知识、技能、职业素养的有机结合，淡化理论深度，加强应用技能、专业素质的培养。

本书编写团队100%具有双师资格，教学实践经验丰富。编写过程中北奔重型汽车集团有限公司创新研究院相关专家根据企业用人需要共同参与制订了本书结构框架和教学内容，并提供了教学案例。在审阅过程中，也提出了具体意见，使教材呈现出专业知识与工程实践有机结合的特色。本书由包头职业技术学院的刘江、王慧丽、张勇担任主编，郭晓宇为副主编，王莲花、樊可钰、李耀武、张勇强、李诚智参与编写。其中，刘江编写第2章和第3章，王慧丽编写第1章和第4章，张勇编写第5章和第10章，王莲花编写第6章，郭晓宇编写第7章和附录，樊可钰编写第8章，李耀武、张勇强、李诚智编写第9章，全书由王慧丽统稿。朱光担任本书主审，对全书进行了认真、仔细的审阅，提出了许多具体、宝贵的意见，谨在此表示诚挚的感谢。本书在编写过程中得到了机械工业出版社和包头职业技术学院的大力支持和帮助，在此一并表示衷心的感谢。在编写过程中，参考了许多文献资料，在此对有关资料的作者深表谢意。

限于编者水平，书中难免存在不妥之处，希望读者予以批评指正。

编　者

二维码清单

名称	图形	页码	名称	图形	页码
电路的基本概念		2	知识拓展：生活中的小彩灯		20
电流和电压		4	电阻并联分流演示		22
知识拓展：节约用电		7	等效电阻求取		24
电源		8	叠加定理动画		27
电压源与电流源的等效变换		10	正弦交流电的基本概念		31
电阻		10	正弦量的相量表示法		38
知识拓展：酒精浓度测试仪		11	正弦电路中的电阻元件		40
视野拓展：乔治·西蒙·欧姆小故事		13	正弦交流电中的电感元件		42
电阻的读数		13	常用变压器		59
电感电容元件及其特性		15	直流电机		67

(续)

名称	图形	页码	名称	图形	页码
视野拓展：中国电机之父——钟兆琳		72	整流电路		104
三相交流异步电动机的结构和原理		74	实践案例		112
三相异步电动机两极旋转磁场		74	滤波与稳压电路		112
交流接触器工作原理		82	基本共发射极放大电路		118
热继电器原理		83	数字电路的基本概念		142
点动控制		86	视野拓展：计算机世界的0和1		142
长动控制		86	组合逻辑电路的分析与设计		147
视野拓展：中国半导体之母——谢希德		91	门电路		148
二极管		92	复合逻辑门电路		150
晶体管		97	三人表决器的焊接与制作		152
视野拓展："中国造"全球最薄鳍式晶体管		97	视野拓展：译码器究竟在"破译"什么？		152

目 录

前言
二维码清单
第1章 汽车电路基本常识 1
1.1 汽车电路的基本概念 1
1.1.1 电路和电路模型 1
1.1.2 电路的基本物理量 4
1.2 汽车电路常用元器件 8
1.2.1 电源 8
1.2.2 电阻 10
1.2.3 电容 14
1.2.4 电感 18
1.3 电路的分析方法 20
1.3.1 电阻的连接 20
1.3.2 基尔霍夫定律与支路电流法 24
1.3.3 叠加定理 27
1.3.4 戴维南定理 28

第2章 交流电路的分析与应用 31
2.1 正弦交流电路的基本概念 31
2.1.1 正弦量的三要素 32
2.1.2 正弦交流电的相位差 34
2.1.3 正弦交流电的有效值 34
2.1.4 单相正弦交流电的相量表示法 36
2.2 单相交流电路的分析 39
2.2.1 单一元件的正弦交流电路 39
2.2.2 RLC 串联电路 46
2.2.3 荧光灯电路的分析 50
2.3 三相交流电路的分析 52
2.3.1 三相交流电源 52
2.3.2 三相交流负载 55
2.3.3 三相电路的功率 57

第3章 变压器 59
3.1 变压器的结构与分类 59
3.1.1 变压器的基本结构 60
3.1.2 变压器的分类 61
3.2 变压器的基本原理 61
3.2.1 变压器的工作原理 61
3.2.2 变压器的作用 62
3.2.3 汽车变压器 63

第4章 直流电机 65
4.1 直流电机的基本结构和工作原理 65
4.1.1 直流电机的基本结构 65
4.1.2 直流电机的工作原理 66
4.2 直流电动机的分类 68
4.3 直流电机的额定值 69
4.4 串励直流电动机在汽车上的应用 69

第5章 交流电动机 71
5.1 三相交流异步电动机 71
5.1.1 三相交流异步电动机的结构 71
5.1.2 旋转磁场 73
5.1.3 三相交流异步电动机的工作原理 75
5.2 三相交流异步电动机的控制电路 77
5.2.1 常用低压电器 77
5.2.2 三相交流异步电动机直接起动控制电路 84

第6章 稳压电源电路分析 91
6.1 半导体器件 91
6.1.1 二极管 92
6.1.2 晶体管 97
6.1.3 晶闸管 103
6.2 整流电路 104
6.2.1 单相半波整流电路 105
6.2.2 单相桥式全波整流电路 107
6.2.3 三相桥式全波整流电路 108
6.2.4 汽车电路应用 109
6.3 滤波与稳压电路 112
6.3.1 滤波电路 112
6.3.2 稳压电路 114
6.3.3 集成稳压电路 114

第7章 放大电路的分析与应用 117

目录

- 7.1 基本放大电路 …………………… 117
  - 7.1.1 基本共发射极放大电路 ……… 117
  - 7.1.2 分压偏置放大电路 …………… 124
  - 7.1.3 基本共集电极放大电路 ……… 126
- 7.2 多级放大电路 …………………… 128
  - 7.2.1 多级放大电路的耦合方式 …… 128
  - 7.2.2 多级放大电路的动态分析 …… 129
  - 7.2.3 放大电路在汽车中的应用 …… 130
- 7.3 集成放大电路 …………………… 133
  - 7.3.1 差动放大电路 ………………… 133
  - 7.3.2 集成运算放大器 ……………… 134
  - 7.3.3 集成运算放大器在模拟信号运算方面的应用 ……………………… 137
  - 7.3.4 集成运算放大器在汽车中的应用 ………………………………… 140

第8章 数字电路基础 ……………… 142
- 8.1 数字电路的基本概念 …………… 142
  - 8.1.1 模拟量与数字量 ……………… 142
  - 8.1.2 数制与码制 …………………… 143
- 8.2 组合逻辑电路的分析 …………… 147
  - 8.2.1 开关电路 ……………………… 147
  - 8.2.2 门电路 ………………………… 148
  - 8.2.3 译码器 ………………………… 152
- 8.3 集成触发器 ……………………… 156
  - 8.3.1 RS触发器 ……………………… 156
  - 8.3.2 主从JK触发器 ………………… 159
  - 8.3.3 D触发器 ……………………… 160
  - 8.3.4 555定时器 …………………… 160
- 8.4 时序逻辑电路的分析 …………… 162
  - 8.4.1 时序逻辑电路概述 …………… 162
  - 8.4.2 计数器 ………………………… 166
  - 8.4.3 寄存器 ………………………… 169

第9章 安全用电 ……………………… 172
- 9.1 电流对人体的效应 ……………… 172
  - 9.1.1 触电电流 ……………………… 172
  - 9.1.2 人体阻抗 ……………………… 173
  - 9.1.3 电流对人体的影响 …………… 173
  - 9.1.4 安全电流和安全电压 ………… 174
  - 9.1.5 按规定采用安全用具 ………… 174
  - 9.1.6 安全用电注意事项 …………… 174
- 9.2 防触电措施 ……………………… 175
  - 9.2.1 电击和电伤 …………………… 175
  - 9.2.2 触电的原因和方式 …………… 175
  - 9.2.3 保护措施 ……………………… 176
- 9.3 触电的紧急救护 ………………… 177
  - 9.3.1 使触电者迅速脱离电源 ……… 177
  - 9.3.2 现场就地急救 ………………… 177

第10章 技能训练 …………………… 179
- 10.1 电工综合实训装置简介 ……… 179
- 10.2 常用电工仪表操作训练 ……… 180
- 10.3 基尔霍夫定律验证电路的接线与测试 …………………………… 181
- 10.4 荧光灯电路的接线与调试 …… 183
- 10.5 三相交流电路的接线与调试 … 185
- 10.6 三相交流异步电动机的点动与长动控制 ……………………… 188
- 10.7 三相交流异步电动机正、反转控制 …………………………… 189
- 10.8 单级共射基本放大电路测试 … 190
- 10.9 三人多数表决电路设计、接线与调试 ……………………… 191

附录 实训项目实施考核标准 ……… 193
参考文献 …………………………… 194

第1章 汽车电路基本常识

学习目标

电能在现代工业、农业、国防、科研以及日常生活中发挥着巨大的作用。随着科学技术的发展，现代电工电子设备不但种类繁多，而且日新月异，但无论怎样设计与制造，它们都是由各种各样的电路所组成的。

本章主要介绍汽车电路的基本概念、汽车电路常用元器件、基本定律及直流电路的分析方法，为后面分析各种电工电子电路奠定必要的基础。

学习完本章后，你将能够：
- 建立简单的电路模型，根据电路模型连接实际电路。
- 掌握电路中电流、电压、电位、电功率的物理意义。
- 理解电流、电压参考方向的意义，掌握参考方向的应用。
- 正确使用万用表，可对汽车常用元器件进行分类和测量。
- 掌握电阻等效电路的化简和等效电阻的计算。
- 掌握支路电流法、基尔霍夫定律、叠加定理、戴维南定理等电路分析方法。
- 查阅相关技术资料和工具书，可独立进行电路分析。

1.1 汽车电路的基本概念

现代汽车技术领域中存在着种类繁多、形式和结构各不相同的电路，它们在自动控制等方面得到了广泛的应用。

1.1.1 电路和电路模型

"电"在不同的环境表示不同的概念，有时指电流，有时指电压，也有时指电功率。电路则是指电流的流通路径，由一些电气设备和元器件按一定方式连接而成。复杂的电路呈网状，又称网络。图1-1为生活中常见的电路。

1. 电路的组成

电路主要由电源、负载和中间环节三部分组成，如图1-2所示。电源是给电路提供电能的设备，如发电机、电池等；负载是用电设备，在电路中吸收电能或输出信号，如电动机、各类家用电器等；中间环节指电源与负载之间的部分，通常由起着引导、控制或测量作用的器件构成，如导线、开关、电压表、电流表等。对电源来讲，负载和中间环节称作外电路，电源内部的电路称作内电路。

观察思考

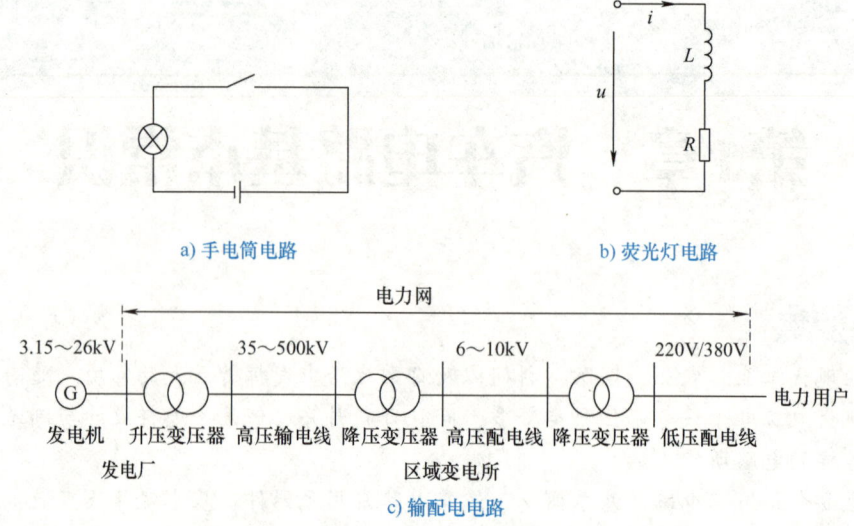

a) 手电筒电路　　　b) 荧光灯电路

c) 输配电电路

图 1-1　部分生活中的实际电路

想一想，生活中还有哪些电路？

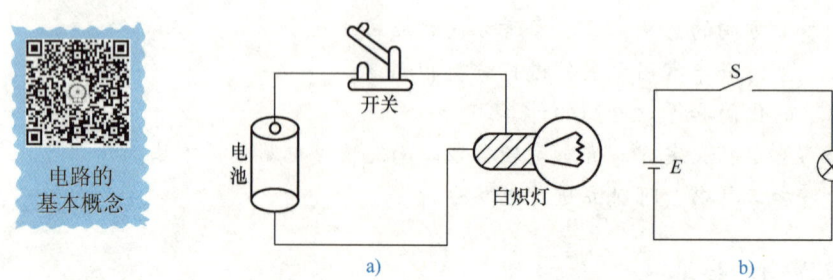

a)　　　　　　　　b)

图 1-2　最简单的照明电路

2. 电路的作用

电气设备和电子产品的应用非常广泛，实际电路的种类繁多，但从作用来看，可以分为以下两大类：

一类用于实现电能的传输、分配和转换。例如，电厂的发电机产生电能，通过变压器、输电线等输送给用户，通过负载转换成其他形式的能量，这就组成了一个复杂的供电系统（通常称为强电电路），如图1-3所示。

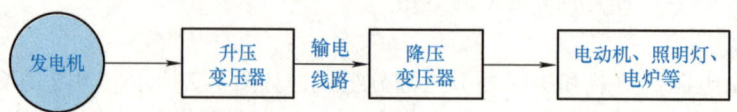

图 1-3　供电系统

另一类用于信号的变换、传递和处理。例如，通信设备、遥控装置以及日常生活中的收音机和电视机等电子电路。通常这类电路中的电压较低、电流较小，称为信号电路（或称弱电电路），如图 1-4 所示。

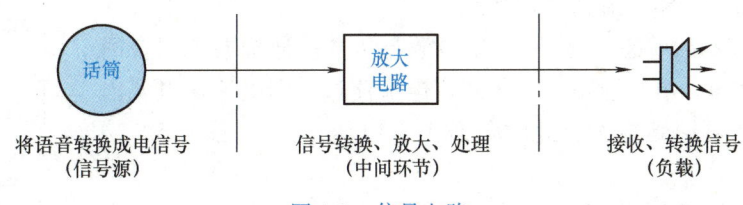

图 1-4　信号电路

3. 理想电路元器件

实际电路由多种电气元器件组成，而且这些元器件表现的电磁性能往往是比较复杂的。在研究时，为了便于分析，常常在一定条件下对实际元器件加以理想化，只考虑某些主要作用的电磁现象，而将次要现象忽略，或者将不同电磁现象分别表示。

比如，在电流作用下，白炽灯不但发光、发热消耗电能，而且在周围还会产生一定量的磁场，但由于磁场较弱，因此，可以只考虑其消耗电能的性能而忽略其磁场效应。又如，电源在对外电路提供电能的同时，它本身内部也有一定量的电能损耗，可以将其提供电能的性能与内部电能损耗分别表示。再如，对闭合的开关和导线，只考虑导电性能而忽略其本身的电能损耗。

理想电路元器件就是在一定的条件下，用来模拟实际元器件主要电磁性能的理想化模型，简称为电路元器件。例如，电阻元件表示消耗电能的元件；电感元件表示其周围空间存在着磁场且可以储存磁场能量的元件；电容元件表示其周围空间存在着电场且可以储存电场能量的元件，等等。

4. 电路模型

由理想电路元器件组成的电路称为电路模型。用规定的电气图形符号表示电路元器件及其连接而画成的图称为电路原理图，简称为电路图。图 1-2b 是图 1-2a 的电路原理图。国家颁布了统一的图形符号来规范电路图，表 1-1 为电路图中常用的图形符号。

表 1-1　常用电路图形符号

图形符号	文字符号	名称	图形符号	文字符号	名称	图形符号	文字符号	名称
	S 或 SA	开关		R	电阻			接机壳
	GB	电池		RP	电位器			接地
	G	发电机		C	电容			端子
	L	线圈		PA	电流表			连接导线 不连接导线
	L	铁心线圈		PV	电压表		FU	熔断器
	L	抽头线圈		V 或 VD	二极管		HL	照明灯 指示灯

5. 电路的工作状态

电路有通路、断路、短路三种状态。

（1）通路（有载状态） 通路是指电源与负载接通构成了闭合回路，称为有载状态。电路通路时，负载有电流流过，即电流从电源出发，经过负载后可回到电源，此时负载上有电压，且消耗一定的功率，如图 1-5 所示。

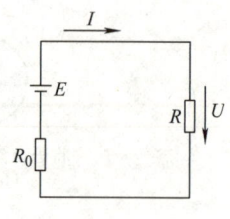

图 1-5 有载状态的电路

各种用电设备都有限定的工作条件和能力，其在一定条件下正常运行时的电压、电流、功率等参数规定的数值称为电气设备的额定值。对电阻性负载而言，有额定功率的限制。

根据通路状态下的负载功率实际值与额定值的大小关系，可分为以下三种情况：

1) 轻载：负载功率实际值低于额定值的工作状态。
2) 满载：负载功率实际值为额定值的工作状态。
3) 过载：负载功率实际值高于额定值的工作状态，又叫作超载。

显然，轻载没有充分利用负载设备，使设备不能正常发挥效能。过载会降低设备的使用寿命、老化绝缘，甚至会损坏用电设备及电源，这是不允许的。因此，电气设备的铭牌上或说明书中都标明了相关的额定值，购买使用时要注意。

（2）断路（开路） 断路又称开路，是指电源与负载未接成通路，如电路中开关的断开或线路出现故障断开等。此时电源不向负载供给功率，这种情况称为电源空载。如图 1-6 所示，开关 S 打开时，电路处于断路状态。

断路可分为控制性断路和故障性断路。控制性断路是根据需要利用开关将处于通路状态的电路断开；故障性断路是突发性、意想不到的断路，工程中应尽量避免。

（3）短路 短路是指电流从电源出发，没有经过负载而直接由导线接通构成闭合回路时的状态，如图 1-7 所示，图中实线箭头表示 A、B 间发生了短路。

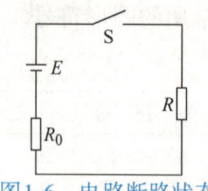

图 1-6 电路断路状态

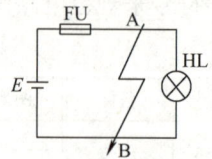

图 1-7 短路故障

短路时电流经导线与电源构成回路，导线的电阻很小，近似为零，因此电路中的电流很大，这样大的短路电流通过电路将产生大量的热能，不仅损坏导线、电源和其他电气设备，而且由于导线温度迅速升高，严重时还会引起火灾。短路是电路最严重、最危险的事故，也是禁止的状态。所以，一般电路上都加短路保护装置，如图 1-7 所示的熔断器 FU。

1.1.2 电路的基本物理量

1. 电流

电荷的定向运动形成电流。方向不随时间变化的电流称为直流电流，简称直流电（Direct Current，DC）；大小、方向都不变的电流称为恒定电流，如无特别说明，本书所说的直流电均指恒定电流，用字母"I"表示。方向随时间变化的电流称为交

电流和电压

流电流，简称交流电（Alternating Current，AC），用字母"i"表示。其中周期性变化的称为周期交流电流；我国发电厂发出的交流电都是随时间按正弦规律变化的正弦交流电。如无特别说明，本书所指的交流电均指正弦交流电。图 1-8 中画出了几种电流的曲线。

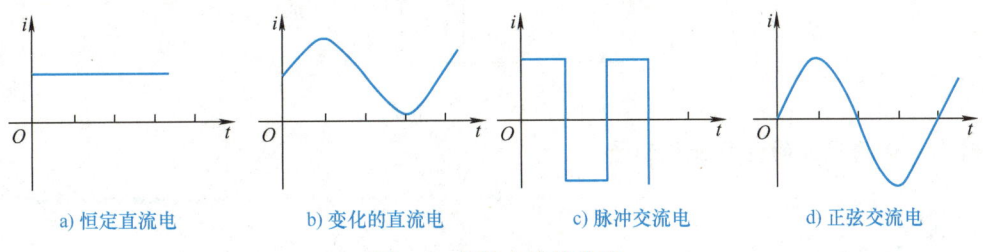

图 1-8　几种电流的曲线

电流大小简称为电流，是指单位时间内通过导体横截面的电量。如果在 Δt 时间内，通过导体横截面的电量变化了 Δq，则在该段时间内电流大小的平均值为

$$I = \frac{\Delta q}{\Delta t} \tag{1-1}$$

当时间段 Δt 趋于零时，便是某一时刻电流的大小。

国际单位制（SI）中，电流的单位是 A（安培，简称安）。通常使用的单位还有 MA（兆安）、kA（千安）、mA（毫安）、μA（微安）等。换算关系：

$$1A = 10^3 mA = 10^6 \mu A \quad 1MA = 10^3 kA = 10^6 A$$

规定正电荷定向移动的方向为电流的实际方向。自由电子（带负电）移动的方向与电流方向相反。电路较复杂时，电流的实际方向很难判定出来，为此，在分析与计算电路时，常常先任意选定某一方向作为电流的参考方向，也称为正方向，用实线箭头表示，或用双下标表示，如 i_{ab} 表示 a 到 b 的电流，i_{ba} 表示 b 到 a 的电流，$i_{ab} = -i_{ba}$。电流的实际方向可用虚线箭头表示，如图 1-9 所示。

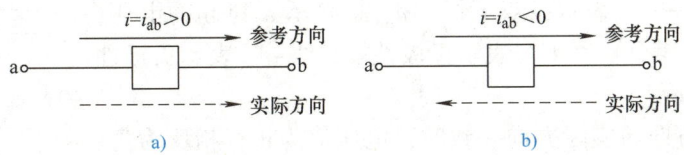

图 1-9　电流参考方向与实际方向的关系

原则上可任意选定参考方向，但若已知实际方向，则参考方向的选择应尽量与实际方向保持一致。当选择的参考方向与实际方向一致时，参考方向下的电流值为正值。同理，如果计算出的电流值为正值，则说明事先选定的参考方向和实际方向一致，如图 1-9a 所示；当选择的参考方向与实际方向相反时，参考方向下计算出的电流值为负值，如图 1-9b 所示。

注意事项

电流的大小可以用电流表直接测量。对直流电流测量时要注意以下几点：

1) 电流表必须与被测电路串联，如图 1-10 所示。连接时应使电流从表的"+"接线柱流入，从"-"接线柱流出，否则会损坏电流表。

2) 使用电流表之前，应根据被测电流的大小选择适当的量程，在无法估计被测电流的

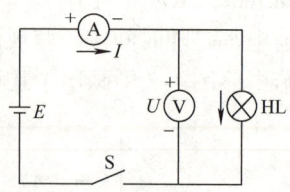

图 1-10　电流和电压的测量

范围时，应选用较大的量程进行测量。

2. 电压

电路中，电场力把单位正电荷 Q 从 A 点移到 B 点所做的功 W_{AB} 称为 A、B 两点间的电压。则电压为

$$u_{AB} = \frac{W_{AB}}{Q} \tag{1-2}$$

电压的国际单位是伏特，简称伏，符号为"V"。通常使用的单位还有 MV（兆伏）、kV（千伏）、mV（毫伏）、μV（微伏）等。换算关系：

$$1V = 10^3 mV = 10^6 \mu V \qquad 1MV = 10^3 kV = 10^6 V$$

电压的分类与电流一样，通常所说的直流电压均指恒定电压，用字母"U"表示；交流电压是指正弦交流电压，用"u"表示。

正电荷在电场中的受力方向为电压的实际方向，可用虚线箭头表示。与电流相同，电压也需要设定其参考方向。电压的参考方向可任意选取，但若已知实际电压方向，则参考方向选择应尽量与实际方向保持一致；若已知电流参考方向，则电压参考方向的选择最好与电流参考方向一致，称为<u>关联参考方向</u>；电压、电流参考方向不一致时，称为<u>非关联参考方向</u>。

在电路分析中，所标的电压方向均为参考方向，表示方法有三种：实线箭头"——→"表示；双下标"u_{ab}"表示 a 到 b 的电压；极性"+""-"表示，"+"表示正极性端，"-"表示负极性端，如图 1-11 所示。

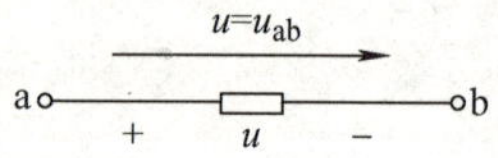

图 1-11　电压的参考方向

电压的参考方向与实际方向一致时，电压值为正，相反为负。同理，若电压计算值为正，则表示电压参考方向与实际方向一致；若计算值为负，表示电压的实际方向与参考方向相反，如图 1-12 所示。

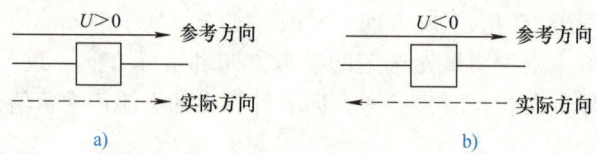

图 1-12　电压的参考方向与实际方向的关系

注意事项

电压的大小可以用电压表直接测量。测量直流电压时要注意以下两点：

1）电压表必须与被测电路并联，如图1-10所示。连接时应使被测电压的实际方向与电压表的"＋""－"接线柱一致，否则会损坏电压表。

2）使用电压表之前，应根据被测电压的大小选择适当的量程，在无法估计被测电压的范围时，应选用较大的量程进行测量。

3. 电位

电位是一个相对的概念，分析电位时必须先选定一个参考点。参考点用字母"o"表示，在电路中用"⊥"符号表示，原则上可任意选取，但习惯上选择地点或接机壳点或电路中连线最多的点作为参考点。电路中某一点的电位就是该点到参考点的电压，用字母"V"或"v"表示，电位的单位也是V（伏特）。如图1-13所示，则a点的电位为

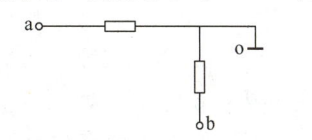

图1-13 电位与电压的关系

$$V_a = U_{ao} 或 v_a = u_{ao} \quad (1-3)$$

参考点本身的电位显然为零，所以参考点也叫作零电位点。如果已知a、b两点的电位分别为V_a、V_b，则a、b两点间的电压为

$$U_{ab} = U_{ao} + U_{ob} = U_{ao} - U_{bo} = V_a - V_b \quad (1-4)$$

即两点间的电压等于这两点的电位的差，所以电压又叫作电位差。

电位具有相对性，即电路中某点的电位随参考点位置的改变而改变；而电位差（也就是电压）具有绝对性，即电路中任意两点之间的电位差值与电路中参考点的位置无关。

由式（1-4）可知，$U_{ab} = -U_{ba}$。如果$U_{ab} > 0$，则$V_a > V_b$，说明a点电位高于b点电位；反之，若$U_{ab} < 0$，则$V_a < V_b$，说明a点电位低于b点电位。

4. 电功率

电功率是电路分析中常用的一个物理量。电路传送或转换电能的速率叫作电功率，简称为功率（Power），用"P"或"p"表示。习惯上，把发出或吸收电能说成发出或吸收功率。

分析电路的功率时，当电路的电流、电压选择关联参考方向时，用公式

$$P = UI 或 p = ui \quad (1-5)$$

来计算。当电路的电流、电压选择非关联参考方向时，用公式

$$P = -UI 或 p = -ui \quad (1-6)$$

来计算。对于计算结果，当$P > 0$（或$p > 0$）时，该电路吸收（消耗）功率，是负载；当$P < 0$（或$p < 0$）时，该电路发出（产生）功率，是电源。

功率的国际单位为瓦特，简称瓦，符号为"W"，1W = 1V·A。

在一个电路中，吸收电能的各元器件功率的总和等于发出电能的各元器件功率的总和；或者说，所有元器件吸收的功率总和为零，符合能量守恒定律，称为"电路的功率平衡"。

应用案例

应用案例1-1 （1）在图1-14a中，若$I_{ab} = 1A$，求该元件的功率；（2）在图1-14b中，若$I_{ab} = 1A$，求该元件的功率；（3）在图1-14c中，若元件发出功率6W，求该元件的电流。

解：（1）电压、电流为关联参考方向，$P = UI_{ab} = 2 \times 1W = 2W > 0$，元件吸收功

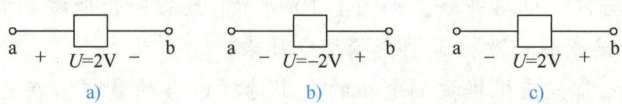

图1-14 应用案例1-1图

率2W。

(2) 电压、电流为非关联参考方向，$P = -UI_{ab} = -(-2) \times 1W = 2W > 0$，元件吸收功率2W。

(3) 选择电流方向为 I_{ab}，则与电压参考方向非关联，所以 $P = -UI_{ab} = -2I_{ab}$，因元件发出功率6W，所以 $P = -6W$，求得 $I_{ab} = 3A$，因此元件电流方向为从a到b，大小为3A。

功率与时间的乘积为该段时间内电路转换的能量。能量的国际单位为焦耳（J）。如果功率的单位为 kW（$1kW = 10^3 W$），时间的单位为 h（$1h = 3600s$），则电路转换电能的单位为千瓦·时，即俗称的"度"，符号为 kW·h。在工厂或家庭用电计算时，通常说电表走了多少字，也就是说用了多少度电，即1度电 = 1kW·h。

 拓展提高

拓展提高1-1 图1-15所示的直流电路中标注的所有方向都为参考方向，$U_1 = 4V$，$U_2 = -8V$，$U_3 = 6V$，$I = 4A$，求各元件吸收或发出的功率 P_1、P_2 和 P_3，并求整个电路的功率 P。

解：元件1的电压参考方向与电流参考方向相关联，故

$$P_1 = U_1 I = 4 \times 4W = 16W（吸收16W）$$

元件2和元件3的电压参考方向与电流参考方向非关联，故

$$P_2 = -U_2 I = -(-8) \times 4W = 32W（吸收32W）$$
$$P_3 = -U_3 I = -6 \times 4W = -24W（发出24W）$$

设吸收功率为正，发出功率为负，故

$$P = (16 + 32 - 24)W = 24W$$

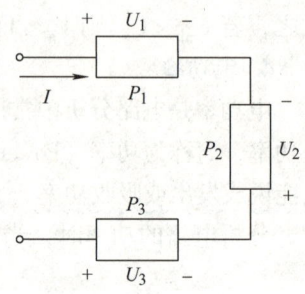

图1-15 拓展提高1-1图

1.2 汽车电路常用元器件

电路是由电路元器件连接组成的。具有两个引出端的元器件称为二端元器件，如电阻、二极管等；具有两个以上引出端的元器件称为多端元器件，如晶体管、晶闸管等。电路中常用的元器件有电源、电阻、电感、电容、二极管、晶体管、晶闸管等，本章学习直流电路中常见的电源和电阻，其他元器件将在后面的内容中陆续学习。

1.2.1 电源

1. 电源电动势

电源给外电路供电的原因是其内部能够产生电动势，电动势是电源的专用名词之一。

电路通路时,电场力总是使正电荷从高电位处经外电路移向低电位处,而在电源内部有一种电源力,正电荷在它的作用下,从低电位处(电源的负极)经电源内部移向高电位处(电源正极),从而保持电荷运动的连续性。实际应用中,发电机的电源力是由电磁作用产生的,蓄电池的电源力是由化学能提供的。

电动势是指电源力将单位正电荷 Q 从电源负极经电源内部移到电源正极所做的功,用字母"E"或"e"表示,方向规定为从电源负极到正极。若所做的功为 W,则有:

$$E = \frac{W}{Q} \tag{1-7}$$

可见电动势与电压的求法相同,所以电动势的大小与电源两端电压的大小相等,单位一样,也是伏特(V)。电源电压方向是从正极到负极,电动势的方向是从负极到正极,所以当电源断路时电源的电动势与电压大小相等,方向相反。采用参考方向时,有图1-16所示的关系。

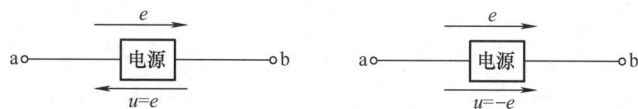

图 1-16 电源电动势与电压的关系

2. 电源模型

分析电路时,当只考虑电源的主要特性时,可以将电源用理想电路元件来描述,构成电源的电路模型,常用的有电压源模型和电流源模型两种。

(1)电压源模型 具有较低内阻的电源可视为电压源,分为直流电压源与交流电压源,大多数实际电源均可视为电压源。若电源的内阻 $R_0 \approx 0$,则可忽略不计,即认为电源供给的电压总是等于它的电动势。我们把内阻为零的电压源称为理想电压源,用 U_S 或 u_S 表示。理想的直流电压源也简称为恒压源,其符号如图1-17a所示,恒压源也可表示成图1-17b所示的符号。

恒压源只是一种理想的情况,实际电源不可能如此。电动势为 E、内阻为 R_0 的实际电压源可以等效为恒压源 $U_S = E$ 和电阻 R_0 串联,称为电压源模型,如图1-18所示。

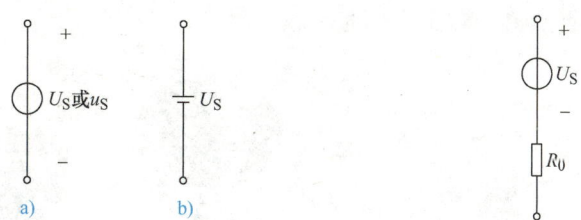

图 1-17 理想电压源的符号   图 1-18 电压源模型

(2)电流源模型 某些特殊场合,要求电源具有很大的内阻,这是因为高内阻的电源能够输出一个较稳定的电流。

应用案例

应用案例1-2 将60V蓄电池串联一个60kΩ的高内阻,如图1-19a的虚线框中所示,即构成一个最简单的高内阻电源。它对于低阻负载,基本上具有稳定的电流输出。当负载电阻 R 在零至几十欧的范围内变化时,电源输出的电流为

$$I = \frac{60\text{V}}{60\text{k}\Omega + R} \approx 0.001\text{A} = 1\text{mA}$$

我们把内阻无限大的电源称为理想电流源,用 I_S 或 i_S 表示,符号如图1-19b所示。能输出恒定电流的电流源又叫作恒流源。

恒流源与恒压源都属于理想元件,其输出的电流或电压是不随外部电路变化的,又叫作独立源,实际上是不存在的。把电流为 I_S 或 i_S 的理想电流源与电阻 R_0 并联的电路称为实际电源的电流源模型,如图1-20所示。

电压源与电流源的等效变换

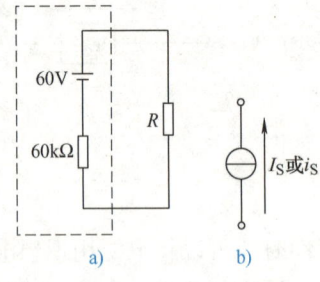
图1-19 应用案例1-2图

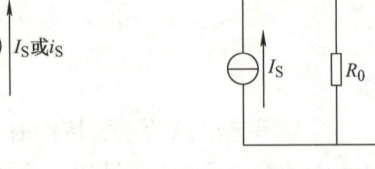
图1-20 电流源模型

1.2.2 电阻

电阻是电路中广泛使用的一种基本元件,主要用于控制、调节电流和电压,起分压、限流的作用。

电阻

观察思考

如图1-21所示,实际电阻器与电热器用途广泛,种类繁多,它们有什么共同之处呢?无论是电阻器还是电热器,都要消耗电能。

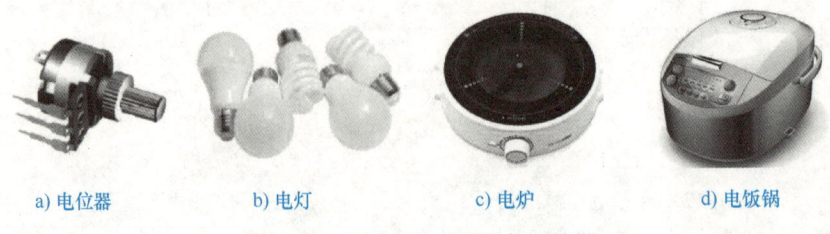

a) 电位器　　b) 电灯　　c) 电炉　　d) 电饭锅

图1-21 生活中的电阻器与电热器

1. 电阻的概念

导体对电流的阻碍作用叫作这段导体的电阻。电阻作用可使电流流过导体时把电能转换成其他形式的能量。电阻值简称为电阻，是表示物体电阻作用大小的一个物理量，用字母"R"或"r"表示。电阻的单位是Ω（欧姆，简称欧）。常用的电阻单位还有 kΩ（千欧）、MΩ（兆欧）等。

电阻的倒数叫作电导，用字母"G"表示，即 $G = \dfrac{1}{R}$。电导的单位为S（西门子）。

电阻反映了导体的导电能力，是导体的客观属性，它的大小与导体的材料、长度以及导体横截面积有关，还与导体所处的环境温度有关。

2. 电阻的分类

电阻按照结构形式可分为固定电阻和可变电阻两种。固定电阻的电阻值是恒定的，其中最常用的有碳膜电阻、金属膜电阻、金属氧化膜电阻、合成碳膜电阻和贴片电阻等；可变电阻（半导体电阻）具有受条件影响而改变阻值的特性，常用的有热敏电阻、压敏电阻和光敏电阻。常见的电阻如图 1-22 所示。

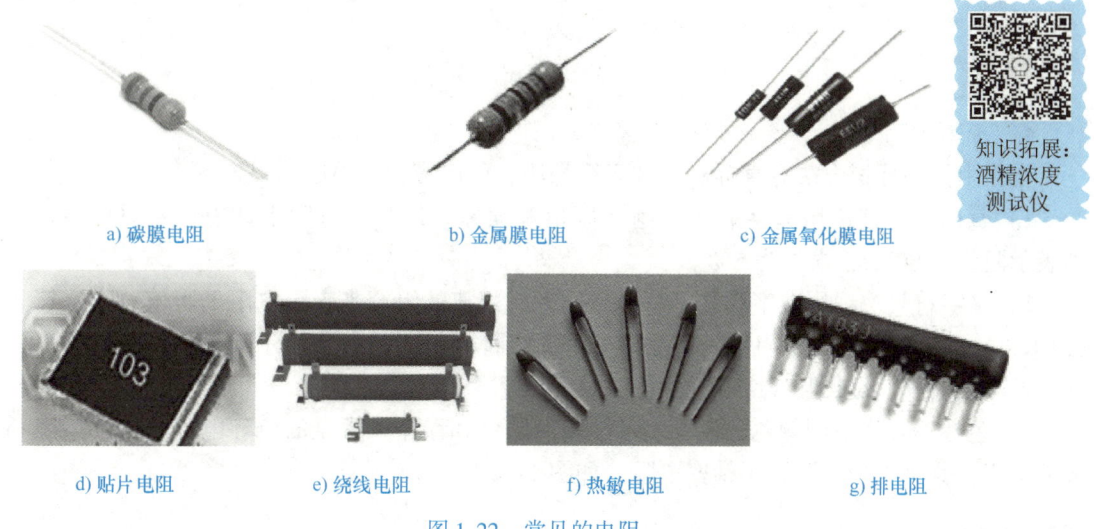

图 1-22 常见的电阻

电阻按照引出线的不同可分为轴向引线电阻和无引线电阻两种。
电阻按照用途不同可分为精密电阻、高频电阻、大功率电阻、容断电阻等。

拓展提高

汽车中使用的电阻多为固定电阻，其中最常用的有碳膜电阻、金属膜电阻、金属氧化膜电阻、合成碳膜电阻和贴片电阻等。

① 碳膜电阻。它是使用最早的电阻，由碳沉积在瓷质基体上制成，通过改变碳膜的厚度和长度可以得到不同的阻值。碳膜电阻因价格便宜曾被广泛使用，但其温度特性差、精度低，现已较少使用。

② 金属膜电阻。它是在真空条件下，在瓷质基体上沉积一层合金粉制成的，通过改变

金属膜的厚度和长度得到不同的阻值。金属膜电阻的特点是耐高温,当环境温度升高后,其阻值变化很小。由于其高频特性好,精度高,常在精密仪表等高档设备中使用。汽车闪光器中常用的就是金属膜电阻,它起到分压、限流的作用。

③ 贴片电阻。它是片式固定电阻,又叫作矩形片状电阻,是通过一定的加工工艺将电阻性材料淀积在绝缘基体(例如玻璃或氧化铝陶瓷)上,然后烧结形成的。因体积小、节省空间等优点而广泛应用在各种汽车系统中,具有重量轻、焊接容易、装配成本低、电性能稳定、可靠性高、机械强度高、高频特性优越等优点。

④ 排电阻。在汽车中还经常用到排电阻,它是一种将分立电阻按一定规律排列后集成在一起的组合型电阻,也称集成电阻。具有体积小、安装方便等优点,在各种电子电路中与大规模集成电路(例如 CPU 等)中使用较多,但是价格昂贵。

3. 电阻的符号

常见的电阻图形符号如图 1-23 所示。

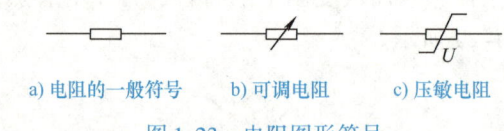

a) 电阻的一般符号　　b) 可调电阻　　c) 压敏电阻

图 1-23　电阻图形符号

4. 阻值的标识

电阻阻值的标识方法有直标法、文字符号法、色标法和数码法。

1)直标法:直接用数字表示电阻的阻值和误差。例如,电阻上印有"80kΩ ± 5%",则表示阻值为 80kΩ,误差为 5%。

2)文字符号法:用数字和文字符号或两者有规律的组合来表示电阻的阻值。文字符号 Ω、K、M 前面的数字表示阻值的整数部分,文字符号后面的数字表示阻值的小数部分。例如,标有"3K6"的电阻,其阻值为 3.6kΩ。

3)色标法:用不同颜色的色环表示电阻的阻值和误差。常见的色环电阻有四环电阻和五环电阻,其中五环电阻属于精密电阻,如图 1-24 所示。

读取色环电阻的阻值时应注意以下几点:

① 熟记图 1-24 中色环对应关系。② 先找出标志误差的色环从而排定顺序。最常见的表示电阻误差的颜色是:金、银、棕,尤其是金环和银环。(比如:四环电阻多以金色作为误差环,五环电阻多以棕色作为误差环)。③ 当色环电阻标记不清或个人辨色能力差时,可采用万用表测量。

应用案例 1-3　某四色环标定的电阻 4 条色环分别是棕、黑、黄和金,其对应阻值为 $10 \times 10^4 \Omega = 100 \text{k}\Omega$,误差为 ±5%(金)。

第1章 汽车电路基本常识

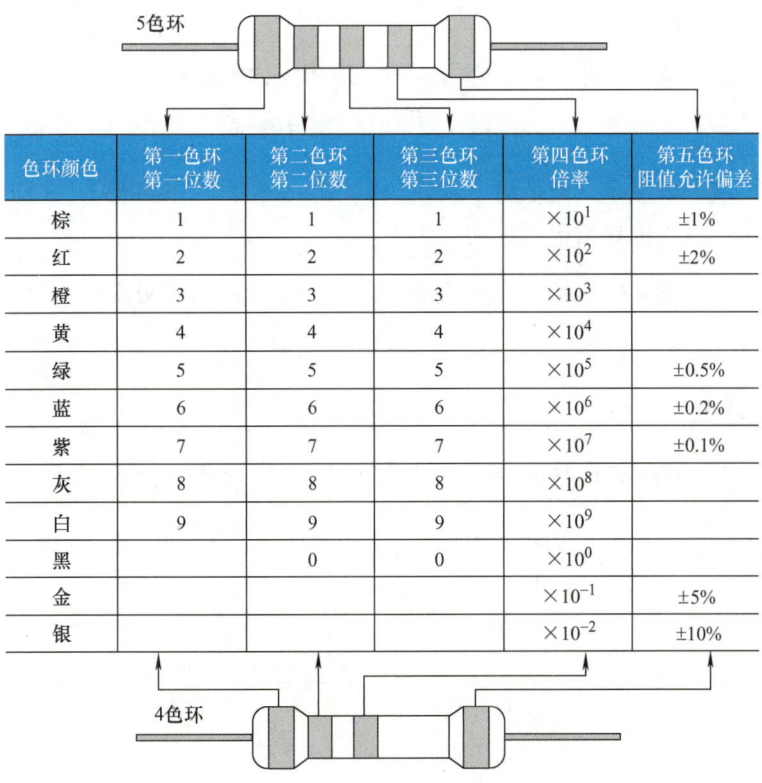

视野拓展：
乔治·西蒙·欧姆小故事

图1-24 电阻的色环标注法示意图

某五色环标定的电阻5条色环分别是橙、黑、黑、棕和棕，其对应阻值为 $300 \times 10\Omega = 3k\Omega$，误差为 ±1%（棕）。

应用案例1-4 请读出表1-2色环电阻的阻值和误差，将结果填于表1-2中。

表1-2 读出色环电阻的阻值和误差

电阻的色环	电阻1 绿棕金银	电阻2 红黑金金	电阻3 棕绿黑金红	电阻4 黄橙红黑紫
读出电阻值与误差				

4）数码法：用三位数码表示电阻的标称阻值。数码从左到右，前两位为有效值，第三位是乘数（表示在前两位有效后所加零的个数），单位为 Ω。例如数码121表示在12后面加一个0，即电阻值为120Ω。此种方法在贴片电阻中使用较多。

5. 欧姆定律

欧姆定律是指同一电路中，通过某段导体的电流跟这段导体两端的电压成正比，跟这段导体的电阻成反比。以直流电流为例，用公式可以表示为

$$I = \frac{U}{R} \tag{1-8}$$

电阻的读数

电阻是一个耗能元件，所以其电压与电流的实际方向总是一致的。当电路电压、电流选择关联参考方向时，欧姆定律表达式为

13

$$I = \frac{U}{R} \text{ 或 } U = IR \tag{1-9}$$

当电路电压、电流选择非关联参考方向时,欧姆定律表达式为

$$I = -\frac{U}{R} \text{ 或 } U = -IR \tag{1-10}$$

当电路的电流、电压是交流值时,式(1-9)、式(1-10)中的字母 U、I 应为小写字母。根据欧姆定律可以推导出电阻的功率为

$$P = UI = I^2 R = \frac{U^2}{R}(\text{直流}) \text{ 或 } p = ui = i^2 R = \frac{u^2}{R}(\text{交流}) \tag{1-11}$$

应用案例 1-5 列出图 1-25 所示各电路的电压、电流关系式,并求 R。

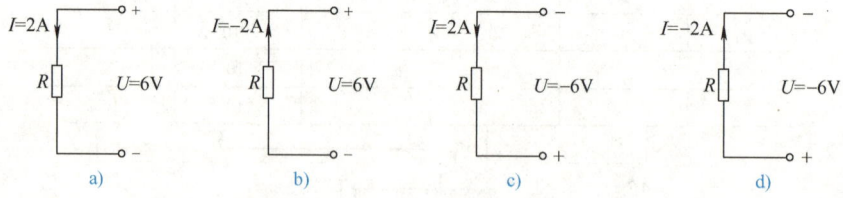

图 1-25 应用案例 1-5 图

解:a) 关联参考方向:$U = IR \Rightarrow R = \frac{U}{I} = \frac{6}{2}\Omega = 3\Omega$

b) 非关联参考方向:$U = -IR \Rightarrow R = -\frac{U}{I} = -\frac{6}{-2}\Omega = 3\Omega$

c) 非关联参考方向:$U = -IR \Rightarrow R = -\frac{U}{I} = -\frac{-6}{2}\Omega = 3\Omega$

d) 关联参考方向:$U = IR \Rightarrow R = \frac{U}{I} = \frac{-6}{-2}\Omega = 3\Omega$

1.2.3 电容

1. 电容的概念

两个被绝缘材料隔开又相互靠近的导体便构成了一个电容。这两个导体叫作电容的极板,它们之间的绝缘材料叫作介质,如图 1-26a 所示。电容的图形符号和文字符号如图 1-26b 所示。

电容在电路中的作用主要是充、放电。如图 1-27 所示,当开关 S 接"1"时,电容处于充电状态。其充电过程为:S 接通"1"瞬间,电容上还未积聚电荷,$u_C = 0$,充电电流 $i = E/R$ 为最大值。随着充电的继续,u_C 逐渐增大,i 逐渐减小,当 $u_C = E$ 时,$i = 0$,充电结束,如图 1-28 所示。这时,电容将电能转化为电场能的过程也结束,电路中不再有电流通过。这就是电容的"隔直"作用。

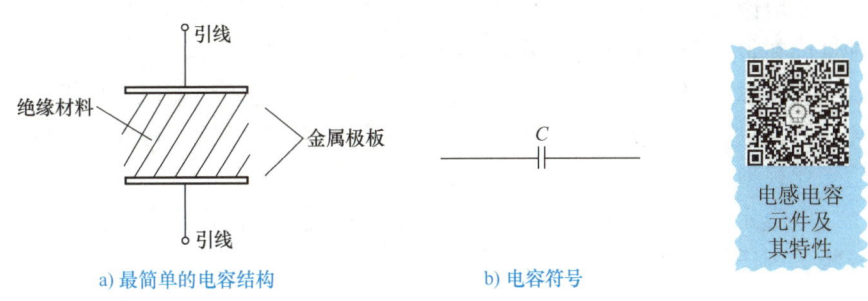

a) 最简单的电容结构   b) 电容符号

图 1-26　电容的结构和符号

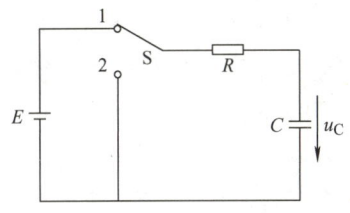

图 1-27　电容的充电和放电

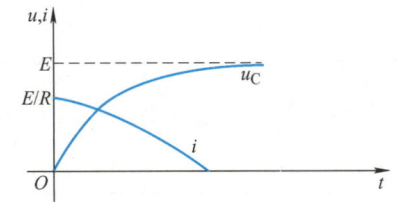

图 1-28　电容充电时 u_C 与 i 的变化曲线

充电结束后，在图 1-27 中，把开关 S 接通 "2"，电容处于放电状态。其放电过程为：S 接通 "2" 瞬间，电容放电，放电电流与充电电流方向相反，且 $i = u_C/R = E/R$ 为最大值。随着放电的继续，u_C 逐渐减小，i 也逐渐减小，当 $u_C = 0$ 时，电容中所储存的电场能全部释放完毕，这时 $i = 0$，放电结束。如图 1-29 所示，图中电流画在纵轴的负半轴，是考虑到放电电流方向与充电电流方向相反。这时，电容将储存的电场能释放给电阻 R 用以消耗。

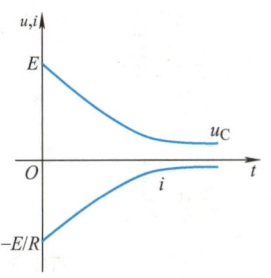

图 1-29　电容放电时 u_C 与 i 的变化曲线图

可见，电容的充电和放电过程就是储存和发出电荷的过程。这时电路所产生的充、放电电流是在电容外部电路上形成的，并非真正穿过电容的内部。

不难设想，如果不断变换开关 S 的位置，电路中就不断有充、放电电流。电容如果接上交流电源，就相当于图 1-27 中开关 S 不断变换位置，电路中始终存在充放电电流。所谓电容能够"通交流"，其原因就在于此。

电容充、放电时，两个极板聚集的是等量而异号的电荷（$+q$ 和 $-q$），衡量电容元件容纳电荷本领大小的物理量，叫作电容元件的电容量，也简称为电容，用 C 表示。电容的单位为 F（法拉），常用的有 mF（毫法）、μF（微法）、nF（纳法）和 pF（皮法）。电容量是一个与电荷 q、电压 u 无关的正实数，在数值上等于电容元件的电压每升高 1V 所容纳的电荷量。如果电容元件的电容为常量，不随所带电量的变化而变化，这样的电容元件称为线性电容元件。本书中若没有特别说明，都是指线性电容元件。电容的图形符号如图 1-26b 所示。

电容充、放电过程的时间长短，与电容的电容量 C 以及电路的电阻 R 成正比，把这两个参数的乘积称为电容的充、放电时间常数，用 τ 表示，单位为秒（s），即

$$\tau = RC \tag{1-12}$$

一般说来，无论充电还是放电，完成整个暂态过程所需的时间为 (3～5)τ。电容的这种性能在很多场合尤其是电子电路中得到了广泛的应用。

在实际应用中，当电容两端电压变化时，介质也不可能完全绝缘，往往有一定的介质损耗，因而也存在一定的剩余电流。如果忽略电容的这些次要性能，电容元件就是实际电容的理想化模型。

电容元件是一个理想的二端元件。若电容元件上的电压参考方向规定为由正极板指向负极板，则任何时刻都有以下关系：

$$C = \frac{q}{u} \tag{1-13}$$

2. 电容的分类

电容按结构可分为固定电容、可变电容和微调电容；按介质可分为空气介质电容、固定介质（云母、陶瓷、涤纶等）电容和电解电容；按有无极性可分为有极性电容和无极性电容。表1-3列出了常用的电容类型。图1-30是常用电容的外形。

表1-3 常用电容类型

名称		介质	特点	用途	缺点
瓷介电容		高频无线电容	性能优良，电容量稳定性高	高频电路	容量小
独石电容		高介电常数的陶瓷	小体积，大容量	耦合、旁路、滤波电路	电气性能一般
云母电容		云母	绝缘性高，温度频率特性稳定	交流和脉冲电路	抗潮性能差
电解电容	铝电容	以铝箔或滤层为阴、阳极，铝的金属氧化物为介质	小体积，大容量，容量一般为 $1～10^4\mu F$	去耦、耦合、电源滤波电路	容量易损耗，高频性能差，容量偏差较大
	钽电容	以钽箔为阴、阳极，钽的金属氧化物为介质	体积小，温度范围宽，频率特性好，稳定性高	替补铝电容性能参数难以满足要求的电路	价格较高

3. 电容的标识

(1) 额定电压　电容的额定工作电压是指在允许的环境温度范围内，电容上可连续长期施加的最大电压值（交流电是指最大电压有效值）。一般直接标注在电容的表面，使用时绝不允许电路的工作电压超过电容的额定电压，否则电容就会被击穿（损坏绝缘材料的性能）。

(2) 电容量的标识　常用电容的标识方法有直标法、数码法和色标法三种。

1) 直标法：将电容的电容、额定电压和误差直接标注在电容的外壳上，其中误差一般用字母来表示。表示误差的常用字母有 J（±5%）和 K（±10%）等。例如，标有 58nK100 的电容的容量为 58nF 或 0.058μF，误差为 ±10%，额定电压为 100V。

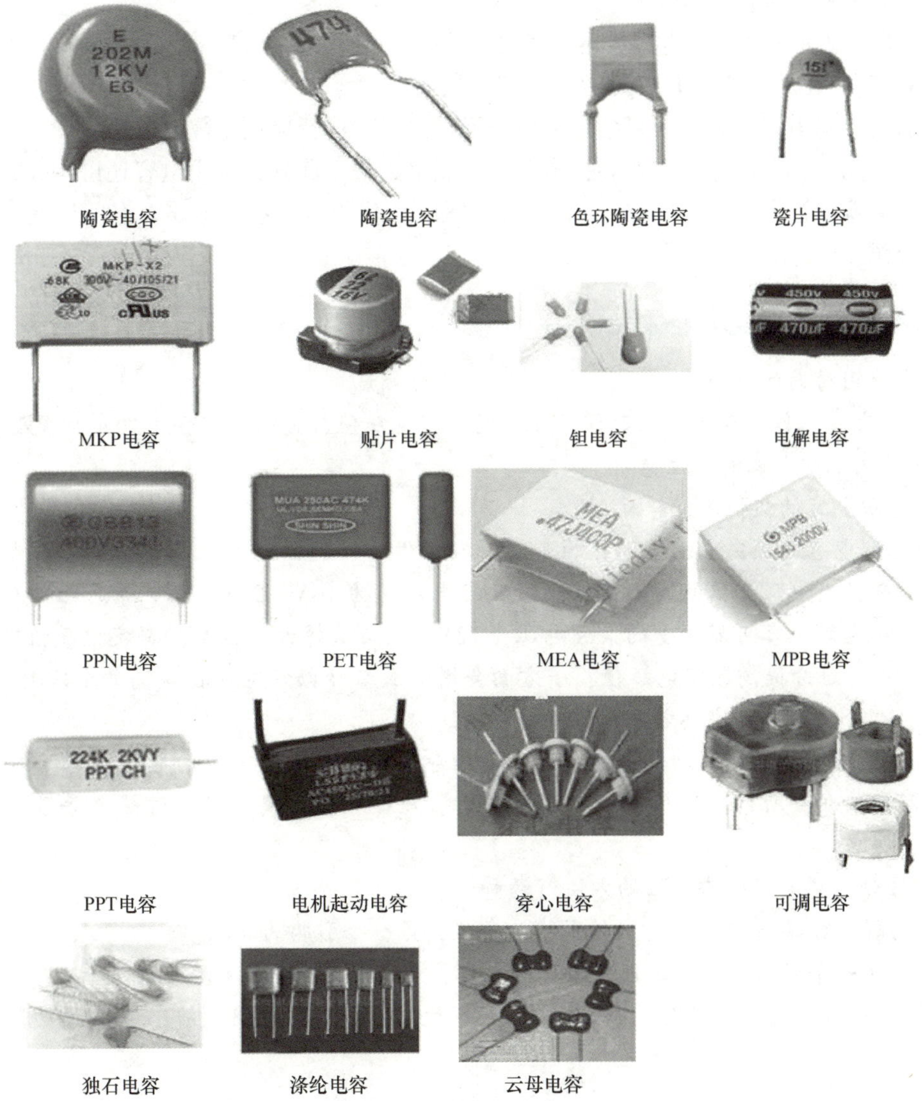

第1章 汽车电路基本常识

陶瓷电容	陶瓷电容	色环陶瓷电容	瓷片电容
MKP电容	贴片电容	钽电容	电解电容
PPN电容	PET电容	MEA电容	MPB电容
PPT电容	电机起动电容	穿心电容	可调电容
独石电容	涤纶电容	云母电容	

图1-30 常用电容的外形

 应用案例

应用案例1-6 当电容所标电容量没有单位时，在读其电容量时可参照以下方法：
- 电容量数值在 $1 \sim 10^4$ 之间时，单位为 pF。例如，580 读作 580pF。
- 电容量数值大于 10^4 时，单位为 μF。例如，33000 读作 0.33μF。

2) 数码法：用3位数字表示容量的大小，单位为 pF。前两位为有效数字，第三位表示倍率，即乘以 10^i，i 的范围是 $1 \sim 9$，其中 9 表示 10^{-1}。例如，"204"表示 20×10^4 pF，"556"表示 55×10^6 pF。

3) 色标法：这种表示方法与电阻的色环表示方法类似，其颜色所代表的数字与电阻色

17

环完全一致，基本单位为 pF。

除了以上表示方法外，电容量还有其他表示方法。例如，"01"表示 0.01μF；"220MFD"表示 220μF；"R22"表示 0.22μF（用 R 表示小数点）。

电容元件是电子设备中大量使用的电子元件之一，广泛应用于隔直电路、耦合电路、旁路、滤波电路、调谐电路、能量转换电路、控制电路等。此外，利用电容还可构成直流成分恢复器、有源滤波器、LC 振荡器、RC 定时器和 RC 移相等一系列电路。有些用途在本书后续进行介绍。

注意事项

电容使用时的注意事项：
1) 电容的工作电压不能长时间高于它的额定电压值，否则电容会发热甚至损毁。
2) 选用电解电容时应注意：
① 电解电容的极性不能接反。
② 电解电容的额定电压值选择原则为：在可供选择的额定电压值中，应选用大于该电容可能承受最大电压 2 倍的最小值。一般额定电压值为 16V、25V、50V 等。比如在一个电路中，某个电解电容可能承受的最大电压为 12V，则应选择大于 24V 的额定电压值中的最小值，即 25V。过分提高额定电压值，一方面会增加成本（额定电压值越高的电容越贵），另一方面，也会造成电容实际电容值小于额定值。
③ 温度对电解电容的剩余电流、电容量和寿命都有影响，一般的电解电容只能在 50℃以下的环境使用。所以，选用安装电解电容时，应该尽量远离热源，过热会导致电解电容失效。
④ 区分电解电容引脚极性的方法有两种：
a. 电解电容器上"-"对应的引脚为负极，另一个引脚为正极。
b. 对于一个新的、未做过任何操作的电容，长引脚为正极，短引脚为负极。
3) 可变电容使用一段时间后，动片间会产生灰尘，应定期清洁；使用时动片应良好接地。

1.2.4 电感

1. 电感的概念

电感在电子电路中应用广泛，是实现振荡、调谐、耦合、滤波、延迟、偏转的主要元件之一，具有筛选信号、过滤噪声、稳定电流及抑制电磁波干扰等作用。

电感是导线内通过交流电流时，在导线的内部及其周围产生交变磁通，导线的磁通量与生产此磁通的电流之比，电感系数可以简称为电感；而忽略了导线电阻的空心线圈或铁心线圈可以用电感元件来表示，也可简称为电感。电感元件图形符号如图 1-31 所示。

a) 空心线圈   b) 铁心线圈

图 1-31 电感元件图形符号

如果电感元件的电感 L 为常量，而不随通过它的电流的改变而变化，则称为线性电感元件。本书中若没有特别说明，都是指线性电感元件。

电感线圈中的自感电动势总是与线圈中的电流变化相抵抗，所以电感线圈对交流电流有阻碍作用。依据阻碍作用的大小，电感可分为高频阻流线圈和低频阻流线圈。

常见电感的外形如图 1-32 所示。

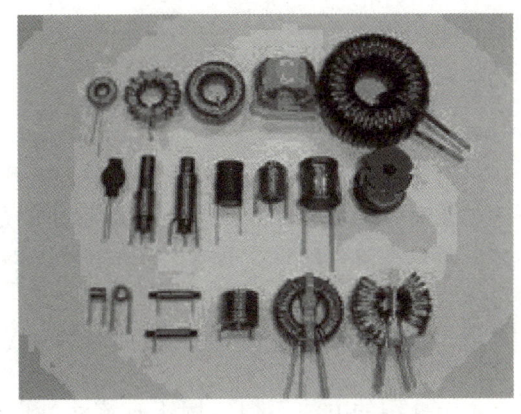

图 1-32　常见电感的外形

2. 电感的分类

电感分为空心和磁心两大类，磁心电感又分为卧式和立式。空心电感没有磁滞和涡流损耗，品质因数（$Q = \omega L/r$）高，分布电容小，在高频电路中应用较多，可惜没有成品可购，需要自行绕制。磁心电感体积小，结构牢固，可用于滤波、振荡、阻抗匹配、延迟线、陷波和高频补偿等电路中，详见表 1-4。

表 1-4　电感的常用电路

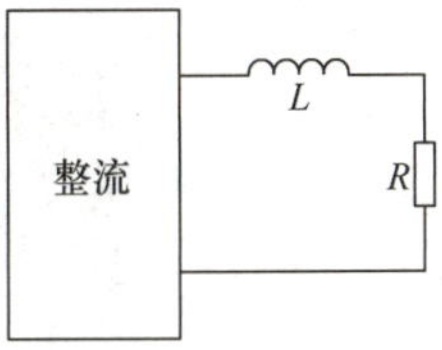 低通滤波	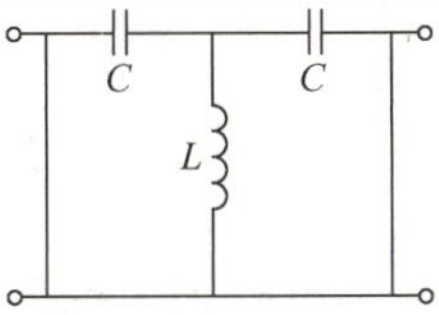 T型高通滤波	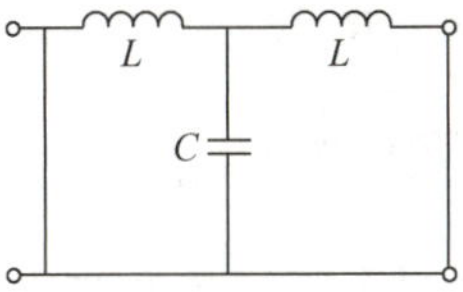 Π型低通滤波
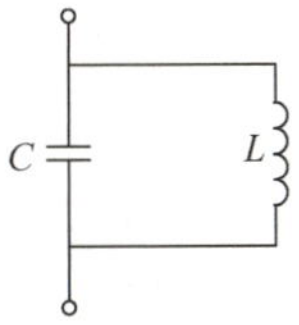 LC并联谐振	 LC串联谐振	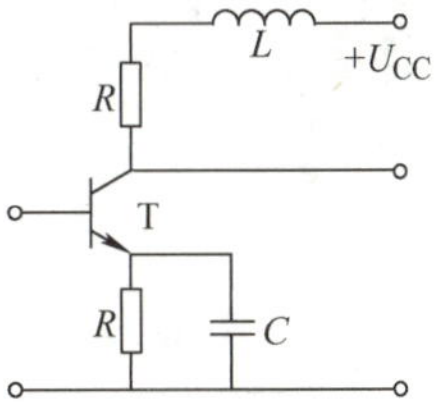 高频补偿
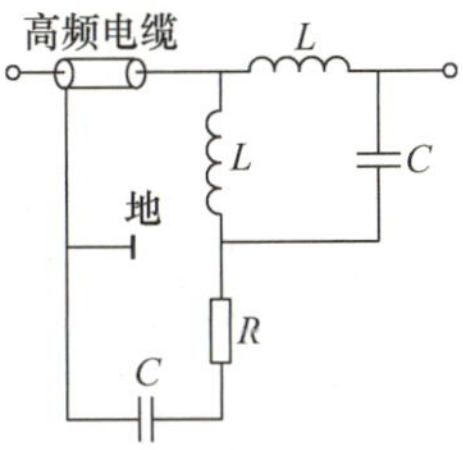 阻抗匹配	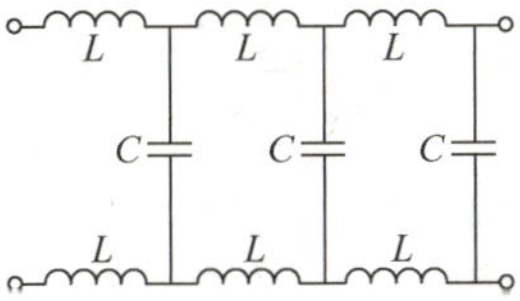 LC延迟线	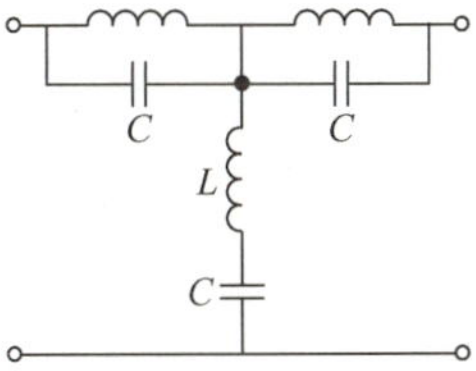 LC串、并联陷波

3. 电感的标识

额定电感量和偏差可直接标注在电感上，也可以用色环的形式表示，规定与色环电阻类似，单位是 μH。选用电感时除了要注意电感量、品质因数和电流等级外，还要注意其直流电阻值。

拓展提高

只有当电感元件的电流发生变化时，其两端才会有电压。因此，电感元件也叫作动态元件。电流变化越快，电压越大；电流变化越慢，电压越小。当电流不随时间变化时，则电压为零。所以直流电路中，电感元件相当于短路。

1.3 电路的分析方法

本节介绍的方法不但适用于直流线性电阻电路，而且可以推广到交流线性电路的分析中。

1.3.1 电阻的连接

在使用电阻时可以根据需要将它们连接成具有两个或者三个端子的组合电路，这个组合电路可用一个等效的电阻来代替，其阻值叫作组合电路的等效电阻（或总电阻）。常见的电阻连接方式有串联、并联、混联、星形联结和三角形联结等形式，本书只介绍电阻的串联、并联和混联。

观察思考

圣诞节期间挂在树上忽明忽暗的小彩灯，采用的就是串联电路。将小彩灯一一串联，在其中一个彩灯内装有双金属片结构的自动开关，双金属片因灯丝发热而弯曲，双金属片脱开时，彩灯就全部熄灭；冷却后双金属片复原，电路重新接通，所以圣诞树就会忽明忽暗了。

我们身边还有很多电阻串联的例子。你想到了吗？

1. 电阻的串联电路

几个电阻逐个顺次首尾相连，中间无分支，称这几个电阻串联。常用符号"+"表示电阻的串联。图 1-33 所示为三个电阻的串联电路，可表示为"$R_1 + R_2 + R_3$"。

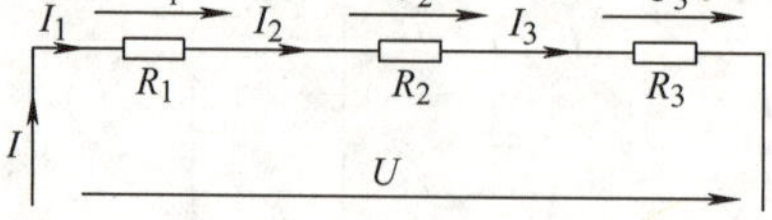

图 1-33 三个电阻串联电路

串联电路有以下特点：
1) 流过每个电阻的电流相等，并等于总电流，即

$$I = I_1 = I_2 = \cdots = I_n \tag{1-14}$$

2) 电路两端的总电压等于各电阻两端的电压之和，即

$$U = U_1 + U_2 + \cdots + U_n \tag{1-15}$$

3) 电路的总电阻（等效电阻）等于各电阻之和，即

$$R = R_1 + R_2 + \cdots + R_n \tag{1-16}$$

4）每个电阻上分配到的电压与电阻成正比，即

$$\frac{U_1}{R_1} = \frac{U_2}{R_2} = \cdots = \frac{U_n}{R_n} = \frac{U}{R} = I \tag{1-17}$$

由上式可得到电阻串联的分压公式，即

$$U_i = \frac{R_i}{R} U = \frac{R_i}{R_1 + R_2 + \cdots + R_n} U \tag{1-18}$$

式中，$\dfrac{R_i}{R_1 + R_2 + \cdots + R_n}$ 为分压系数，$i = 1, 2, 3, \cdots, n$。

串联电路在实际中应用广泛，如电压表利用串联不同的电阻来扩大其量程，电源利用电阻串联构成的分压器来获得几种不同的电压输出等。

应用案例

应用案例 1-7 有一电流表，满刻度电流 $I_\alpha = 50\mu A$（即允许通过的最大电流），内阻 $R_\alpha = 3k\Omega$。现需扩展其量程，如图 1-34 所示。当转换开关 S 置于 a 点时，其量程扩展为 10V，当转换开关 S 置于 b 点时，其量程扩展为 50V，问扩展量程所串联的电阻 R_a、R_b 分别为多少？

解： 先求电流表满刻度时的电压 U_α：$U_\alpha = I_\alpha R_\alpha = 50 \times 10^{-6} \times 3 \times 10^3 V = 0.15V$

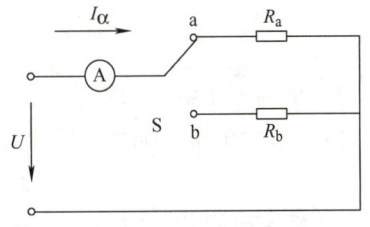

图 1-34 扩大电流表量程

即用电流表直接测量电路时，只能测量小于 0.15V 的电压，当外测电压为 10V、50V 时，通过串联电阻 R_a、R_b 扩展。

当扩展为 10V 时，$R_a = \dfrac{U - U_\alpha}{I} = \dfrac{10 - 0.15}{50 \times 10^{-6}} \Omega = 197k\Omega$

当扩展为 50V 时，$R_b = \dfrac{U - U_\alpha}{I} = \dfrac{50 - 0.15}{50 \times 10^{-6}} \Omega = 997k\Omega$

应用案例 1-8 在图 1-35 所示的分压器中，输入电压 $U_i = 12V$，$R_1 = 350\Omega$，$R_2 = 550\Omega$，$R_W = 270\Omega$，试求输出电压 U_o 的变化范围。

解： 由图 1-35 可知，输出电压 U_o 的变化是通过调节电位器 R_W 实现的。当触头调到 b 端时，输出为 U_{omin}，有

$$U_{omin} = \frac{R_2}{R_1 + R_2 + R_W} U_i = \frac{550}{350 + 550 + 270} \times 12V = 5.6V$$

当触头调到 a 端时，输出为 U_{omax}，有

$$U_{omax} = \frac{R_W + R_2}{R_1 + R_2 + R_W} U_i = \frac{270 + 550}{350 + 550 + 270} \times 12V = 8.4V$$

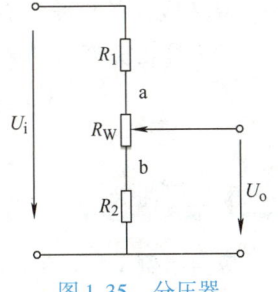

图 1-35 分压器

即分压器的输出电压 U_o 的变化范围为 5.6 ~ 8.4V。

2. 电阻的并联电路

几个电阻的首尾连接在相同两点之间，称这几个电阻并联。常用符号"//"表示电阻

的并联。图 1-36 所示为三个电阻并联的电路，可表示为"$R_1 /\!/ R_2 /\!/ R_3$"。

并联电路有以下特点：

1）并联电阻两端的电压相等，且等于总电压，即

$$U = U_1 = U_2 = \cdots = U_n \qquad (1\text{-}19)$$

2）总电流等于各电阻电流之和，即

$$I = I_1 + I_2 + \cdots + I_n \qquad (1\text{-}20)$$

3）电路的总电阻（等效电阻）的倒数等于各电阻倒数之和，即

$$\frac{1}{R} = \frac{1}{R_1} + \frac{1}{R_2} + \cdots + \frac{1}{R_n} \qquad (1\text{-}21)$$

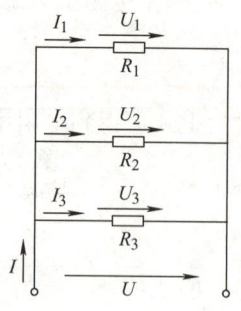

图 1-36 三个电阻并联电路

如果只有两个电阻并联，由式(1-21)可得

$$R = \frac{R_1 R_2}{R_1 + R_2} \qquad (1\text{-}22)$$

如果有 n 个阻值相等的电阻并联，由式(1-21)可得

$$R = \frac{R_o}{n} \qquad (1\text{-}23)$$

式中，R_o 为一个电阻的阻值。

4）每个电阻分配到的电流与电阻成反比，即

$$I_1 R_2 = I_2 R_2 = \cdots = I_n R_n = IR = U \qquad (1\text{-}24)$$

对两个电阻并联的电路，由式(1-24)可得分流公式，即

电阻并联分流演示

$$\begin{cases} I_1 = \dfrac{R_2}{R_1 + R_2} I \\ I_2 = \dfrac{R_1}{R_1 + R_2} I \end{cases} \qquad (1\text{-}25)$$

并联电路在实际中也获得了广泛应用，如电流表利用并联不同的电阻扩大量程；工作电压相同的电气设备并联使用，可使电气设备的工作互不影响等。

 观察思考

日常生活中的家庭照明电路采用的就是并联连接方式，这样灯与灯之间互不影响，一灯亮、暗（通、断）并不影响其他灯的亮、暗（通、断）。

我们身边还有很多电阻并联的例子。你想到了吗？

应用案例

应用案例 1-9 有一电流表，满刻度电流 $I_\alpha = 100\mu\text{A}$（即允许通过的最大电流），内阻 $R_\alpha = 1\text{k}\Omega$。现需扩展其量程，如图 1-37 所示。若要改变成量程（即测量范围）为 10mA、50mA 的电流表，应并联多大的电阻 R_a、R_b？

解： 先求电流表承受的电压 U_α：

$$U_\alpha = I_\alpha R_\alpha = 100 \times 10^{-6} \times 1 \times 10^3 \text{V} = 0.1\text{V}$$

再求分流电阻分流的数值：

量程为 10mA 时，$I_a = I - I_\alpha = (10 - 100 \times 10^{-3})\text{mA} = 9.9\text{mA}$

量程为 50mA 时，$I_b = I - I_\alpha = (50 - 100 \times 10^{-3})\text{mA} = 49.9\text{mA}$

最后求分流电阻的阻值：

$$R_a = \frac{U_\alpha}{I_a} = \frac{0.1}{9.9 \times 10^{-3}}\Omega = 10.1\Omega$$

$$R_b = \frac{U_\alpha}{I_b} = \frac{0.1}{49.9 \times 10^{-3}}\Omega = 2.004\Omega$$

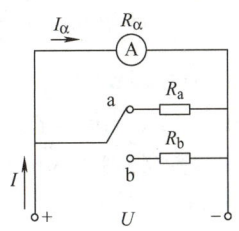

图 1-37　扩大电流表量程

3. 电阻的混联电路

既有电阻的串联又有电阻的并联的电路，叫作电阻混联电路。

分析电阻混联电路，必须先明确混联电路中各电阻之间的连接关系，再应用串、并联电路的特点，求出各串联和并联部分的等效电阻，最后求出电路的总电阻。

如果电阻混联电路比较复杂，各电阻之间的串、并联关系一时看不出，可先采用画等效电路图的方法找出各电阻之间的串、并联关系，然后再分析计算。

画等效电路图的方法：

1) 用字母标出各电阻连接点，相同的点用同一字母。
2) 将各字母依次排列，端点字母在两端。
3) 将各字母间的电阻绘出，得到等效电路图。

 应用案例

应用案例 1-10　在图 1-38 电路中，已知 $R_1 = 2\Omega$，$R_2 = R_3 = R_4 = R_5 = 4\Omega$，$U_{AB} = 6\text{V}$，求通过 R_4 的电流 I_4。

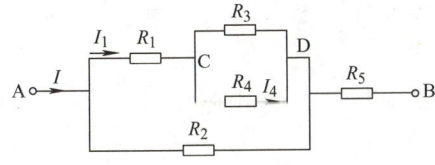

图 1-38　应用案例 1-10 图

解： 先求各部分的分电阻和电路的总电阻 R_{AB}，即

$$R_{CD} = R_3 // R_4 = (4//4)\Omega = 2\Omega$$
$$R' = R_1 + R_{CD} = (2+2)\Omega = 4\Omega$$
$$R_{AB} = R'//R_2 + R_5 = (4//4 + 4)\Omega = 6\Omega$$

再求电路的总电流，即 $I = \dfrac{U_{AB}}{R_{AB}} = \dfrac{6}{6}\text{A} = 1\text{A}$

根据分流公式求流过 R_1 的电流，即 $I_1 = \dfrac{R_2}{R' + R_2}I = \dfrac{4}{4+4} \times 1\text{A} = 0.5\text{A}$

再根据分流公式求流过 R_4 的电流 I_4，即 $I_4 = \dfrac{R_3}{R_3 + R_4} I_1 = \dfrac{4}{4+4} \times 0.5\text{A} = 0.25\text{A}$

应用案例 1-11　求图 1-39a 所示混联电路的等效电阻。已知 $R_1 = R_8 = 5\Omega$，$R_2 = 2\Omega$，$R_3 = 16\Omega$，$R_4 = 40\Omega$，$R_6 = 60\Omega$，$R_5 = R_7 = R_9 = 10\Omega$。

解：将图 1-39a 中各点用字母标出。按求等效电阻的方法画出等效电路图，整理后如图 1-39b 所示，则

$$R_{ab} = [(R_4 /\!/ R_6 + R_3) /\!/ R_5 + R_2] /\!/ (R_8 + R_7 /\!/ R_9) + R_1$$
$$= \{[(40 /\!/ 60 + 16) /\!/ 10 + 2] /\!/ (5 + 10 /\!/ 10) + 5\}\Omega$$
$$= 10\Omega$$

等效电阻求取

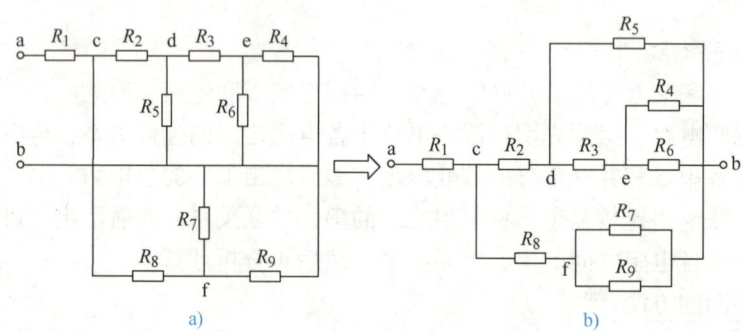

图 1-39　应用案例 1-11 图

1.3.2　基尔霍夫定律与支路电流法

基尔霍夫定律（Kirchhoff's Law）是电路中各电流、电压都必须遵守的基本规律。基尔霍夫定律有两大定律：第一定律，也称为电流定律（Kirchhoff's Current Law, KCL）；第二定律，也称为电压定律（Kirchhoff's Voltage Law, KVL）。

1. 基尔霍夫定律

（1）电路的有关术语　在引入基尔霍夫定律之前，先介绍几个常用的电路术语。

支路：电路中每一段没有分支的路，称为一条支路，如图 1-40 电路中有三条支路：acb、adb、ab。

节点：电路中支路的交点。如图 1-40 电路中有两个节点：a 与 b。

回路：电路中由支路组成的闭合路径称为回路，如图 1-40 电路中有三个回路：adba、abca、adbca。

网孔：电路内部不含支路的回路，称为网孔。如图 1-40 所示的电路中有两个网孔：abca、adba。

（2）基尔霍夫电流定律　基尔霍夫电流定律又叫作基尔霍夫第一定律，是对于电路的任一节点，在任一时刻，流入该节点全部电流的总和等于流出该节点全部电流的总和。表达式为

$$\sum I_i = \sum I_o$$

又可写成

$$\sum I = 0 \qquad (1\text{-}26)$$

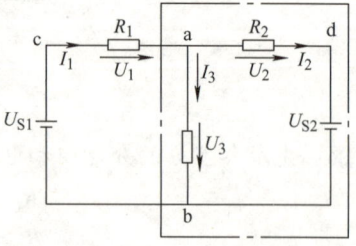

图 1-40　复杂电路

也可描述为：电路任一时刻，任一节点所连各支路的电流代数和为零。在这里需要注意的是，若取流入节点的电流为正，则取流出节点的电流为负。式(1-26)称为 KCL 方程，又叫作节点电流方程。

列 KCL 方程的步骤为：

① 找出节点所连支路。

② 标出各支路电流参考方向。

③ 列出方程。

如图 1-40 中，a 节点的 KCL 方程为：$I_1 - I_2 - I_3 = 0$。

KCL 不仅适用于节点，也适用于任何假想的封闭面，即任一假想封闭面所连的全部支路电流代数和为零。如图 1-40 中点画线所围的封闭面，则有 $I_1 - I_1 = 0$。

（3）基尔霍夫电压定律　基尔霍夫电压定律，又叫作基尔霍夫第二定律，是电路中任一回路，在任一时刻，组成该回路的各支路的电压代数和为零，即

$$\sum U = 0 \tag{1-27}$$

该方程称为 KVL 方程，又叫作回路电压方程。

列 KVL 方程的步骤为：

① 找出组成回路的各支路及支路上的元件。

② 标出各元件电压参考方向。

③ 从回路上任一点出发，沿回路绕行一周回到起始点，对所经元件的电压求代数和：当元件电压的参考方向与绕行方向一致时，该电压为正，否则为负。

④ 列出方程：令③中的代数和等于零。

如图 1-40 中，回路 abca 的 KVL 方程为：$U_3 - U_{S1} + U_1 = 0$。

2. 支路电流法

在复杂电路分析计算中，支路电流法是最基本的方法。它以支路电流为未知量，直接应用基尔霍夫两条定律列出方程组求解，然后再求其他未知量。下面以图 1-41 所示电路为例说明如何建立支路电流法方程。

图 1-41 所示电路中有 4 个节点、6 条支路、7 个回路、3 个网孔，要求的未知数是支路电流，所以未知数有 6 个：$I_1 \sim I_6$，因此需要列 6 个方程组成方程组，联立才能求得。

列 KCL 方程：

$$\begin{cases} 节点\ a：I_1 + I_2 - I_4 = 0 \\ 节点\ b：I_3 + I_4 - I_5 = 0 \\ 节点\ c：I_1 - I_5 + I_6 = 0 \\ 节点\ d：I_2 + I_3 - I_6 = 0 \end{cases}$$

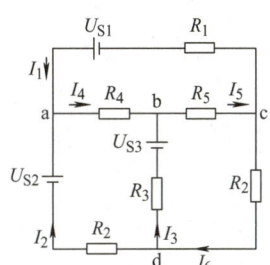

图 1-41　支路电流法举例

如把上列 4 个方程相加，可得到 0 = 0 的关系，可见这 4 个方程中任一个方程都可由其他 3 个推出。把可由其他方程推出来的方程称为非独立方程，所以以上 4 个方程中，任意去掉一个，其他 3 个便都是独立方程了。这一结果可推广到各种电路：节点数为 n 的电路中，可列出 (n - 1) 个独立的 KCL 方程。组成的方程组称为独立方程组。由数学知识可知，只有独立的方程组才可解出未知数，所以上列 4 个方程，可采用 3

个方程，那么要求出 $I_1 \sim I_6$，还需要列 3 个方程。列 7 个回路的 KVL 方程，因未知数是支路电流，所以用支路电流表示电阻电压，即

$$\begin{cases} abca: I_4R_4 + I_5R_5 + I_1R_1 - U_{S1} = 0 \\ adba: U_{S2} - I_2R_2 + I_3R_3 - U_{S3} - I_4R_4 = 0 \\ bdcb: U_{S3} - I_3R_3 - I_6R_2 - I_5R_5 = 0 \\ abdca: I_4R_4 + U_{S3} - I_3R_3 - I_6R_2 + I_1R_1 - U_{S1} = 0 \\ adbca: U_{S2} - I_2R_2 + I_3R_3 - U_{S3} + I_5R_5 + I_1R_1 - U_{S1} = 0 \\ adcba: U_{S2} - I_2R_2 - I_6R_2 - I_5R_5 - I_4R_4 = 0 \\ adca: U_{S2} - I_2R_2 - I_6R_6 + I_1R_1 - U_{S1} = 0 \end{cases}$$

以下 7 个方程也是非独立方程，只需从中选取 3 个独立方程即可。本书直接给出以下结论：平面电路中，网孔数 = 支路数 -（节点数 - 1），而网孔的 KVL 方程一定独立。所以只需列网孔的 KVL 方程即可。

这样，由 3 个独立的 KCL 方程和 3 个网孔的独立 KVL 方程联立组成独立方程组，解方程组便可将未知数 $I_1 \sim I_6$ 求解出来。

综上所述，支路电流法分析计算电路的一般步骤如下：

1）找出电路图中的节点（n 个）、支路（b 条）、网孔（m 个）。
2）在电路图中标出各支路的电流（b 个）。
3）列出（$n-1$）个 KCL 方程。
4）用支路电流表示电阻电压，列出 m 个网孔的 KVL 方程。
5）联立求解（$n-1$）+ $m = b$ 个方程，求出各支路电流。

应用案例

应用案例 1-12 已知图 1-42 中，$U_{S1} = 5V$，$r_1 = 1\Omega$，$U_{S2} = 9V$，$r_2 = 6\Omega$，$R_2 = 2\Omega$，$R_1 = 3\Omega$，求各支路电流。

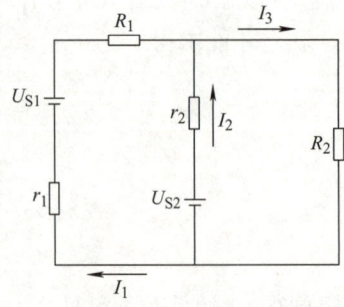

图 1-42 应用案例 1-12 图

解：选择各支路电流 I_1、I_2、I_3 参考方向如图所示。该电路有两个节点，可列一个独立 KCL 方程：
$$I_1 + I_2 - I_3 = 0 \tag{1}$$

列两个网孔的 KVL 方程：
$$(r_1 + R_1)I_1 - U_{S1} - I_2r_2 + U_{S2} = 0 \tag{2}$$

$$I_3R_2 - U_{S2} + I_2r_2 = 0 \qquad (3)$$

联立方程（1）、（2）、（3），代入数据，求解 I_1、I_2、I_3。有：

$$\begin{cases} I_1 + I_2 - I_3 = 0 \\ 4I_1 - 6I_2 + 4 = 0 \\ 2I_3 + 6I_2 - 9 = 0 \end{cases}$$

解方程组得：$I_1 = 0.5\text{A}$；$I_2 = 1\text{A}$；$I_3 = 1.5\text{A}$。

1.3.3 叠加定理

叠加定理是线性电路的一个基本定理，即在线性电路中，当有两个或两个以上的独立电源作用时，则任意支路的电流或电压，都可以认为是电路中各个电源单独作用而其他电源未作用时，该支路中产生的各电流分量或电压分量的代数和。如图1-43a所示，以支路电流 I 为例说明叠加定理在线性电路中的体现。

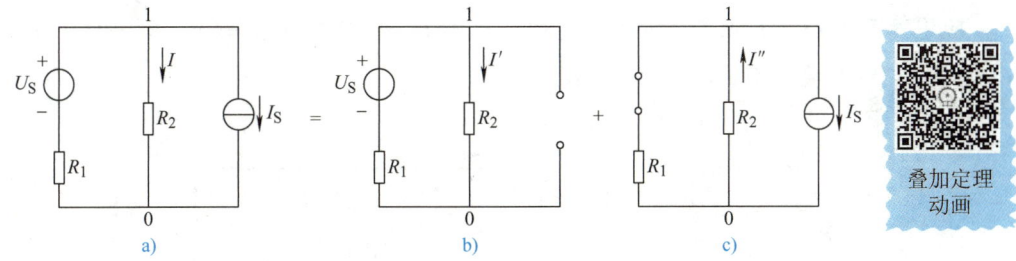

图1-43 叠加定理举例

图1-43a 是一个含有两个独立源的线性电路，根据前面的分析方法，列写电路的 KCL 和 KVL 方程，整理可得这个电路两个节点间的电压为

$$U_{10} = \frac{R_2}{R_1 + R_2}U_S - \frac{R_1R_2}{R_1 + R_2}I_S$$

R_2 支路电流为

$$I = \frac{U_{10}}{R_2} = \frac{U_S}{R_1 + R_2} - \frac{R_1}{R_1 + R_2}I_S$$

图1-43b 是电压源 U_S 单独作用下的情况。此情况下电流源的作用为零，零电流源相当于无限大电阻（即开路）。在 U_S 单独作用下，可得 R_2 支路电流为

$$I' = \frac{U_S}{R_1 + R_2}$$

图1-43c 是电流源 I_S 单独作用下情况。此情况下电压源的作用为零，零电压源相当于零电阻（即短路）。在 I_S 单独作用下，可得 R_2 支路电流为

$$I'' = \frac{R_1}{R_1 + R_2}I_S$$

求所有独立源单独作用下 R_2 支路电流的代数和，得

$$I = I' - I'' = \frac{U_S}{R_1 + R_2} - \frac{R_1}{R_1 + R_2}I_S$$

对 I' 取正号，是因为它的参考方向与 I 的参考方向一致；对 I'' 取负号，是因为它的参考

方向与 I 的参考方向相反。

注意事项

使用叠加定理时，应注意以下几点：
1) 只能用来计算线性电路的电流和电压，对非线性电路，叠加定理不适用。
2) 叠加时要注意电流和电压的参考方向，求其代数和。
3) 化为几个单独电源的电路来进行计算时，所谓电压源不作用，就是在该电压源处用短路代替；电流源不作用，就是在该电流源处用开路代替。
4) 不能用叠加定理直接来计算功率。

应用案例

应用案例 1-13 如图 1-44a 所示电路，已知 $U_{S1}=10V$，$U_{S2}=6V$，$R_1=1\Omega$，$R_2=3\Omega$，$R_3=6\Omega$。试运用叠加定理求支路电流 I_3。

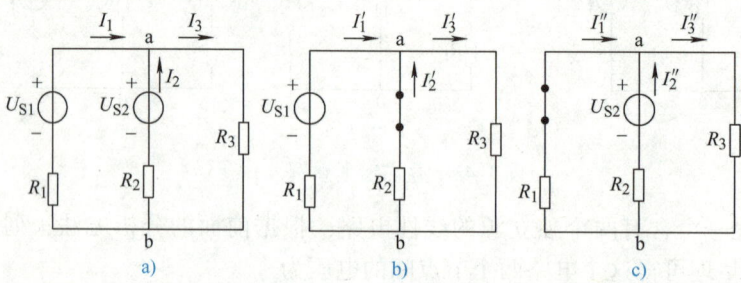

图 1-44 应用案例 1-13 图

解：(1) 当电压源 U_{S1} 单独作用时，电压源 U_{S2} 短路，如图 1-44b 所示，利用分流公式，可得支路电流 I_3' 为

$$I_3' = \frac{U_{S1}}{R_1+\dfrac{R_2 R_3}{R_2+R_3}} \cdot \frac{R_2}{R_2+R_3} = \frac{10}{1+\dfrac{3\times 6}{3+6}} \cdot \frac{3}{3+6} A = 1.1A$$

(2) 当电压源 U_{S2} 单独作用时，电压源 U_{S1} 短路，如图 1-44c 所示，利用分流公式，可得支路电流 I_3'' 为

$$I_3'' = \frac{U_{S2}}{R_2+\dfrac{R_1 R_3}{R_1+R_3}} \cdot \frac{R_1}{R_1+R_3} = \frac{6}{3+\dfrac{1\times 6}{1+6}} \times \frac{1}{1+6} A = 0.2A$$

(3) 两个独立源共同作用时，支路电流 I_3 为

$$I_3 = I_3' + I_3'' = (1.1+0.2)A = 1.3A$$

1.3.4 戴维南定理

在工程实践中，通常并不需要把所有支路的电流都计算出来，而只需要对某一支路进行

分析和计算。为了避免求解较多未知数的方程组，提出了"等效电源"的设想。

任何一个线性有源二端网络，对外电路来说，可以用一个电压源和电阻串联组合的电路模型来等效，该电压源的电压 U_S 等于有源二端网络的开路电压 U_{OC}，该电阻等于有源二端网络去除电源作用后端口的等效电阻 R_i，这就是<u>戴维南定理</u>。该电路模型称为<u>戴维南等效电路</u>。戴维南定理是阐明线性有源二端网络外部性能的一个重要定理。

"等效电源"与"有源二端网络"等效，是指代替之后，负载两端的电压及通过负载的电流都不会变化，即对外等效。

运用戴维南定理，计算等效电源电压 U_S 及内电阻 R_i 的方法如下：

1）计算 U_S。将待研究的支路移开，求剩下的有源二端网络的开路电压 U_{OC}。应注意所选 U_{OC} 的参考方向及所求值的正负号，以便确定等效电压源 U_S 的正负端。

2）计算 R_i。将有源二端网络中的所有电源作用视为零，称为"除源"（电压源短接，电流源断开），形成无源二端网络，计算由端口处看入的等效电阻。

等效电阻的计算方法有以下三种：

1）将网络内所有电源"除源"，用电阻串、并联等相关知识将电路加以化简，计算端口的等效电阻，即为 R_i。

2）将网络内所有电源"除源"，在端口 a、b 处施加一外电压 U，计算或测量输入端口的电流 I，则等效电阻 $R_i = \dfrac{U}{I}$。

3）用实验方法测量，或用计算方法求得该有源二端网络开路电压 U_{OC} 和短路电流 I_{SC}，则等效电阻 $R_i = \dfrac{U_{OC}}{I_{SC}}$。

在使用戴维南定理时，应特别注意电压源 U_S 在等效电路中的正确连接。

给定一线性有源二端网络，如接在它两端的负载电阻不同，从二端网络传输给负载的功率也不同。可以证明，当外接电阻 R 等于二端网络的戴维南等效电路的电阻 R_i 时，外接电阻获得的功率最大。满足 $R = R_i$ 时，称为负载与电源匹配。在电信工程中，由于信号一般很弱，常要求从信号源获得最大功率，因而必须满足匹配条件。但此时传输效率很低，这在电力工程中是不允许的。在电力系统中，输出功率很大，效率非常重要，故应使电源内阻（以及输电线路电阻）远小于负载电阻。

应用案例

应用案例1-14　图1-45a所示为一非平衡电桥电路，试求检流计的电流 I。

解：将检流计从 a、b 处断开，对端子 a、b 来说，除去检流计之后的电路是一个有源二端网络。用戴维南定理求其等效电路。开路电压 U_{OC} 为（见图1-45b）：

$$U_{OC} = 5\Omega \times I_1 - 5\Omega \times I_2 = \left(5 \times \frac{12}{5+5} - 5 \times \frac{12}{10+5}\right)V = 2V$$

将12V电压源短路，可求得端子 a、b 的输入电阻 R_i 为（见图1-45c）：

$$R_i = \left(\frac{5 \times 5}{5+5} + \frac{10 \times 5}{10+5}\right)\Omega = 5.83\Omega$$

图1-45a所示电路可化简为图1-45d所示的等效电路，因而可整理求得

$$I = \frac{U_{OC}}{R_i + R_g} = \frac{2}{5.83 + 10}A = 0.126A$$

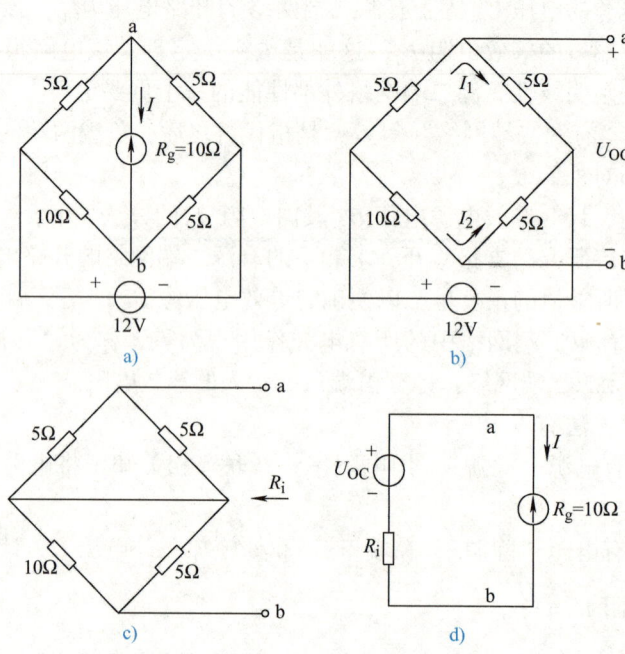

图 1-45　应用案例 1-14 图

第2章 交流电路的分析与应用

学习目标

现代技术中广泛应用的电能大部分是交流电。如生活用电、工厂用电、科学实验用电都离不开交流电。而现代电力系统绝大多数采用三相正弦交流电路。因此,有必要在学习单相交流电的基础上认识三相交流电的基本特征和分析方法。

本章主要介绍正弦交流电路的基本概念,单相交流电路和三相交流电路的特点及分析方法,为后面分析各种电工电子电路奠定基础。

学习完本章后,你将能够:

- 掌握正弦量的三要素以及相位差的概念。
- 了解有效值的实际意义以及有效值与最大值之间的关系。
- 掌握 RLC 串、并联交流电路中电压与电流的关系以及基本分析方法和计算方法。
- 了解三相交流电动势的产生、相序的概念,知道相序的重要性。
- 掌握三相交流电源的连接方式以及线电压与相电压之间的关系,并能进行简单计算。
- 掌握三相负载的连接方式以及线电流与相电流的关系,并能进行简单计算。
- 了解三相电路中有功功率、无功功率、视在功率的概念,并能进行简单计算。

2.1 正弦交流电路的基本概念

第1章介绍了直流电,直流电是指方向不随时间变化的电压、电流或电动势。交流电则是指方向随时间变化的电压、电流或电动势。由于大多交流电都是周期性变化的,所以这种大小和方向都随时间进行周期性变化的电压或电流称为周期性交流电。交流电按其变化规律可分为正弦交流电和非正弦交流电,如图 2-1 所示。本章如不特别说明,所讲的交流电都是指正弦交流电。下面着重讲解单相正弦交流电的相关知识。

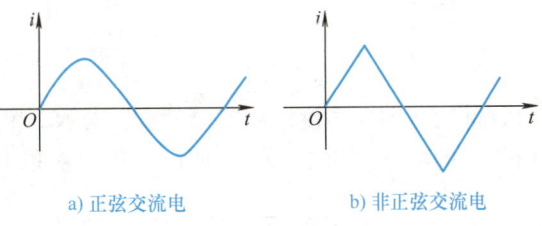

a) 正弦交流电   b) 非正弦交流电

图 2-1 交流电的波形

正弦交流电的基本概念

2.1.1 正弦量的三要素

交流电的物理量用小写字母表示，如 e、u、i 等。如图 2-2 所示，图中标出的电动势 e、电流 i 和电压 u 的方向为参考方向，它们的实际方向是在反复变化的，与参考方向相同的半个周期为正值，与参考方向相反的半个周期为负值。

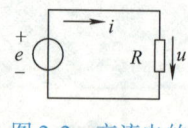

图 2-2 交流电的参考方向

通常将某一瞬间交流电的值叫作交流电的瞬时值，可用解析式或波形图来表示。在电路分析中把正弦电流、正弦电压统称为正弦量。以电流 i 为例，正弦量的一般解析式（即瞬时值表达式）为

$$i(t) = I_m \sin(\omega t + \varphi) \tag{2-1}$$

波形如图 2-3 所示（设 $\varphi > 0$）。当然，正弦量的解析式和波形图都是对已经选定的参考方向而言的。

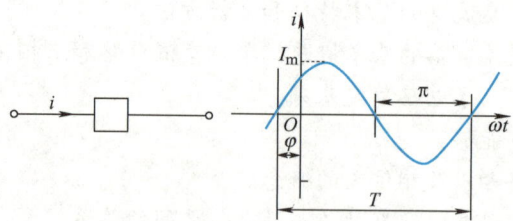

图 2-3 参考方向下正弦电流的波形

式(2-1) 中，只要知道 I_m、ω、φ 三个量的值，便可以将这个正弦电流描述出来，因此将这三个量称为正弦交流电的三要素。下面分别解释这三个量的意义。

1. 最大值

最大值是用来表示正弦交流电瞬时值变化范围的物理量，又叫作振幅或峰值。用大写字母带下标"m"表示，如 U_m、I_m、E_m 等。

2. 角频率

用来表示正弦交流电变化快慢的物理量有频率、周期和角频率。

频率——交流电每秒钟变化的次数，用字母"f"表示，单位是 Hz（赫兹，简称赫），实际应用中常用单位还有 kHz（千赫）、MHz（兆赫）等。

我国和其他大多数国家的电力工业的标准频率（通常简称为工频）为 50Hz，也有少数国家（如美国和日本）的工频采用 60Hz。

周期——交流电变化一周所用的时间，用字母"T"表示，单位是 s（秒）。

频率与周期是倒数关系，即

$$f = \frac{1}{T} \tag{2-2}$$

角频率——交流电每秒钟变化的电角度，用字母"ω"表示，单位是 rad/s（弧度/秒）。由于交流电每变化一周所经过的电角度为 2π rad，所以，角频率和频率之间有如下关系：

$$\omega = 2\pi f = \frac{2\pi}{T} \tag{2-3}$$

应用案例 2-1 已知我国电力工频为 50Hz，问周期、角频率各为多少？

解：根据式(2-2)、式(2-3)可得

$$T = \frac{1}{f} = \frac{1}{50}\text{s} = 0.02\text{s}$$

$$\omega = 2\pi f = 2\pi \times 50\text{rad/s} = 100\pi\text{rad/s} \approx 314\text{rad/s}$$

3. 初相位

在正弦交流电的解析式中，随时间变化的角度（$\omega t + \varphi$）叫作<u>相位角</u>，简称<u>相位</u>，是决定正弦交流电在某一时刻所处状态的物理量；而初相位是指正弦交流电在 $t = 0$ 时刻的相位，也就是角度 φ。相位和初相位的范围是（$-\pi$，π），它有以下三种情况：

1）当 $\varphi > 0$ 时，表明正弦量 $t = 0$ 时的值为正值，其波形图的零点在坐标原点左侧，与纵轴相差的电角度为 φ，如图 2-4a 所示。

2）当 $\varphi < 0$ 时，表明正弦量 $t = 0$ 时的值为负值，其波形图的零点在坐标原点右侧，与纵轴相差的电角度为 $|\varphi|$，如图 2-4b 所示。

3）当 $\varphi = 0$ 时，表明正弦量 $t = 0$ 时的值为零，其波形图的零点与坐标原点重合于一点，如图 2-4c 所示。

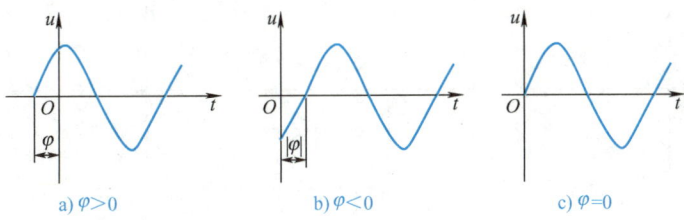

图 2-4 初相位的三种情况

综上所述，最大值、角频率和初相位各自反映了正弦交流电一个方面的特征，通过这三个量可以完整地表达一个正弦交流电，即可以画出它的波形图或写出它的瞬时表达式。所以，称它们为正弦量的三要素。

应用案例 2-2 已知正弦交流电压的最大值 $U_m = 311\text{V}$，频率 $f = 50\text{Hz}$，初相位 $\varphi = 30°$。求：(1) 该电压的瞬时表达式；(2) $t = 0\text{ms}$ 和 $t = 10\text{ms}$ 时的电压值。

解：(1) 交流电压的一般表达式为

$$u = U_m \sin(\omega t + \varphi)$$

式中，$U_m = 311\text{V}$，$\omega = 2\pi f = 2\pi \times 50\text{rad/s} = 100\pi\text{rad/s}$，$\varphi = 30°$，代入数据得表达式为

$$u = 311\sin(100\pi t + 30°)\text{V}$$

(2) 当 $t = 0\text{ms}$ 时，$u = 311\sin30°\text{V} = 155\text{V}$

当 $t = 10\text{ms}$ 时，$u = 311\sin(100\pi \times 10 \times 10^{-3} + 30°)\text{V} = -155\text{V}$

2.1.2 正弦交流电的相位差

相位差，顾名思义就是两个同频率正弦量的相位之差，用字母"φ"表示。

设有两个正弦电压分别为

$$u_1 = U_{1m}\sin(\omega_1 t + \varphi_1), u_2 = U_{2m}\sin(\omega_2 t + \varphi_2)$$

则这两个正弦量的相位差为

$$\varphi = (\omega_1 t + \varphi_1) - (\omega_2 t + \varphi_2)$$

当两正弦量的频率相同，即 $\omega_1 = \omega_2$ 时，有

$$\varphi = \varphi_1 - \varphi_2 \tag{2-4}$$

可见：<u>两个同频率正弦量的相位差就等于它们的初相位之差</u>。相位差的取值范围是 $(-\pi, \pi)$。有以下几种情况：

1) 当 $\varphi = \varphi_1 - \varphi_2 > 0$ 时，说明 u_1 比 u_2 先到达最大值或零值，称 u_1 的相位超前 u_2 的相位 φ，简称 u_1 超前 u_2 φ，或 u_2 滞后 u_1 φ，如图 2-5a 所示。

2) 当 $\varphi = \varphi_1 - \varphi_2 < 0$ 时，称 u_1 滞后 u_2 φ，或 u_2 超前 u_1 φ。

3) 当 $\varphi = 0$ 时，说明 u_1、u_2 同时到达最大值或零值，称 u_1 和 u_2 同相位，简称同相，如图 2-5b 所示。

4) 当 $\varphi = \pm\pi$ 时，说明 u_1 到达正最大值时，u_2 到达负最大值，称 u_1 和 u_2 为反相，如图 2-5c 所示。

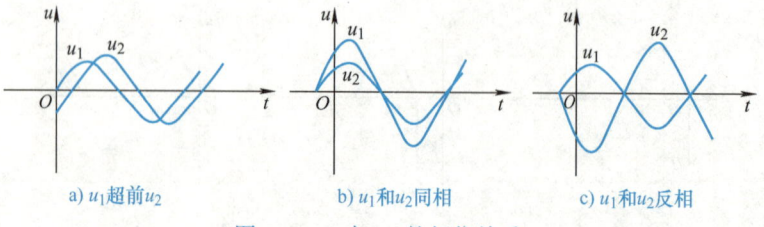

a) u_1 超前 u_2　　　　b) u_1 和 u_2 同相　　　　c) u_1 和 u_2 反相

图 2-5　u_1 与 u_2 的相位关系

注意事项

1) 当变更同频率正弦量的计时起点时，其初相位也随之改变，但相位差仍保持不变，即相位差与计时起点无关。

2) 当某一正弦量的参考方向改变时，该正弦量的初相位将改变 π，它与其他正弦量的相位差也将相应地改变 π。

3) 在正弦交流电路中，对于若干个同频率的正弦量来说往往可以把其中一个选为参考正弦量，并令其初相位为零，而其余正弦量的初相位则由它们之间的相位差来确定。

2.1.3 正弦交流电的有效值

1. 有效值的定义

交流电的最大值、瞬时值显然都是表征交流电大小的物理量，但最大值是其一个特殊值，瞬时值是随时间不断变化的，它们都不能正确反映交流电在电路中的实际工作效果。为此，引入一

个既能衡量交流电大小，又能正确反映交流电做功能力的物理量，叫作正弦交流电的<u>有效值</u>。

正弦交流电的有效值是根据其热效应来确定的。如果在完全相同的两个电阻分别通过交流电和直流电（见图2-6），在交流电的一个周期的时间里，两种情况产生的热量相等，则把直流电流的数值称为该交流电流的有效值，用大写字母 I 表示。同理，可以把完全相同的电阻产生相等热效应的直流电压、直流电动势分别称为交流电压、交流电动势的有效值，分别用大写字母 U、E 表示。

在电工技术中所说的电压高低和电流大小及各种交流电气设备铭牌所标的额定值，均是它们的有效值，如电度表所标的容量"220V，10A"就是指交流电压和交流电流的有效值。用交流电表所测量的电压、电流的数值也是交流电的有效值。

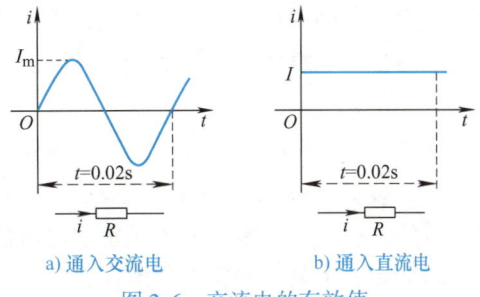

图2-6 交流电的有效值

2. 有效值的大小

对于正弦交流电而言，有效值与最大值有如下代数关系：

$$I = \frac{I_m}{\sqrt{2}} = 0.707 I_m$$

$$U = \frac{U_m}{\sqrt{2}} = 0.707 U_m \quad (2-5)$$

$$E = \frac{E_m}{\sqrt{2}} = 0.707 E_m$$

因此，在有效值的基础上乘以 $\sqrt{2}$ 就可以得到它的最大值，如日常所说的照明用电电压为220V，其最大值为311V。在交流电路中考虑一些元器件有耐压水平和计算电气设备绝缘要求时，应当考虑交流电的最大值，以免造成元器件击穿和绝缘损坏。

注意事项

1) 工程上说的正弦电压、电流一般指有效值，如设备铭牌额定值、电网的电压等级等。但绝缘水平、耐压值指的是最大值。因此，在考虑电气设备的耐压水平时应按最大值考虑。

2) 测量中，交流测量仪表指示的电压、电流读数一般为有效值。

3) 注意区分电流、电压的瞬时值 i、u，最大值 I_m、U_m 和有效值 I、U 的符号。

应用案例

应用案例2-3 电容的耐压值为250V，即所加电压超过250V时电容就会损坏，问其能否直接接在220V的单相交流电源上？

解：因为220V的单相交流电源为正弦电压，其最大值为311V，大于电容的耐压值250V，如果使用，电容就会被击穿，所以不能直接接在220V的单相电源上。

2.1.4 单相正弦交流电的相量表示法

前面介绍了用解析式和正弦量的波形图两种方法表示一个正弦量。但这两种方法在分析和计算交流电路时比较烦琐,为此,下面将介绍正弦量的相量表示法。

因为相量表示法涉及复数的运算,所以在介绍相量表示法之前,先扼要复习一下复数的运算。

1. 复数及四则运算

(1) 复数 在数学中常用 $A = a + ib$ 表示复数,其中 a 为实部,b 为虚部,$i = \sqrt{-1}$ 称为虚单位。在电工技术中,为区别于电流的符号,虚单位常用 j 表示。

若已知一个复数的实部和虚部,那么这个复数便可确定。

取一直角坐标系,其横轴为实轴,纵轴为虚轴,这两个坐标轴所在的平面称为复平面。这样,每一个复数在复平面上都可找到唯一的点与之对应,而复平面上每一点也都对应着唯一的复数。如复数 $A = 4 + 3j$,所对应的点即为图 2-7 上的 A 点。

复数还可以用复平面上的一个矢量来表示。复数 $A = a + jb$ 可以用一个从原点 O 到 A 点的矢量来表示,如图 2-8 所示,这种矢量称为复矢量。矢量的长度 r 为复数的模。

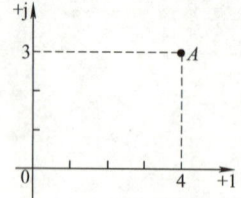
图 2-7 复数在复平面上的表示

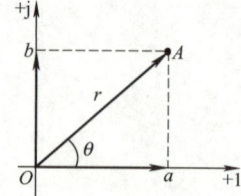
图 2-8 复数的矢量图示法

$$r = |A| = \sqrt{a^2 + b^2} \quad (2\text{-}6)$$

矢量和实轴正方向的夹角 θ 称为复数 A 的辐角,即

$$\theta = \arctan \frac{b}{a} \quad (2\text{-}7)$$

需注意,在计算辐角时,应根据复数实部与虚部的正负来判断其所在象限,使 $|\theta| \leq \pi$。

不难看出,复数 A 的模 $|A|$ 在实轴上的投影就是复数 A 的实部 a,在虚轴上的投影就是复数 A 的虚部 b。

$$\left. \begin{array}{l} a = r\cos\theta \\ b = r\sin\theta \end{array} \right\} \quad (2\text{-}8)$$

(2) 复数的四种形式

1) 复数的代数形式:$A = a + jb$。
2) 复数的三角函数形式(简称为三角形式):$A = r\cos\theta + jr\sin\theta$。
3) 复数的指数形式:$A = re^{j\theta}$。
4) 复数的极坐标形式:$A = r\angle\theta$。

在运算中,代数形式和极坐标形式是常用的,对它们的换算应该十分熟练。

注意事项

要熟练掌握复数的四种表示形式及相互转换关系,这对复数的运算非常重要。

应用案例

应用案例2-4 写出复数 $A_1 = 4 - j3$, $A_2 = -3 + j4$ 的极坐标形式。

解:复数 A_1 的模为 $\quad r_1 = \sqrt{4^2 + (-3)^2} = 5$

辐角为 $\quad \theta_1 = \arctan \dfrac{-3}{4} = -36.9°$(第四象限)

则 A_1 的极坐标形式为 $\quad A_1 = 5 \angle -36.9°$

复数 A_2 的模为 $\quad r_2 = \sqrt{(-3)^2 + 4^2} = 5$

辐角为 $\quad \theta_2 = \arctan \dfrac{4}{-3} = 126.9°$(第二象限)

则 A_2 的极坐标形式为 $\quad A_2 = 5 \angle 126.9°$

应用案例2-5 写出复数 $A = 100 \angle 30°$ 的三角形式和代数形式。

解:三角形式为 $\quad A = 100(\cos 30° + j\sin 30°)$

代数形式为 $\quad A = 100(\cos 30° + j\sin 30°) = 86.6 + j50$

(3)复数的四则运算

1)复数的加减法

设 $\quad A_1 = a_1 + jb_1 = r_1 \angle \theta_1$
$\quad A_2 = a_2 + jb_2 = r_2 \angle \theta_2$

则 $\quad A_1 \pm A_2 = (a_1 \pm a_2) + j(b_1 \pm b_2) \quad$ (2-9)

即复数相加减时,将实部与实部相加减,虚部与虚部相加减。图2-9为复数相加减矢量图。复数相加符合"平行四边形法则",复数相减符合"三角形法则"。

2)复数的乘除法

$$A_1 \cdot A_2 = r_1 \angle \theta_1 \cdot r_2 \angle \theta_2 = r_1 \cdot r_2 \angle (\theta_1 + \theta_2) \quad (2\text{-}10)$$

$$\dfrac{A_1}{A_2} = \dfrac{r_1 \angle \theta_1}{r_2 \angle \theta_2} = \dfrac{r_1}{r_2} \angle (\theta_1 - \theta_2) \quad (2\text{-}11)$$

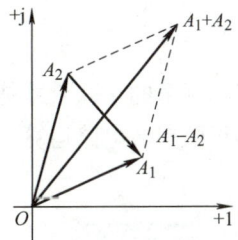

图2-9 复数相加减矢量图

即复数相乘,模相乘,辐角相加;复数相除,模相除,辐角相减。

应用案例

应用案例2-6 求复数 $A = 8 + j6$, $B = 6 - j8$ 的和($A + B$)及积($A \cdot B$)。

解:$A + B = (8 + j6) + (6 - j8) = 14 - j2$

$A \cdot B = (8 + j6)(6 - j8) = 10 \angle 36.9° \times 10 \angle -53.1° = 100 \angle -16.2°$

2. 正弦量的相量表示法

相量表示法又叫作矢量图示法，是用旋转矢量表示正弦量的方法。图 2-10 所示为正弦交流电流 $i = I_m \sin(\omega t + \varphi)$ 的相量表示。图中矢量的长度表示正弦量的最大值，故此相量叫作最大值相量，用"$\dot{I}_m$"表示（也可表示正弦量的有效值，叫作有效值相量，用"$\dot{I}$"表示）；矢量与横坐标的夹角表示初相位，当 $\varphi > 0$ 时，矢量在横坐标的上方，当 $\varphi < 0$ 时，矢量在横坐标的下方；矢量以角速度 ω 逆时针旋转。因此，一个正弦量可借助一个旋转矢量来表示。

正弦量的相量表示法

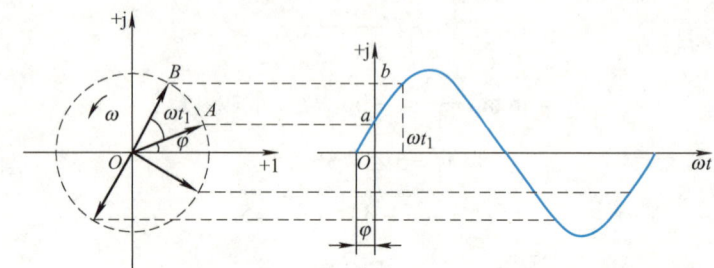

图 2-10 正弦量的相量表示法

在正弦交流电路中，由于角频率 ω 常为一定值，各电压和电流都是同频率的正弦量，这样，表示各正弦量的旋转矢量的旋转角速度都相等。因此，可以忽略矢量的旋转，用初始时刻的矢量表示正弦量。需说明的是，正弦量本身并不是矢量，而是标量，所以将表示正弦量的矢量叫作相量。将同频率的正弦量的相量画在一个坐标中的图，叫作**相量图**。

正弦量的相量和矢量一样，都可以在复平面上用复数表示。将模等于正弦量的最大值（或有效值）、辐角等于正弦量的初相位的复数称为该正弦量的相量。如

$$\dot{I}_m = I_m \angle \varphi \\ \dot{I} = I \angle \varphi \tag{2-12}$$

只有同频率的正弦量才能相互运算，运算方法按复数的运算规则进行。把用相量表示正弦量进行正弦交流电路运算的方法称为相量法（即相量表示法）。

应用案例

应用案例 2-7 已知两个正弦量的解析式分别为 $i = 10\sin(\omega t + 30°)$ A，$u = 220\sqrt{2}\sin(\omega t - 45°)$ V，分别写出电流和电压的最大值相量和有效值相量，并绘出相量图。

解：由解析式可得

$$I = \frac{I_m}{\sqrt{2}} = \frac{10}{\sqrt{2}} \text{A} = 5\sqrt{2} \text{A}, \varphi_i = 30°$$

$$U = \frac{U_m}{\sqrt{2}} = \frac{220\sqrt{2}}{\sqrt{2}} \text{V} = 220 \text{V}, \varphi_u = -45°$$

所以，最大值相量为

$$\dot{I}_m = I_m \angle \varphi_i = 10\angle 30°\text{A}$$
$$\dot{U}_m = U_m \angle \varphi_u = 220\sqrt{2} \angle -45°\text{V}$$

有效值相量为

$$\dot{I} = I\angle \varphi_i = 5\sqrt{2}\angle 30°\text{A}$$
$$\dot{U} = U\angle \varphi_u = 220\angle -45°\text{V}$$

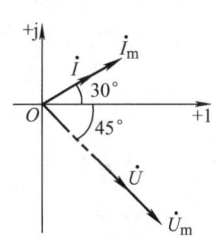

图 2-11 应用案例 2-7 图

相量图如图 2-11 所示,箭头中的虚线表示此线段很长,表示的电压有效值为 220V。(长度是电流相量箭头长度的 $\dfrac{220}{5\sqrt{2}} = 22\sqrt{2}$ 倍)。

应用案例 2-8 已知工频条件下,两正弦量的相量分别为 $\dot{U}_1 = 10\sqrt{2}\angle 60°\text{V}$, $\dot{U}_2 = 20\sqrt{2}\angle -30°\text{V}$。试求两正弦电压的解析式。

解: 由给定的相量形式可知

$$U_1 = 10\sqrt{2}\,\text{V}, \varphi_1 = 60°$$
$$U_2 = 20\sqrt{2}\,\text{V}, \varphi_2 = -30°$$

则最大值分别为

$$U_{1m} = 10\sqrt{2} \times \sqrt{2}\,\text{V} = 20\text{V}$$
$$U_{2m} = 20\sqrt{2} \times \sqrt{2}\,\text{V} = 40\text{V}$$

工频下 $f = 50\text{Hz}$,则

$$\omega = 2\pi f = 2\pi \times 50\text{rad/s} = 100\pi\,\text{rad/s}$$

所以可得

$$u_1 = 20\sin(100\pi t + 60°)\text{V}$$
$$u_2 = 40\sin(100\pi t - 30°)\text{V}$$

2.2 单相交流电路的分析

2.2.1 单一元件的正弦交流电路

1. 电阻元件

如荧光灯、电炉等用电设备,其主要作用都是将电能转换为其他形式的能量,都属于耗能设备,其电路模型都是电阻元件。

(1) 电压与电流的关系 如图 2-12 所示,当线性电阻 R 两端加上正弦电压 u_R 时,电阻中便有电流 i_R 通过。由前面的内容中可知,在任一瞬间,电压 u_R 和电流 i_R 都满足欧姆定律。选择电压与电流关联参考方向时,可得到电阻元件上电压、电流的如下关系式。

1) 瞬时值关系为

$$i_R = \dfrac{u_R}{R} \quad (2\text{-}13)$$

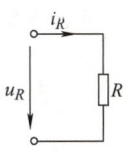

图 2-12 交流电路中的电阻元件

因此，流过电阻元件的电流也为同频率正弦量。

2）最大值关系为

$$I_{Rm} = \frac{U_{Rm}}{R} \text{ 或 } U_{Rm} = RI_{Rm}$$

把上式中电流和电压的幅值各除以$\sqrt{2}$，便可得电压、电流有效值关系为

$$I_R = \frac{U_R}{R} \text{ 或 } U_R = RI_R \tag{2-14}$$

3）相位关系。由式(2-13)可知$\varphi_u = \varphi_i$，即电流和电压是同相的。图2-13a是电阻元件上电流和电压的波形图（设$R > 1\Omega$，$\varphi_u = \varphi_i > 0$）。

4）相量关系。由电流的解析式可以写出对应的相量为

$$\dot{I}_R = I_R \angle \varphi_i$$

电压的相量为

$$\dot{U}_R = U_R \angle \varphi_u = I_R R \angle \varphi_u$$

所以有 $\dot{U}_R = \dot{I}_R R$ (2-15)

式(2-15)就是交流电路中电阻元件上电压与电流的相量关系，也就是<u>相量形式的欧姆定律</u>。图2-13b是电压与电流的相量图，表明<u>电阻元件电压与电流的相量是同相的</u>。

正弦电路中的电阻元件

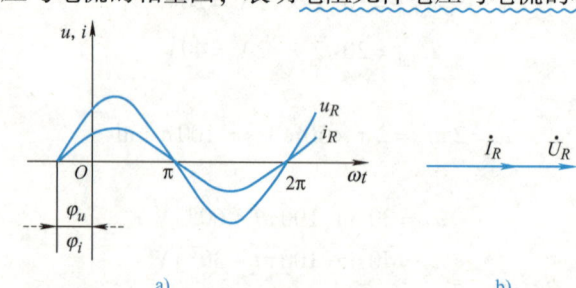

图2-13 电阻元件上电压与电流之间的关系

（2）功率　交流电路中，任一瞬间，元件上电压的瞬时值与电流的瞬时值的乘积叫作<u>该元件的瞬时功率</u>，用小写字母p表示，即

$$p = ui \tag{2-16}$$

电阻元件通过正弦交流电时，在关联参考方向下，若

$$u_R = U_{Rm}\sin\omega t$$

则

$$i_R = I_{Rm}\sin\omega t$$

所以，电阻吸收的瞬时功率为

$$\begin{aligned} p_R &= u_R i_R \\ &= U_{Rm}\sin(\omega t) I_{Rm}\sin\omega t \\ &= U_{Rm} I_{Rm} \sin^2\omega t \\ &= \frac{U_{Rm} I_{Rm}}{2}(1 - \cos 2\omega t) \\ &= U_R I_R (1 - \cos 2\omega t) \end{aligned} \tag{2-17}$$

第2章 交流电路的分析与应用

图 2-14 画出了电阻元件的瞬时功率曲线。由式(2-17)和功率曲线可知，电阻元件的瞬时功率以电源频率的 2 倍进行周期性变化，在任一瞬间，电压与电流的实际方向都是相同的，所以始终有 $p \geq 0$，表明电阻元件是一个耗能元件，任一瞬间均从电源吸收功率。

瞬时功率不便计算和测量，通常用瞬时功率的平均值来表示功率的大小，叫作平均功率，用大写字母"P"表示。周期性交流电路中的平均功率就是其瞬时功率在一个周期内的平均值，即

$$P = \frac{1}{T}\int_0^T p\, dt$$

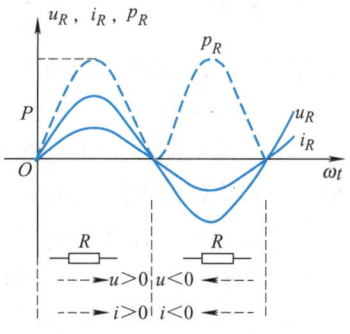

图 2-14 电阻元件的瞬时功率曲线

正弦交流电路中电阻元件的平均功率为

$$P_R = U_R I_R = I_R^2 R = \frac{U_R^2}{R} \tag{2-18}$$

平均功率又简称为功率，单位为 W（瓦特），工程上也常用 kW（千瓦）为单位。由于平均功率反映了电阻元件实际消耗电能的情况，所以又称为有功功率。例如，60W 的白炽灯、1000W 的电炉等都是指平均功率。

 **应用案例**

应用案例 2-9 一电阻 $R = 100\Omega$，R 两端的电压 $u_R = 100\sqrt{2}\sin(\omega t - 30°)$ V，求：(1) 通过电阻 R 的电流 I_R 和 i_R。(2) 电阻 R 吸收的功率 P。(3) 画出 $\dot{U}_R$、$\dot{I}_R$ 的相量图。

解： (1) 因为 $U_{Rm} = 100\sqrt{2}$ V

所以 $U_R = \dfrac{U_{Rm}}{\sqrt{2}} = \dfrac{100\sqrt{2}}{\sqrt{2}}\text{V} = 100\text{V}$

则 $I_R = \dfrac{U_R}{R} = \dfrac{100}{100}\text{A} = 1\text{A}$

又因为 i_R 与 u_R 是同频率、同相位的，所以

$i_R = \sqrt{2}I_R\sin(\omega t - 30°)$ A $= \sqrt{2}\sin(\omega t - 30°)$ A

(2) $P_R = U_R I_R = 100 \times 1\text{W} = 100\text{W}$ 或 $P_R = I_R^2 R = 1^2 \times 100\text{W} = 100\text{W}$

(3) 相量图如图 2-15 所示。图中虚线表示线段很长（电压相量箭头的长度是电流相量箭头长度的 100 倍）。

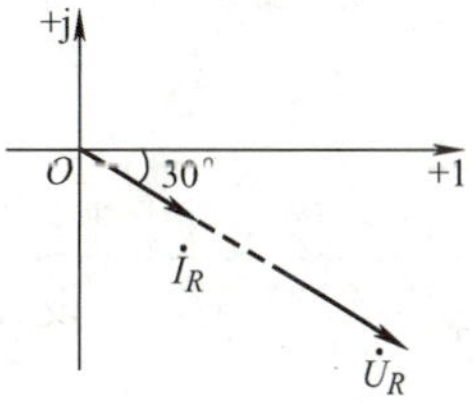

图 2-15 应用案例 2-9 图

应用案例 2-10 标有"220V，100W"的电烙铁，接在 220V 的交流电源上，通过的电流是多少？工作 4h 消耗的电能是多少？

解： 先求电烙铁的电阻为 $R = \dfrac{U^2}{P} = \dfrac{220^2}{100}\Omega = 484\Omega$

后求通过的电流为 $I = \dfrac{U}{R} = \dfrac{220}{484}\text{A} \approx 0.45\text{A}$

再求 4h 消耗的电能为 $W = IUt = 0.45 \times 220 \times 4 \times 10^{-3}\text{kW}\cdot\text{h} = 0.4\text{kW}\cdot\text{h}$

2. 电感元件

大多交流电路都是电感性的，分析电路时，其电感作用都可以用电感元件来代替。荧光灯电路中镇流器的电路模型就是电感元件。

（1）电压与电流的关系

1）瞬时值关系。电感元件上的伏安关系，在前面已经讲过，在图 2-16 所示的关联参考方向下，式（2-19）是正弦交流电路中电感元件上电压和电流的瞬时值关系式，两者为微分关系，而不是正比关系，即

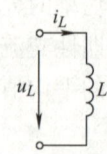

图 2-16 交流电路中的电感元件

$$u_L = L\dfrac{\mathrm{d}i_L}{\mathrm{d}t} \qquad (2\text{-}19)$$

若 $i_L = I_{Lm}\sin\omega t$，则 $u_L = L\dfrac{\mathrm{d}(I_{Lm}\sin\omega t)}{\mathrm{d}t} = \omega L I_{Lm}\cos\omega t$

2）最大值关系为

$$U_{Lm} = I_{Lm}\omega L$$

两边同除以 $\sqrt{2}$，便可得电压、电流有效值关系，即

$$I_L = \dfrac{U_L}{\omega L} = \dfrac{U_L}{X_L} \text{或} \; U_L = I_L\omega L = I_L X_L \qquad (2\text{-}20)$$

$$X_L = \omega L = 2\pi f L \qquad (2\text{-}21)$$

式中，X_L 称为感抗，ω 的单位为 rad/s，L 的单位为 H，X_L 的单位为 Ω。感抗是用来表示电感线圈对电流的阻碍作用的一个物理量。在电压一定的条件下，ωL 越大，电路中的电流越小。式（2-21）表明感抗 X_L 与电源的频率（角频率）成正比。电源频率越高，感抗越大，表示电感对电流的阻碍作用越大。反之，频率越低，线圈的感抗也就越小。对直流电来说，频率 $f = 0$，感抗也就为零。电感元件在直流电路中相当于短路。

3）相位关系。由式（2-19）可以推导得到电感元件上电压和电流的相位关系为

$$\varphi_u = \dfrac{\pi}{2} + \varphi_i \qquad (2\text{-}22)$$

即电感元件上电压较电流超前 90°，或者说，电流滞后电压 90°。图 2-17a 给出了电流和电压的波形图。（设 $X_L > 1\Omega$，$\varphi_i = 0$）。

正弦交流电中的电感元件

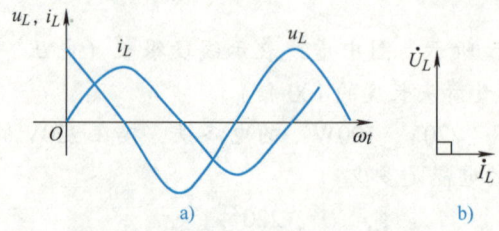

图 2-17 电感元件上电压和电流的关系

4) 相量关系。在关联参考方向下

$$\dot{U}_L = j\omega L\dot{I} = jX_L\dot{I}_L \qquad (2\text{-}23)$$

式(2-23)是交流电路中电感元件上电压与电流的相量关系，也是交流电路中相量形式的欧姆定律。图 2-17b 所示是电压与电流的相量图，电压超前电流 90°。

(2) 功率

1) 瞬时功率为

$$p_L = u_L i_L = U_L I_L \sin 2\omega t \qquad (2\text{-}24)$$

式(2-24)说明电感元件的瞬时功率 p_L 也是随时间按正弦规律变化的，其频率是电流频率的 2 倍。图 2-18 画出了电感元件的瞬时功率曲线。

2) 平均功率为

$$P = \frac{1}{T}\int_0^T p\,dt = \frac{1}{T}\int_0^T U_L I_L \sin 2\omega t\,dt = 0 \qquad (2\text{-}25)$$

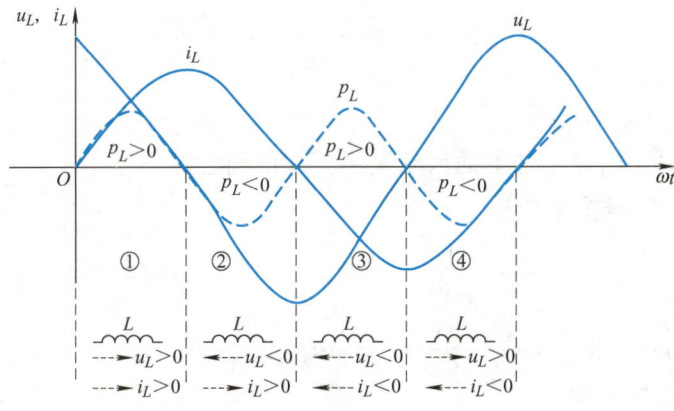

图 2-18　电感元件的瞬时功率曲线

由图 2-18 可看到，在第①及第③个 1/4 周期内，瞬时功率为正值，电感元件从电源吸收功率；在第②及第④个 1/4 周期内，瞬时功率为负值，电感元件向电源释放功率。在一个周期内，吸收功率和发出功率是相等的，即平均功率为零。这说明电感元件不是耗能元件，而是"储能元件"，与电源之间存在着能量的交换，吸收功率时将电能转换为磁场能存储起来，释放功率时是将存储的磁场能转换为电能。

3) 无功功率。为了表示电感元件与交流电源交换能量的数量大小，把电感元件上瞬时功率的最大值称为电感线圈的无功功率，用符号"Q_L"表示，即

$$Q_L = U_L I_L = I_L^2 X_L = \frac{U_L^2}{X_L} \qquad (2\text{-}26)$$

$Q_L > 0$ 时，电感元件吸收功率；$Q_L < 0$ 时，电感元件发出功率。

为了区别于有功功率，无功功率的单位是 var（乏），有时还用 kvar（千乏）。

必须指出的是，这里"无功"的含义是"交换"，而不是消耗，更不能理解为"无用"。这是因为电气设备中的许多电感性负载，如交流电动机、变压器和扬声器等，都是依靠交变磁场来传送和转换能量的。若没有无功功率，这些设备就无法工作。

应用案例 2-11 设有一线圈为纯电感，电感 $L=127\text{mH}$，把其接在 $u=220\sqrt{2}\sin(314t+30°)$ V 的交流电路中，求：(1) 电流的有效值及其瞬时表达式；(2) 无功功率。

解：(1) 先求线圈的感抗为

$$X_L = 2\pi f L = 2\pi \times 50 \times 127 \times 10^{-3} \Omega = 40\Omega$$

后求线圈中通过的电流为

$$I_L = \frac{U_L}{X_L} = \frac{220}{40}\text{A} = 5.5\text{A}$$

再写出电流的瞬时表达式，因为电流 i 滞后电压 u 90°，所以有

$$i = 5.5\sqrt{2}\sin(314t+30°-90°) = 5.5\sqrt{2}\sin(314t-60°)\text{A}$$

(2) 无功功率为

$$Q_L = U_L I_L = 220 \times 5.5 \text{var} = 1210\text{var}$$

3. 电容元件

(1) 电压与电流的关系

1）瞬时值关系。电容元件上的伏安关系，在前面已经学过了，在图 2-19 所示的关联参考方向下，有

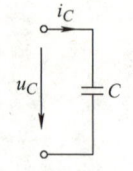

图 2-19 交流电路中的电容元件

$$i_C = C\frac{\text{d}u_C}{\text{d}t} \tag{2-27}$$

若 $u_C = U_{Cm}\sin\omega t$，则 $i_C = \dfrac{\text{d}(U_{Cm}\sin\omega t)}{\text{d}t} = \omega C U_{Cm}\cos\omega t$

2）最大值关系为

$$I_{Cm} = U_{Cm}\omega C$$

两边同除以 $\sqrt{2}$，便可得电压、电流有效值关系为

$$U_C = \frac{I_C}{\omega C} = I_C X_C \text{ 或 } I_C = U_C\omega C = \frac{U_C}{X_C} \tag{2-28}$$

$$X_C = \frac{1}{\omega C} = \frac{1}{2\pi f C} \tag{2-29}$$

式中，X_C 称为容抗，ω 的单位为 rad/s，C 的单位为 F，X_C 的单位为 Ω。容抗表示电容在充、放电过程中对电流的一种阻碍作用。在一定的电压下，容抗越大，电路中的电流越小。

由式 (2-29) 可看出，容抗 X_C 与电源的频率（角频率）成反比。电源频率越高，容抗越小，表示电容对电流的阻碍作用越小。反之，频率越低，电容的容抗也就越大。对直流电来说，频率 $f=0$，容抗也为无穷大，电容元件相当于开路。

3）相位关系。由以上公式可以推导得到电感元件上电压和电流的相位关系为

$$\varphi_i = \frac{\pi}{2} + \varphi_u \tag{2-30}$$

即电容元件上电压较电流滞后 90°，或者说，电容电流超前电压 90°。图 2-20a 给出了电流和电压的波形图。（设 $X_C < 1\Omega$，$\varphi_u = 0$）

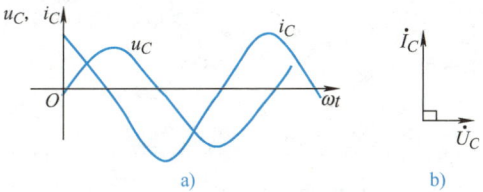

图 2-20 电容元件上电压和电流的关系

4）相量关系。在关联参考方向下

$$\dot{U}_C = \frac{1}{j\omega C}\dot{I}_C = -jX_C\dot{I}_C \tag{2-31}$$

式（2-31）就是交流电路中电容元件上电压与电流的相量关系，也是交流电路中相量形式的欧姆定律。如图 2-20b 所示为电压与电流的相量图，电流超前电压 90°。

（2）功率

1）瞬时功率为

$$p_C = u_C i_C = U_C I_C \sin 2\omega t \tag{2-32}$$

式（2-32）说明电容元件的瞬时功率 p_C 也是随时间按正弦规律变化的，其频率也是电流频率的 2 倍。图 2-21 画出了电容元件的瞬时功率曲线。

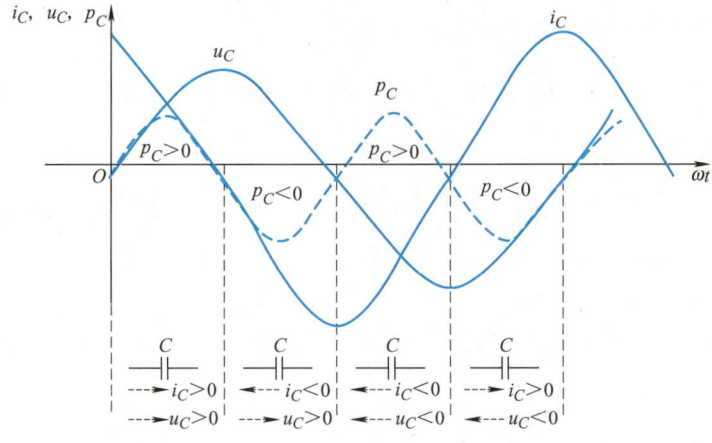

图 2-21 电容元件的瞬时功率曲线

2）平均功率为

$$P = \frac{1}{T}\int_0^T p\,dt = \frac{1}{T}\int_0^T U_C I_C \sin 2\omega t\,dt = 0 \tag{2-33}$$

同电感元件一样，电容元件的平均功率也为零。这说明电容元件也不是耗能元件，而是"储能元件"，与电源之间存在着能量的交换，吸收功率时将电能转换为电场能存储起来，释放功率时是将存储的电场能转换为电能。

3）无功功率。为了表示电容元件与交流电源交换能量的数量大小，把电容元件上瞬时功率的最大值称为电容元件的无功功率，用符号"Q_C"表示，即

$$Q_C = U_C I_C = I_C^2 X_C = \frac{U_C^2}{X_C} \tag{2-34}$$

$Q_C > 0$ 时，电容元件吸收功率；$Q_C < 0$ 时，电容元件发出功率。

电容无功功率的单位也是 var（乏）或 kvar（千乏）。

应用案例

应用案例 2-12 把一个 $10\mu F$ 的电容，接到 $U = 220V$，$\varphi = 30°$ 的工频交流电源上，试写出电流的瞬时表达式，画出电压、电流的相量图，求出电路的无功功率。

解：（1）先求电容的容抗。工频 $\omega = 314 \text{rad/s}$，所以

$$X_C = \frac{1}{\omega C} = \frac{1}{314 \times 10 \times 10^{-6}}\Omega = 318\Omega$$

后求电流为

$$I = \frac{U}{X_C} = \frac{220}{318}A = 0.692A$$

再写出电流的瞬时表达式，因为电流 i 超前电压 u 90°，所以

$$i = 0.692\sqrt{2}\sin(314t + 120°)$$

（2）电压、电流相量图如图 2-22 所示。

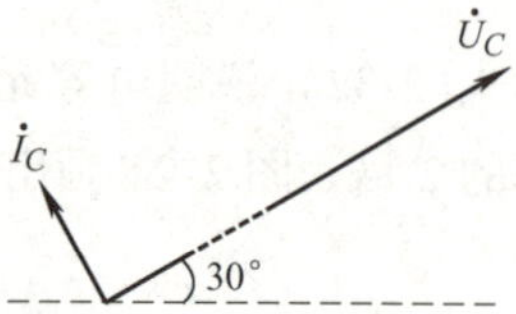

图中 $\dot{U}_C$ 表示电压有效值，其为 220V。（箭头中的虚线表示此线段很长，长度是电流有效值相量长度的 $\frac{220}{0.692}$ 倍）。

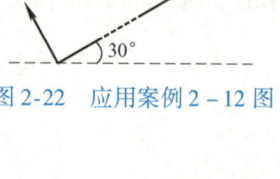

图 2-22 应用案例 2-12 图

（3）无功功率为 $Q_C = U_C I_C = 220 \times 0.692 \text{var} = 152 \text{var}$

2.2.2 RLC 串联电路

电阻、电感、电容串联电路包含了三个不同的电路参数，是具有一般意义的典型电路。常用的串联电路，都可以认为是这种电路的特例。

1. 电压与电流的关系

图 2-23 给出了 RLC 串联电路。电路中流过各元件的是同一个电流 i，若电流 $i = I_m \sin\omega t$，则其相量为

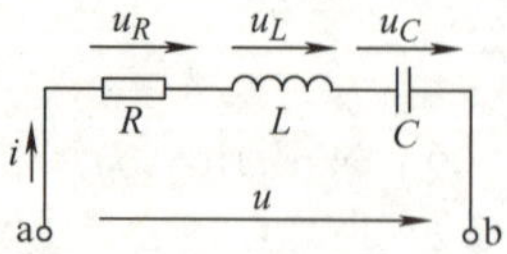

$$\dot{I} = I\angle 0°$$

电阻元件上的电压为

$$\dot{U}_R = R\dot{I}$$

电感元件上的电压为

$$\dot{U}_L = jX_L \dot{I}$$

图 2-23 RLC 串联电路

电容元件上的电压为

$$\dot{U}_C = -jX_C \dot{I}$$

由 KVL 得

$$u = u_R + u_L + u_C$$

相量形式为

$$\dot{U} = \dot{U}_R + \dot{U}_L + \dot{U}_C = R\dot{I} + \mathrm{j}X_L\dot{I} - \mathrm{j}X_C\dot{I} = [R + \mathrm{j}(X_L - X_C)]\dot{I}$$

所以

$$\dot{U} = (R + \mathrm{j}X)\dot{I} = Z\dot{I} \tag{2-35}$$

式中，$X = X_L - X_C$，称为 RLC 串联电路的电抗，单位为 Ω（欧姆），其正负关系到电路的性质；Z 为交流电路中的复阻抗，单位是 Ω（欧姆）。

RLC 串联电路中，复阻抗为

$$Z = R + \mathrm{j}X = R + \mathrm{j}(X_L - X_C)$$
$$= \sqrt{R^2 + (X_L - X_C)^2} \angle \arctan\frac{X_L - X_C}{R} = |Z| \angle \varphi \tag{2-36}$$

可见，<u>RLC 串联后总的复阻抗等于三个元件的复阻抗的和</u>，这一点，满足等效复阻抗的计算。式(2-35) 就是 RLC 串联电路中的相量形式的欧姆定律。

2. 电路的性质

(1) 电感性电路：$X_L > X_C$ 此时 $X > 0$，$U_L > U_C$。阻抗角 $\varphi = \arctan\dfrac{X}{R} > 0$。

以电流 $\dot{I}$ 为参考方向，$\dot{U}_R$ 和电流 $\dot{I}$ 同相，$\dot{U}_L$ 超前电流 $\dot{I}$ 90°，$\dot{U}_C$ 滞后电流 $\dot{I}$ 90°。将各电压相量相加，即得总电压 $\dot{U}$。相量图如图 2-24a 所示，从相量图中可看出，<u>电流滞后于电压 φ</u>。

(2) 电容性电路：$X_L < X_C$ 此时 $X < 0$，$U_L < U_C$。阻抗角 $\varphi = \arctan\dfrac{X}{R} < 0$。如前所述画出相量图，如图 2-24b 所示，从相量图中可看出，电流超前于电压 φ。

(3) 电阻性电路：$X_L = X_C$ 此时 $X = 0$，$U_L = U_C$。阻抗角 $\varphi = 0$。其相量图如图 2-24c 所示，从相量图中可看出，此时<u>电流与电压同相</u>。

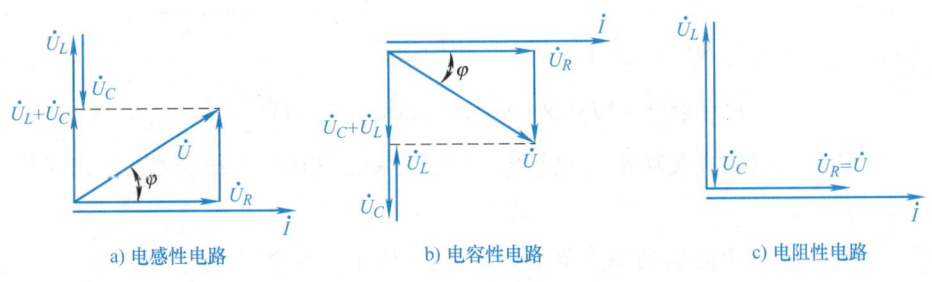

图 2-24 RLC 串联电路的相量图

注意：这种电路相当于纯的电阻电路，但与纯电阻电路不同，因为它本质上是有感抗和容抗的，只是作用相互抵消而已。所以称它为"电阻性"电路。

将 RLC 构成的串联电路出现的端口电压与电流同相的情况称为电路的<u>串联谐振</u>，此时 $\omega L = \dfrac{1}{\omega C}$，$\omega = \dfrac{1}{\sqrt{LC}}$ 称为串联谐振角频率，其对应的频率 $f = \dfrac{1}{2\pi\sqrt{LC}}$ 称为电路的固有频率。所以改变电路中的 f 或 L、C 的值，就可以使电路发生谐振。谐振在电子电路中应用较多。

图 2-24a 中的三角形称为 *RLC* 串联电路的电压三角形。

同理，在 *RLC* 构成的并联电路中出现的端口电压与电流同相的情况称为电路的并联谐振。

3. 功率

在 *RLC* 串联电路中，电阻是耗能元件，故其功率为有功功率；电感和电容是储能元件，一般情况下有无功功率［$\varphi = 0$ 时除外，$\varphi = 0$ 时，由于电感与电容上的电压恰好相位相反，电感存储（释放）的磁场能与电容释放（存储）的电场能互补］。也就是说，电感（或电容）所存储的能量中，有一部分是来自电容（或电感）所释放的电场（磁场）能。这样，电路与电源之间的能量交换（即总无功功率）是电感无功功率与电容无功功率之差。于是，有功功率为

$$P = U_R I = I^2 R = UI\cos\varphi \tag{2-37}$$

无功功率为

$$Q = Q_L - Q_C = U_L I - U_C I = (U_L - U_C)I$$
$$= I^2(X_L - X_C) = I^2 X = UI\sin\varphi \tag{2-38}$$

注意事项

家用电器标记的功率和工程上计量的功率，指的都是有功功率。如荧光灯的功率为 40W，热水器功率为 1500W，指的都是有功功率，也被简称为功率。

无功功率绝不是无用功率，它的用处很大。如，电动机需要建立和维持旋转磁场，使转子转动，从而带动机械运动，电动机的转子磁场就是靠从电源取得无功功率建立的。变压器也同样需要无功功率，才能使变压器的一次绕组产生磁场，在二次绕组感应出电压。因此，没有无功功率，电动机就不会转动，变压器也不能变压，交流接触器不会吸合。

将式(2-37)、式(2-38) 两边取二次方，相加得

$$P^2 + Q^2 = (UI)^2 \times (\cos^2\varphi + \sin^2\varphi) = (UI)^2 = S^2 \tag{2-39}$$

式中，$S = UI$ 称为负载的视在功率（也是电源输出的视在功率），单位是 V·A（伏·安），因此有 $S = \sqrt{P^2 + Q^2}$。

由此得：*RLC* 串联电路的功率三角形如图 2-25 所示。总电压与电流的相位差 φ 又可表示为

$$\varphi = \arctan\frac{Q}{P} \tag{2-40}$$

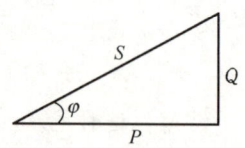

图 2-25 *RLC* 串联电路的功率三角形

所以，根据 Q 值的符号，也可判断电路特性。

1) $Q > 0$，电路呈感性。
2) $Q < 0$，电路呈容性。
3) $Q = 0$，电路呈阻性。

应用案例

应用案例 2-13 线圈和一电容相串联。已知线圈 $R=4\Omega$，$L=25.4\times10^{-3}$ H；电容 $C=637\mu F$，外加电压 $u=311\sin(314t+45°)$ V。试求：(1) 电路的电流 I；(2) 各元件上的电压降 U_R、U_L、U_C、U_X，并画出相量图。

解： 线圈的感抗为

$$X_L = \omega L = 314\times25.4\times10^{-3}\Omega \approx 8\Omega$$

电容的容抗为

$$X_C = \frac{1}{\omega C} = \frac{1}{314\times637\times10^{-6}}\Omega \approx 5\Omega$$

电路的阻抗为

$$|Z| = \sqrt{R^2+(X_L-X_C)^2} = \sqrt{4^2+(8-5)^2}\Omega = 5\Omega$$

电路的电流为

$$I = \frac{U}{|Z|} = 44\text{A}$$

电阻上的电压降为

$$U_R = IR = 44\times4\text{V} = 176\text{V}$$

电感上的电压降为

$$U_L = IX_L = 44\times8\text{V} = 352\text{V}$$

电容上的电压降为

$$U_C = IX_C = 44\times5\text{V} = 220\text{V}$$

电抗上的电压降为

$$U_X = I(X_L-X_C) = 44\times3\text{V} = 132\text{V}$$

总电压与电流的相位差为

$$\varphi = \arctan\frac{U_X}{U_R} = \arctan\frac{132}{176} \approx 36.87°$$

以电流为参考相量，画出相量图如图 2-26 所示。

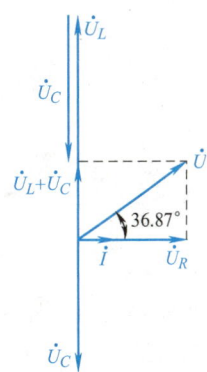

图 2-26 应用案例 2-13 图

4. 功率因数

在上述讨论的感性（或容性）串联电路中，有功功率 $P = S\cos\varphi$（φ 是端口电压与电路电流的相位差），其物理意义可以理解为负载消耗的有功功率 P 是电源输出功率 S 的 $\cos\varphi$ 倍。由于 $-90°\leq\varphi\leq90°$，$0\leq\cos\varphi\leq1$，所以，$\cos\varphi$ 反映了负载中有功功率所占电源输出功率的比例，定义为功率因数，用字母 λ 表示，即

$$\lambda = \cos\varphi = \frac{P}{S}$$

功率因数无单位，值越大，说明负载消耗的有功功率越多，而与电源交换的无功功率越少。如白炽灯、电炉的功率因数为 1，说明它们只消耗有功功率；异步电动机功率因数为 0.7~0.9，说明它工作时需要一定数量的无功功率。

2.2.3 荧光灯电路的分析

1. 荧光灯电路的组成

荧光灯电路由灯管、辉光启动器、镇流器、灯架和灯座等组成，如图2-27所示。

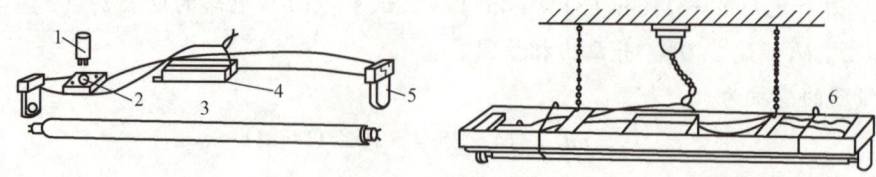

图2-27 荧光灯的组成

1—辉光启动器 2—辉光启动器座 3—灯管 4—镇流器 5—灯座 6—灯架

2. 荧光灯的工作原理

荧光灯电路如图2-28所示。在开关接通的瞬间，电路中的电压全部加在辉光启动器的两端，迫使辉光启动器辉光放电。辉光放电所产生的热量使辉光启动器中的双金属片变形，并与静触片接触，使电路接通，电流流过镇流器与灯丝，灯丝经加热后发射电子，电流方向如图2-28a所示。辉光启动器的双金属片与静触片接触后，辉光启动器停止放电，氖泡温度下降，双金属片因温度下降而恢复原来的断开状态，如图2-28b所示。

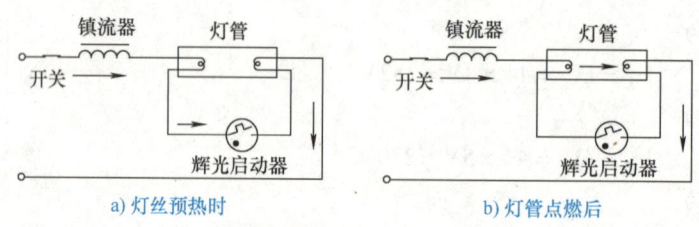

a) 灯丝预热时　　　　　　　　　b) 灯管点燃后

图2-28 荧光灯电路图

而在辉光启动器断开的瞬间，镇流器两端产生一个自感电动势，这个自感电动势与电路所加的交流电源的电压叠加，形成一个高压脉冲电，使荧光灯灯管内的氩气电离放电。放电后，灯管内温度升高，从而使灯管内的汞蒸气压力升高，在电子撞击下便开始放电，这样灯管内就由氩气放电过渡到汞蒸气放电。放电时辐射出的紫外线激励管壁上的荧光粉，发出光线，称为**荧光灯**。荧光灯管壁上涂不同的荧光粉，可得到不同颜色的光线。

3. 荧光灯电路模型

荧光灯电路在正常工作时，若只考虑电路中各元件的主要工作性能，忽略能量损耗，开关相当于短路线，镇流器相当于电感元件 L，灯管相当于电阻元件 R，正常工作时辉光启动器处于断开状态，是断路。这样，便可以画出荧光灯电路的电路原理图，如图2-29所示。

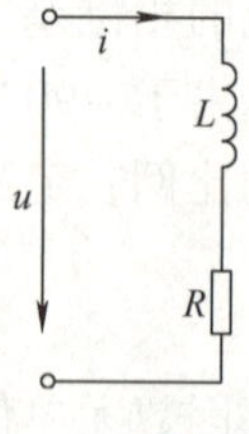

4. 荧光灯电路功率因数的提高

通过分析荧光灯电路的工作情况，我们得知荧光灯电路是一个感性电路，所以它的功率因数一般比较低，可以根据需要，通过一定的方法提高整个电路的功率因数。

图2-29 荧光灯电路原理图

(1) 提高功率因数的意义　电力系统中的大多数负载是感性负载（如电动机、变压器等），这些负载的功率因数较低，由此引起的后果是：

1) 电源设备的容量不能充分利用。电源设备（发电机或变压器）都是根据额定电压 U_e 和额定电流 I_e 设计制造的，其额定容量为 $S_e = U_e I_e$，但它所能发出的有功功率却还与所接负载功率因数有关，即 $P = U_e I_e \cos\varphi = S_e \cos\varphi$，负载的功率因数越小，电源设备所发出的有功功率就越小。

2) 在线路上引起较大的电压降和功率损失。在一定电压下，向负载输送一定有功功率时，负载的 $\cos\varphi$ 越小，线路的电流 $I = P/(U\cos\varphi)$ 就越大，这时线路电阻上的功耗和线路阻抗产生的电压降也就越大。这不仅造成电能浪费，还会因负载端电压降低而影响负载正常工作。

因此，提高负载的功率因数，能使发电设备得到合理且充分的利用，从而提高输电效率和改善供电质量。

(2) 提高功率因数的方法

1) 提高用电设备自身的功率因数。一般感性负载的用电设备，应尽量避免在轻载或空载状态下运行，因为轻载或空载时的功率因数比满载时低得多（例如异步电动机，空载时 $\cos\varphi$ 为 0.2~0.3；满载时 $\cos\varphi$ 为 0.8~0.85）。

2) 并联补偿。针对电力系统中大多数负载为感性负载的特点，通常采取在负载两端并联电容的方法来提高功率因数，这叫作**并联补偿**。

感性负载并联电容的电路图和相量图如图 2-30 所示。并联电容提高功率因数的分析过程如下：

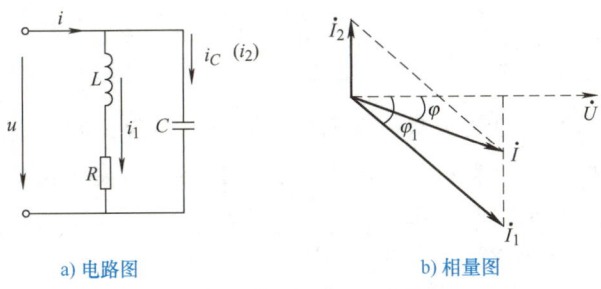

a) 电路图　　　b) 相量图

图 2-30　并联补偿电路图和相量图

在并联电路中，各支路接到同一电压上，所以画相量图时，以电压相量为参考比较方便。RL 串联支路是感性负载支路，其电流 i_1 滞后电压 u φ_1。

φ_1 的大小为

$$\varphi_1 = \arctan\frac{X_L}{R}$$

i_1 的有效值为

$$I_1 = \frac{U}{\sqrt{R^2 + X_L^2}}$$

并联电容 C 后，由于电源电压不变，所以 i_1 的有效值 I_1 和相位 φ_1 不变，而电容支路的电流 i_2 的有效值为 $I_2 = U/X_C = \omega CU$。

i_2 超前 u 90°，根据基尔霍夫电流定律有

$$\dot{I} = \dot{I}_1 + \dot{I}_2 \tag{2-41}$$

应用平行四边形法则求式（2-41）的相量和，即得图 2-30b。从图中可以看出，并联电容 C 后，虽然负载的功率因数 $\cos\varphi_1$ 没有变化（原因是 RL 支路的 R、L 值不变），但对电源来说（即对整个系统来说），功率因数提高了，由 $\cos\varphi_1$ 提高 $\cos\varphi$（由相量图可知 $\varphi<\varphi_1$）。

这里，φ 也有三种不同的情况：

1）$\varphi>0$，即 u 超前 i φ，电路呈感性。电感线圈所需要的无功功率被电容补偿了一部分，其不足部分仍由电源供给，这种情况叫作欠补偿。

2）$\varphi<0$，即 u 滞后 i φ，电路呈容性。电感线圈所需要的无功功率不仅完全由电容供给，而且电容和电源之间还有能量交换，这种情况叫过补偿，实际工作中比较少见。

3）$\varphi=0$，即 u 与 i 同相，电路呈阻性。电感线圈所需要的无功功率完全由电容供给，它们和电源间没有能量转换，这种情况叫完全补偿。在电力系统中，由于并联电容的价格以及运行的安全问题，一般 $\cos\varphi$ 为 0.95 左右就可以了。但在无线电技术中，这种补偿（又叫并联谐振）却广为应用。

显然，把整个系统的功率因数由 $\cos\varphi_1$ 提高 $\cos\varphi$，完全取决于电容支路电流的大小，即 I_2 的大小，或者说感性负载提高功率因数，完全取决于电容的数值。数学推导可以证明

$$C = \frac{P}{\omega U^2}(\tan\varphi_1 - \tan\varphi) \tag{2-42}$$

式中，P 为补偿电路的有功功率（W）；U 为补偿电路的两端电压（V）；C 为补偿电容的电容量（F）。

应用案例

应用案例 2-14 已知某感性负载的额定功率 $P_e=100\text{kW}$，其功率因数 $\cos\varphi_1=0.6$，工频电源额定电压 $U=220\text{V}$，如果要把功率因数提高到 0.9，需要并联多大的电容？

解： 因为 $\cos\varphi_1=0.6$，$\cos\varphi=0.9$，

所以 $\varphi_1=53.1°$，$\varphi=25.8°$。

工频下 $\omega=314\text{rad/s}$，将已知数据代入式（2-42）得

$$C = \frac{100\times10^3}{314\times220^2}(\tan53.1° - \tan25.8°)\text{F} = 5.58\times10^{-3}\text{F} = 5580\mu\text{F}$$

2.3 三相交流电路的分析

三相交流电路是一种工程实用电路，电力系统（从发电、输电、变电、配电和用电）一般采用三相制。本节重点分析三相电源、三相负载及三相功率的相关知识。

2.3.1 三相交流电源

当今，电力是现代工业生产的主要能源和动力，是人类现代文明的物质技术基础。在工业生产中一般采用三相交流电来保证生产机械正常工作。那么，三相电动势是如何产生，三

相交流电源又是如何连接的呢？

1. 三相交流电动势的产生

三相发电机主要由电枢（定子）和磁极（转子）组成。三相发电机的原理图如图 2-31 所示。图中 UX、VY 和 WZ 分别为三相彼此独立的绕组。每相绕组有 N 匝。三相交流电的产生过程如下：首先给转子通入直流电以产生磁场，然后原动机带动转子转动，使定子绕组切割磁力线，定子绕组中便产生感应电动势和感应电流。由于发电机三相绕组在位置上彼此相隔 120°，且匝数相等，因此它们发出的三相电动势的幅值相等，频率相同，相位互差 120°。其瞬时值表达式为

$$u_U(t) = \sqrt{2}U\sin\omega t$$

$$u_V(t) = \sqrt{2}U\sin(\omega t - 120°)$$

$$u_W(t) = \sqrt{2}U\sin(\omega t + 120°)$$

三相电压的相量（见图 2-32）分别表示为

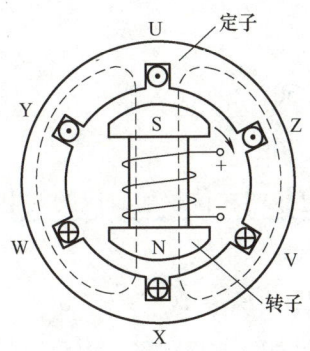

图 2-31 三相发电机原理图

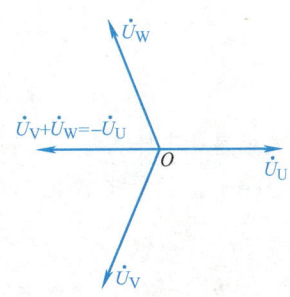

图 2-32 相量图

$$\dot{U}_U = U\angle 0°$$

$$\dot{U}_V = U\angle -120°$$

$$\dot{U}_W = U\angle 120°$$

有时人们十分关注应如何正确区分三相交流电的相序问题。所谓相序，就是三相交流电动势到达最大值的先后次序，在图 2-33 对称三相正弦量波形中，最先到达最大值的是 u_U，其次是 u_V，最后是 u_W，即最大值出现的次序分别是 U—V—W—U，称为正序。若最大值出现的次序为 U—W—V—U，称为逆序。工程上以黄、绿、红三种颜色分别作为 U、V、W 三相的标志。

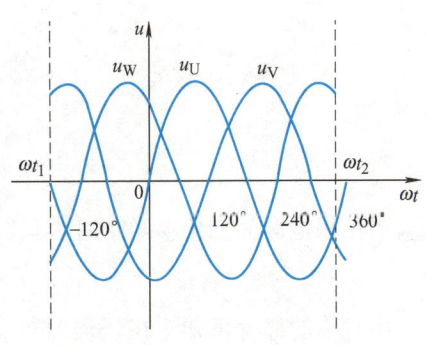

图 2-33 对称三相正弦量的波形

2. 三相电源的联结方式

（1）三相电源的星形联结　将对称三相电源各绕组的尾端 X、Y、Z 连在一起引出一根导线，而从绕组的三个首端 U、V、W 引出三根导线与外电路相连的三相电路称为三相电源的星形联结，如图 2-34 所示。连接在一起的节点

称为三相电源的中性点，用 N 表示，从中性点引出的导线称为中性线。三个电源首端 U、V、W 引出的导线称为端线或相线。U、V、W 三相分别用黄、绿、红三色标记；中性线用淡蓝色；接地线用黄绿双色线。若三相电路中有中性线，则称为三相四线制电路；若无中性线，则称为三相三线制电路。

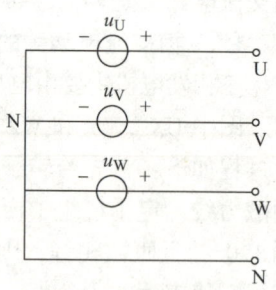

图 2-34 三相电源星形联结

在星形联结电路中，相线与中性线间的电压为相电压，用符号 u_U、u_V、u_W 表示；两相线之间的电压称为线电压，用 u_{UV}、u_{VW}、u_{WU} 表示。因此，在三相四线制电路中，可以按需要提供两组不同的对称三相电压；而三相三线制电路只能提供一组对称的线电压。根据 KVL 不难求得线电压与相电压的关系，即

$$\dot{U}_{UV} = \dot{U}_U - \dot{U}_V = \dot{U}_U - \dot{U}_V \angle -120°$$

$$= \dot{U}_U \left[1 - \left(1 - \frac{1}{2} - j\frac{\sqrt{3}}{2}\right) \right] = \dot{U}_U \left(\frac{3}{2} + j\frac{\sqrt{3}}{2}\right) = \sqrt{3}\, \dot{U}_U \angle 30° \quad (2\text{-}43)$$

同理可得

$$\dot{U}_{VW} = \sqrt{3}\, \dot{U}_V \angle 30° \quad (2\text{-}44)$$

$$\dot{U}_{VU} = \sqrt{3}\, \dot{U}_W \angle 30° \quad (2\text{-}45)$$

即线电压的大小是相电压大小的 $\sqrt{3}$ 倍，且线电压的相位超前对应的相电压的相位 30°。

在对称三相电路中，三个线电压之间的关系为

$$\dot{U}_{UV} + \dot{U}_{VW} + \dot{U}_{WU} = \dot{U}_U - \dot{U}_V + \dot{U}_V - \dot{U}_W + \dot{U}_W - \dot{U}_U = 0$$

$$u_{UV} + u_{VW} + u_{WU} = u_U - u_V + u_V - u_W + u_W - u_U = 0$$

即三个线电压的相量和总等于零；或三个线电压瞬时值的代数和恒等于零。

（2）三相电源的三角形联结　如果将三相发电机的三个绕组依次首（始端）尾（末端）相连，接成一个闭合回路，则可构成三角形联结（见图 2-35）。由三个连接点引出的三根导线，即为三根相线。

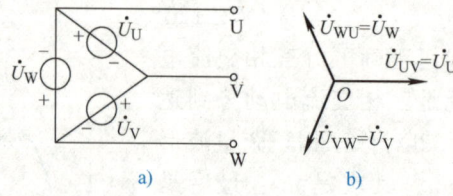

图 2-35 三相电源三角形联结

当三相电源为三角形联结时，只能是三相三线制，而且线电压就等于相电压，即

$$\dot{U}_{UV} = \dot{U}_U,\ \dot{U}_{VW} = \dot{U}_V,\ \dot{U}_{WU} = \dot{U}_W$$

由对称的概念可知，在任何时刻，三相电压之和等于零。即便是三个绕组接成闭合回路，只要连接正确，在电源内部并没有回路电流。但是，如果某一相的首端与尾端接反，则会在回路中引起电流。

应用案例

应用案例 2-15 三相发电机采用三角形联结供电。如果误将 U 相接反,会产生什么后果?如何使连接正确?

解: U 相接反时的电路如图 2-36a 所示。此时回路中的电流为

$$\dot{I}_S = \frac{-\dot{U}_U + \dot{U}_V + \dot{U}_W}{3Z_{sp}} = \frac{-2\dot{U}_U}{3Z_{sp}}$$

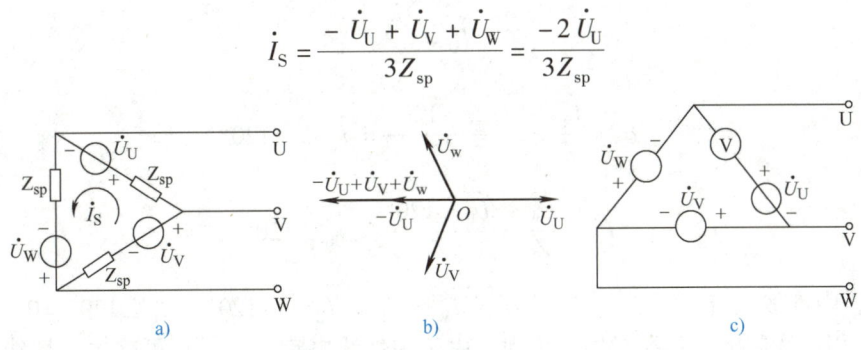

图 2-36 应用案例 2-15 图

产生后果:发电机将产生很大的环流,发电机将烧毁。

为了连接正确,可以按图 2-36c 将一电压表串接在三个绕组的闭合电路中,若通电时电压为零,说明连接正确。这时即可撤去电压表,再将回路闭合。

2.3.2 三相交流负载

三相交流负载由相互连接的三个负载组成,其中每个负载称为一相负载。在实际生产生活中,三相负载主要有两种情况:一种是单相负载(例如荧光灯、电视机等),通过适当的连接,组成三相负载;另一种负载自身即为三相负载(如电动机等)。

(1) 三相负载的星形联结 三相负载的星形联结,就是把三相负载的一端连接到同一个公共端点,另一端分别与电源的三根相线相连。负载的公共端点称为<u>负载的中性点</u>,用 N′表示。若电路中有中性线连接,可以构成三相四线制电路;若没有中性线连接,则只能构成三相三线制电路。

1) 三相四线制电路。在图 2-37 所示的三相四线制电路中,若中性线的阻抗远小于负载的阻抗,则中性线连接的两中性点的电压为零。不计线路阻抗,根据 KVL 可得,各相负载的电压等于该相电源的电压。在三相电路中,通过相线的电流叫作线电流(其方向为电源端指向负载端),通过每相负载的电流叫作相电流,中性线上通过的电流叫作中性线电流(其方向为负载端指向电源端)。从图 2-37 中可以看出,<u>星形联结的负载,其线电流等于相电流</u>。若已知每相负载的复阻抗和负载两端的电压,则可以按单相交流电路求得相电流,即

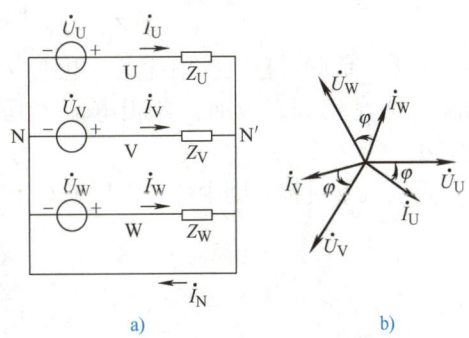

图 2-37 三相负载的星形联结

$$\dot{I}_U = \frac{\dot{U}_U}{Z_U}, \quad \dot{I}_V = \frac{\dot{U}_V}{Z_V}, \quad \dot{I}_W = \frac{\dot{U}_W}{Z_W}$$

中性线电流则为

$$\dot{I}_N = \dot{I}_U + \dot{I}_V + \dot{I}_W$$

由于三相电源电压对称,若三相负载也对称,即 $Z_U = Z_V = Z_W = Z$,则

$$\dot{I}_U = \frac{\dot{U}_U}{Z}$$

$$\dot{I}_V = \frac{\dot{U}_V}{Z} = \frac{\dot{U}_U \angle -120°}{Z} = \dot{I}_U \angle -120°$$

$$\dot{I}_W = \frac{\dot{U}_W}{Z} = \frac{\dot{U}_U \angle 120°}{Z} = \dot{I}_U \angle 120°$$

此时,中性线电流 $\dot{I}_N = \dot{I}_U + \dot{I}_V + \dot{I}_W = \dot{I}_U + \dot{I}_U \angle -120° + \dot{I}_U \angle 120° = 0$ (2-46)

2) 三相三线制电路。在对称系统中,由于中性线电流为零,故可除去中性线,从而成为三相三线制电路。常用的三相电动机、三相电炉等负载,在正常情况下都是对称的,都可用三相三线制供电(三相三线制只能用于对称负载),如图2-38所示。

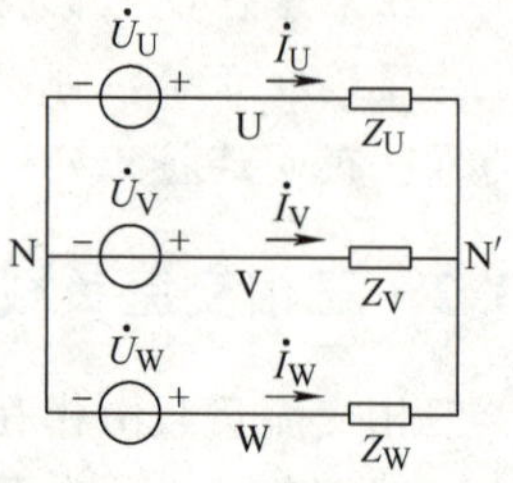

根据弥尔曼定理可得中性点电压为

$$\dot{U}_{N'N} = \frac{\dfrac{\dot{U}_U}{Z_U} + \dfrac{\dot{U}_V}{Z_V} + \dfrac{\dot{U}_W}{Z_W}}{\dfrac{1}{Z_U} + \dfrac{1}{Z_V} + \dfrac{1}{Z_W}}$$

图2-38 三相三线制电路

若三相负载对称,即

$$Z_U = Z_V = Z_W = Z = |Z|\varphi$$

$$\dot{U}_{N'N} = \frac{\dfrac{\dot{U}_U}{Z_U} + \dfrac{\dot{U}_V}{Z_V} + \dfrac{\dot{U}_W}{Z_W}}{\dfrac{1}{Z_U} + \dfrac{1}{Z_V} + \dfrac{1}{Z_W}} = \frac{\dfrac{1}{Z}(\dot{U}_U + \dot{U}_V + \dot{U}_W)}{\dfrac{3}{Z}} = 0 \qquad (2\text{-}47)$$

可见,负载对称时,中性点的电压为零,即负载中性点与电源中性点等电位,与三相四线制的情况相同。因而,各相电流也是对称的,即负载相电流大小相等、相位依次相差120°。

若负载不对称,则中性点电压不等于零,即

$$\dot{U}_{N'N} = \frac{\dfrac{\dot{U}_U}{Z_U} + \dfrac{\dot{U}_V}{Z_V} + \dfrac{\dot{U}_W}{Z_W}}{\dfrac{1}{Z_U} + \dfrac{1}{Z_V} + \dfrac{1}{Z_W}} \neq 0 \qquad (2\text{-}48)$$

这种情况将在后面的内容中讨论。

<u>三相电路中性线的作用</u>:负载不对称且未接中性线时,负载的相电压就不对称,势必引

起有的负载相电压过高,高于自身的额定电压,而有的负载相电压过低,低于自身的额定电压,这都是不允许的。所以,星形联结遇到负载不对称的情况时,必须接中性线,其目的在于可使相电压对称;另外,三相电路如遇到某相短路,接中性线可保证另外两相还能正常供电。因此,为保证电路正常工作,中性线(指干线)内不能接入熔断器或刀开关,并应定期进行检查与维修。

(2) 三相负载的三角形联结

三相负载首尾相连,其连接点与三相电源相线相连,构成三相三线制电路,如图 2-39a 所示。不计电路阻抗时,电源的线电压直接加于各相负载,负载的相电压等于电源的线电压。因为电源的线电压总是对称的,所以无论负载本身是否对称,负载的相电压总是对称的。此时,各相负载的相电流分别为

$$\dot{I}_{UV} = \frac{\dot{U}_{UV}}{Z_{UV}}, \quad \dot{I}_{VW} = \frac{\dot{U}_{VW}}{Z_{VW}}, \quad \dot{I}_{WU} = \frac{\dot{U}_{WU}}{Z_{WU}}$$

各线电流为

$$\dot{I}_{U} = \dot{I}_{UV} - \dot{I}_{WU}$$
$$\dot{I}_{V} = \dot{I}_{VW} - \dot{I}_{UV}$$
$$\dot{I}_{W} = \dot{I}_{WU} - \dot{I}_{VW}$$

如果负载对称,即

$$Z_{UV} = Z_{VW} = Z_{WU} = Z$$

则各相电流

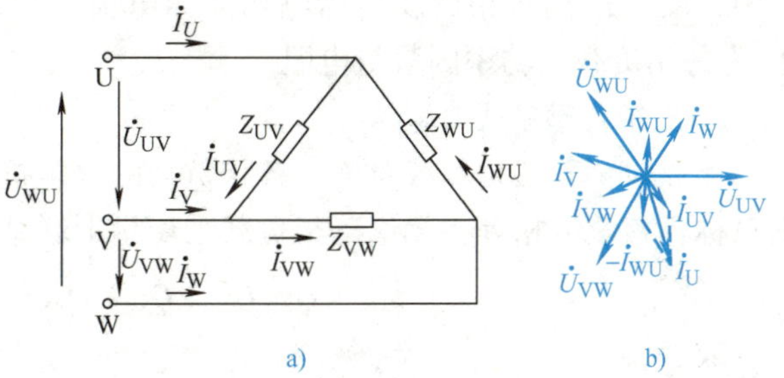

$$\dot{I}_{UV} = \frac{\dot{U}_{UV}}{Z_{UV}} = \frac{\dot{U}_{UV}}{Z}$$

$$\dot{I}_{VW} = \frac{\dot{U}}{Z_{VW}} = \frac{\dot{U}_{VW}}{Z} = \frac{\dot{U}_{UV} \angle -120°}{Z} = \dot{I}_{UV} \angle -120°$$

$$\dot{I}_{WU} = \frac{\dot{U}}{Z_{WU}} = \frac{\dot{U}_{WU}}{Z} = \frac{\dot{U}_{UV} \angle 120°}{Z} = \dot{I}_{UV} \angle 120° \qquad (2\text{-}49)$$

各线电流:

$$\dot{I}_{U} = \dot{I}_{UV} - \dot{I}_{WU}$$
$$\dot{I}_{V} = \dot{I}_{VW} - \dot{I}_{UV}$$
$$\dot{I}_{W} = \dot{I}_{WU} - \dot{I}_{VW}$$

图 2-39 负载的三角形联结

相量图如图 2-39b 所示,故线电流有效值为相电流的 $\sqrt{3}$ 倍,线电流相位滞后于相对应的相电流相位 30°。

2.3.3 三相电路的功率

无论负载是星形联结还是三角形联结,三相负载的总功率总等于各相功率的总和。在单相功率计算的基础上,考虑到三相电路的特点,可得出三相电路的功率计算公式,包括有功功率、无功功率、视在功率和瞬时功率。其中,三相负载有功功率等于各相负载有功功率之

和；三相负载无功功率等于各相负载无功功率之和。

1. 三相负载的有功功率

三相负载的总有功功率为

$$P = P_U + P_V + P_W = U_U I_U \cos\varphi_U + U_V I_V \cos\varphi_V + U_W I_W \cos\varphi_W \tag{2-50}$$

若三相负载对称，各相负载的复阻抗、功率因数也相等，三相电压、电流分别对称且有效值相等，三相总有功功率为

$$P = P_U + P_V + P_W = 3U_P I_P \cos\varphi_P = 3I_P^2 R_P \tag{2-51}$$

三相电路中，线电压和线电流比之相电压和相电流更易测量。可以证明，无论负载是星形联结还是三角形联结，都有

$$P = \sqrt{3} U_l I_l \cos\varphi_P \tag{2-52}$$

式中，U_P、I_P 为每相负载的相电压、相电流；U_l、I_l 为每相负载的线电压、线电流；φ_P、R_P 为每相负载的功率因数与电阻。

2. 三相负载的无功功率

类似地，若三相负载对称，各相负载的复阻抗、功率因数也相等，则三相电压、电流分别对称且有效值相等，无论三相负载采用星形联结还是三角形联结，三相总无功功率为

$$Q = Q_U + Q_V + Q_W = \sqrt{3} U_l I_l \sin\varphi_P \tag{2-53}$$

或者

$$Q = Q_U + Q_V + Q_W = 3I_P^2 X_P \tag{2-54}$$

3. 三相负载的视在功率

三相负载的视在功率为

$$S = \sqrt{P^2 + Q^2} \tag{2-55}$$

负载对称时

$$S = \sqrt{\left(\sqrt{3} U_l I_l \cos\varphi_P\right)^2 + \left(\sqrt{3} U_l I_l \sin\varphi_P\right)^2} \tag{2-56}$$

4. 三相负载的功率因数

三相负载的功率因数为

$$\lambda = \frac{P}{S}$$

若负载对称，则

$$\lambda = \frac{\sqrt{3} U_l I_l \cos\varphi_P}{\sqrt{3} U_l I_l} = \cos\varphi_P \tag{2-57}$$

即负载对称时三相负载的功率因数即为每相负载的功率因数。

第3章 变压器

学习目标

在日常生产和生活中,需要各种不同的交流电压,如应用较广的异步电动机的额定电压一般为380V;家用电器的额定电压一般是220V;车间机床上的照明灯一般使用36V以下安全电压,而指示信号灯又常用6.3V电压。要得到不同的电压,需要通过什么仪器设备来实现呢?

本章主要介绍变压器的基本构造;变压器的分类;变压器变换电压、变换电流、变换阻抗的作用;汽车点火线圈的工作过程。

学习完本章后,你将能够:
- 了解变压器的用途、基本结构及变压器的工作原理。
- 掌握变压器电压变换、电流变换、阻抗变换的关系,并能够进行简单计算。
- 了解变压器损耗、功率与效率,并能够进行简单计算。
- 能够分析汽车点火线圈工作过程。

常用变压器

3.1 变压器的结构与分类

变压器是一种常见的电气设备,它是利用电磁感应定律,将输入交流电压变换为另一数值的同频率的交流电压输出,以满足高压输电、低压配电以及其他用途需要。

观察思考

目前,我国交流输电的电压最高已达1000kV。无论从发电机的安全运行方面或是制造成本方面考虑,都不允许发电机直接输出如此高的电压。发电机的输出电压一般有3.15kV、6.3kV、10.5kV、15.75kV等,因此,必须使用升压变压器将电压升高后才能进行远距离传输。

电能输送到用电区域后,为了适应用电设备的电压要求,还需通过各级变电站的降压变压器将电压降低为各类电器所需要的电压值。

汽车电路中同样需要电压的升高或者降低。那么变压器结构是怎样的?如何实现电压的升高或降低?

在输配电系统中,首先必须利用变压器把电压升高到所需的数值。这是因为把交流电功

率 $P = UI\cos\varphi$ 从发电厂送到用电的地方通常要用很长的输电线。在输送的功率 P 和负载的功率因数 $\cos\varphi$ 为定值的情况下，电压 U 越高，线路的电流越小，因而输电线的截面积可以越小，这就能够节省大量的有色金属。但发电站的交流发电机发出的电压不能过高，因为电压过高发电机绝缘困难。因此在输电之前需要用变压器将发电机的电压升高。另一方面，在用户侧，电压又不易太高，太高就不安全。而且各类电器所需电压也不同。例如家用电器额定电压一般为220V，多数交流电动机的额定电压为380V，有些用电器的额定电压较低，如机床上的照明灯为36V，灯丝电压只有几伏等。因此在供电之前也要利用变压器把电源的电压变换成负载所需的电压。电力系统中变压器是实现高压输电、低压配电不可缺少的重要设备之一。

变压器除了用于输配电系统外，还广泛用于各种仪器设备。例如，电子仪器中应用变压器来进行信号传递和负载匹配。测量仪表中用于测量高电压和大电流的互感器也是一种特殊的变压器。汽车点火系统中的点火线圈也是一个将低电压变换为高电压的升压变压器。这些特殊用途的变压器结构形状各有特点，但其工作原理基本是一样的。

3.1.1 变压器的基本结构

变压器的主要部件是铁心和绕组。铁心由若干层涂有绝缘漆的硅钢片叠成，绕在铁心上的线圈称作绕组。根据铁心与绕组的安装位置可将变压器分为心式和壳式两种。心式变压器的绕组套在两侧的铁心柱上，如图3-1所示。壳式变压器的绕组则只绕在中间的铁心柱上，如图3-2所示。电力变压器多采用心式，小型变压器多采用壳式。

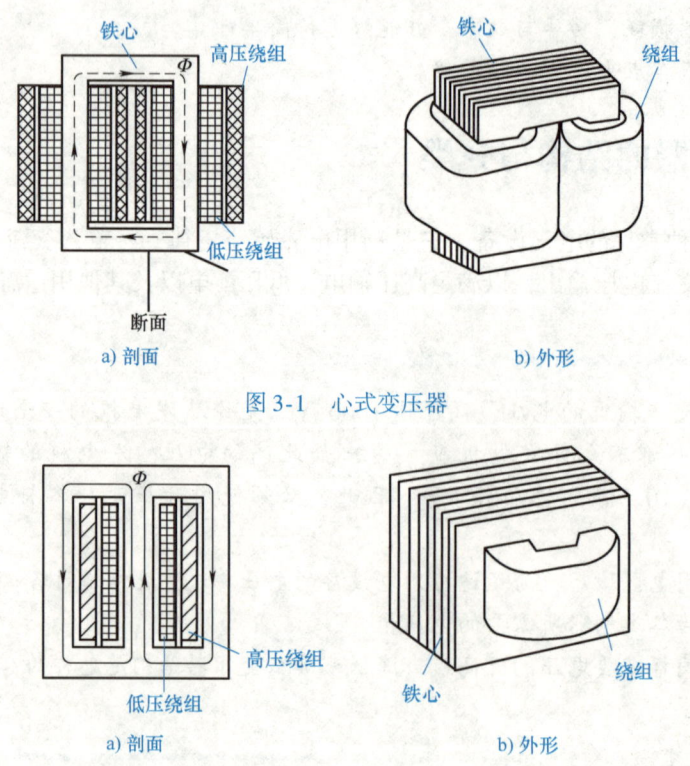

图 3-1 心式变压器

图 3-2 壳式变压器

3.1.2 变压器的分类

变压器绕组可分为同心式和交叠式两类。同心式绕组的高、低压绕组采用同心的方式套在铁心柱上,为便于绝缘,一般低压绕组靠近铁心,如图3-1所示。同心式绕组结构简单,制造简易,国产变压器常采用这种结构。交叠式绕组制成饼形,高、低压绕组上下交叠放置。主要用于电焊、电炉等变压器中。

变压器运行时会发热,为了防止变压器因温度过高而烧坏,必须采取冷却散热措施。按冷却方式,变压器可分为自冷式和油冷式两种。小型变压器采用自冷式,即在空气中自然冷却。容量较大的变压器多采用油冷式,如图3-3所示,即把变压器的铁心和绕组全部浸在油箱中。为了便于散热,大型电力变压器常在箱壁上焊有散热油管,这样不但增加散热面,而且能使油经过散热油管循环流动,加强油的对流作用以促进变压器的冷却。

变压器从电源输入电能的绕组称为一次绕组,向负载输出电能的绕组称为二次绕组。电路图中变压器的一般符号如图3-4所示。

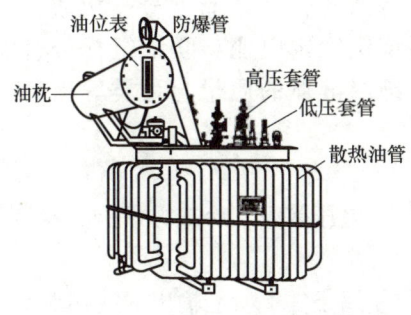

图3-3 三相油冷式变压器的外形

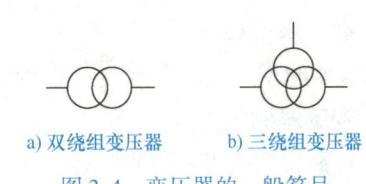

a) 双绕组变压器　　b) 三绕组变压器

图3-4 变压器的一般符号

3.2 变压器的基本原理

3.2.1 变压器的工作原理

1. 工作原理

图3-5为单相变压器运行时的工作原理。为了便于分析,将匝数为N_1的一次绕组和匝数为N_2的二次绕组分别画在闭合铁心的两个柱子上。

一次绕组的两端加上交流电压u_1时,便有交流电流i_1通过一次绕组,在它的作用下产生交变磁通。因为铁心的磁导率比空气大得多,绝大部分磁通沿铁心而闭合,它既与一次绕组交链,又与二次绕组交链,称为主磁通Φ(或称为工作磁通)。此外还有很少一部分磁通,在穿过一次绕组后沿附近的空间闭合,如图3-5中的Φ_{11},这部分磁通称为漏磁通。漏磁通一般很少,为了使问题简化可以略去不计。

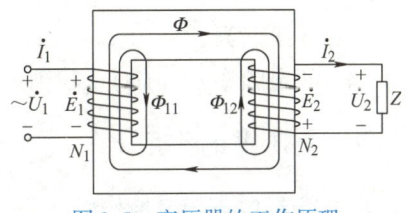

图3-5 变压器的工作原理

根据电磁感应定律,交变磁通Φ在一次绕组、二次绕组中分别感应出电动势e_1与e_2,则有

$$e_1 = -N_1 \frac{\Delta \Phi}{\Delta t}, e_2 = -N_2 \frac{\Delta \Phi}{\Delta t} \tag{3-1}$$

由此可得

$$\frac{e_1}{e_2} = \frac{N_1}{N_2} \tag{3-2}$$

当只考虑其有效值时有

$$\frac{E_1}{E_2} = \frac{N_1}{N_2} \tag{3-3}$$

即一、二次绕组的电动势之比等于一、二次绕组匝数之比。

2. 变压器铭牌

每台变压器上都装有铭牌，铭牌上标明了变压器工作时规定的使用条件，我国 GB 1094.1—2013 标准规定，变压器的铭牌必须标注的项目有变压器的种类、本部分代号、制造单位名称、变压器装配所在地、出厂序号、制造年月、产品型号、相数、额定容量、额定频率、各绕组额定电压及分接范围、各绕组额定电流、联结组标号、以百分数表示的短路阻抗实测值、冷却方式、总质量和绝缘液体的质量与种类等项目，变压器铭牌。

3. 变压器型号

变压器的型号表示一台变压器的结构、额定容量、电压等级、冷却方式等内容。

4. 变压器额定值

（1）额定容量 S_N（kV·A） 指铭牌规定在额定使用条件下所能输出的视在功率，对三相变压器而言，额定容量指三相容量之和。

（2）额定电压 U_N（kV 或 V） 额定电压指变压器长时间运行时所能承受的工作电压。一次额定电压 U_{1N}，是指规定加到的一次侧的额定电压；二次额定电压 U_{2N}，是指变压器一次侧加额定电压时，二次侧空载时的端电压。在三相变压器中，额定电压指的是线电压。

（3）额定电流 I_N（A） 额定电流指变压器的额定容量下，允许长期通过的电流。同样，三相变压器的额定电流也指的是线电流。

额定容量、电压、电流之间的关系如下。

单相变压器为
$$S_N = U_N I_N \tag{3-4}$$

三相变压器为
$$S_N = \sqrt{3} U_N I_N \tag{3-5}$$

（4）额定频率 f_N（Hz） 我国规定工频为 50Hz。

3.2.2 变压器的作用

1. 变压器的电压变换作用

由于一次绕组的电阻很小，其电压降可忽略不计，则 e_1 近似与外加电压 u_1 相平衡，若只考虑其有效值，则有 $U_1 \approx E_1$。而二次绕组相当于一个电源，在 e_2 作用下两端的电压 u_2 近似与 e_2 相等，即 $U_2 \approx E_2$，则

$$\frac{U_1}{U_2} \approx \frac{E_1}{E_2} = \frac{N_1}{N_2} = K \tag{3-6}$$

式中，K 称为变压器的电压比；U_1 为一次电压（输入电压、电源电压）；U_2 为二次电压（输出电压、负载电压）；N_1、N_2 分别为一、二次绕组的匝数；E_1、E_2 分别为一、二次绕组的电动势。

即一、二次绕组端电压之比等于匝数之比。

若 $N_1 > N_2$，则 $U_1 > U_2$，$K > 1$，称为降压变压器；

若 $N_1 < N_2$，则 $U_1 > U_2$，$K < 1$，称为升压变压器；

若 $N_1 = N_2$，则 $U_1 = U_2$，$K = 1$，称为隔离变压器。

2. 变压器的电流变换作用

变压器在变压过程中只起能量传递作用，无论变换后的电压是升高还是降低，电能都不会增加。根据能量守恒定律，在忽略变压器内部能量损耗时，变压器的输出功率 P_2 应与变压器从电源中获得的功率 P_1 相等，即 $P_1 = P_2$。于是当变压器只有一个二次绕组且负载为纯电阻时，应有下述关系：

$$I_1 U_1 = I_2 U_2$$

$$\frac{I_1}{I_2} = \frac{U_2}{U_1} = \frac{N_2}{N_1} = \frac{1}{K} \tag{3-7}$$

式(3-7)表明变压器一、二次绕组的电流比等于它们的匝数比的倒数，也等于电压之比的倒数。变压器负载增加（即 I_2 增加）时，一次电流 I_1 必然相应增加，变压器中的电流虽然由负载大小确定，但一、二次绕组中的电流的比值基本不变。

3. 变压器的阻抗变换作用

在图 3-6 中，变压器二次侧的负载阻抗模 $|Z|$，可以用一个接在一次侧的阻抗模 $|Z'|$ 来等效代替，即接在一次侧的阻抗模 $|Z'|$ 和接在二次侧的负载阻抗模 $|Z|$ 是等效的。

$$\frac{U_1}{I_1} = \frac{\frac{N_1}{N_2} U_2}{\frac{N_2}{N_1} I_2} = \left(\frac{N_1}{N_2}\right)^2 \frac{U_2}{I_2}$$

$$|Z'| = \frac{U_1}{I_1} = \frac{K U_2}{K^{-1} I_2} = K^2 |Z| \tag{3-8}$$

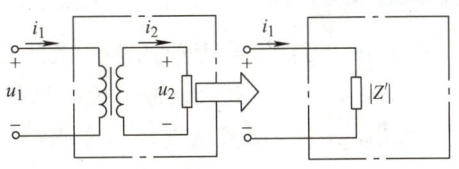

图 3-6 变压器的阻抗变换

式(3-8) 说明，变压器负载阻抗模 $|Z|$ 等效到一次侧的等效阻抗模 $|Z'|$ 近似为 $|Z|$ 的 K^2 倍。这就是变压器变换阻抗的作用。

3.2.3 汽车变压器

汽车点火装置的核心部件是点火线圈和开关装置，提高点火线圈的能量，火花塞就能产生足够能量的火花，这是点火装置适应现代发动机运行的基本条件。

点火线圈之所以能将车上低压电转换成高电压，是由于它一次绕组与二次绕组的匝数比小。但点火线圈工作方式却与普通变压器不一样，普通变压器是连续工作的，而点火线圈则是断续工作的，它根据发动机不同的转速以不同的频率反复进行储能及放能。

当一次绕组接通电源时，随着电流的增长，周围产生一个很强的磁场，铁心储存磁场能；当开关装置使一次绕组电路断开时，一次绕组的磁场迅速衰减，二次绕组就会感应出很高的电压。一次绕组的磁场消失速度越快，断开瞬间的电流就越大，两个线圈的匝数比越大，则二次绕组感应出来的电压越高。

点火线圈按磁路不同分为开磁路式及闭磁路式两种。

开磁路式点火线圈一般为罐状结构。数片硅钢片叠合而成棒状铁心，二次绕组和一次绕组分别绕在铁心的外侧。二次绕组为线径0.05～1mm的漆包线，匝数2万～3万匝。一次绕组的线径为0.5～1mm，较二次绕组粗，且匝数仅150～300匝。一次绕组绕在二次绕组的外侧，故二次绕组所产生的磁通变化与一次绕组完全相同。一次绕组和二次绕组的绕线方向相同，二次绕组的始端连接高压输出接头，其末端则连接于一次绕组的始端，并连接于外壳的"＋"接线柱，二次绕组的末端连接于外壳的"－"接线柱，并接于点火装置内功率晶体管的集电极上，由点火装置控制其一次绕组电流的通断。

闭磁路式点火线圈的铁心是封闭的，磁通全部经过铁心内部，铁心的导磁能力约为空气的10000倍，故开磁路式点火线圈欲获得与闭磁路式点火线圈相同的磁通，则其一次绕组应具有较大的磁动势（安培匝数）。因此，必须采用匝数较多、线径较大的一次绕组，如欲获得同样匝数比，则二次绕组的匝数也需增加，因此，开磁路式点火线圈的小型化是很困难的。闭磁路式点火线圈，由于磁阻小，可有效降低线圈的磁动势，将点火线圈小型化。目前，闭磁路点火线圈已相当小型化，可与点火装置合二为一，甚至可与火花塞连体化，经火花塞点燃气缸内的可燃性压缩气体。传统的点火线圈是用开磁路式，其铁心用0.3mm左右的硅钢片叠成，铁心上绕有二次与一次绕组。闭磁式则采用Ⅲ型的铁心绕一次绕组，外面再绕二次绕组。闭磁路式点火线圈的优点是漏磁通少，能量损失小，体积小，因此电子点火系统普遍采用闭磁路式点火线圈。

应用案例3-1 某型号汽车点火线圈，一次绕组的匝数为330匝，二次绕组的匝数为26070匝。试求其匝数比。若一次绕组所加电压为12V，则二次绕组将产生多大的电压？该点火线圈是升压变压器还是降压变压器？

解：
$$K = \frac{N_1}{N_2} = \frac{330}{26070} = \frac{1}{79}$$

$$U_2 = U_1 \frac{1}{K} = 12 \times 79 \text{V} = 948 \text{V}$$

所以该点火线圈为升压变压器。

注意事项

变压器使用时要注意以下几点：

1) 变压器由铁心和绕组构成，它是利用电磁感应定律来实现电能传递的，只有变化的电流才能产生感应电压。

2) 单相变压器具有变换电压、变换电流及变换阻抗的作用。

第4章 直流电机

学习目标

在现代工业生产中，交流电应用较多，但在某些方面，如蓄电池充电、同步电机励磁、电镀和电解、直流电焊、直流电动机以及汽车、拖拉机、船舶上的用电等，仍然需要直流电。直流电机在汽车上有着广泛应用，直流发电机常作为汽车的第二电源，向除起动机以外的所有用电设备供电，同时还向蓄电池充电。而直流电动机则作为动力源用于汽车发动机的起动系统中。

本章主要介绍直流电机的基本结构和工作原理，直流电机的分类及额定值，直流电机在汽车上的应用。

学习完本章后，你将能够：
- 掌握直流电机的基本结构，理解直流电机工作原理。
- 掌握直流电机的分类及额定值。
- 了解直流电机在汽车上的应用。

4.1 直流电机的基本结构和工作原理

观察思考

a) 龙门刨床(大型电动机)　　b) 手电钻(小型电动机)　　c) 牙钻(微型电动机)

图 4-1　直流电机应用

除图 4-1 所示应用外，我们日常生活中还有哪些直流电机的应用呢？

4.1.1　直流电机的基本结构

直流电机的基本结构主要由定子（固定部分）和电枢（旋转部分）两大部分组成。

1. 定子

定子包括机座、主磁极、换向磁极、端盖和电刷装置等，如图 4-2 所示。

机座是电机磁路的一部分，并用以固定主磁极、换向磁极以及支撑整台电机的重量。机座一般为铸铁或铸钢件，小容量的直流电机也可用钢板焊成或用无缝钢管制造。

主磁极由磁极铁心和励磁绕组组成，铁心由整块钢制成或用钢板叠成，其上套有励磁绕组。主磁极可以是一对、两对或者三对。励磁绕组通入直流电流，在磁极铁心中产生恒定的磁场，改变直流电流的极性即可改变磁场的方向。主磁极铁心一般采用电磁铁，由直流电流励磁。只有小直流电机的主磁极才采用永久磁铁，称为永磁直流电机。

在相邻的主磁极之间装有换向磁极，它也是由铁心和绕组构成，用来改善换向性能，使电机运行时，在电刷与换向器的接触面上不致产生有害火花。对于 1kW 以下的直流电机，一般换向磁极的个数较少或不装换向磁极；超过 1kW 的直流电动机，都装有换向磁极。

电刷通常用石墨制成，装在金属的刷握内，如图 4-3 所示。用弹簧将电刷压在换向器表面进行滑动接触，从而把电枢绕组和外电路接通。电刷装置固定在端盖上。

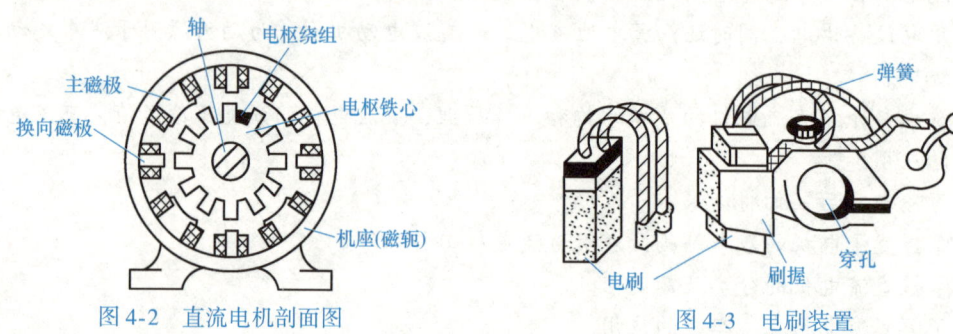

图 4-2　直流电机剖面图　　　　　图 4-3　电刷装置

2. 转子（电枢）

直流电机的转子习惯上称为电枢，包括电枢铁心、电枢绕组、换向器、转轴和风扇等。

电枢铁心作为电机磁路的一部分，由硅钢片叠成。铁心外表面开着若干均匀分布的槽，用于安装电枢绕组。

电枢轴的一端装有换向器，如图 4-4 所示。换向器由许多换向片组成，每两个换向片之间用云母绝缘隔开，电枢槽内的线圈均按照一定规则分别与换向片相遇，使绕组本身连成有两个引出端的串、并联电路。

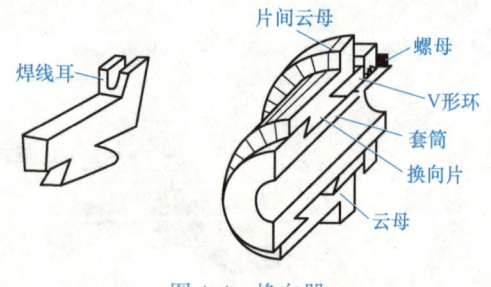

图 4-4　换向器

电机的端盖由铸铁制成，用螺钉固定在机座的两端，轴承装在端盖内，端盖和轴承用来支撑转动的电枢。功率较大的直流电机还装有风扇，加强散热冷却。

直流电机的结构及多个部件如图 4-5、图 4-6 所示。

4.1.2　直流电机的工作原理

直流电机作为发电机运行时，如图 4-7a 所示，电枢由原动机驱动而在磁场中旋转，在电枢线圈的两根有效边（切割磁通的部分导体，ab 和 cd）中便感应出电动势。显然，每一有效边中的电动势是交变的,但是,由于电刷 A 总是同与 N 极相连的换向片接触,而电刷 B 总是同与 S 极相连的换向片接触,因此在电刷间就出现一个极性不变的电动势或电压。所以换向器的作用在于将发电机电枢绕组内的交变电动势转换成电刷之间的极性不变的电动势。当电刷之间接有负载时,在电动势的作用下就在电路中产生一定方向的电流。

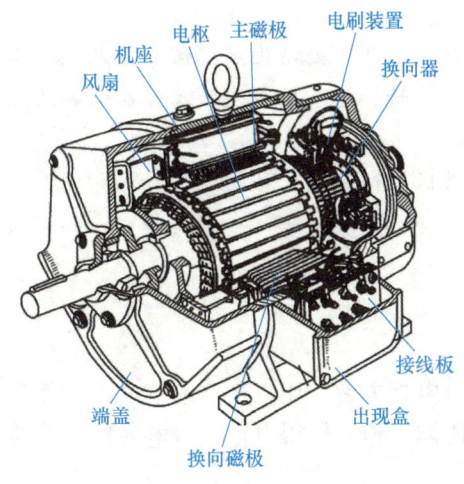

图 4-5 直流电机结构

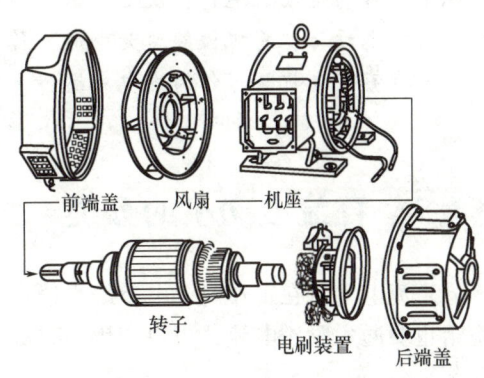

图 4-6 直流电机的各个部件

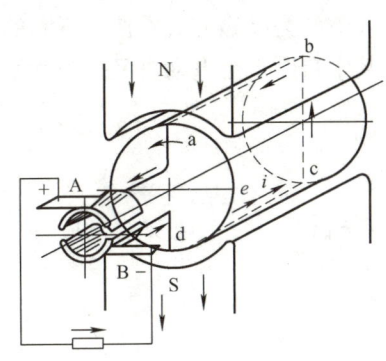

a) 直流发电机工作原理

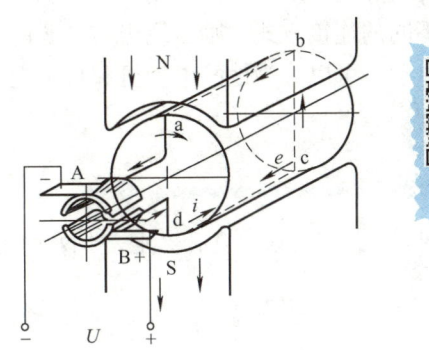

b) 直流电动机工作原理

图 4-7 直流电机的基本原理

直流发电机的感应电动势常用下式表示,即

$$E = nC_e \Phi \tag{4-1}$$

式中,n 为电枢转速,单位为 r/min;C_e 为电机常数,与电机的构造有关,对已制造好的电机而言,C_e 是定值;Φ 是磁极磁通,单位为 Wb;E 单位为 V。

直流电机作为电动机运行时,如图 4-7b 所示,将直流电源接在两电刷之间而使电流通入电枢绕组。N 极下的有效边中的电流总是一个方向,而 S 极下的有效边中的电流总是另一个方向,这样两个有效边上受到的电磁力的方向一致,电枢因而转动。这也有赖换向器才得以实现。电动机电枢线圈通电后在磁场中受力而转动,当电枢在磁场中转动时,线圈中也要产生感应电动势。这个电动势的方向(由右手定则确定)与电流或外加电压的方向总是相反的,所以称为反电动势。它与发电机的感应电动势的作用不同。

直流电动机电枢绕组中的电磁转矩常用下式表示,即

$$T = C_T \Phi I_a \quad (4\text{-}2)$$

式中，I_a 为电枢电流，单位为 A；C_T 称为转矩常数，与电动机的构造有关，对已制造好的电机而言，C_T 是定值；Φ 是磁极磁通，单位为 Wb；T 单位为 N·m。

注意事项

一台直流电机若在电刷两端加上直流电压，输入电能，即可拖动生产机械，将电能变为机械能，作为电动机运行；反之，若用原动机带动电枢旋转，输入机械能，就可在电刷两端得到直流电动势，将机械能变为电能，作为发电机运行。

一台直流电机既可作为发电机运行，又可作为电动机运行，即可可逆运行。

4.2 直流电动机的分类

直流电动机在工作时，电枢绕组通过电刷外接直流电枢电源，用以产生电枢电流；励磁绕组也要通入励磁电流，用以产生主磁场，这两方面协调工作，使得电枢获得电磁转矩而转动起来。

电枢绕组和励磁绕组可以共用一个电源，也可以采用两个电源单独供电。采用单电源供电，也有不同的连接方式。励磁绕组与电源的连接方式被称为励磁方式。按照不同的励磁方式，直流电动机可以分为他励电动机和自励电动机；其中自励直流电动机又分为并励、串励和复励三种。

观察思考

观察图 4-8a~d，分别是什么电动机？它们有什么不同？

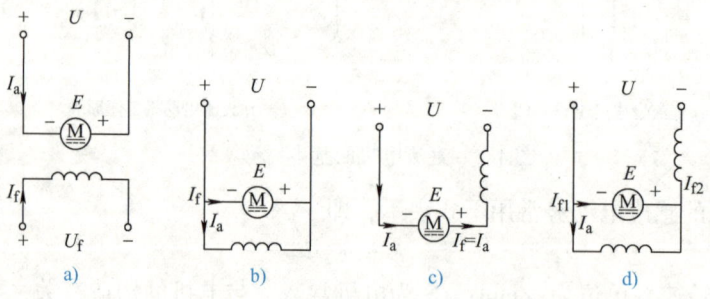

图 4-8 直流电动机的励磁方式

1. 他励直流电动机

他励直流电动机的励磁绕组与电枢绕组采用两个电源供电，各自由不同的电源开关控制，如图 4-8a 所示，电枢电流 I_a 由电枢端电压 U 决定，而励磁电流 I_f 由励磁绕组端电压 U_f 决定。

2. 并励直流电动机

并励直流电动机的励磁绕组和电枢绕组并联，由同一个电源 U 供电，由一个开关控制，如图 4-8b 所示。其特点是励磁绕组的电压即为电枢电压，电源电流为电枢电流 I_a 与励磁电流 I_f 之和。为了降低损耗，并励直流电动机的励磁电流一般较小，约为电枢电流的 5%；为保证足够的磁通，励磁绕组一般导线较细，匝数多，电阻大。

3. 串励直流电动机

串励直流电动机的励磁绕组与电枢绕组串联之后，外接一个直流电源，由一个开关控制，如图 4-8c 所示。其特点是励磁电流 I_f 与电枢电流 I_a 相同，这个电流一般较大，所以串励直流电动机的励磁绕组导线较粗，匝数少，电阻小。

4. 复励直流电动机

复励直流电动机中既有串励又有并励，一部分励磁绕组与电枢绕组串联，另一部分励磁绕组与电枢绕组并联，如图 4-8d 所示。其特点是主磁通由这两个励磁绕组共同产生。

4.3 直流电机的额定值

在直流电机的机座上有一块铭牌，其上标有直流电机的型号和额定值。

1）型号：表示直流电机的类别，例如：

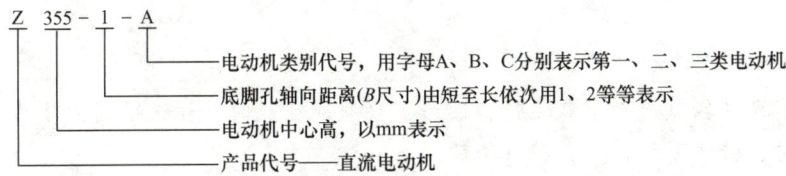

2）额定电流：对于发电机是指在长期运行时发电机输出给负载的允许电流，对于电动机则是指长期运行时由电源输入到电动机的允许电流。

3）额定电压：对于发电机是指发电机两端输出的允许电压。对于电动机则是指输入到电动机两端的允许电压。

4）额定转速：发电机或电动机在额定工作状态下应达到的转速，以 r/min 表示。

5）额定功率：对于发电机是指在额定电压下，输出额定电流时，发电机向负载供给的功率。对于电动机则是指在额定电压、额定电流和额定转速下，电动机轴上输出的机械功率。

额定功率和输入功率之比，称为电机的额定效率，即

$$\eta = \frac{额定功率}{输入功率} \times 100\% \tag{4-3}$$

4.4 串励直流电动机在汽车上的应用

串励直流电动机的励磁绕组与电枢绕组串联，励磁电流与电枢电流相同。因此，串励直流电动机的励磁电流较大，且负载变化时，励磁电流随电枢电流的变化而变化，主磁通若不考虑饱和，则有

$$\Phi = K_\Phi I_f = K_\Phi I_a \tag{4-4}$$

将式（4-4）代入电磁转矩公式，有

$$T = C_T \Phi I_a = C_T K_\Phi I_a^2 \tag{4-5}$$

则串励直流电动机的转速与转矩间的关系为

$$n = \frac{U}{C_e K_\phi I_a} - \frac{R}{C_e K_\phi} = \frac{U}{C_e K_\phi \sqrt{\frac{T}{C_T K_\phi}}} - \frac{R_a}{C_e K_\phi} = \frac{U}{C_e \sqrt{\frac{K_\phi}{C_T}} \sqrt{T}} - \frac{R_a}{C_e K_\phi} \tag{4-6}$$

根据式(4-6)，可以画出串励直流电动机的机械特性曲线，如图4-9所示。

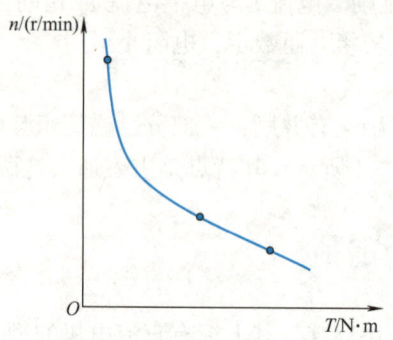

图4-9 串励直流电动机的机械特性曲线

注意事项

串励直流电动机不允许轻载或者空载运行，因为当轻载或空载时，转速很高，容易发生飞车事故；负载增加时，转速下降很快，特性很软。

由于串励直流电动机的电磁转矩与电枢电流的二次方成正比，因此起动转矩较大，在起动瞬间，由于起动机的阻力矩很大，起动机处于完全制动的情况下，转速为零，因电枢反应引起的反电动势也为零，此时电枢电流达到最大值，产生最大转矩，从而使发动机易于起动，所以汽车上多采用串励直流电动机。此外，串励直流电动机过载能力较强，所以一般用于起重机、电动机车等起动转矩要求较高的运输设备中。

应用案例

应用案例4-1 一台直流发电机 $2p=4$，$2a=2$，31槽，每槽元件数为12，$E=115$V，额定转速 $n_N=1450$r/min。求：

（1）每极磁通。

（2）此发电机作为电动机使用，当电枢电流为800A时，能产生多大电磁转矩。

解：（1） $C_e = pZ/(60a) = 2 \times 31 \times 12/(60 \times 1) = 12.4$

$\Phi = E/(C_e n) = [115/(12.4 \times 1450)]$Wb $= 6.4 \times 10^{-3}$Wb

（2） $C_T = 9.55 C_e = 118.42$

$T = C_T \Phi I_a = (118.42 \times 6.4 \times 10^{-3} \times 800)$N·m $= 606.3$N·m

第5章 交流电动机

学习目标

在工业生产中主要用的是交流电动机,特别是三相异步电动机,如用于驱动各种金属切削机床、起重机、锻压机、功率不大的通风机及水泵等。仅在需要均匀调速的生产机械上,如龙门刨床、轧钢机及某些重型机床的主传动机构,以及在某些电力牵引和起重设备中,才采用直流电动机。单相异步电动机常用于功率不大的电动工具和家用电器中。除上述动力用电动机外,在自动控制系统和计算装置中还用到各种控制电动机。

本章主要介绍三相交流异步电动机的构造,三相交流异步电动机的工作原理,三相交流异步电动机的控制电路。

学习完本章后,你将能够:
- 了解三相交流异步电动机的结构,理解三相交流异步电动机的工作原理。
- 了解常用低压电器的性能。
- 掌握三相交流异步电动机的控制电路。

5.1 三相交流异步电动机

电动机是把电能转换成机械能的动力设备。按电流种类不同可分为直流电动机和交流电动机两大类。第4章介绍了直流电动机,这里简单介绍一下交流电动机。交流电动机按使用电源的相数不同可分为单相电动机和三相电动机两种,而三相电动机又可分为同步电动机和异步电动机。本节只介绍三相交流异步电动机。

观察思考

交流电动机和直流电动机的区别是什么?
日常生活中,常见的交流电动机有哪些?

5.1.1 三相交流异步电动机的结构

三相交流异步电动机主要由**定子**和**转子**两部分组成,图5-1所示是三相交流异步电动机的主要部件。其定子部分包括机座、定子铁心和定子绕组。机座用铸铁或铸钢制成,起支撑定子铁心的作用。定子铁心由互相绝缘的硅钢片叠成。铁心的表面上分布有与轴平行的槽

（见图 5-2 和图 5-3），槽内嵌有三相对称绕组。绕组是根据电动机的磁极对数和槽数按照一定规则排列与连接的。

视野拓展：中国电机之父——钟兆琳

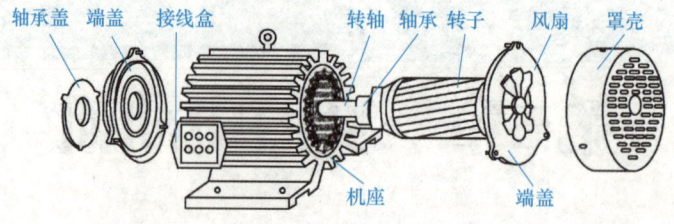

图 5-1 三相交流异步电动机的主要部件

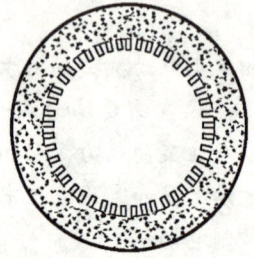

图 5-2 定子的硅钢片

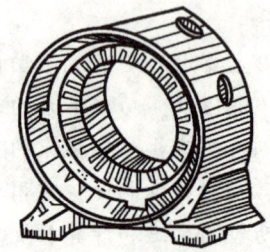

图 5-3 未装绕组的定子

定子绕组可以采用星形联结或三角形联结。为了便于改变接线，三相绕组的六根端线都接到定子外面的接线盒上。盒中接线柱的布置如图 5-4 所示，图 5-4a 为定子绕组星形联结，图 5-4b 为定子绕组三角形联结。

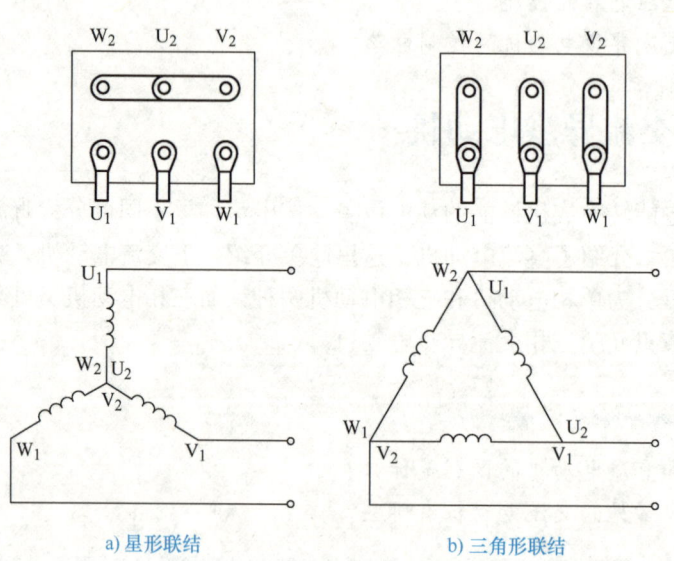

a) 星形联结　　　　　　b) 三角形联结

图 5-4 三相异步电动机的接线盒

异步电动机的转子由转子铁心、转子绕组和转轴等部分组成。转子铁心由外圆有槽孔的硅钢片叠制而成。转子有两种形式：笼型转子和绕线转子。

笼型转子的绕组由安装在槽内的钢条（或铸铝）构成，这些导体的两端分别焊接在两个端环上。因为形似鼠笼，如图 5-5 所示，所以称为笼型转子。具有笼型转子的异步电动机称为笼型异步电动机。

绕线转子的绕组与定子绕组相似，也是三相对称绕组。通常接成星形，三根端线分别与三个铜制集电环连接。环与环以及环与轴之间都彼此绝缘，图 5-6 所示为绕线转子。具有绕线转子的异步电动机称为绕线转子异步电动机。

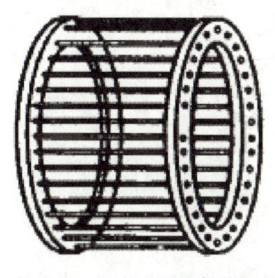
图 5-5　笼型转子的绕组

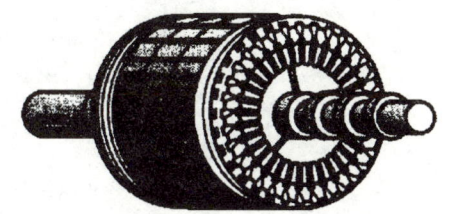
图 5-6　绕线转子

5.1.2　旋转磁场

观察思考

观察图 5-7，思考：为什么三相交流电通入三相对称绕组会产生旋转磁场呢？

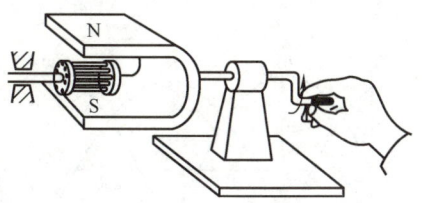
图 5-7　旋转磁场带动笼型转子旋转

图 5-7 所示是一个装有手柄的蹄形磁铁，在磁极中间放置一个可以自由转动的导电的笼型转子。转子和磁极之间没有机械联系。当摇动手柄使蹄形磁铁旋转时，会看到笼型转子跟着磁铁转动。手柄摇得快，转子转得快；手柄摇得慢，转子转得慢。若改变磁铁的转向，笼型转子的转向也随之改变。由此可见，转子转动的必要条件是要有一个旋转的磁场。异步电动机就是利用三相交流电通入三相对称绕组所产生的旋转磁场来使转子旋转的。这就是异步电动机的运转原理。

设有三个同样的线圈放置在定子槽内，彼此相隔 120°，组成了最简单的定子三相对称绕组，如图 5-8a 所示，以 U_1、V_1、W_1 表示线圈的首端，U_2、V_2、W_2 表示末端。当绕组采用星形联结时，末端 U_2、V_2、W_2 连接到一起，并称为中性点；首端 U_1、V_1、W_1 与电源连接，如图 5-8b 所示。

将三相对称电流通入三相对称绕组，即

$i_U = I_m \sin\omega t$ 通入绕组 U_1—U_2；

$i_V = I_m \sin(\omega t - 120°)$ 通入绕组 V_1—V_2；

$i_W = I_m \sin(\omega t + 120°)$ 通入绕组 W_1—W_2。

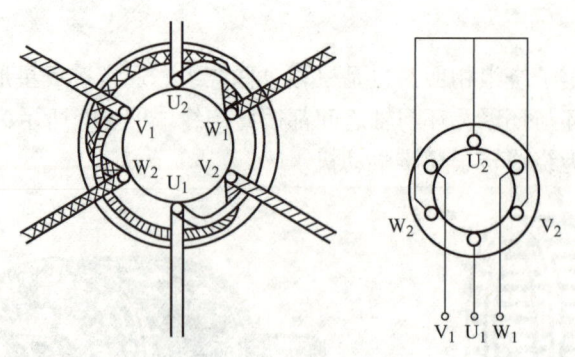

a) 定子三相对称绕组　　b) 定子三相绕组进行星形联结

图 5-8　定子三相绕组

规定电流的正方向为从绕组的首端到末端,则三相绕组的电流波形如图 5-9 所示。

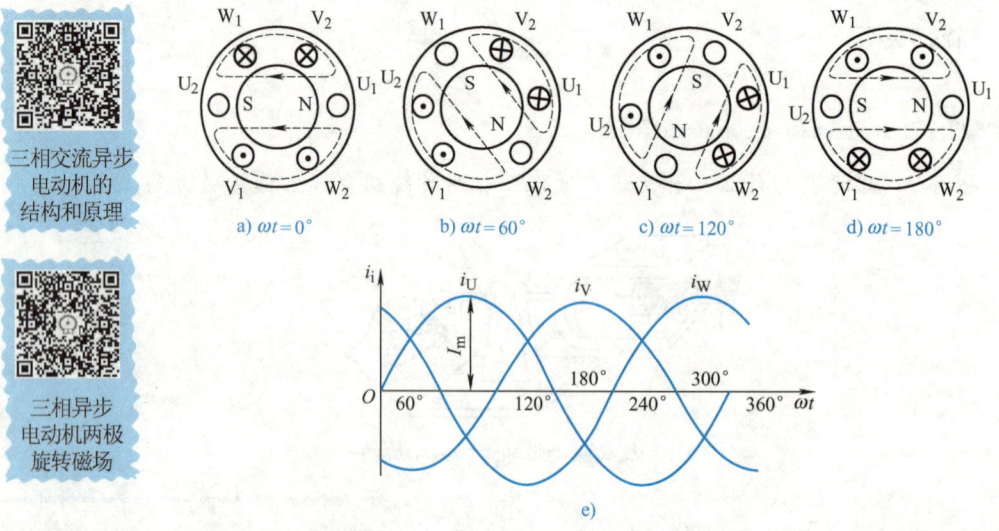

图 5-9　三相交变电流的电流波形和旋转磁场

$\omega t=0°$ 时,如图 5-9a 所示,绕组 U_1—U_2 中的电流 i_U 为 0;绕组 W_1—W_2 中的电流 i_W 为正,即电流由 W_1 端(首端)流入、W_2 端(末端)流出;绕组 V_1—V_2 的电流 i_V 为负,即由 V_2 端(末端)流入、V_1 端(首端)流出。根据右手螺旋定可以确定三相电流在此瞬间产生的合成磁场方向,等效 N、S 极如图 5-9a 所示。

$\omega t=60°$ 时,如图 5-9b 所示,i_U 为正,i_V 为负,i_W 为 0,故绕组 U_1—U_2 中的电流由 U_1 端流入、U_2 端流出;绕组 V_1—V_2 中的电流由 V_2 流入、由 V_1 端流出。此时合成磁场方向见图 5-9b。由此可见,经过了 1/6 周期(相当于各相电流改变了 $\pi/3$ 的相位),三相电流产生的合成磁场在空间沿顺时针方向旋转 $\pi/3$,而当三相电流经历了一个周期时(见图 5-9c、d),其合成磁场在空间沿顺时针方向刚好旋转了 2π。

综上所述,在空间相隔 $2\pi/3$ 的三个绕组中通入三相对称电流时,便产生了一个有一对磁极的旋转磁场(一个 N 极和一个 S 极),所以叫作**两极旋转磁场**。它在一个周期内旋转一周(2π)。若交流电的频率为 f(单位:Hz)时,则磁场的转速为 $n_1=f$(单位:r/s)。通常旋转磁场的转速都折合成 r/min,这样两极旋转磁场的转速为 $n_1=60f$(单位:r/min)。

从图 5-9 可见，通入 U_1—U_2，V_1—V_2，W_1—W_2 三相绕组的电流依次为 i_U，i_V，i_W，即该三相电流的相序是 U—V—W。磁场的旋转方向为顺时针，同 U—V—W 的顺序一致，若将定子绕组接到电源的三根端线中的任意两根对调，例如，将 V_1、W_1 两根线对调，也就是说，通入 V_1—V_2 绕组的电流是 i_W，而通入 W_1—W_2 绕组的电流是 i_V，则此时三个绕组中电流的相序是 U—W—V，因而旋转磁场的旋转方向就变为 U—W—V，即沿逆时针方向旋转，与未对调端线时的旋转方向相反。由此可知，旋转磁场的旋转方向总是与定子绕组中三相电流的相序一致。所以只要将三相电源中的任意两相绕组端线的连接顺序对调，就可改变旋转磁场的旋转方向。

以上分析的是每相绕组只有一个线圈的情况，产生的旋转磁场具有一对磁极。如果增加每相绕组的线圈数，并将各线圈位置按一定规律在定子内排列，便可产生具有两对磁极甚至三对磁极的旋转磁场，分别称为四极和六极旋转磁场。它们的转速分别为 $n_1 = \dfrac{60}{2}f$（单位：r/min），$n_1 = \dfrac{60}{4}f$（单位：r/min）。所以当旋转磁场具有 p 对磁极时，磁场的转速为

$$n_1 = \dfrac{60f}{p} \tag{5-1}$$

式中，n_1 为旋转磁场转速（r/min）。

表 5-1 给出了电源频率 f 为 50Hz 时，对应磁极对数的旋转磁场转速。

表 5-1 电源频率 f 为 50Hz 时磁极对数与旋转磁场转速关系

磁极对数 p	1	2	3	4	5	6
旋转磁场转速 n_1/(r/min)	3000	1500	1000	750	600	500

5.1.3 三相交流异步电动机的工作原理

如图 5-10 所示，定子绕组中通有三相对称电流，它的磁场以转速 n_1 顺时针方向旋转。此时，转子上的导体与旋转的磁力线相切割产生感应电流，即转子导体逆时针方向旋转而切割磁力线，因转子各导体短路，故在转子各导体中产生感应电流。感应电流的方向可用右手定则确定。转子导体中的感应电流与定子电流的磁场相互作用，结果使转子各导体受到电磁力 F，其方向用左手定则确定。这个电磁力对转子的轴形成了一个电磁转矩，使转子沿着磁场旋转方向旋转，从而可以克服机械负载对转轴的阻转矩，输出机械功率。

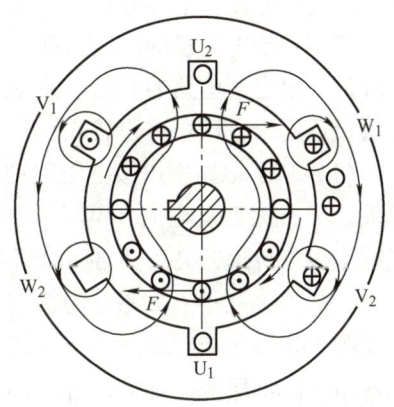

图 5-10 异步电动机的工作原理

注意事项

异步电动机正常运行时，转子转速 n_2 不可能达到旋转磁场转速 n_1。假设达到磁场转速 n_1，则两者之间就不存在相对运动，转子导体不再切割磁力线，因而转子导体中的感应电流随即消失，转子所受电磁力为零。可见转子转速 n_2 总要低于旋转磁场转速 n_1，即转子不能

与旋转磁场同步,这就是"**异步**"名称的由来。

当转子获得的电磁转矩 T 与轴上机械负载的阻力矩 T_L 相平衡（既 $T=T_L$）时,这时电动机就以某一转速稳定运转。如果机械负载发生变化,电动机的转速亦将发生相应的变化。当 $T_L>T$ 时,电动机减速,即 n_2 降低。转子与磁场之间相对运动加大,转子导体中的感应电动势和感应电流增加,转子获得的电磁转矩也增大,直到 $T=T_L$,电动机就在相应低的转速下稳定运转。当 $T<T_L$ 时,电动机加速,过程与上述相反。

1. 三相异步电动机的起动

当定子绕组接通三相电源后,电动机开始起动。异步电动机从接入电源开始转动到稳定运行的过程称为起动。起动时电磁转矩必须大于负载转矩,转子才能起动并加速旋转。起动开始瞬间 $n_2=0$,旋转磁场以最大的相对转速切割转子导线,转子的感应电动势最大,所以转子的电流也最大,定子绕组中便跟着出现了很大的起动电流 I_{St},其值约为额定电流 I_{1N} 的 $4\sim7$ 倍。

由于电动机的起动过程非常短暂,所以只要不是很频繁地起动,过大的起动电流不会使电动机过热而损坏。但过大的起动电流却会使电源内部及供电线上的电压降增大,以致电力网的电压下降而影响接在同一线路上的其他负载正常工作,如使附近照明灯的亮度减弱,使邻近正在工作的异步电动机的转矩减小等。

由此可见,电动机在起动时既要把起动电流限制在一定数值内,同时又要有足够大的起动转矩,以便缩短起动过程,提高生产率。当电动机的额定功率较小,电动机的起动电流在电源内部及供电线上所引起的电压降较小,对邻近电器设备的影响也较小时,可以将电动机直接与电源接通,称为直接起动。但对于额定功率较大的电动机,则必须采取一定的措施,以减小起动电流。下面介绍两种笼型异步电动机常用的减压起动方法。

笼型异步电动机的减压起动是指起动时利用起动设备,使加在电动机定子绕组上的电压降低,使定子电路的起动电流减小。但由于应用这种方法起动时起动转矩不大,所以这种方法仅适用于电动机在空载或轻载情况下起动。

（1）定子电路中串接电阻起动　这种方法的电路如图 5-11 所示。起动时,先闭合电源开关 S_1,此时起动电流在电阻 R 上产生电压降,故加到电动机两端的电压减小,使起动电流减小。待转速升高后,再闭合开关 S_2,把电阻 R 短接,使电动机在额定电压下工作。

（2）Y-△起动　如果电动机在正常运转时是三角形联结（例如电动机每相绕组的额定电压为 380V,而电力网的线电压亦为 380V）,而起动时先把它改接成星形联结,使加在每相绕组上的电压降低到额定电压的 $1/\sqrt{3}$,则可使起动电流 I_{St} 减小。待电动机的转速升高后再通过开关改接成三角形联结,使其在额定电压下运转。Y-△起动的电路图如图 5-12 所示。

2. 三相异步电动机的反转和制动

（1）反转　前面讲过,只要将电源接到定子的三相导线任意两相对调,磁场旋转方向就会改变,电动机的旋转方向就会随着改变。图 5-13 是用双掷刀开关改变电动机旋转方向的接线图。改变电动机的旋转方向,一般应在停车后换接。如果电动机正在高速运转,突然将电源反接,不但冲击强烈而且电流较大,如无防范措施,容易发生事故。

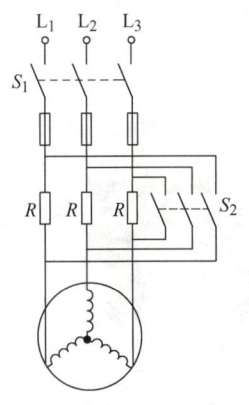 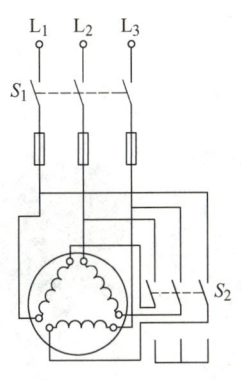 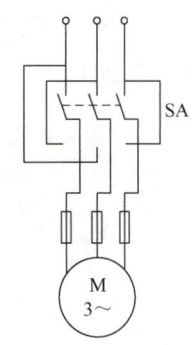

图 5-11　定子电路中串接电阻起动的电路图　　图 5-12　Y-△起动的电路图　　图 5-13　改变电动机转向的接线图

（2）制动　当切断电动机电源后，由于电动机及生产机械的转动部分有转动惯性，断电后仍继续旋转，要经过较长的时间才能停转。有些生产机械要求电动机能迅速停转以提高生产率，这就要设法强制停车，即进行制动。这里介绍一种最常见的反接制动法。

当需要电动机停车时，可将接到电源的三相导线中的任意两相对调，如前所述，旋转磁场立即反向旋转，转子中的感应电动势和电流也都反向，从而产生一制动转矩，使电动机迅速停转。其接线原理图与图 5-13 相似。但注意当电动机转速趋近于零时，应立即切断电源，以免造成电动机反转。

5.2　三相交流异步电动机的控制电路

就现代机床或其他生产机械而言，其运动部件大多是由电动机来带动的。因此，在生产过程中要对电动机进行自动控制，使生产机械各部件的动作按顺序进行，保证生产过程和加工工艺符合预定要求。对电动机的控制主要是控制其起动、停止、正/反转、调速及制动。

对电动机或其他电气设备，当前我国较多地采用继电器、接触器及按钮等控制电器来实现自动控制。这种控制系统一般称为继电-接触器控制系统，它是一种有触头的断续控制。因此，本节主要讨论继电-接触器控制的一些基本电路。

要懂得一个控制电路的原理，必须了解其中各个电气元件的结构、动作原理以及其控制作用。

5.2.1　常用低压电器

控制电器按工作电压高低，可分为高压控制电器和低压控制电器（简称低压电器）。额定电压为交流 1200V 及以下、直流 1500V 及以下电路中起接通、断开、保护、控制或调节作用的电器都属于低压电器。

低压电器的种类繁多，可分为手动和自动两类。

手动电器是由操作人员手动操纵的，如刀开关、按钮及Y-△起动器等。而自动电器则是按指令、信号或某个物理量的变化而自动动作的，如各种继电器、接触器、行程开关等。

观察思考

想一想，除图5-14～图5-16所示电器外，生活中还有哪些常见的低压电器？

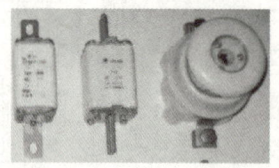  

　　a) 熔断器　　　　　　　b) 热继电器　　　　　c) 中间继电器

图 5-14　低压电器（一）

　　a) 刀开关　　　　　　　b) 组合开关

图 5-15　低压电器（二）

　　a) 行程开关　　　　　　b) 交流接触器　　　　c) 断路器

图 5-16　低压电器（三）

1. 熔断器

熔断器是电网和用电设备中最常用的安全保护电器之一，其主体是用低熔点金属丝或金属片制成的熔体，串联在被保护的电路中。它是根据电流的热效应原理工作的，在正常情况下，熔体相当于一根导线；当发生短路或过载时，电流很大，熔体因过热熔化而切断电路。

熔断器由熔体和绝缘底座组成。熔体为丝状或片状。熔体材料通常有两种：一种由铅锡合金、锌等低熔点金属制成，不易灭弧，多用于小电流的电路；另一种由银、铜等较高熔点的金属制成，易于灭弧，多用于大电流的电路。正常工作时，流过熔体的电流小于或等于它的额定值，由于熔体发热的温度尚未达到熔体的熔点，所以熔体不会熔断，电路保持接通。当流过熔体的电流达到额定电流的 1.3～2 倍时，熔体缓慢熔断，当流过熔体的电流达到额定电流的 8～10 倍时，熔体迅速熔断。电流越大，熔断越快。因此熔断器对轻度过载反应比较迟钝，一般只能作为短路保护。图 5-17 是常见的三种熔断器的结构。

第5章 交流电动机

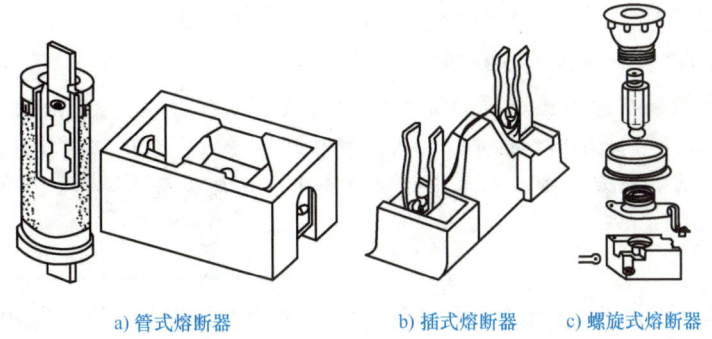

a) 管式熔断器　　b) 插式熔断器　　c) 螺旋式熔断器

图 5-17　熔断器

注意事项

熔断器在使用过程中应注意下列事项：

更换熔体或熔管时，必须把电源断开，以防触电；安装熔体时，熔体应顺时针方向弯曲；安装螺旋式熔断器时，熔断器下接线板的接线端应装在上方，并与电源线连接，连接金属螺纹壳体的接线端装于下方，并与用电设备的导线连接，以保证在更换熔体时螺纹壳体不会带电。

2. 开关

（1）刀开关　刀开关是一种结构最简单且应用广泛的手动电器。

刀开关的典型结构如图 5-18 所示，它由手柄、动触刀、静插座和绝缘底座组成。推动手柄使动触刀紧紧插入静插座中，电路就被接通。

刀开关种类很多，按刀的极数可分为单极、双极和三极；按刀的转换方向可分为单掷和双掷；按灭弧装置的情况可分为带灭弧罩和不带灭弧罩；按操作方式可分为直接手柄操作式和远距离连杆操作式。

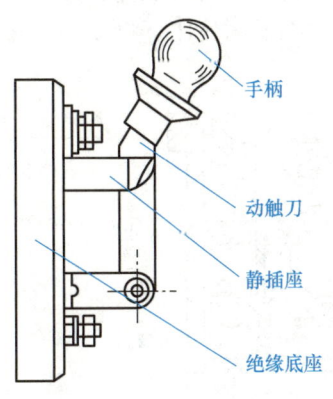

图 5-18　刀开关结构

注意事项

安装和使用刀开关时应注意下列事项:

1) 电源进线应接在静插座一边的进线端(进线端应在上方),用电设备应接在动触刀一边的出线端。这样,当刀开关断开时,刀和熔体均不带电,以保证更换熔体时的安全。

2) 安装时,刀开关在合闸状态下手柄应该向上,不能倒装或平装,以防闸刀松动落下时误合闸。

(2) 组合开关 组合开关也是一种刀开关,其刀片是转动的。在机床电气控制电路中,组合开关(又称转换开关)常用作电源引入开关,也可用于直接起停小容量笼型异步电动机或使电动机正/反转,局部照明电路也常用它来控制。

组合开关有单极、双极、三极和多极。图 5-19 是三极组合开关的结构。组合开关有三对静触片,每个静触片的一端固定在绝缘垫板上,另一端伸出盒外,连接在接线柱上。三个动触片安装在有手柄的绝缘转动轴上,转动转轴可以将三个触片同时接通。

(3) 按钮 按钮常用来接通或断开控制电路(其中电流很小),从而控制电动机或其他电气设备,是最常用的主令电器。图 5-20 是按钮的结构与符号,将按钮帽按下时,下面一对原本断开的静触头被动触头接通,以接通某一控制电路;而上面一对静触头则被断开,以断开另一控制电路。原本接通的触头,称为常闭触头(也称动断触头);原本就断开的触头,称为常开触头(也称动合触头)。有的按钮具有两对常开触头和两对常闭触头。

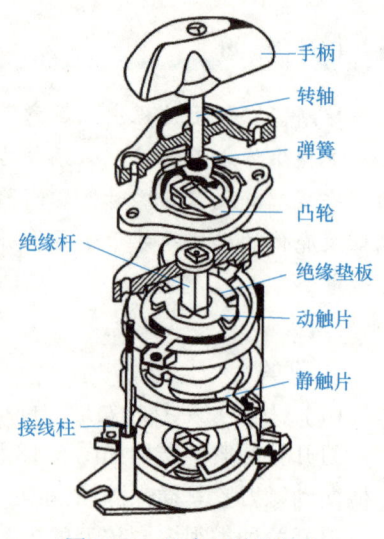

图 5-19 组合开关的结构

(4) 低压断路器 低压断路器是常用的一种低压保护电器,可以实现短路保护、过载和失电压保护。图 5-21 是低压断路器的结构及符号。主触头通常是手动操作闭合。开关的脱扣机构是一套连杆装置。当主触头闭合后就被锁住。如果电路中发生故障,脱扣机构在有关脱扣器的作用下将锁钩脱开,于是主触头在释放弹簧的作用

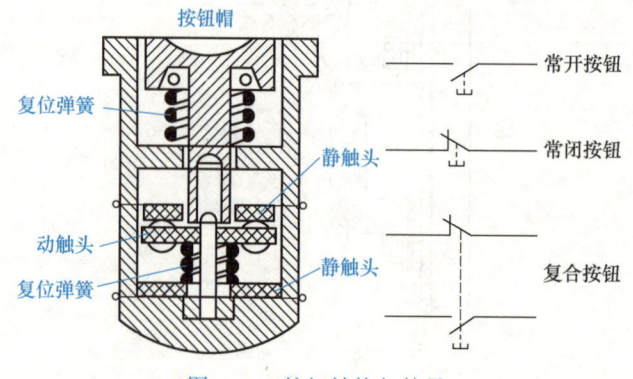

图 5-20 按钮结构与符号

下迅速分开。脱扣器有过电流脱扣器和欠电压脱扣器,其核心组成都是电磁铁。在正常情况下,过电流脱扣器的衔铁是释放的,一旦发生严重过载或短路故障时,与主电路串联的线圈就将产生较强的电磁吸力把衔铁往下吸而顶开锁钩,使主触头断开。欠电压脱扣器的工作恰恰相反,在电压正常时,吸住衔铁,主触头才得以闭合,一旦电压严重下降或断电,衔铁就被释放而使主触头断开。当电源电压恢复正常时,必须重新合闸后才能工作,实现欠电压保护。

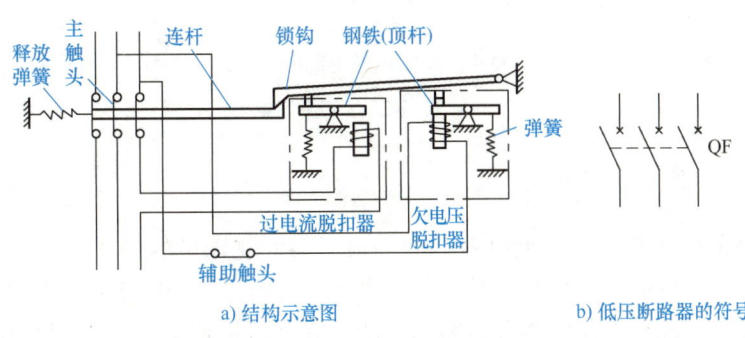

图 5-21 低压断路器结构及符号

(5) 行程开关 在电力系统中,有时希望能按照产生机械部件位置的变化而改变电动机的工作状态。当产生机械的部件运动到某一位置时,与它连接在一起的挡铁碰压行程开关,将机械信号变换为电信号,对控制电路发出接通、断开的指令,以达到一定的控制要求。

行程开关又名限位开关或位置开关,其工作原理和按钮相似,区别只是它不是靠手动按压而是利用产生机械运动部件的挡铁碰压而使触头工作。图 5-22 是行程开关的结构,图中所示有一对常开触头和一对常闭触头。当产生机械运动部件的挡铁碰压到行程开关的滚轮上时,使其常闭触头断开,常开触头闭合;滚轮上的挡铁移开后,各部分回复到原始位置。

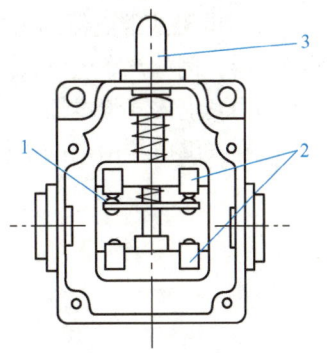

图 5-22 行程开关的结构
1—动触头 2—静触头 3—推杆

3. 交流接触器

交流接触器是继电-接触器控制中的主要器件,它是一种依靠电磁力作用来接通和切断带有负载的主电路或大容量控制电路的自动切换电器,常用于电动机、电炉等负载的自动控制。图 5-23a 为交流接触器外形,图 5-23b 为交流接触器的结构示意图,图 5-23c 为交流接触器符号。

交流接触器结构由电磁机构、触头系统、灭弧装置、其他部件(包括反作用弹簧、缓冲弹簧、触头压力弹簧、传动机构及外壳等)等组成。交流接触器工作原理为当接触器吸引线圈通入额定电压时,上、下铁心之间由于磁场的建立而产生电磁吸力,把上铁心吸下,它带动动触头下移,使动触头与静触头闭合,将电路接通。当线圈断电时,电磁吸力消失,上铁心在弹簧的作用下回复到原来的位置,动、静触头分开,电路断开。因此,只要控制接触器线圈通电或断电,就可以使接触器的触头闭合或断开,从而达到控制主电路接通或切断

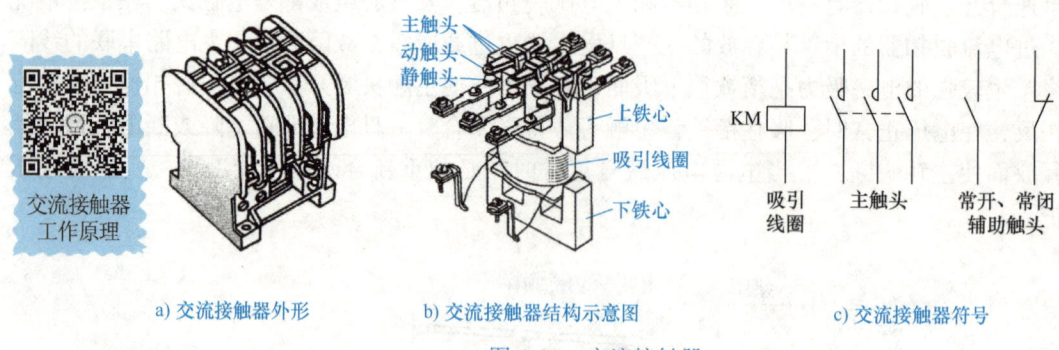

图 5-23 交流接触器

的目的。

4. 继电器

（1）继电器的作用和分类　继电器是一种根据某种物理量的变化，使自身执行机构动作的电器。无论继电器的输入量是电量或是非电量，继电器工作的最终目的总是控制触头的断开和闭合，而触头又是控制电路分、断的，因此它既可以用来改变控制电路的工作状态，使电路按照预先设计的控制程序完成预定的控制任务，又可以根据电路状态、参数的改变对电路实现某种保护。

继电器种类很多，按输入信号可分为电压继电器、电流继电器、功率继电器、速度继电器、压力继电器、温度继电器等；按工作原理可分为电磁式继电器、感应式继电器、电动式继电器、电子式继电器、热继电器等。

（2）电磁式继电器的组成和工作原理　电磁式继电器是电气控制设备中应用最多的一种继电器，例如汽车电气设备中的触点式调节器、带起动继电器的电磁操纵强制啮合式起动机等都用到电磁式继电器。

电磁式继电器由电磁机构和触头系统组成，如图 5-24 所示。

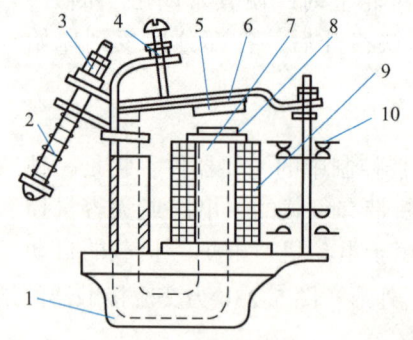

图 5-24　电磁式继电器的结构

1—底座　2—压簧　3、4—调节螺钉　5—非磁性垫片　6—衔铁
7—铁心　8—极靴　9—电磁线圈　10—触头组

按其在电路中的连接方式，可分为电流继电器、电压继电器和中间继电器等。

电磁式电流继电器的线圈串接于被测电路中，线圈的导线粗，匝数少，根据电流的大小接通或断开电路。当线圈电流高于整定值时动作的继电器称为过电流继电器，实现过电流保护；当线圈电流低于整定值时动作的继电器称为欠电流继电器，实现欠电流保护。电磁式电压继电器把线圈并接于被测电路中，线圈的匝数多、导线细、阻抗大。继电器根据所接电路电压值的变化，处于吸合或释放状态。电压继电器有过电压继电器和欠电压继电器之分，对电路分别实现过电压保护和欠电压保护。中间继电器实质上是电压继电器，只是触头数量多，容量也大，当电压继电器、电流继电器的触头容量不够时，可以利用中间继电器进行功率放大；当触头数量不够时，利用中间继电器增加触头数量以控制多条回路。

（3）热继电器　电动机在运行过程中，如果长期过载、频繁起动、欠电压运行或者断相运行等，都可能使电动机的电流超过它的额定值。这样将引起电动机过热，损坏绕组绝缘，缩短电动机的使用寿命，严重时甚至烧坏电动机，因此，必须对电动机采取过载保护措施。

热继电器是用于电动机过载保护的电器，利用电流热效应来切断电路的保护电器，其原理如图 5-25 所示。它主要由发热元件、双金属片和触头三部分组成，符号如图 5-26 所示。

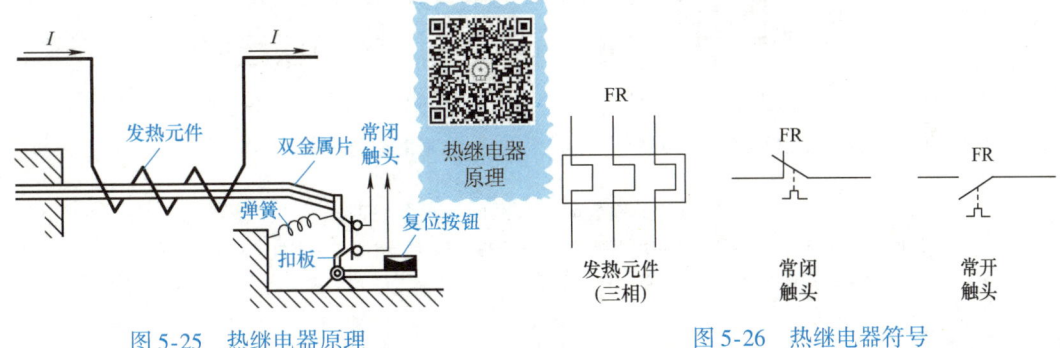

图 5-25　热继电器原理　　　　　　　图 5-26　热继电器符号

发热元件是一段电阻不大的电阻丝，它串接在主电路中，流过发热元件的电流就是负载电流。双金属片是热继电器的关键部件，它是由两种不同膨胀系数的金属辗压而成，在受热后因伸长不一致而造成弯曲变形。

当负载在正常状态工作时，发热元件的热量不足以使双金属片产生明显的弯曲变形；当发生过载时，在发热元件上就会产生超过其"额定值"的热量，双金属片因此产生弯曲变形，因而脱扣，扣板在弹簧的拉力作用下将常闭触头断开。常闭触头是接在电动机的控制电路中的，控制电路断开而使热继电器断开，从而断开电动机的主电路。但由于热惯性，热继电器不能作为短路保护。

（4）时间继电器　从得到输入信号（线圈的通电或断电）起，需经过一定的延时后才能输出信号（触点的闭合或分断）的继电器为时间继电器。

在交流电路中常采用空气阻尼式时间继电器，图 5-27 所示是空气阻尼式时间继电器原理。它是利用空气阻尼作用而达到延时的目的。以图 5-27a 通电延时型时间继电器为例，当线圈 1 通电时衔铁 3 克服反力弹簧 4 的阻力与固定铁心 2 立即吸合，推板 5 压动微动开关 16 使常闭触头瞬时断开，常开触头瞬时闭合。活塞杆 6 在宝塔弹簧 8 作用下向上移动，使与活塞杆 6 相连的橡皮膜 10 也向上运动，但受到进气孔 14 进气速度的限制。这时橡皮膜下面形成空气稀薄的空间，与橡皮膜上面的空气形成压力差，对活塞 12 的移动产生阻尼作用。经过一段时间，杠杆 7 压动微动开关 15，使常闭触头延时断开，常开触点延时闭合。其移动速度决定了延时时间的长短。调节调节螺钉 13，改变进气孔 14 的大小，可以调节延时时间：进气孔大，移动速度快，延时短；进气孔小，移动速度慢，延时较长。当线圈1断电时，电磁力消失，衔铁3在反力弹簧4的作用下释放，并通过活塞杆6带动活塞12及橡皮膜10向下移动，压缩宝塔弹簧8。这时，空气室下方的空气通过橡皮膜10、弱弹簧9和活塞12的肩部所形成的单向阀，迅速地从橡皮膜上方的气室缝隙中排出，使杠杆7和微动开关15瞬间复位。

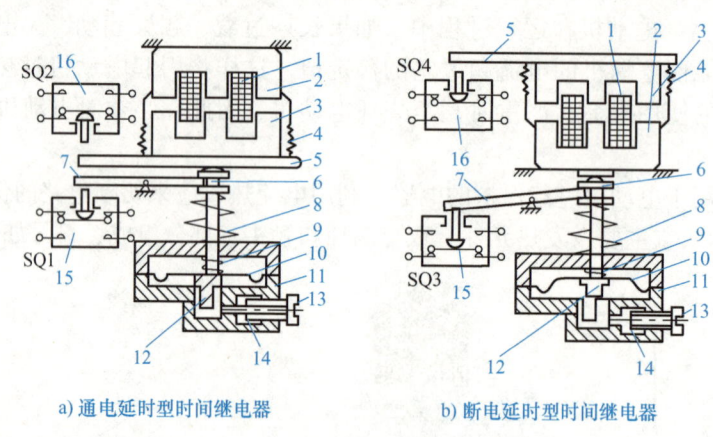

a) 通电延时型时间继电器　　　　b) 断电延时型时间继电器

图 5-27　空气阻尼式时间继电器原理

1—线圈　2—铁心　3—衔铁　4—反力弹簧　5—推板　6—活塞杆　7—杠杆　8—宝塔弹簧
9—弱弹簧　10—橡皮膜　11—空气室壁　12—活塞　13—调节螺钉　14—进气孔　15、16—微动开关

5.2.2　三相交流异步电动机直接起动控制电路

1. 具有自锁的控制电路（连续运行控制电路）

如图 5-28 是中小容量笼型异步电动机直接起动的控制电路，包括组合开关 QS、交流接触器 KM、按钮 SB（含 SB_1、SB_2）、热继电器 FR 及熔断器 FU 等。

先闭合组合开关 QS，为电动机起动做好准备。按下起动按钮 SB_2，交流接触器 KM 的线圈通电，动铁心被吸合而将三个主触头闭合，电动机 M 起动。当松开 SB_2 时，由于与起动按钮并联的常开辅助触头和主触头同时闭合，因此接触器线圈的电路仍然接通，而使接触器触头保持闭合的位置。这个辅助触头称为自锁触头。如果按下停止按钮 SB_1，则将线圈的电路切断，动铁心和触头恢复到断开的位置。

采用上述控制电路还可以实现短路保护、过载保护和失电压保护。实现短路保护的是熔断器 FU。一旦发生事故，熔体立即熔断，电动机立即停车。实现过载保护的是热继电器 FR。当过载时，它的发热元件发热，将常闭触头断开，使接触器线圈断电，主触头断开，电动机停车。

所谓或失电压保护就是当电源暂时断电或电压严重下降时，电动机即自动从电源切断。当电源电压恢复正常时如不重新按起动按钮，则电动机不能自行起动，因为自锁触头亦断开。

图 5-28 所示电路可分为主电路和控制电路两部分。

主电路为

三相电源 → 组合开关QS → 熔断器FU → 接触器KM（主触头）→ 热继电器FR（发热元件）→ 电动机M

控制电路为

1 → 停止按钮SB₁ → 起动按钮SB₂ ┐ → 接触器KM（线圈）→ 热继电器FR（常闭触头）┐
                              KM（自锁触头）┘   │
2 ──┘

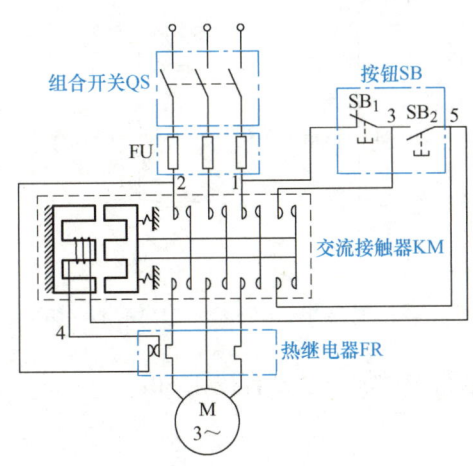

图 5-28 笼型异步电动机直接起动控制电路

在图 5-28 中，各个电器都是按照其实际位置给出的，属于同一电器的各部件都集中在一起，称为控制电路的结构图。这种画法比较容易识别电器，便于安装和检修。但当电路比较复杂和使用的电器较多时，电路便不容易看清楚。因此，为了读图和分析研究，也为了设计电路方便，控制电路常根据其作用原理给出，把控制电路和主电路清晰分开，称为控制电路原理图。在控制电路原理图中，各电器都用规范的符号代表，同一电器的各部件不按它们的实物位置画出，而是按其在电路中所起的作用分画在不同位置上。为了识别它们，用统一文字符号表示，并规定所有电器的触头均表示在没有通电或没有发生机械动作时的位置。因此就可以把图 5-28 画成 5-29 的电气原理图。

如果将图 5-29 中的自锁触头 KM 除去，则可对电动机实现点动控制，即按下起动按钮 SB₂，电动机就转动，松开就停车，这在生产上也是常用的。

2. 既能连续运行又能点动运行的控制电路

在生产实际中，经常要求控制电路既能点动运行又能连续运行（也称长动）。图 5-30 是三种既能连续运行又能点动运行的控制电路，它们的主电路相同，电路的工作原理如下：

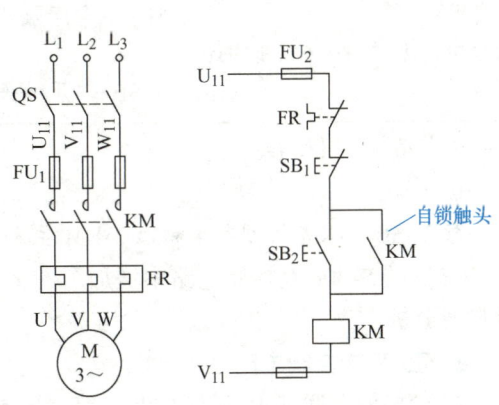

图 5-29 图 5-28 的电气原理图

（1）图 5-30a 在自锁电路中串联一个开关 S　先闭合电源开关 QS，当 S 断开时，按下 SB_2，为点动控制电路；当闭合 S 时，按下 SB_2，为具有自锁的连续运行控制电路。

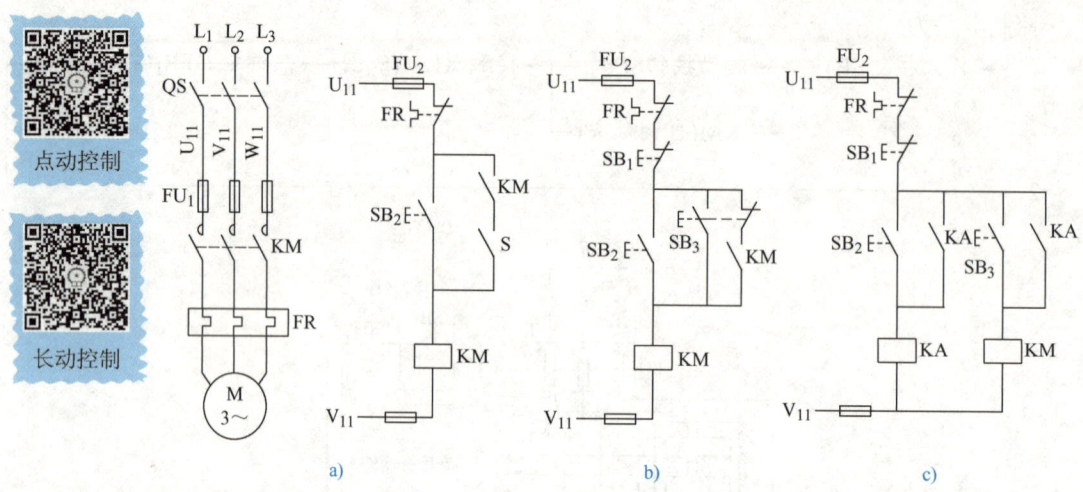

图 5-30　连续运行与点动的控制电路

（2）图 5-30b 在自锁电路中增加一个复合按钮 SB_3
1) 连续运行控制
a. 起动：

闭合电源开关QS → 按下SB_2 → KM因线圈通电而吸合 →┬→ KM自锁触头闭合
　　　　　　　　　　　　　　　　　　　　　　　　　└→ KM主触头闭合 → 电动机M起动，连续运转

b. 停止：

按下SB_1 → KM因线圈断电而释放 →┬→ KM自锁触头断开
　　　　　　　　　　　　　　　　└→ KM主触头断开 → 电动机M断电，停转

2) 点动运行控制
a. 起动：

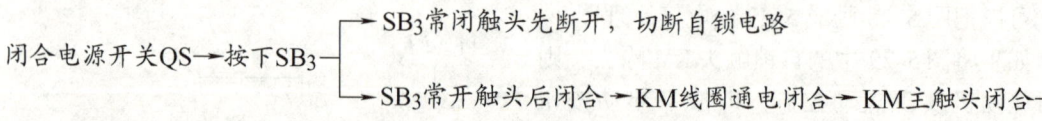

→ 电动机起动运转

b. 停止：
按下 SB_1 → KM 线圈断电释放 → KM 主触头断开 → 电动机 M 断电，停转

（3）图 5-30c 是控制电路中增加了一个点动按钮和一个中间继电器 KA 其控制原理请读者自行分析。

3. 正/反转控制电路

（1）接触器联锁正/反转控制电路　图 5-31 为接触器联锁正/反转控制电路。图中采用了两个接触器，即正转用接触器 KM_1，反转用接触器 KM_2。当 KM_1 主触头接通时，三相电

源 L_1、L_2、L_3 按 U—V—W 相序接入电动机；当 KM_2 主触头接通时，三相电源 L_1、L_2、L_3 按 W—V—U 相序接入电动机，即 W 和 U 两相相序接反了，所以当两个接触器分别工作时，电动机的旋转方向相反。

电路要求接触器 KM_1 和 KM_2 不能同时通电，否则，它们的主触头同时闭合，将造成 L_1、L_3 两相电源短路。为此，在接触器 KM_1 和 KM_2 线圈各自的支路中相互串联了对方的一副常闭辅助触头，以保证接触器 KM_1 和 KM_2 不会同时通电。KM_1 和 KM_2 的这两副常闭辅助触头在电路中所起的作用称为<u>互锁</u>。

接触器联锁正/反转控制电路动作原理如下：

闭合开关 QS，正转控制：

按下 SB_1 →
- → KM_1 常开自锁触头闭合
- → KM_1 因线圈通电而吸合 → KM_1 主触头闭合 → 电动机 M 正转
- → KM_1 常闭触头断开，KM_2 不能得电，实现互锁

反转控制过程类似，请读者自行分析。

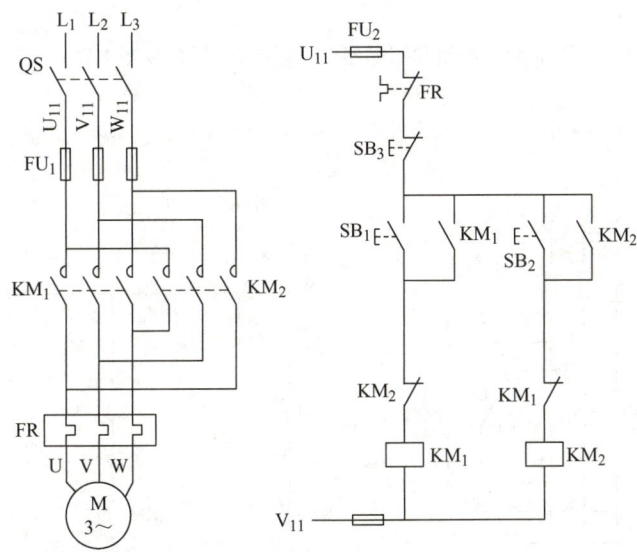

图 5-31　接触器联锁正/反转控制电路

图 5-31 是电动机正/反转控制的一种典型电路，但这种电路要改变电动机的转向时，必须按停止按钮 SB_3，即"正转→停止→反转"或"反转→停止→正转"。

（2）按钮和接触器双重联锁正/反转控制电路　这种电路操作方便、安全可靠，应用广泛，如图 5-32 所示，其动作原理读者可自行分析。

4. 三相异步电动机位置控制电路

电气设备的位置控制就是用运动部件上的挡铁碰压行程开关而使其触头动作，以接通或断开电路，控制机械行程或实现加工过程的自动往返。图 5-33 为工作台自动往返的主电路、控制电路和工作台自动往复的示意图。在工作台上装有挡铁 1 和 2，机床床身上装有行程开关 SQ_1 和 SQ_2，当挡铁碰压行程开关后，自动换接电动机正/反转控制电路，使工作台自动往返移动。工作台的行程可通过移动挡铁的位置来调节，以适应加工零件的不同要求。SQ_3

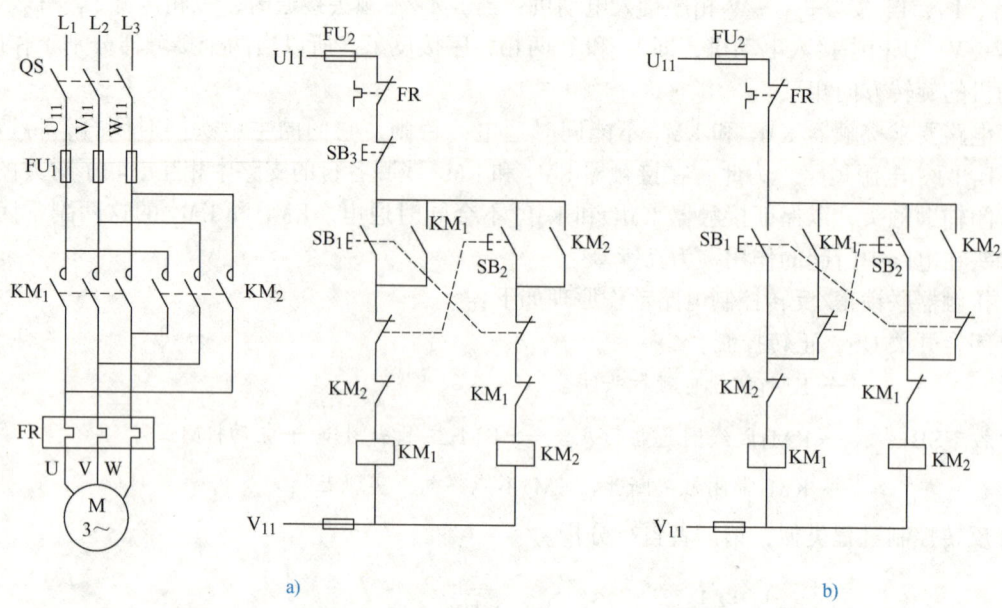

图 5-32 按钮和接触器双重联锁正/反转控制电路

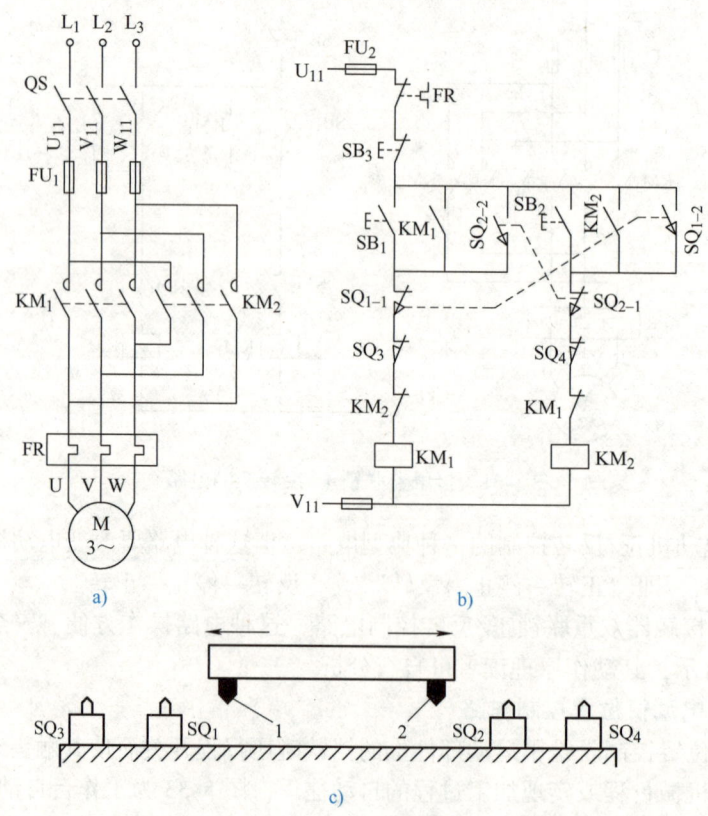

图 5-33 工作台自动往返的示意图

和 SQ_4 用作限位保护，即限制工作台的极限位置。工作原理如下：

合上电源开关QS → 按下SB_1 → KM_1因线圈通电而吸合 → KM_1自锁触头闭合／KM_1主触头闭合／KM_1互锁触头断开 → 电动机正转(工作台左移)

移至限定位置，挡铁1碰压SQ_1 → SQ_{1-1}先断开 → KM_1因断电而释放 → KM_1自锁触头断开／KM_1主触头断开，电动机停止正转(工作台停止左移)／KM_1互锁触头闭合

SQ_{1-2}后闭合 → KM_2因线圈通电而吸合 → KM_2自锁触头闭合／KM_2主触头闭合 → 电动机M反转(工作台右移)／KM_2互锁触头断开

移至限定位置，挡铁2碰压SQ_2 → SQ_{2-1}先断开 → KM_2因断电而释放 → KM_2自锁触头断开／KM_1主触头断开，电动机停止反转(工作台停止右移)／KM_2互锁触头闭合

SQ_{2-2}后闭合 → KM_1因线圈通电而吸合 → KM_1自锁触头闭合／KM_1主触头闭合 → 电动机正转(工作台左移)／KM_1互锁触头断开

重复上述过程，工作台就在限定的行程内自动往返运动。

应用案例

应用案例 5-1 设计控制电路，使三相异步电动机既能点动，又能连续运行。请问：下

述控制电路是否可行？若可行，试述其控制原理。

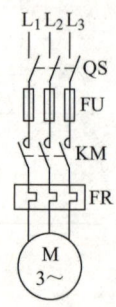
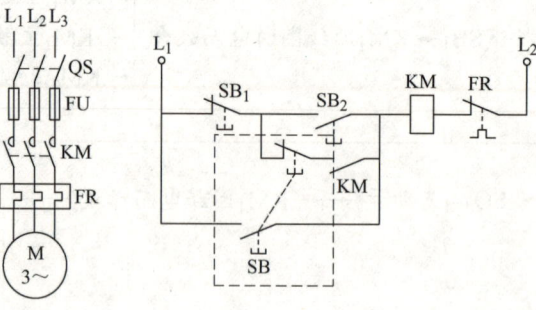

a) 方法1：使用复合按钮

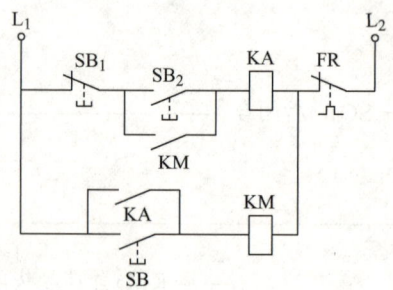

b) 方法2：使用中间继电器(KA)

图 5-34　应用案例 5-1 图

第6章 稳压电源电路分析

学习目标

在工农业生产中，主要采用交流电，但是在某些场合，例如电解、电镀、蓄电池的充电、直流电动机等，都需要用直流电源供电。此外，在电子电路和自动控制装置中还需要用电压非常稳定的直流电源。为了得到直流电，除了用直流发电机外，目前广泛采用各种半导体直流电源。

本章主要介绍二极管的特性、结构、类型、主要参数等；晶体管的结构、类型、放大原理、主要参数等；晶闸管的结构、符号、工作原理、主要参数；整流电路的类型、工作原理、主要参数；滤波电路及稳压电路的类型、工作原理、主要参数等；整流电路在汽车上的应用。

学习完本章后，你将能够：
- 掌握半导体的种类及特性。
- 掌握二极管的结构、类型、伏安特性、主要参数等。
- 掌握晶体管的结构、类型、放大原理、特性曲线、主要参数等。
- 了解晶闸管的外形、结构、符号、工作原理、主要参数。
- 掌握单相半波、全波整流电路的组成、原理及相关参数计算。
- 了解三相桥式全波整流电路组成及原理。
- 了解整流电路在汽车上的应用。
- 掌握滤波电路类型及特性。
- 掌握稳压电路类型及原理。

6.1 半导体器件

观察思考

观察图6-1，思考日常生活中还有哪些半导体器件呢？

a) 发光二极管　　b) 晶体管　　c) 稳压电源

图6-1　生活中的半导体器件

视野拓展：
中国半导体
之母——
谢希德

半导体器件的导电性能介于良导电体与绝缘体之间，是利用半导体材料特殊电特性来完成特定功能的电子器件，可用于产生、控制、接收、放大信号和进行能量转换，用于整流器、振荡器、发光器、放大器、测光器等。半导体器件的半导体材料普遍采用硅、锗或砷化镓等。为了与集成电路相区别，半导体器件有时也称为分立器件。绝大部分二端半导体器件（即二极管）的基本结构是一个 PN 结。

6.1.1 二极管

1. 半导体及其特性

导电能力介于导体与绝缘体之间的物质称为半导体，如硅、硒、锗以及大多数金属氧化物和硫化物都是半导体。纯净半导体导电能力差，绝缘性能也不强，既不易用作导电材料，也不易用作绝缘材料。但是，温度、光照、掺杂等外界条件能引起半导体导电性能的显著变化，即半导体具有热敏、光敏、掺杂等特性。常用其掺杂特性，即在纯净的半导体中掺入微量的某种杂质，对其导电性能影响极大，掺入特定杂质后半导体的导电能力可能增强上万倍甚至上百万倍。

2. P 型半导体和 N 型半导体

纯净硅或锗原子最外层均有四个电子，它们可能因热运动或其他原因挣脱原子核的束缚成为自由电子，同时在其原来位置上留下一个空位，称为空穴，如图 6-2a 所示。自由电子带负电。中性原子失去电子后带正电，故可以认为空穴带正电。在外电场作用下，自由电子和空穴均可定向移动而形成电流，这是半导体导电的一个基本特性。

1）N 型半导体。在单晶硅（或锗）中掺入微量的五价元素，例如磷，磷原子取代硅原子位置并与邻近硅原子形成共价键时，还多余一个价电子，这个价电子容易脱离原子而成为自由电子，如图 6-2b 所示。这种掺杂半导体的自由电子增多了，其导电能力也大大增强。这种半导体中自由电子数远远大于空穴数，所以它主要靠自由电子导电，故称为电子型半导体或 N 型半导体。

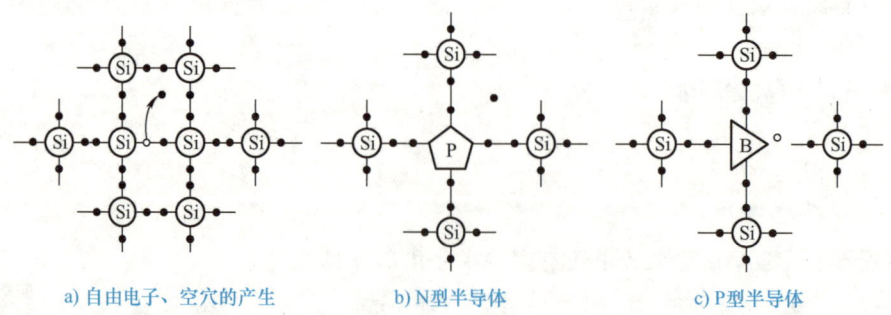

a) 自由电子、空穴的产生　　b) N 型半导体　　c) P 型半导体

图 6-2　N 型半导体与 P 型半导体

2）P 型半导体。在单晶硅（或锗）中掺入微量的三价元素，例如硼，硼原子取代硅原子位置并与邻近硅原子形成共价键时，还缺少一个价电子而形成空穴，如图 6-2c 所示。这种掺杂半导体中空穴增多了，其导电能力也增强。这种半导体中空穴数远远大于自由电子数，所以它主要靠空穴导电，故称为空穴型半导体或 P 型半导体。应该指出，无论是 N 型

半导体还是 P 型半导体，它们本身仍然呈电中性。

3. PN 结及其单向导电性

P 型或 N 型半导体虽具有较强的导电能力，但将它接入电路中，只起到电阻作用，不能成为半导体器件。如果在一整块半导体中采用一定工艺，使其一边形成 P 型半导体，一边形成 N 型半导体，这时就会在它们的交界面处形成一种特殊的结构，称为 PN 结。PN 结是制造各种半导体器件的基本结构。因此，掌握 PN 结的特性十分重要。

这里通过一实验说明 PN 结的特性。如图 6-3 所示，将一块具有 PN 结的半导体材料经一白炽灯串接在直流电源上。当把 P 区接电源正极、N 区接电源负极时，如图 6-3a，即称 PN 结加正向电压（又称正向偏置或正偏），此时灯亮，说明 PN 结呈现较小的正向电阻，电路中存在较大电流，电流能通过 PN 结，称此时PN 结处于正向导通状态。当 PN 结加反向电压（又称反向偏置或反偏），即 P 区接电源负极、N 区接电源正极时，如图 6-3b 所示，此时灯不亮，说明 PN 结呈现很大的反向电阻，电路中基本无电流，电流不能通过 PN 结，称此时PN 结处于反向截止状态。

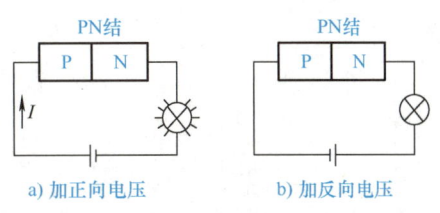

图 6-3 PN 结的单向导电性

由此可见，PN 结具有单向导电性，即加正向电压时 PN 结导通，加反向电压时 PN 结截止。

4. 二极管的结构及类型

将 PN 结装上电极引线及管壳，就制成了二极管。其外形结构如图 6-4a 所示。二极管的正极（又称阳极）由 P 区引出，负极（又称阴极）由 N 区引出，如图 6-4b 所示。使用二极管时要注意极性不要接错，否则将使电路不能正常工作，甚至损坏二极管，为此制造厂家常在管壳上标明色点，表示该端为正极端。二极管符号如图 6-4c 所示。

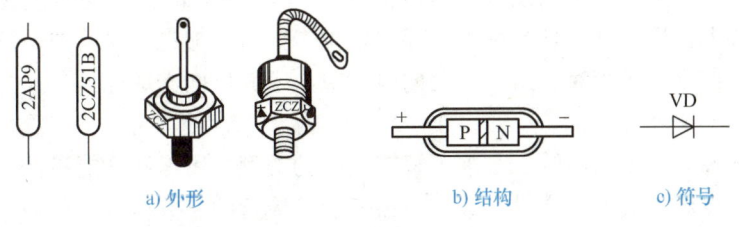

图 6-4 二极管的外形、结构、符号

按结构形式不同，二极管可分为点接触型和面结合型两种。点接触型二极管 PN 结截面积小，允许通过的电流小。面结合型二极管 PN 结截面积较大，允许通过的电流大。

按芯片材料不同，二极管主要有硅二极管和锗二极管两种。硅二极管反向电流小，锗二极管工作电流频率高。

按用途不同，二极管又可分为普通二极管、整流二极管、开关二极管、稳压二极管、发光二极管等。

5. 二极管的伏安特性

为了正确地使用二极管，需要了解它的电压-电流关系曲线，由于电压、电流的单位分别为 V 和 A，所以将电压-电流关系曲线又称为伏安特性曲线。

在实验电路板上安装图 6-5 所示电路，调节电位器 R_p，可改变二极管 VD 的正向电压和正向电流，其实验结果可绘制成图 6-7 第一象限所示曲线，称为正向特性曲线。

在实验电路板上安装图 6-6 所示电路，调节电位器 R_p，可改变二极管 VD 的反向电压和反向电流，其实验结果可绘制成如图 6-7 第三象限所示曲线，称为反向特性曲线。

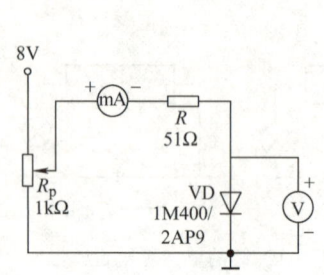

图 6-5 二极管正向特性测试

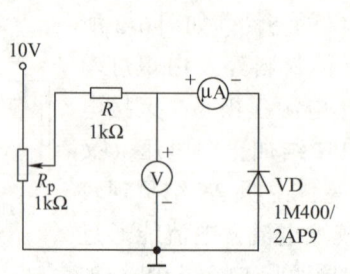

图 6-6 二极管反向特性测试　　图 6-7 二极管的伏安特性曲线

（1）正向特性　当正向电压较小时，正向电流也很小，二极管呈现的正向电阻较大，如曲线的 OA 段，通常称这个区为死区。锗管的死区电压为 0～0.2V。硅管的死区电压为 0～0.5V。当正向电压增大到一定数值（即死区电压）后，正向电流迅速增大，如曲线的 AB 段，此时二极管导通。二极管导通后电流增长虽快，但两端电压基本稳定。二极管正向导通的最低电压称为正向压降（也称管压降），一般硅管约为 0.7V，锗管约为 0.3V。正向压降超过 1V 时，正向电流很大，将使小功率管过热而损坏。使用时须限制正向电流不超过二极管的允许值。

（2）反向特性　二极管两端加上反向电压时，在一定的电压范围内二极管只有很小的反向电流通过，其大小几乎不变，通常称为反向饱和电流，此时二极管呈现很大的反向电阻而处于截止状态。当反向电压增加到一定数值（图中的 U_D）时，反向电流突然增大，二极管失去了单向导电特性，这种现象称为击穿。发生击穿时，加在二极管两端的反向电压叫作反向击穿电压。使用二极管时，所加的反向电压应小于其反向击穿电压。

6. 二极管的主要参数

为了正确选择和使用二极管，必须了解二极管的类型、用途和性能参数。通常把表示二极管工作性能的参数列成表格，供实际应用参考。二极管的参数很多，作为整流器件，主要有两个参数。

（1）最大整流电流 I_M　最大整流电流为二极管长期工作时，允许通过的最大正向平均电流。选用二极管时，工作电流不能超过它的最大整流电流，以免烧坏二极管。

（2）最高反向工作电压 U_{RM}　最高反向工作电压为二极管长期工作时，允许加到二极管上的最高反向电压（峰值）。使用时，加在二极管上的反向电压峰值不允许超过这一数值，以保证二极管在使用中不致因反向电压过高而损坏。

此外，还有最大反向电流、最高工作频率、正向管压降等参数，可查阅相关资料。

7. 二极管的简易测试

使用二极管时，常需辨别二极管的正、负极及粗略判断二极管的好坏。通常用万用表欧姆档通过测试二极管的正、反向电阻来进行判断。

(1) 好坏判别　调至万用表欧姆档,选择 $R\times100$ 或 $R\times1k$ 倍率,将两表笔分别正接和反接在被测二极管的两端,即可测出大、小两个阻值,如图6-8所示。大值是反向电阻,小值是正向电阻。如果测出的正向电阻是几百欧,反向电阻是几百千欧,那就说明被测的二极管是好的,正、反向电阻值相差越大,说明二极管的单向导电性越好。如果测得正、反向电阻均为无穷大,说明二极管内部已断路。如果测得正、反向电阻都很小或为零,说明二极管内部已短路。后两种情况都说明二极管已经损坏,不能继续使用。

(2) 极性判别　用万用表测量二极管的正、反向电阻,如图6-8所示。电阻较小时,则黑表笔所接的一端是二极管的正极,红表笔所接的一端是二极管的负极;反之,测得电阻较大时,则黑表笔所接的一端是二极管的负极,红表笔所接的一端是二极管的正极。这是因为黑表笔与表内电池的正极相连,红表笔与表内电池的负极相连。

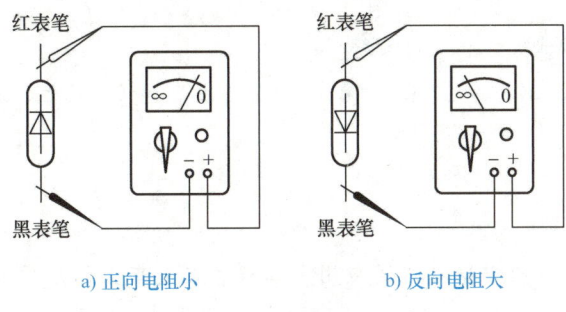

a) 正向电阻小　　　　　　b) 反向电阻大

图6-8　二极管的简易判别

注意事项

用万用表测量二极管的正、反向电阻时,应注意以下两点:

1) 用万用表不同的欧姆档测试同一只二极管获得的阻值是不相同的,因为不同的档,两表笔之间的端电压不同。

2) 在测量小功率二极管时,不宜用电流较大的 $R\times1$ 档或电压较高的 $R\times10k$ 档,以免损坏二极管。

8. 硅稳压二极管和发光二极管

硅稳压二极管(简称稳压管)是一种特殊的面接触型二极管。它与普通二极管一样,也是由一个PN结构成,不同的是制造工艺上有所差别。普通二极管反向击穿后便损坏了,而稳压管却要求工作在反向击穿状态下,以实现稳压目的。只要反向电流限制在一定范围内,反向击穿并不会造成稳压管的损坏。稳压管的伏安特性曲线和符号如图6-9所示。

由图6-9可见,稳压管与普通二极管的伏安特性曲线相似,不同的是稳压管工作在反向击穿区,在这一区域内流过稳压管的电流可以在很大的范围内变化,而它两端的电压可保持基本不变,因此,具有稳定电压的作用。如果将负载电阻与稳压管并联,负载上就可得到近似恒定的电压。由于稳压管工作在反向击穿区,所以在电路中稳压管的两端应加反向电压。

发光二极管简称LED,是一种通以正向电流就会发光的二极管,它用特殊半导体材料制成,可发出红色、橙色、黄色、绿色、蓝色光,其电气符号如图6-10所示。发光二极管的伏安特性与普通二极管相似,不过它的正向导通电压大于1V,同时发光的亮度随通过的正向电流增大而增强，工作电流为几个毫安到几十毫安，典型工作电流为 10mA 左右。发光二极管的反向击穿电压一般大于 5V，所以应使其工作在 5V 以下。发光二极管可以单个使用，也可以制成七段数字显示器等。

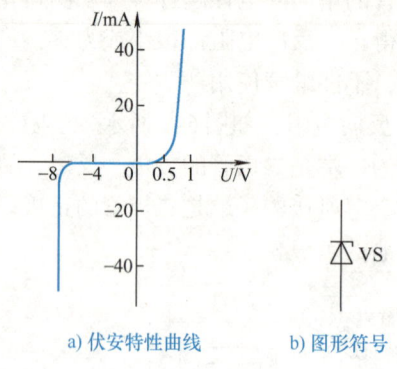

a) 伏安特性曲线　　b) 图形符号

图 6-9　稳压管的伏安特性曲线及符号

图 6-10　发光二极管电气符号

拓展提高

半导体器件在汽车行业中得到广泛应用。二极管在汽车上的应用分为普通二极管和特殊二极管。

1) 普通二极管。主要是利用其单向导电性，在汽车电路中可用于整流、续流、限幅及检波等，在汽车交流发电机中就是利用普通二极管组成的整流板将发电机发出的三相交流电整流为直流电，为了适应发电机的需要，专门制作了应用于汽车的整流二极管，它们分为正极管和负极管。

2) 特殊二极管。主要有稳压管、发光二极管和光电二极管等。

① 稳压管。在汽车电路中，由于各个电器总成或元器件工作电流比较大，汽车电源系统的电压会出现波动。在汽车的仪表电路和一部分电子控制电路中，一些需要精确电压值的电路经常利用稳压管来获取所需电压。稳压管在工作时一般是正极接低电位，负极接高电位，此时即使电源电压发生变化或受其他因素影响，也只是引起不同的电流通过限流电阻和稳压管，改变落在限流电阻上的电压，而稳压管两端的电压始终维持一定的电压值基本不变。

② 发光二极管。发光二极管在汽车电路中随处可见，主要应用在仪表板上作为指示灯或报警信号灯。比如液面过低时仪表板上的发光二极管就会被接通发光，发出报警指示；再如有些汽车在仪表盘上装有转向角监测仪，利用发光二极管显示转向盘转角、前轮转角。

③ 光电二极管。当光线照射在光电二极管 PN 结上时，二极管的反向电流增加，其大小与光的照度成正比。利用光电二极管制成的光电传感器可以将非电信号转变为电信号，用以控制其他电子器件。汽车上的许多传感器就是利用光电二极管制成的，如用于汽车自动空调系统的日照强度传感器，可以把太阳的照射情况转换成电流的变化，车内自动空调计算机对这种变化进行检测，来调节排风量和排风口温度；再如用于汽车灯光自动控制器中，以检测车辆周围亮暗程度，从而可以自动调节灯光的亮暗程度。

9. 二极管的型号命名

半导体器件品种繁多，特性不一，为了便于分类和识别，对不同类型的半导体器件应用不同的符号来表示。按照国家标准 GB/T 249—2017 规定，国产二极管的型号由五部分组成，见表 6-1。例如，2CK84 表示硅开关二极管，2CZ56 表示硅整流二极管。

表 6-1 二极管的型号命名

第一部分（数字）	第二部分（拼音）	第三部分（拼音）	第四部分（数字）	第五部分（拼音）
电极数目	材料和极性	二极管类型	二极管序号	规格号
2 — 二极管	A — N 型锗 B — P 型锗 C — N 型硅 D — P 型硅	P — 普通管 Z — 整流管 W — 稳压管 K — 开关管 F — 发光管 L — 整流堆	表示某些性能与参数上的差别	表示同型号中的档别

应用案例

应用案例 6-1 图 6-11 所示电路中，若 $U_i = 10\text{V}$，试求二极管的正向压降 U_D 及输出电压 U_o 的值。

解： 图 6-11a 中，$U_i = 10\text{V}$，二极管正向偏置，处于导通状态，二极管的型号为 2CP10，是硅管，所以

$$U_D = 0.7\text{V}, U_o = U_i - U_D = (10 - 0.7)\text{V} = 9.3\text{V}$$

图 6-11b 中，$U_i = 10\text{V}$，二极管反向偏置，处于截止状态，电路中没有电流，所以

$$U_o = 0\text{V}, U_D = U_o - U_i = -10\text{V}$$

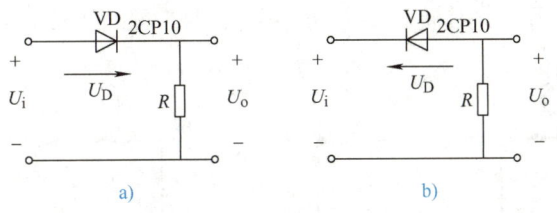

图 6-11 应用案例 6-1 图

6.1.2 晶体管

观察思考

视野拓展："中国造"全球最薄鳍式晶体管

图 6-12 为常见晶体管的外形。音响的主要器件就是晶体管，利用晶体管的放大作用可把弱小的声音信号放大到足以推动扬声器发声。晶体管还可作为开关使用，如楼道里的触摸开关、部分光电开关；还有手机充电器、手机、电视等，许多家电都会用到晶体管。

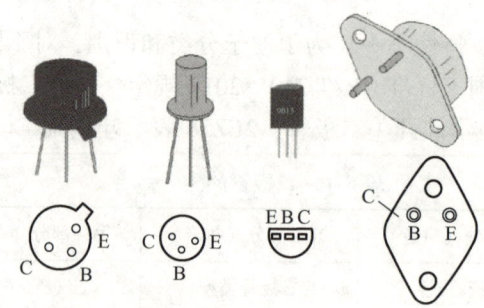

图 6-12　常见晶体管外形

你还能找出日常生活中应用晶体管的例子吗？

1. 晶体管基本结构及类型

晶体管又称为双极型晶体管。目前最常见的晶体管结构有平面型和合金型两类，硅管主要为平面型，如图 6-13a 所示，锗管主要为合金型，如图 6-13b 所示。

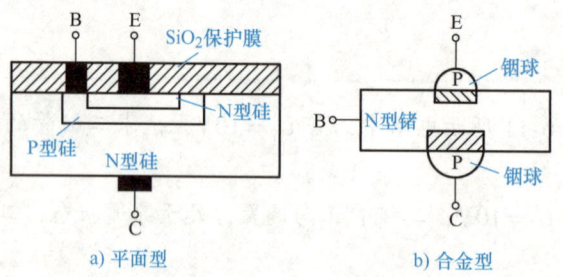

a) 平面型　　　　　　　　　　b) 合金型

图 6-13　晶体管结构图

晶体管可分为 NPN 型和 PNP 型两种类型，图 6-14a 为 NPN 型晶体管结构示意图和图形符号，其结构主要分为三个区（集电区、基区、发射区）、两个结（集电结、发射结）、三个极（集电极 C、基极 B、发射极 E）。图 6-14b 为 PNP 型晶体管的结构示意图与图形符号。

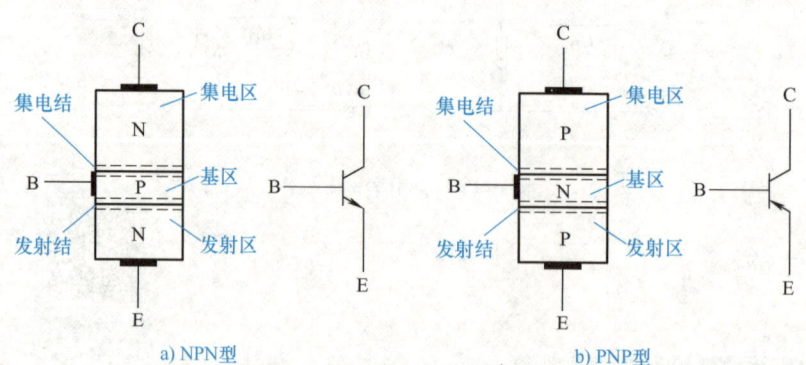

a) NPN型　　　　　　　　　　b) PNP型

图 6-14　晶体管结构示意和图形符号

2. 晶体管放大原理

晶体管是具有放大作用的器件。为了实现放大作用，可把 NPN 型晶体管接成图 6-15 所示电路,这种电路称为共发射极放大电路。

图 6-15 中,基极电源 U_{BB} 使发射结获得正向偏置,故发射区的电子不断越过发射结进入基区,并不断由电源补充电子形成发射极电流 I_E。当然基区空穴也进入发射区,但因基区的杂质浓度很低,故空穴形成的电流很小(在图 6-15 中未画出)。发射区的电子注入基区后,将继续向集电结扩散。因基区很薄且空穴浓度很低,故发射区注入基区的电子只有一小部分和基区的空穴复合,复合掉的空穴不断由基极电源补充,形成基极电流 I_B,而发射区注入基区的绝大部分电子扩散到集电结的边沿。由于集电极电源 U_{CC} 使集电结获得反向偏置,故扩散到集电结边沿的电子就在电场的作用下越过集电结,被集电极收集,形成集电极电流 I_C。

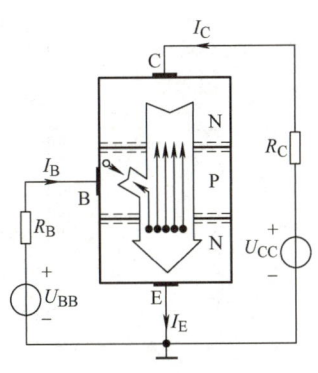

图 6-15 载流子的运动

三个电流之间的关系为

$$I_E = I_C + I_B \tag{6-1}$$

晶体管内部的电流存在一种比例分配关系。I_C 和 I_B 分别占 I_E 的一定比例,且 I_C 接近于 I_E,远大于 I_B,I_C 和 I_B 间也存在比例关系。这样,当基极电路由于外加电压或电阻改变而引起 I_B 微小变化时,I_C 必定会发生较大的变化。这就是晶体管的电流放大作用,也就是通常所说的基极电流对集电极电流的控制作用。

总之,晶体管之所以能实现电流放大作用,既有内部条件——制造时使基区很薄且杂质浓度远低于发射区等,又要有外部条件——发射结正向偏置、集电结反向偏置,两者缺一不可。晶体管中电子和空穴两种极性的载流子都参与导电,故称为双极型晶体管。

3. 晶体管特性曲线

晶体管的特性曲线是表示晶体管各电极间电压和电流之间关系的曲线。常用的特性曲线有输入特性曲线和输出特性曲线两种。

(1) 输入特性曲线 输入特性曲线是指集-射电压 U_{CE} 为一定值时,基极电流 I_B 随基-射电压 U_{BE} 变化的曲线,如图 6-16a 所示。

由图 6-16a 可见,输入特性曲线与二极管的正向特性相似,也是非线性的。在起始部分也有一段死区,锗管的死区电压小于 0.2V,硅管的死区电压小于 0.5V。当 U_{BE} 大于死区电压后,晶体管才出现基极电流 I_B,称此时晶体管开始导通。此时 I_B 随着 U_{BE} 的增加而增加。当硅管的 U_{BE} 接近 0.7V(锗管接近 0.3V)时,电压稍有变化,电流就会增加很多,此时晶体管已充分导通。

其正向压降近似等于一个常数(硅管约为 0.7V、锗管约为 0.3V);正向压降过高将导致 I_B 太大而使管子损坏。为此通常在输入回路中串接一个限流保护电阻。

(2) 输出特性曲线 输出特性曲线是指基极电流 I_B 为一定值时,集电极电流 I_C 随集-射电压 U_{CE} 变化的关系曲线,如图 6-16b 所示。图中一簇曲线是在 I_B 取不同值时测定的,每条曲线的基本形状相似,并随 I_B 的不同而上下移动。由其中的一条输出特性曲线可以看出:曲线的起始部分较陡,说明当 U_{CE} 很小时,I_C 也很小,且 I_C 随 U_{CE} 的增加而迅速上升。当 U_{CE} 增加到大于 1V 以后,I_C 已增加到较大值。此时,若 U_{CE} 再增加,只要 I_B 不变,I_C 就基本不变。要想改变 I_C,就要改变 I_B。晶体管的放大工作就在这一区域进行。

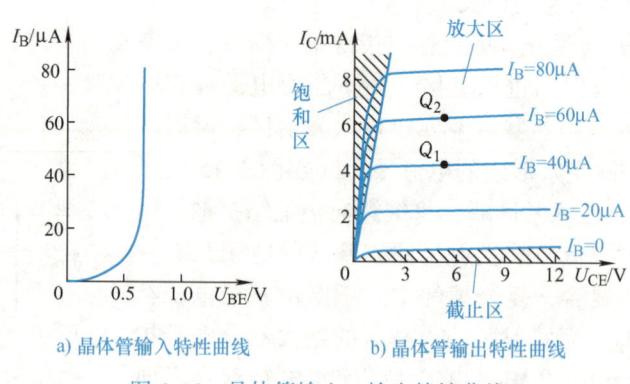

a) 晶体管输入特性曲线　　b) 晶体管输出特性曲线

图 6-16　晶体管输入、输出特性曲线

根据晶体管的工作状态不同，通常可在输出特性曲线上划分三个工作区域：截止区、放大区和饱和区。

1) 截止区。当发射结正向电压低于死区电压或发射结加反向电压时，基极电流 $I_B = 0$，称晶体管截止。此时晶体管已经失去了放大作用，处于截止状态，集电极与发射极之间相当于一个断开的开关。

晶体管处于截止状态的工作条件是发射结零偏或反偏，集电结反偏。实际上，发射结电压小于死区电压时，晶体管已开始进入截止状态。

2) 放大区。在 $I_B > 0$ 和 $U_{CE} > 1V$ 的范围内，各曲线平坦且间隔均匀，说明 I_B 增加，相应 I_C 也增加（表现为曲线上移）。此时，I_C 的变化基本上与 U_{CE} 无关，而且 I_C 随 I_B 成比例增加。这就是晶体管的电流放大作用，所以该区域称为放大区。

晶体管处于放大状态的工作条件是发射结正偏，集电结反偏。

3) 饱和区。在 U_{CE} 很小时，特性曲线上升段拐点连接线左侧区域为饱和区。饱和区的特点是，I_B 再增加，I_C 也很少增加，即集电极电流 I_C 不再受基极电流 I_B 的控制，说明 I_C 达到了饱和状态，晶体管失去了放大作用。晶体管饱和时，U_{CE} 接近于零，而 I_C 较大，故晶体管的集电极与发射极之间相当于开关的闭合状态。

晶体管处于饱和状态的工作条件是发射结、集电结均正向偏置。

应该指出：放大区、集电区和饱和区都是晶体管的正常工作区。晶体管作为放大器件使用时工作在放大区；晶体管作为开关使用时工作在饱和区和截止区。

4. 晶体管主要参数

（1）电流放大系数

① 直流（静态）电流放大系数 $\bar{\beta}$。当 U_{CE} 为一定值时，集电极电流 I_C 与基极电流 I_B 的比值叫作晶体管的直流电流放大系数，用 $\bar{\beta}$ 表示，即

$$\bar{\beta} = \frac{I_C}{I_B} \tag{6-2}$$

② 交流（动态）电流放大系数 β。当 U_{CE} 为定值时，集电极电流的变化量 ΔI_C 与基极电流的变化量 ΔI_B 的比值叫作晶体管的交流电流放大系数（也称动态电流放大系数）。用 β 表示，即

$$\beta = \frac{\Delta I_C}{\Delta I_B} \quad (6\text{-}3)$$

β 的大小与晶体管的工作电流有关。当 I_C 很小（如几十微安）或很大（即接近集电极最大允许电流 I_{CM}）时，β 值都比较小；但是当 I_C 在 1mA 以上相当大的范围内，小功率管的 β 值都比较大。同一型号晶体管的 β 差异也很大，一般为 20~200。通常 β 值随温度的升高而增大。

$\overline{\beta}$ 值与 β 值不完全相同，但比较接近。为了便于测量，常用 β 的值来代替 $\overline{\beta}$ 值，并把 $\overline{\beta}$ 都写成 β。这样式(6-2)可表示为

$$I_C = \beta I_B \quad (6\text{-}4)$$

将式(6-4)代入式(6-1)得

$$I_E = I_B + I_C = (1+\beta)I_B \quad (6\text{-}5)$$

(2) 穿透电流 穿透电流是基极开路（$I_B = 0$）时的集电极电流，用 I_{CEO} 表示。

实验证明，I_{CEO} 受温度影响很大，它随温度升高而增加。晶体管在实际工作时，集电极电流应为 $I_C = \beta I_B + I_{CEO}$。因此，温度升高时，$I_C$ 增加也很快，这是晶体管温度稳定性较差的主要原因。在选用晶体管时，I_{CEO} 越小，表示晶体管的温度稳定性越好，工作越稳定。由于硅管的 I_{CEO}（通常为几微安）比锗管（通常为几十微安至几百微安）小得多，所以硅管的热稳定性比锗管好。

(3) 集电极最大允许电流 晶体管正常工作时，集电极所允许通过的最大电流叫作集电极最大允许电流，用 I_{CM} 表示。使用时，I_C 应小于 I_{CM}。如果 $I_C > I_{CM}$，虽然不一定损坏晶体管，但 β 值要明显下降。

(4) 集-射极反向击穿电压 当基极开路时，允许加在集电极与发射极之间的最大反向电压叫作反向击穿电压，用 $U_{CE(BR)}$ 表示。使用时若 $U_{CE} > U_{CE(BR)}$，就会导致晶体管击穿损坏。

(5) 集电极最大允许耗散功率 晶体管正常工作时，集电极允许耗散的最大功率，叫作集电极最大允许耗散功率，用 P_{CM} 表示。使用中加在晶体管上的电压 U_{CE} 和通过集电极的电流 I_C 的乘积不得超过 P_{CM}。为了使用方便，通常在晶体管的输出特性曲线上画有一条 P_{CM} 曲线，叫作管耗极限线（管耗线），如图 6-17 所示。管耗线以下为安全工作区，管耗线以上为损耗区。由图可见，截止区、饱和区、管耗极限线、集电极最大允许电流 I_{CM} 和集-射极反向击穿电压 $U_{CE(BR)}$ 从五个方面限制了晶体管的放大区。

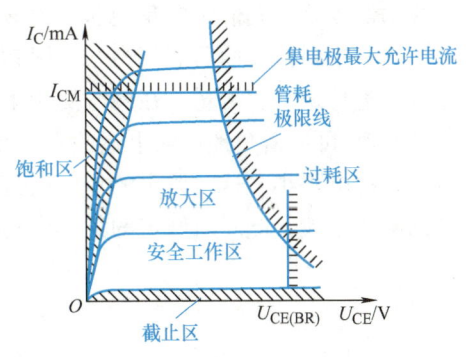

图 6-17 晶体管放大区的界限

 应用案例

应用案例 6-2 试根据图 6-18 中晶体管各电极上的电位值判断它的工作状态。

解：由图 6-18a 可知：

$$U_{BE} = V_B - V_E = (0.7 - 0)\text{V} = 0.7\text{V}$$
$$U_{CB} = V_C - V_B = (4 - 0.7)\text{V} = 3.3\text{V}$$

因此 NPN 型晶体管的发射结正偏，集电结反偏，该晶体管处于放大状态。

由图 6-18b 可知：
$$U_{BE} = V_B - V_E = 0.7\text{V}$$
$$U_{CB} = V_C - V_B = (-4 - 0.7)\text{V} = -4.7\text{V}$$

因此 PNP 型晶体管的发射结和集电结均反偏，该晶体管处于截止状态。

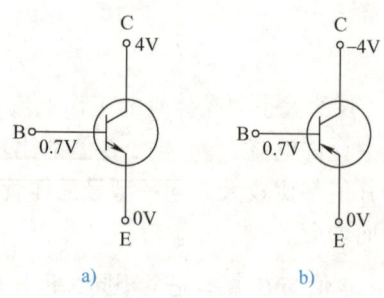

图 6-18 应用案例 6-2 图

5. 晶体管的简易测试

对于晶体管的质量、性能、类型及引脚判别，可用万用表的电阻档进行简易测试。

用万用表的两支表笔分别对晶体管的三个引脚中的任意两个进行正接测量和反接测量各一次，如果在正、反接时测得的电阻均较大，则此次测量中所剩下的引脚即为基极。因为不论是 NPN 型还是 PNP 型晶体管，都可以把它们的发射结和集电结等效为两个背靠背连接的二极管，当万用表的一支表笔和基极相接而另一表笔和其他任一极相接时，则在正、反接的过程中总有一次测得的是二极管的正向电阻，其值很小。当万用表的两支表笔分别和集电极及发射极相接时，不论是正接还是反接，总是一个正向电阻和一个反向电阻相串联，其阻值必然远大于一般二极管的正向电阻。

当基极判定后，可将黑表笔（表内电池的正极）接到基极，将红表笔（表内电池的负极）分别和另外两个极相接，若测得的两个阻值都很小，则为 NPN 型晶体管；反之，则为 PNP 型晶体管。

集电极和发射极的判断在基极判定之后，可把其余两个引脚中的任一个假定为集电极。通过一个 100kΩ 的电阻把假定的集电极和已测得的基极接通，如果是 NPN 型晶体管，则以万用表的黑表笔接到假定的集电极，红表笔接到假定的发射极（见图 6-19a），这时从万用表上读出一个阻值。而后假定另一个引脚为集电极，以万用表的黑表笔接到第二次所假定的集电极，进行第二次测量。在两次测量中，测得阻值较小的一次与黑表笔相接的极便是集电极。图 6-19 可以清楚地说明上述关系。在图 6-19a 中因为有基极电流 I_B，所以 I_C 较大，晶体管呈现的电阻小，这时假定的集电极是正确的。而在图 6-19b 中，因晶体管不能导通，故呈现的阻值较大，此时所假定的集电极实际上是发射极。

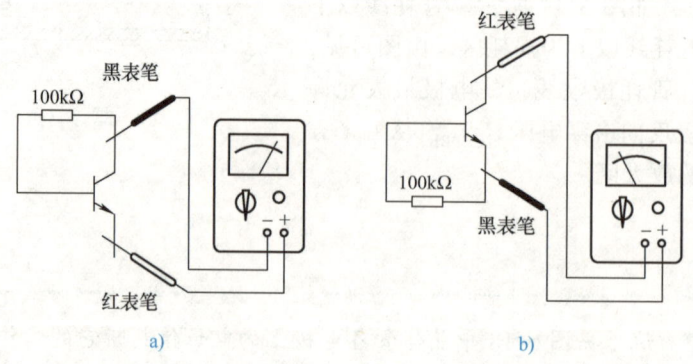

图 6-19 万用表判别集电极和发射极

拓展提高

晶体管好坏的粗略判别

根据晶体管内 PN 结的单向导电性，可以分别测量 B、E 极间和 B、C 极间 PN 结的正、反向电阻。如果正、反向电阻相差较大，说明晶体管基本良好。如果正、反向电阻都很大，说明晶体管极间有断路；如果正、反向电阻都很小或为零，说明晶体管极间短路或击穿。

6.1.3 晶闸管

晶闸管是半导体器件从弱电进入强电领域时制造技术最成熟、应用最广泛的器件之一。随着大功率电子器件的迅速发展，电力电子技术广泛应用于生产技术和日常生活各领域中。

晶闸管分为普通型晶闸管和特种晶闸管，特种晶闸管有快速晶闸管、双向晶闸管、门极关断晶闸管等，平时所说的晶闸管一般是指普通型晶闸管。

1. 晶闸管的外形、结构和符号

晶闸管由三个 PN 结、四层半导体材料组成。图 6-20 示出了晶闸管的外形、结构和符号。

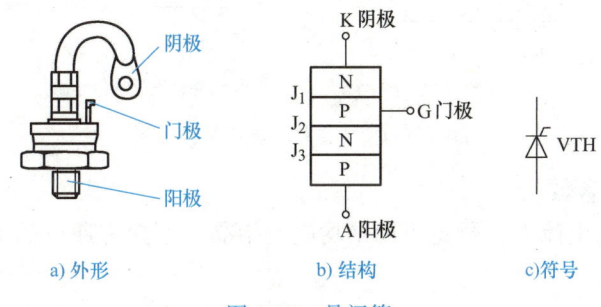

图 6-20　晶闸管

晶闸管用字母 VTH 表示，它的三个电极分别为阳极（A）、阴极（K）、门极（G）。三个 PN 结分别为 J_1、J_2 和 J_3。晶闸管的符号与二极管的符号相似，只是在其阴极处增加一个门极，表明其除了和二极管一样需要正向偏置电压外，还需另外增加一个条件，那就是要有控制信号。

2. 晶闸管的工作原理

晶闸管可以理解为一个受控二极管，它也具有单向导电性，不同之处是除了阳极和阴极之间应具有正向偏置电压外，还必须给门极加一个足够大的控制电压，在这个控制电压作用下，晶闸管就会像二极管一样导通，一旦晶闸管导通，控制电压即使取消，也不会影响其正向导通的工作状态。

晶闸管工作原理可用图 6-21 所示实验电路验证。

图 6-21a，晶闸管阳极与阴极之间加反向偏置电压，无论是否给门极加触发电压，都无法使晶闸管导通，灯泡不发光。

图 6-21b，晶闸管阳极与阴极之间加正向偏置电压，但门极 G 无触发电压，晶闸管仍然

处于关断状态，灯泡不发光。

图 6-21c，晶闸管阳极与阴极之间加正向偏置电压，门极 G 加一个幅度和宽度都足够大的正向触发电压，此时晶闸管导通，灯泡发光。

图 6-21d，晶闸管导通后，若去掉门极触发电压，晶闸管仍然能保持导通状态，灯泡仍然发光。

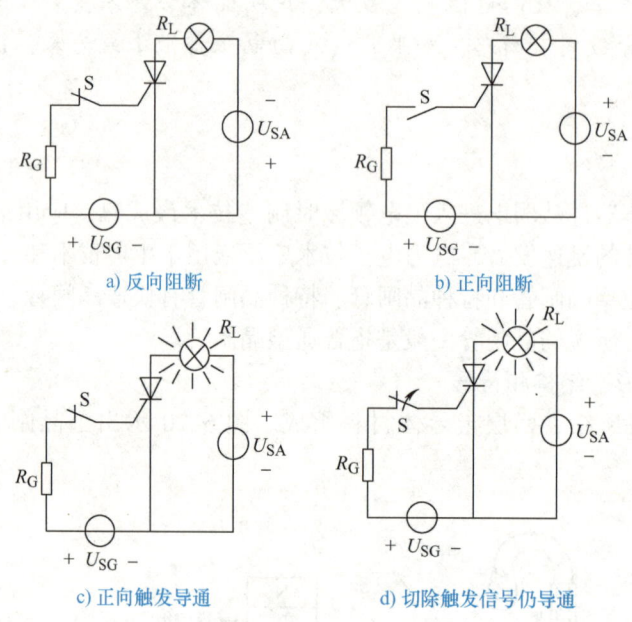

图 6-21 晶闸管工作原理实验电路

3. 晶闸管的主要参数

1）额定正向平均电流 I_F。额定正向平均电流指晶闸管允许通过的工频正弦半波电流的平均值。

2）正向平均管压降 U_F。正向平均管压降指晶闸管正向导通状态下阳极和阴极两端的平均电压降，一般为 0.4~1.2V。

3）维持电流 I_H 和擎住电流 I_L。在室温条件下断开门极，器件从较大的通态电流降至刚好能保持导通的最小阳极电流称为维持电流 I_H。给晶闸管加上门极触发电压，器件刚从阻断状态转为导通状态时就撤除触发电压，此时能维持导通所需要的最小阳极电流称为擎住电流 I_L。

4）最小触发电压 U_G。最小触发电压指晶闸管正向偏置情况下，为使其导通而要求门极所加的最小触发电压，一般为 1~5V。

6.2 整流电路

观察思考

在日常生产生活中广泛应用直流电源（见图 6-22），除了应用直流发电机产生直流电外，还有什么方式能产生直流电呢？

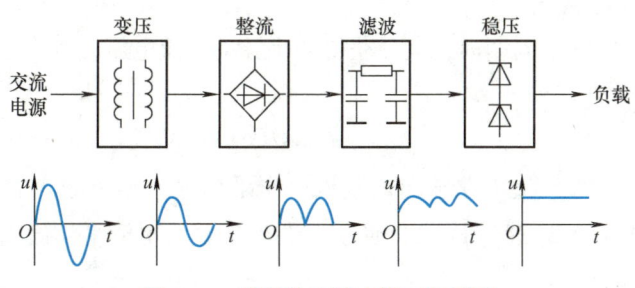

图 6-22　半导体直流电源工作原理

6.2.1　单相半波整流电路

1. 电路组成

单相半波整流电路如图 6-23a 所示，图中 T_r 是整流变压器，VD 是整流二极管，R_L 是负载电阻。

2. 工作原理

变压器二次电压 u_2 作为整流电路的交流输入电压，加在二极管与负载相串联的电路上。设输入电压为

$$u_2 = \sqrt{2}\,U_2 \sin\omega t \tag{6-6}$$

其波形如图 6-23b 所示。其中 U_2 为变压器二次电压的有效值。当 u_2 在正半周时，变压器二次绕组的 a 端为正，b 端为负，二极管承受正向电压而导通。电流从 a 端流经二极管 VD，通过负载 R_L 回到 b 端。若略去二极管正向导通时的管压降，则加在负载 R_L 上的电压为 u_2 的正半周电压。当 u_2 在负半周时，则 b 端为正，a 端为负，二极管承受反向电压而截止，电路电流为零。这时，R_L 两端电压也为零。所以 u_2 的负半周电压全部加在二极管上。电路电流和电压的波形如图 6-23b 所示。

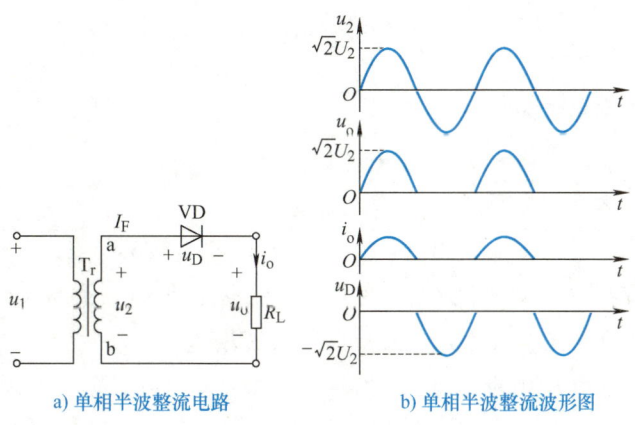

a) 单相半波整流电路　　　　b) 单相半波整流波形图

图 6-23　单相半波整流电路图和波形图

由于整流输出电压（即负载 R_L 上电压）是输入正弦交流电压的波形的一半，故称为半波整流。

3. 电路的电压与电流

在输入正弦电压的一个周期内，负载获得的是脉动直流电压，其大小用平均值表示，经数学分析，可得

$$U_o = 0.45 U_2 \tag{6-7}$$

式（6-7）表明，半波整流电路输出的直流电压平均值，等于输入的交流电压（即变压器二次电压）有效值的 0.45 倍。因此，通过负载 R_L 的直流电流平均值（简称直流电流）为

$$I_o = \frac{U_o}{R_L} = 0.45 \frac{U_2}{R_L} \tag{6-8}$$

通过二极管的正向电流平均值（简称正向电流）等于通过负载的电流平均值，即

$$I_F = I_o \tag{6-9}$$

二极管截止时所承受的最大反向电压等于变压器二次电压的幅值，即

$$U_{DRM} = \sqrt{2} U_2 = 3.14 U_o \tag{6-10}$$

单相半波整流电路结构简单，所用整流器件少。但半波整流设备利用率低，输出电压脉动较大，一般仅适用于整流电流较小（几十毫安以下）或对脉动要求不严格的直流设备。整流二极管的选用，通常根据整流电路的结构和直流负载所需要的直流电压和电流来确定。二极管实际通过的电流和承受的反向电压，都不得超过它的极限参数——最大整流电流和最高反向工作电压，选用时必须留有余量。

应用案例

应用案例 6-3 单相半波整流电路如图 6-23a 所示。已知直流负载电阻为 20Ω，工作电压为 40V，单相交流电源二次电压为 220V，试选择整流二极管，并计算变压器的电压比。

解： 负载工作电流为

$$I_o = \frac{U_o}{R_L} = \frac{40}{20} \text{A} = 2\text{A}$$

通过二极管的正向电流为

$$I_F = I_o = 2\text{A}$$

二极管承受的最大反向电压为

$$U_{DRM} = 3.14\, U_o = 3.14 \times 40\text{V} = 126\text{V}$$

查晶体管手册可得，二极管 2CZ56D 的最大整流电流为 3A，最高反向工作电压为 200V。所以选用 2CZ56D 作为整流二极管并安装相应的散热片。

变压器二次电压和电压比为

$$U_2 = \frac{U_o}{0.45} = \frac{40}{0.45}\text{V} = 89\text{V}$$

$$K = \frac{U_1}{U_2} = \frac{220}{89} = 2.5$$

6.2.2 单相桥式全波整流电路

1. 电路组成

单相桥式整流全波电路如图 6-24a 所示，4 个二极管作为整流器件接成电桥形式。电桥的一组对角顶点 a、b 接交流输入电压；另一组对角顶点 c、d 接至直流负载。其中二极管 VD_1 和 VD_2 负极接在共负极端 c，c 端为整流电源输出端的正极，而 VD_3 和 VD_4 的正极接在共正极端 d，d 端为整流电源输出端的负极。

2. 工作原理

图 6-24a 中，设变压器的二次电压为 $u_2 = \sqrt{2}U_2\sin\omega t$。当 u_2 在正半周时，变压器二次绕组的 a 端为正、b 端为负，二极管 VD_1 和 VD_3 因承受正向电压而导通，而二极管 VD_2、VD_4 因承受反向电压而截止。这时，电流从 a 端流经 VD_1、负载 R_L 和 VD_3 回到 b 端。当 u_2 为负半周时，变压器二次绕组的 a 端为负、b 端为正，二极管 VD_2 和 VD_4 因承受正向电压而导通，VD_1 和 VD_3 因承受反向电压而截止。电流从 b 端流经 VD_2、R_L 和 VD_4 回到 a 端。由此可见，在交流电压 u_2 的一个周期内，二极管 VD_1、VD_3 和 VD_2、VD_4 轮流导通半个周期，通过负载 R_L 的是两个半波的电流，而且电流方向相同，故称为全波整流。输出直流电压的脉动程度比半波整流降低了。单相桥式全波整流电路的电流和电压波形如图 6-25 所示。

图 6-24b 为桥式整流电路的简化画法，其中二极管符号的箭头指向为整流电源的正极，图 6-24c 与图 6-24a 的电路相同，只是画法不同。

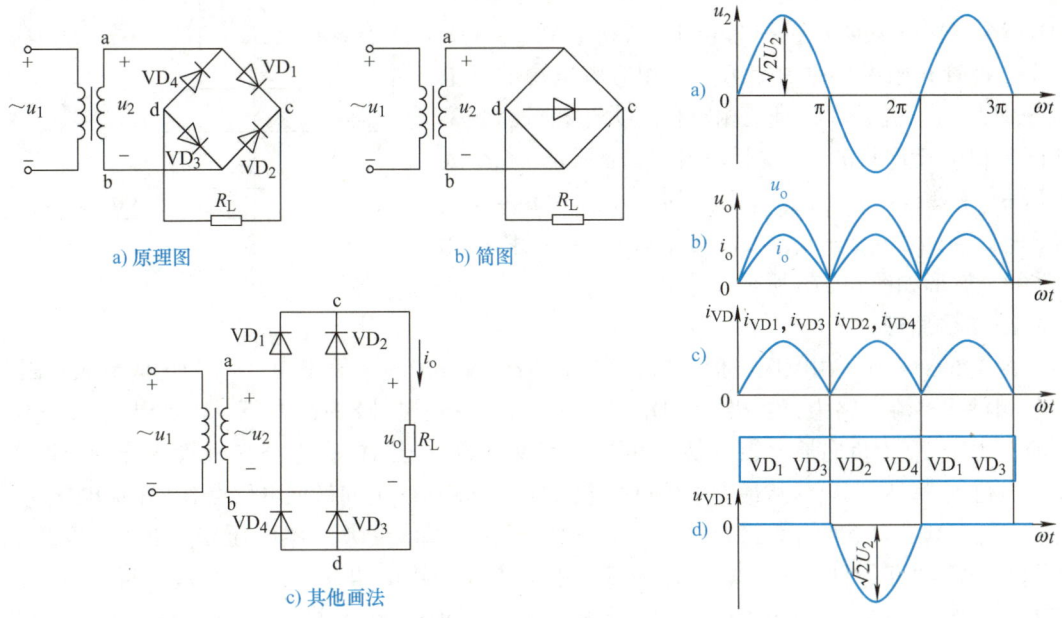

图 6-24 单相桥式全波整流电路　　图 6-25 单相桥式全波整流电路波形

3. 电路的电压与电流

显然，桥式全波整流电路输出的直流电压为半波整流电路的 2 倍。由于两组二极管轮流工作，所以通过各个二极管的电流为负载电流的一半。二极管截止时，承受的反向电压最大值仍等于变压器二次电压 u_2 的最大值。有关计算公式如下：

负载两端的直流电压平均值为

$$U_o = 0.9 U_2 \tag{6-11}$$

通过负载的直流电流平均值为

$$I_o = 0.9 \frac{U_2}{R_L} \tag{6-12}$$

通过每个二极管的正向电流平均值为

$$I_F = \frac{1}{2} I_o \tag{6-13}$$

每个二极管承受的最大反向电压为

$$U_{DRM} = \sqrt{2} U_2 = 1.57 U_o \tag{6-14}$$

注意事项

桥式整流电路4个二极管的正、负极不能接反，交流电源和直流负载分别应接的对角顶点也不允许接错。否则，可能发生电源短路，不仅烧坏整流管，甚至可能烧坏电源变压器。

6.2.3 三相桥式全波整流电路

1. 电路组成

三相桥式整流电路如图6-26所示，VD_1、VD_3、VD_5三个二极管共阴极，称为正组；VD_4、VD_6、VD_2三个二极管共阳极，称为负组。三相交流电源的相电压分别为u_A、u_B、u_C，且三相对称（大小相等，频率相同，相位互差120°），波形如图6-27a所示。6个线电压$u_{AB} = u_A - u_B$、$u_{AC} = u_A - u_C$、$u_{BC} = u_B - u_C$、$u_{BA} = u_B - u_A$、$u_{CA} = u_C - u_A$、$u_{CB} = u_C - u_B$依次相差60°，波形如图6-27b所示。

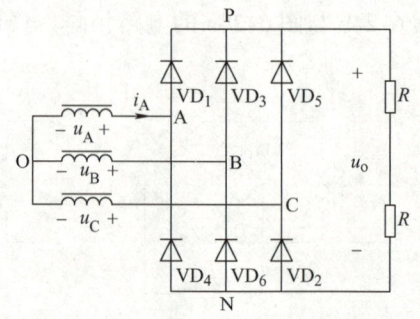

图6-26 三相桥式全波整流电路

2. 工作原理

由图6-27a所示相电压波形可知，在$\omega t_1 \sim \omega t_2$的60°时间段Ⅰ中，$u_A$为正向最大，因此在三相桥式整流电路中，二极管$VD_1$导通，忽略二极管压降的情况下，P点电位$V_P = V_A$；同时，由于$u_B$为负向最大，所以B相二极管$VD_6$导通，同样在忽略二极管压降的情况下，N点电位$V_N = V_B$。电流从最高电位点A经$VD_1 \to 2R \to VD_6$流向最低电位点B，整流电压$u_o = u_{PN} = V_P - V_N = V_A - V_B = u_{AB}$，即$VD_1$、$VD_6$导电把正值最大的线电压$u_{AB}$加在了负载上。同理在随后的Ⅱ、Ⅲ、Ⅳ、Ⅴ、Ⅵ时间段中，依序是线电压u_{AC}（VD_1、VD_2导电）、u_{BC}（VD_2、VD_3导电）、u_{BA}（VD_3、VD_4导电）、u_{CA}（VD_4、VD_5导电）、u_{CB}（VD_5、VD_6导电）最大，输出的整流电压u_o依序等于各时间段的最大线电压。因此，在一个电源周期T中，u_o是由6个相同的脉波组成的直流电压，每个脉宽60°（$T/6$），如图6-27b所示（粗线所示）。

整流后得到的是脉动的直流电压，它的大小用平均值U_o来描述，通过求积分的方法可以得到整流电压的大小为

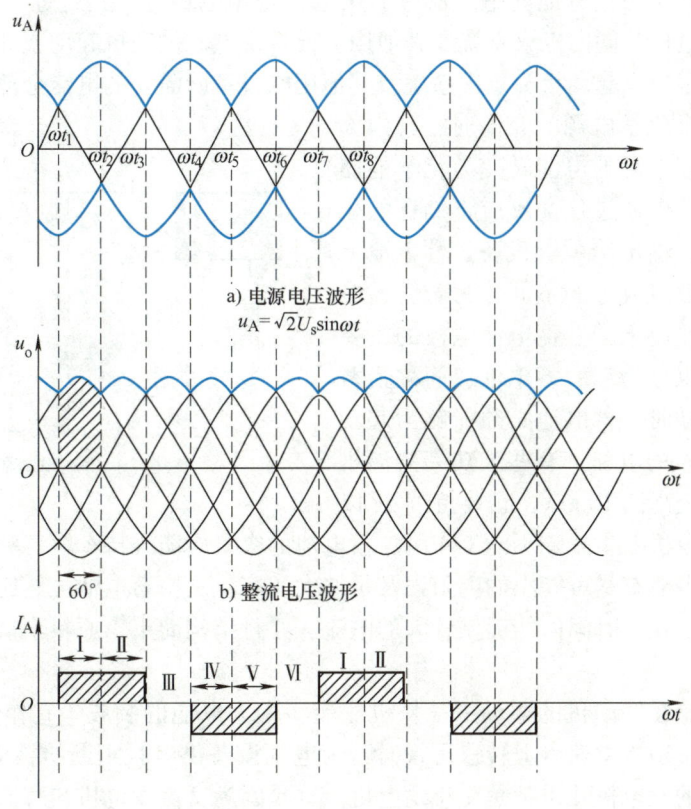

图 6-27 三相整流波形图

$$U_o = \frac{3\sqrt{6}}{\pi}U_p = \frac{3\sqrt{2}}{\pi}U_1 = 2.34U_p = 1.35U_1 \tag{6-15}$$

式中，U_1 为线电压的有效值；U_p 为相电压的有效值。

图 6-27b、c 中，在 $\omega t_1 \sim \omega t_3$ 的时间段 Ⅰ 和 Ⅱ 共 120° 期间，u_A 为正向最大，A 相 VD_1 导通，$i_A = i_o = \frac{u_o}{2R}$，其大小平均值 $I_A = I_o = \frac{U_o}{2R}$；在 $\omega t_4 \sim \omega t_6$ 的时间段 Ⅳ 和 Ⅴ 共 120° 期间，u_A 为负的最大，A 相 VD_4 导通，$i_A = -i_o = -\frac{u_o}{2R}$，其大小平均值 $I_A = -I_o = -\frac{U_o}{2R}$；$\omega t$ 在一个周期内的其余时间段，VD_1 和 VD_4 都是截止的，所以 $i_A = 0$。因此 A 相交流电源的电流为图 6-27c 所示的脉宽 120° 且正负对称的交流电流（阴影部分）。由于三相桥式整流的输出电压高，在每一个电源周期 T 中脉动 6 次，脉动频率为电源频率的 6 倍，易于滤波，因此在汽车电路中得到广泛应用。

6.2.4 汽车电路应用

1. 汽车电源电路

前文已经介绍了汽车电源的构成，其点火系统及全车电器设备的电源由蓄电池、发电机及其调节器组成。图 6-28 为汽车电源电路。发动机正常运行时，发电机向点火系统及其他用电设备供电，同时向蓄电池充电。汽车的用电设备用电量过大，超过发电机的供电能力时，蓄电池和发电机共同向点火系统及其他用电设备供电。发动机起动或低速运行时，发电机不发电或电压很低，起动机、点火系统及其他用电设备所需要的电能全部由蓄电池供给。

蓄电池是一个化学电源。充电时，其内部的化学反应将外接电源的电能转变为化学能储存起来；用电时，再通过化学反应将储存的化学能转变为电能，输出给用电设备。蓄电池的种类繁多，按电解液成分的不同分为碱性蓄电池和酸性蓄电池。由于酸性蓄电池电极的主要成分是铅，所以也称为铅酸蓄电池，简称铅蓄电池。发动机起动时，蓄电池必须能够为起动机提供 200～600A 的电流，有些大功率柴油机起动机的起动电流高达 1000A，且要持续 5s 以

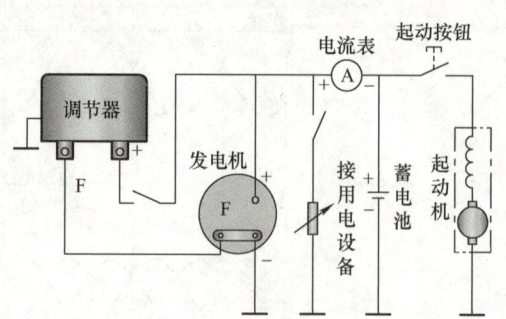

图 6-28　汽车电源电路

上的时间；在发电机发生故障不能工作时，蓄电池的容量应能维持车辆行驶一定的时间，所以要求汽车用蓄电池有尽可能小的内阻以及足够大的容量。铅蓄电池虽然比能较低，但其内阻小、电压稳定、在短时间内能提供较大的电流，并且结构简单、原料丰富，因而在汽车行业得到广泛应用。

车用发电机是在发动机的驱动下，将机械能转变为电能的装置。它作为汽车的主要电源，其作用是在发动机怠速以上转速运行时，为电气设备供电且不断给蓄电池充电。目前，国内外汽车使用的发电机几乎都是交流发电机。这是因为交流发电机与直流发电机相比，具有体积小、质量轻、结构简单、维修方便、寿命长、发动机低速时充电性能好、配用的调节器结构简单、产生的无线电干扰信号弱、能节省大量铜材等优点，因此，自诞生后即得到迅速普及。

汽车用交流发电机通过二极管整流，使其输出直流电，由于整流二极管是硅材料制成，所以也称为硅整流交流发电机。硅整流发电机按总体结构的不同分为以下几种：普通交流发电机是指无特殊装置和特殊功能的汽车交流发电机，如 JF132 交流发电机；整体式交流发电机是指内装电子调节器的交流发电机，如 JFZ1613Z 型交流发电机；带泵交流发电机是指带真空泵的交流发电机，如 JFB1712 系列交流发电机。无刷交流发电机是指无电刷和滑环结构的交流发电机，如 JFW1913 型交流发电机；永磁交流发电机是指转子磁极采用永磁材料的交流发电机。

2. 汽车整流电路

按整流器结构不同，交流发电机又可分为以下几种。

1）六管交流发电机：指整流器是由 6 个硅整流二极管组成的三相桥式全波整流电路的交流发电机。

2）八管交流发电机：有些发电机为了利用中性点电压，增加了 2 个中性点二极管，将发电机中性点电压整流后汇入发电机输出端，可以提高发电机的功率，其整流器总成有 8 个二极管，如图 6-29a 所示。

3）九管交流发电机：有些发电机为了向励磁绕组供电，还装有 3 个励磁二极管，与整流器的 3 个负组二极管形成另一个全波整流电路，其整流器有 9 个二极管，如图 6-29b 所示。

4）十一管交流发电机：有些发电机的整流器中既有中性点二极管，又有励磁二极管，其整流器具有 11 个二极管，如图 6-29c 所示。

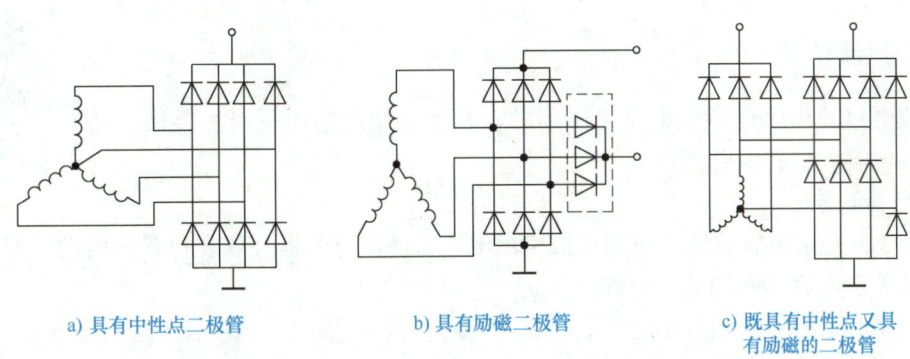

a) 具有中性点二极管　　　　b) 具有励磁二极管　　　　c) 既具有中性点又具有励磁的二极管

图 6-29　具有中性点二极管和励磁的二极管的整流电路

3. 汽车点火系统二极管配电电路

二极管配电方式如图 6-30 所示，是利用二极管的单向导电性，对点火线圈产生的高压电进行分配的同时点火方式。与二极管配电方式相配的点火线圈有两个一次绕组和一个二次绕组，相当于是共用一个二次绕组的两个点火线圈的组件。二次绕组的两端通过 4 个高压二极管与火花塞组成回路，微机控制单元根据曲轴位置等传感器输入的信息，经计算和处理，输出点火控制信号，通过点火控制器中的两个大功率晶体管，按点火顺序控制两个一次绕组的电路交替接通和断开。

当 1、4 缸点火触发信号输入点火控制器时，大功率晶体管 VT_1 截止，一次绕组断电，二次绕组产生虚线箭头所示方向的高压电动势，此时 1、4 缸高压二极管正向导通而使火花塞跳火。当 2、3 缸点火触发信号输入点火控制器时，大功率晶体管 VT_2 截止，一次绕组断电，二次绕组产生实线箭头所示方向的高压电动势，此时 2、3 缸高压二极管导通，故 2、3 缸火花塞跳火。二极管配电方式的主要特点是一个点火线圈组件为四个火花塞提供高压电，因此特别适于四缸或八缸发动机。

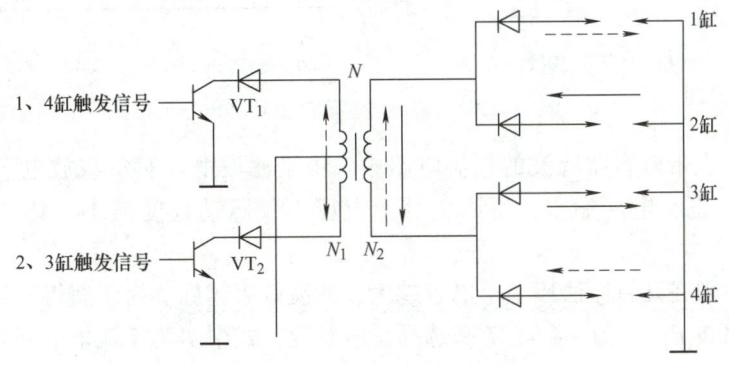

图 6-30　二极管配电方式

6.3 滤波与稳压电路

6.3.1 滤波电路

滤波电路的作用是降低直流电压的脉动程度，使之趋向平滑。常用的滤波元件有电容元件和电感元件。

1. 电容滤波

图 6-31a 是带电容滤波的单相半波整流电路，滤波电容器并联在负载的两端，因此负载两端电压等于电容器两端电压，即 $u_o = u_C$。

设起始时电容器两端电压为零。当 u_2 由零进入正半周时，二极管导通，电容 C 被充电，其两端电压 u_C 将随 u_2 的上升而逐渐增大，直到达到 u_2 的最大值。在此期间，电源经二极管向负载提供电流。

当 u_2 从最大值开始下降时，由于电容器两端电压不会突变，将出现 $u_2 < u_C$ 的情况。这时，二极管则因反向偏置而提前截止，电容器通过 R_L 放电为负载提供电流，通过负载的电流方向与二极管导通时的电流方向相同。在 R_L 和 C 足够大的情况下，放电过程持续时间较长，直至交流电压 u_2 正向上升至 $u_2 > u_C$ 时，二极管再次导通，重复上述过程。

由于二极管的正向导通电阻很小，所以电容充电很快，u_C 紧随 u_2 升高。当 R_L 较大时，电容器放电较慢，负载两端的电压缓慢下降，甚至几乎保持不变。

由此可见，在二极管导通时，电容器被电源充电，在二极管截止时，电容器可向负载 R_L 放电，带电容器滤波的单相半波整流电路输出电压波形如图 6-31b 所示。

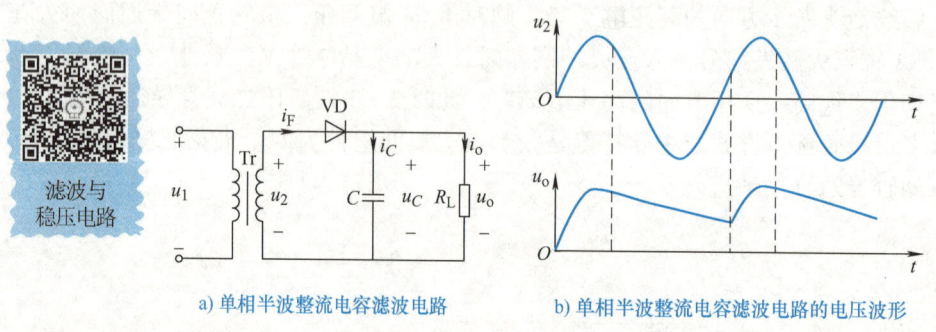

a) 单相半波整流电容滤波电路　　b) 单相半波整流电容滤波电路的电压波形

图 6-31　单相半波整流电容滤波电路和电压波形图

由图可见，在带电容器滤波的整流电路中，由于滤波电容对负载放电，使整流电路在 u_2 为负半周时，也有电压输出，所以负载上电压不仅脉动程度减小，其平均值也可得到提高。

滤波电容一般在几百微法以上，电容越大，滤波效果越好。为了获得比较平滑的直流电压，半波整流可按 $R_L C \geq (3 \sim 5) T$ 来选择滤波电容，式中 T 为交流电的周期。

电容滤波输出电压的大小与负载有关。空载时（$R_L \to \infty$），电容没有放电回路，其输出直流电压可达 $\sqrt{2} U_2$，即为 U_2 的 1.4 倍。接入负载后，输出电压约等于 U_2。负载电阻 R_L 越小，电容放电越快，输出电压越低。

2. 电感滤波

图 6-32 是带电感滤波的单相桥式整流电路。电感 L 与负载 R_L 串联，利用通过电感的电流不能突变的特性来实现滤波。因为通过电感线圈的电流发生变化时，线圈中要产生自感电动势阻碍电流的变化，当电流增大时，电感产生的自感电动势阻止电流的增加；而电流减小时，自感电动势则阻止电流的减小。因此，当脉动电流从电感线圈中通过时，将会变得平滑些，所以负载电压的脉动大为减小，而且当负载变化引起输出电流变化时，电感线圈也能抑制负载电流的变化。L 越大滤波效果越好，但电感量较大时（几亨至几十亨），其电感器的铁心粗大笨重且线圈匝数较多。

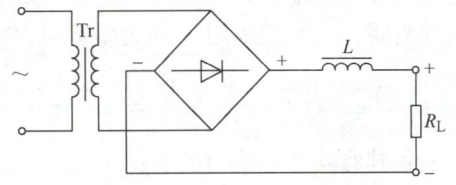

图 6-32　带电感滤波的单相桥式整流电路

3. 复式滤波电路

为了进一步提高滤波效果，可用电容和电感组成复式滤波电路。常见的有 LC 滤波电路和 π 型滤波电路两种。

（1）LC 滤波电路　如图 6-33 所示，在滤波电容之前串接一个铁心电感线圈 L，组成 LC 滤波电路。由于通过电感线圈的电流发生变化时，线圈中要产生自感电动势阻碍电流的变化，因而使负载电流和负载电压的脉动大为减小。电感线圈电流变化频率越高，电感越大，滤波效果越好。

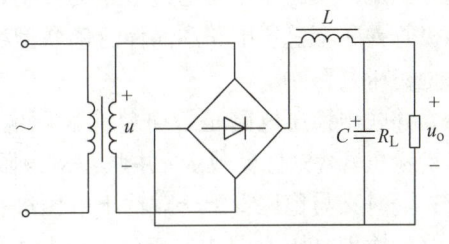

图 6-33　LC 滤波电路

电感线圈的滤波原理也可以这样来理解：因为电感线圈对整流电流的交流分量具有阻抗作用，谐波频率越高，阻抗越大，所以它可以减弱整流电压中的交流分量，ωL 比 R 大得越多，则滤波效果越好；而后又经过电容滤波器滤波，再一次滤掉交流分量。这样，便可以得到较为平直的直流输出电压。但是，由于电感线圈的电感较大（一般在几亨到几十亨的范围内），其匝数较多，电阻也较大，因而其上也有一定的直流压降，造成输出电压的下降。

具有 LC 滤波器的整流电路适用于电流较大、要求输出电压脉动很小的场合，用于高频时更为适合。在电流较大、负载变动较大、并对输出电压的脉动程度要求不太高的场合（例如晶闸管电源），也可将电容器除去，而采用电感滤波器。

（2）π 型滤波电路　如果要求输出电压的脉动更小，可以在 LC 滤波器的前面再并联一个滤波电容 C_1（见图 6-34a），这样便构成 π 型 LC 滤波电路。它的滤波效果比 LC 滤波电路更好，但整流二极管的冲击电流较大。

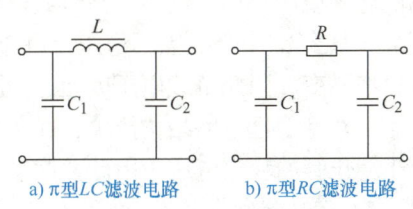

a）π 型 LC 滤波电路　　b）π 型 RC 滤波电路

图 6-34　复式滤波电路

由于电感线圈的体积大而笨重，成本又高，所以有时用电阻代替 π 型滤波电路中的电感线圈，这样便构成了 π 型 RC 滤波电路，如图 6-34b 所示。对负载电流较小和负载比较稳定的场合，π 型 RC 滤波器滤波效果也很好。

虽然电阻本身并无滤波作用，但因 R、C 元件对交直流呈现不同的阻抗，若适当选择

R、C 参数,使交流分量主要作用在电阻 R 上,而直流分量主要作用在电容 C 上,也可取得一定的滤波效果。RC 值越大,滤波效果越好。但 R 增大时,功率损耗也增加。此外,电阻 R 在降低交流分量的同时,也产生直流电压降,致使输出的直流电压降低。所以有时根据电路的需要,在利用电阻 R 作为整流电路的减压限流元件时,又可达到滤波的目的。

注意事项

各种滤波电路应用场合:
1) 电容滤波电路只适用于负载电流较小并且负载基本不变的场合。
2) 电感滤波电路适用于一些大功率整流设备和负载电流变化较大的场合,在小型电子设备中很少采用电感滤波。
3) 复式滤波电路对负载电流较小和负载比较稳定的场合,其滤波效果很好。

6.3.2 稳压电路

稳压电路的作用是通过电路的自动调节而使输出电压保持恒定。常见的稳压电路有稳压二极管并联型稳压电路和晶体管串联型稳压电路(后文会讲到)。这里只介绍稳压二极管并联型稳压电路。

并联型稳压电路是最简单的稳压电路,其电路如图 6-35 所示。稳压管 VS 与负载 R_L 并联,R 为限流电阻,用以保护稳压管,同时又与稳压管配合对输出电压进行调节并使之稳定。稳压电路的输入电压 U_i 是由整流滤波电路提供的直流电压,而输出电压 U_o 就是稳压管的稳定电压 U_Z。稳压电路的工作原理如下:

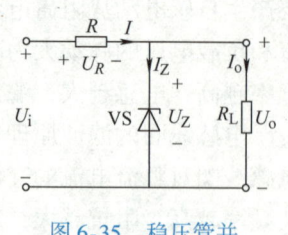

图 6-35　稳压管并联型稳压电路

当交流电网电压升高使输入电压 U_i 增大时,负载电压 U_o 也将升高。从稳压管的反向特性曲线可知,当加在稳压管上的电压稍有增加时,其工作电流就显著增加。这时,电路电流增加,在电阻 R 上的电压降升高,抵偿 U_i 的升高,使得负载两端电压基本保持不变。反之,当电网电压降低时,负载 U_o 也要降低,因而稳压管电流显著减小,电阻 R 上的电压降也减小,仍然保持负载电压 U_o 近似不变。

同理,如果当电源电压保持不变而是负载电流变化引起负载电压变化时,上述稳压电路仍能起到稳压作用。例如,当负载电流增大时,电阻 R 上的电压降增高,负载电压 U_o 因而下降。只要 U_o 下降一点,稳压管电流就显著减小,通过电阻 R 的电流和电阻上的电压降保持近似不变,因此负载电压 U_o 也就近似稳定不变。当负载电流减小时,稳压过程相反。

并联型稳压电路结构简单,在负载电流变动较小时,稳压效果较好。但其输出电压只能等于稳压管的稳定电压。因此并联型稳压电路只用于功率较小和负载电流变化不大的场合。

6.3.3 集成稳压电路

固定输出的三端集成稳压器的三端指输入端、输出端及公共端。组成稳压电路的所有元器件都集成在一块芯片上,工作时不用外接任何附加元器件,使用安装也和晶体管一样方便,其外形及符号如图 6-36 所示。封装形式有金属壳封装和塑料封装两种,如图 6-37 所示。固定输出的三端集成稳压器 W78××系列和 W79××各有七个种类，输出电压分别为±5V、±6V、±9V、±12V、±15V、±18V、±24V；最大输出电流可达1.5A，在保证充分散热的条件下，输出电流有0.1A、0.5A 和1.5A 三档；公共端的静态电流为8mA。型号后两位数字为输出电压值，例如 W7815 表示输出电压 U_o =15V。

在根据稳定电压值选择稳压器的型号时，要求经整流滤波后的电压要高于三端集成稳压器的输出电压2~3V（输出负电压时要低2~3V），因为输入与输出电压之差等于加在调整管上的 U_{CE}，若过小，调整管容易工作在饱和区，降低稳压效果，甚至失去稳压作用；若过大，则功耗过大。

a) 外形　b) 符号

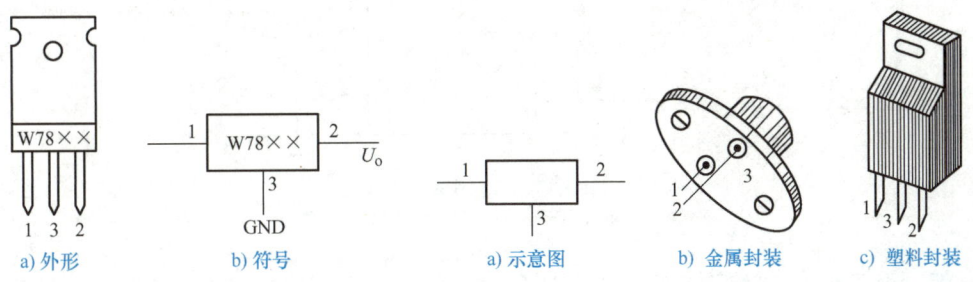

图 6-36　固定输出三端集成稳压器的外形及符号

a) 示意图　b) 金属封装　c) 塑料封装

图 6-37　三端电压固定式集成稳压器的封装与引脚排列

1—输入端　2—公共端　3—输出端

固定输出的三端集成稳压器的基本应用电路有：

1）固定正电压输出电路，如图6-38a 所示。电容 C_1 用于减小输入电压的脉动，抵消因输入线过长产生的电感效应并消除自激振荡；电容 C_2 用以改善负载的瞬态响应，消除电路的高频噪声，即瞬时增、减负载电流时不致引起输出电压有较大的波动。C_1、C_2 一般选涤纶电容，电容量为0.1μF 至几微法。安装时，两电容应直接与三端集成稳压器的引脚根部相连。

2）固定负电压输出电路，如图6-38b 所示。

3）同时输出两组正、负固定电压的电路，可用 W78××和 W79××共同组成，如图6-38c 所示。其中的两个二极管称为续流二极管，为电容放电提供回路。

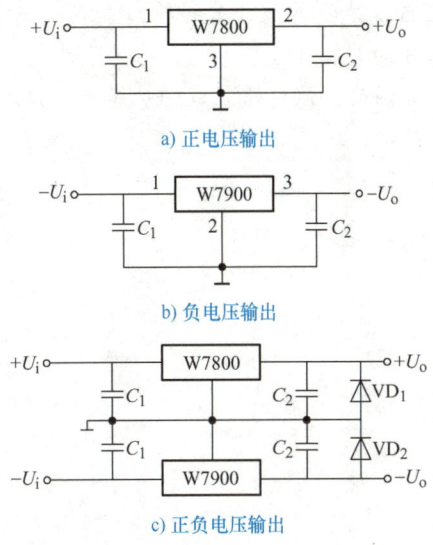

图 6-38　三端电压固定式集成稳压器接线图

使用固定输出的三端集成稳压器，应注意区分输入端与输出端，假如接错，将使调整管的发射结承受过高的反向电压，可能导致击穿。W78××和 W79××系列集成稳压器，属于功耗较大的集成电路，必须装配散热器才能正常工作。如果散热不良，稳压器内部的过热保护电路对输出电压进行限制，使稳压器中止工作。

应用案例

应用案例6-4 图6-39所示电路是由变压器T、整流桥、滤波电容器C_1、C_2和三端集成稳压器IC（W7809）构成的典型直流稳压电路，试分析其工作原理。

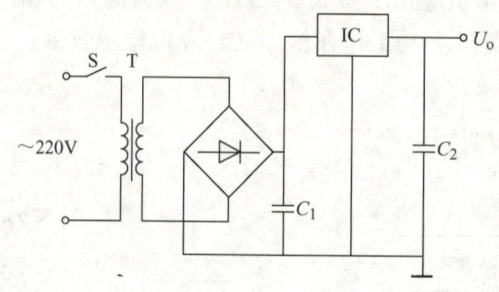

图6-39 应用案例6-4图

解：由图6-39可知，当闭合开关S后，变压器T一次侧接入220V交流电，变压后得到的交流电压送入单相桥式全波整流电路，整流后可以得到脉动的单相直流电压，由电容C_1滤波后得到较平滑的直流电压，然后再送入三端集成稳压器，为了稳压效果更好，最后再经过电容器C_2滤波，最终输出直流稳恒电压U_o。由于三端集成稳压器IC的型号是W7809，所以可知$U_o = 9V$。

因此，该电路完成的功能是将输入的220V的单相交流电转变为稳定的9V电压。

第7章 放大电路的分析与应用

学习目标

晶体管的主要用途是利用其放大作用组成放大电路。在实际生产中，往往要求用微弱的信号去控制较大功率的负载。例如，在自动控制机床上，需要将反映加工要求的控制信号加以放大，得到一定的输出功率以推动执行元件（电磁铁、电动机、液压机构等）。如在收音机和电视机中，利用放大电路可将天线收到的微弱信号放大到足以推动扬声器和显像管工作。放大电路应用十分广泛，是电子设备中最普遍的一种基本单元。

本章介绍由分立元器件组成的各种常用基本放大电路，将讨论它们的电路结构、工作原理、分析方法以及特点和应用。

学习完本章后，你将能够：
- 掌握共发射极放大电路结构、静态分析和动态分析。
- 掌握分压偏置放大电路的静态分析和动态分析。
- 了解共集电极放大电路结构、静态分析动态分析。
- 掌握多级放大电路结构类型、动态分析。
- 了解放大电路在汽车电路的应用。
- 理解集成放大电路的基本概念。
- 了解集成运算放大器在模拟信号方面的应用。

7.1 基本放大电路

 观察思考

我们身边有很多运用放大电路原理工作的设备，你想到几个？

7.1.1 基本共发射极放大电路

1. 放大的概念

利用扬声器放大声音，是电子学中最经典的一种放大现象，如图7-1所示。传声器（传感器）将微弱的声音转换成电信号，经放大电路放大成足够强的电信号后，驱动扬声器（执行机构），使其发出较原来强得多的声音。扬声器所获得的能量（或输出功率）远大于传声器送出的能量（或输入功率），并且放大的信号不失真。

放大电路放大的本质是能量的控制和转换。当负载从电源获得的能量大于信号源所提供的能量时，信号源的输入信号可通过放大电路将直流电源的能量转换成负载所获得的能量，因此，电子电路放大的基本特征是功率放大，即负载上总是获得比输入信号大得多的电压或电流。

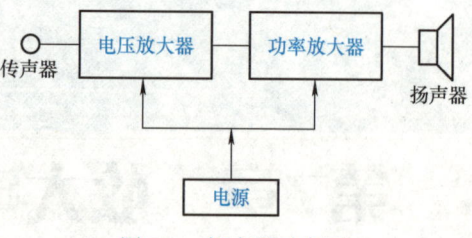

图 7-1 扬声器示意图

放大的前提是不失真，即只有在不失真的情况下放大才有意义。晶体管是放大电路的核心器件，只有它们工作在合适的区域，才能使输出量与输入量始终保持线性关系，即电路不会产生失真。

放大器的种类：
1) 按频率高低可分为：低频放大器、中频放大器、高频放大器和直流放大器。
2) 按用途可分为：电压放大器、电流放大器和功率放大器。

2. 电路组成

图 7-2 为基本共发射极放大电路，也是基本共发射极放大电路。它由晶体管、电阻、电容和直流电源组成，晶体管 VT（NPN 型）起电流放大作用，是整个电路的核心。直流电源 U_{CC} 的作用有两个，一是为放大电路提供能量，二是保证晶体管发射结处于正向偏置、集电结处于反向偏置；R_B 为基极偏置电阻，为晶体管提供合适的电流（也称偏流），以保证放大电路处于合适的工作状态；集电极电阻 R_C，一方面给集电极提供合适的直流电位，另一方面通过它将集电极电流的变化转换成电压的变化，以实现电压放大；电容 C_1、C_2 叫作隔直耦合电容，起传送交流信号、隔断直流信号的作用，可放大一定频率信号，但不适合放大低频率信号。

3. 静态分析

当放大器没有输入信号（$u_i = 0$）时，电路中各处的电压、电流都是直流恒定值，称为直流工作状态或静止状态，简称静态。静态分析就是分析放大电路的直流工作情况，以确定晶体管各极直流电压和直流电流的数值。画直流通路时候将电容 C_1、C_2 开路，如图 7-3 所示。

基本共发射极放大电路

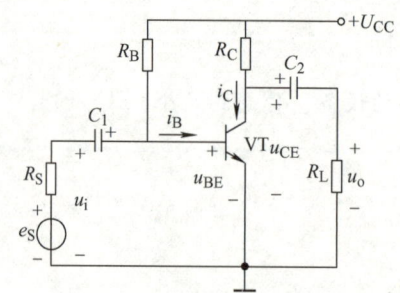

图 7-2 基本共发射极放大电路

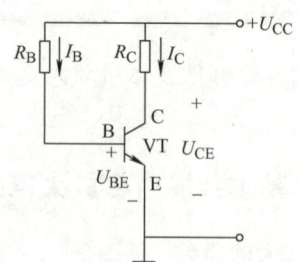

图 7-3 共发射极放大电路直流通路

静态分析通常采用两种方法：估算法和图解法。

(1) 估算法　根据直流通路图 7-3 得

$$I_B = \frac{U_{CC} - U_{BE}}{R_B} \approx \frac{U_{CC}}{R_B} \tag{7-1}$$

$$U_{CE} = U_{CC} - R_C I_C \tag{7-2}$$

$$I_C = \bar{\beta} I_B \approx \beta I_B \tag{7-3}$$

式中，U_{BE}（硅管约为 0.7V）比 U_{CC} 小得多，可忽略不计。

应用案例

应用案例 7-1　在图 7-2 中，已知 $U_{CC}=12V$，$R_C=4k\Omega$，$R_B=300k\Omega$，$\bar{\beta}=37.5$，试求放大电路静态值。

解： 根据直流通路可得

$$I_B \approx \frac{U_{CC}}{R_B} = \frac{12}{300 \times 10^3} A = 40\mu A$$

$$I_C = \bar{\beta} I_B = 37.5 \times 0.04 mA = 1.5 mA$$

$$U_{CE} = U_{CC} - R_C I_C = 6V$$

(2) 图解法　在输入电路中，根据式(7-1)，I_B 和 U_{BE} 的特性曲线是一条直线（称为偏置线）。它可以由两个特定点来确定：当 $I_B=0$ 时，$U_{BE}=U_{CC}$；当 $U_{BE}=0$ 时，$I_B=U_{CC}/R_B$，并且 I_B 和 U_{BE} 的关系又符合晶体管的输入特性曲线，故偏置线和输入特性曲线的交点 Q_B 就称为输入电路的静态工作点，如图 7-4a 所示，静态工作点对应的基极电流为 I_B。

在输出电路中，根据式(7-2)，I_C 和 U_{CE} 的特性曲线也是一条直线（称为直流负载线），它同样可以由两个特定点来确定：当 $I_C=0$ 时，$U_{CE}=U_{CC}$；当 $U_{CE}=0$ 时，$I_C=U_{CC}/R_C$。并且 I_C 和 U_{CE} 的关系又符合晶体管的输出特性曲线，故直流负载线和输出特性曲线的交点 Q_C 就称为输出电路的静态工作点，如图 7-4b 所示。

当 R_B 或 U_{CC} 变化时，Q_B 和 Q_C 的位置都要发生变化，即 I_B、I_C、U_{BE}、U_{CE} 都要变化。

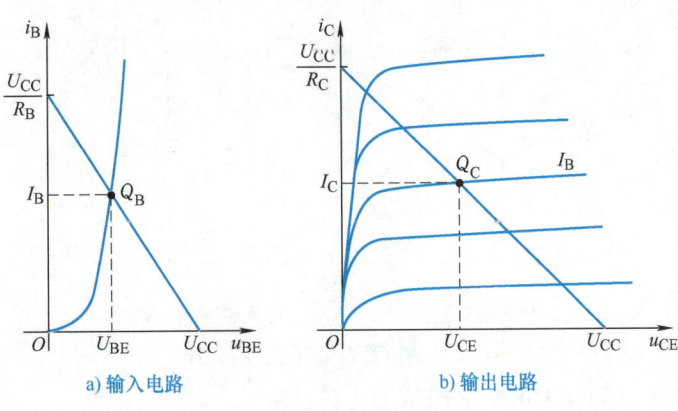

a) 输入电路　　　　b) 输出电路

图 7-4　静态分析输入电路和输出电路

4. 动态分析

当放大电路有信号输入时，电路中各处的电压、电流都处于变动的工作状态，简称动态。动态分析就是分析输入信号变化时，电路中各种变化量的变动情况和相互关系。动态分析的主要方法有微变等效电路法和图解法。

（1）微变等效电路法　当输入信号较小且静态工作点选择合适时，可以把晶体管电路进行线性处理，这就是微变等效电路分析法。

所谓放大电路的微变等效电路，就是把非线性器件所组成的放大电路等效为一个线性电路。线性化的条件就是晶体管在小信号（微变量）下工作。

如何把晶体管线性化?

图 7-5a 是晶体管的输入特性曲线，是非线性的。但当输入信号很小时，在静态工作点 Q 附近的工作段可认为是直线。Δu_{BE} 与 Δi_b 之比称为晶体管的输入电阻，它表示晶体管的输入特性。当 U_{CE} 为常数时，在小信号的情况下，可用电压和电流的交流分量来代替，即 $r_{be} = \dfrac{\Delta u_{BE}}{i_B}\bigg|_{U_{CE}} = \dfrac{u_{be}}{i_b}\bigg|_{U_{CE}}$。在小信号的情况下，$r_{be}$ 是一常数，因此晶体管的输入电路可用 r_{be} 等效代替，如图 7-6 所示。

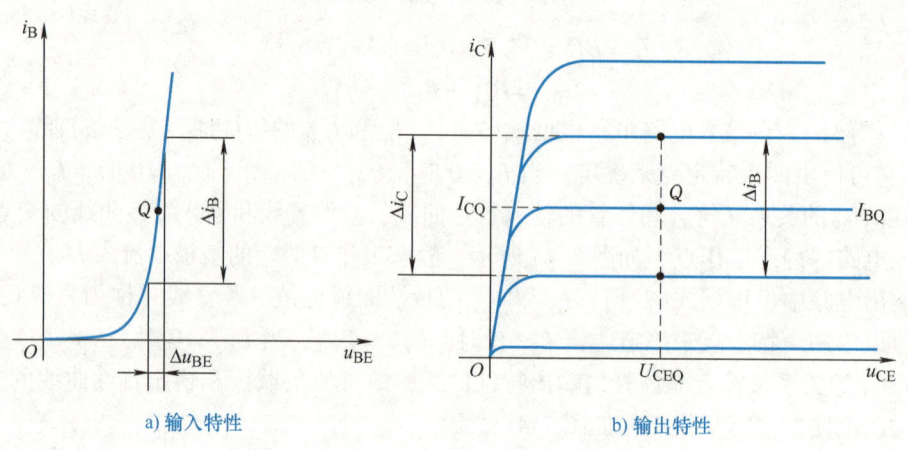

a) 输入特性　　　　　　　　　　b) 输出特性

图 7-5　晶体管特性曲线

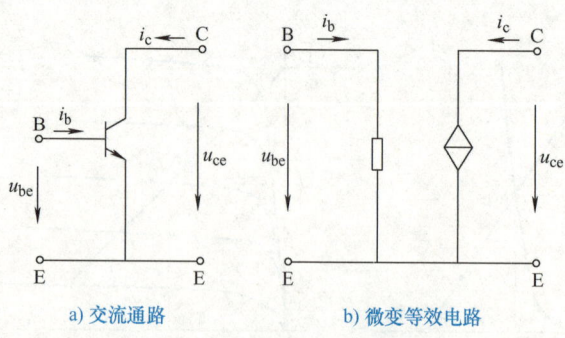

a) 交流通路　　　　　　　　b) 微变等效电路

图 7-6　晶体管及其微变等效电路

低频小功率晶体管的输入电阻常用下式进行估算：

$$r_{be} \approx 200\Omega + (\beta+1)\dfrac{26\text{mV}}{I_E} \tag{7-4}$$

式中，I_E是发射极电流的静态值；右边第一项常取 $100\sim300\Omega$，这里取 200Ω；r_{be} 一般为几百欧到几千欧。

图 7-5b 是晶体管的输出特性曲线组，在线性工作区是一组近似与横轴平行的直线。当 U_{BE} 为常数时，ΔI_C 与 ΔI_B 之比 $\dfrac{\Delta i_C}{\Delta i_B}\bigg|_{U_{CE}}=\dfrac{i_c}{i_b}\bigg|_{U_{CE}}=\beta$ 即为晶体管的电流放大系数。在小信号条件下，β 是一常数，因此晶体管的输出电路可用一受控源 $i_c=\beta i_b$ 代替，以表示晶体管的电流控制作用。当 $i_b=0$ 时，$\beta i_b=0$，所以它不是一个独立电源，而是受输入电流 i_b 控制的受控电源。

此外，在图 7-5b 中还可见，晶体管的输出特性曲线不完全与横轴平行，当 I_B 为常数时，ΔU_{CE} 与 ΔI_C 之比 $r_{ce}=\dfrac{\Delta U_{CE}}{\Delta I_C}\bigg|_{I_B}=\dfrac{u_{ce}}{i_c}\bigg|_{I_B}$，即为晶体管的输出电阻，在小信号的条件下，$r_{ce}$ 也是一个常数。如果把晶体管的输出电路看作电流源，r_{ce} 也就是电源的内阻，故在等效电路中与受控电流源 βi_b 并联。由于 r_{ce} 的阻值很高，约为几十千欧到几百千欧，所以在后面的微变等效电路中都把它忽略不计。图 7-6b 为晶体管的微变等效电路。

采用微变等效电路对放大电路进行动态分析时，应先画出与放大电路相对应的微变等效电路，然后按线性电路的一般分析方法进行求解。共发射极放大电路的交流通路如图 7-7a 所示，画交流通路的原则是将原电路中直流电源 U_{CC} 短路，电容 C_1、C_2 短路，再把交流通路中的晶体管用它的微变等效电路代替，如图 7-7b 所示。

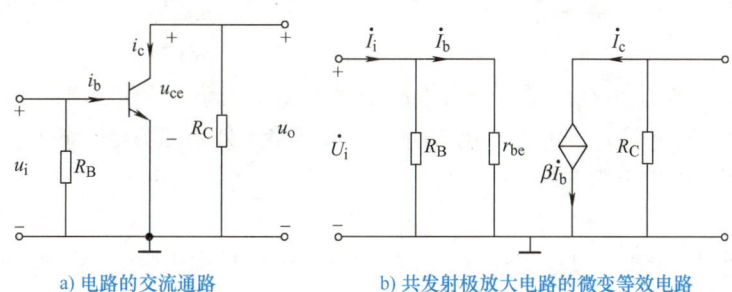

a) 电路的交流通路　　　　　　b) 共发射极放大电路的微变等效电路

图 7-7　共发射极放大电路的交流通路及微变等效电路

下面对电路的动态指标进行定量分析。

1）电压放大倍数。电压放大倍数 A_u 是衡量放大电路对输入信号放大能力的主要指标。定义为输出电压的变化量 ΔU_o 与输入电压的变化量 ΔU_i 之比，即

$$A_u=\frac{\Delta U_o}{\Delta U_i}$$

当输入正弦信号时，可表示为

$$A_u=\frac{\dot U_o}{\dot U_i}$$

根据图 7-7b 所示微变等效电路可得

$$A_u=\frac{\dot U_o}{\dot U_i}=-\frac{\beta R_C}{r_{be}}\frac{\dot I_b}{\dot I_b}=-\frac{\beta R_C}{r_{be}} \tag{7-5}$$

式中，负号表示输出电压 $\dot{U}_\text{o}$ 与输入电压 $\dot{U}_\text{i}$ 反相。

放大电路的输出端通常接有负载电阻 R_L，此时在交流通路中负载电阻 R_L 和集电极电阻 R_C 并联，其并联后的等效电阻为

$$R'_\text{L} = R_\text{C}//R_\text{L} = \frac{R_\text{C} R_\text{L}}{R_\text{C} + R_\text{L}} \tag{7-6}$$

故此时电路的电压放大倍数为

$$A_u = -\beta \frac{R'_\text{L}}{r_\text{be}} \tag{7-7}$$

2）输入电阻。当输入信号加到放大电路的输入端时，放大电路就相当于信号源的一个负载电阻，这个负载电阻就是放大电路本身的输入电阻，它定义为放大电路输入电压变化量与输入电流变化量之比，用符号 r_i 表示。当输入正弦信号时，可表示为

$$r_\text{i} = \frac{\dot{U}_\text{i}}{\dot{I}_\text{i}}$$

根据图 7-7b，输入电阻为

$$r_\text{i} = R_\text{B}//r_\text{be} \approx r_\text{be} \tag{7-8}$$

注意事项

通常 $R_\text{B} \gg r_\text{be}$，因此这类放大电路的输入电阻基本上等于晶体管的输入电阻，其阻值很小。r_i 和 r_be 意义不同，不得混淆。

3）输出电阻。对于负载来说，放大电路的输出端相当于一个信号源，此信号源的内阻就是放大电路的输出电阻 r_o。可以应用求有源二端网络等效电阻方法计算放大电路的输出电阻，根据图 7-7b，输出电阻为

$$r_\text{o} \approx R_\text{C} \tag{7-9}$$

通常计算 r_o 时可将信号源短路（$U_\text{i} = 0$，但要保留信号源内阻），将 R_L 取去，在输入端加一交流电压 $\dot{U}_\text{o}$，以产生一个电流 $\dot{I}_\text{o}$，则放大电路的输出电阻为

$$r_\text{o} = \frac{\dot{U}_\text{o}}{\dot{I}_\text{o}}$$

应用案例

应用案例 7-2 如图 7-2 所示，$U_\text{CC} = 12\text{V}$，$R_\text{B} = 470\text{k}\Omega$，$R_\text{C} = 3\text{k}\Omega$，$R_\text{L} = 5.1\text{k}\Omega$，晶体管的 $U_\text{BE} = 0.7\text{V}$，$\beta = 80$，试求（1）放大电路输出端不接负载时的电压放大倍数；（2）放大电路输出端接负载 R_L 时的电压放大倍数；（3）放大电路的输入电阻和输出电阻。

解：先求 r_be，即

$$I_\text{B} = \frac{U_\text{CC} - U_\text{BE}}{R_\text{B}} = \frac{12 - 0.7}{470000}\text{A} = 0.024\text{mA}$$

$$I_\text{E} = (\beta + 1)I_\text{B} = 81 \times 0.024\text{mA} = 1.94\text{mA}$$

$$r_{be} = 200\Omega + (1+\beta)\frac{26\text{mV}}{I_E} = \left(200 + 81 \times \frac{26}{1.94}\right)\Omega = 1.286\text{k}\Omega$$

(1) 不接 R_L 时，电压放大倍数为

$$A_u = -\beta\frac{R_C}{r_{be}} = -80 \times \frac{3}{1.286} = -186.6$$

(2) 接入 R_L 时的等效负载电阻为

$$R'_L = \frac{R_C R_L}{R_C R_L} = \frac{3 \times 5.1}{3+5.1}\text{k}\Omega = 1.89\text{k}\Omega$$

电压放大倍数为

$$A_u = -\beta\frac{R'_L}{r_{be}} = -80 \times \frac{1.89}{1.286} = -177.6$$

(3) 输入电阻为

$$r_i = \frac{R_B r_{be}}{R_B + r_{be}} = \frac{470 \times 1.286}{470+1.286}\text{k}\Omega = 1.28\text{k}\Omega$$

输出电阻为

$$r_o = R_C = 3\text{k}\Omega$$

(2) 图解法 当电路有输入信号 u_i 时，对于输入电路，基极-发射极间电压 u_{BE} 可以认为是由直流分量 U_{BE} 和交流分量 u_{be} 叠加而成；同理，基极电流 i_B 也是由 I_B 和 i_b 叠加而成，如图 7-8 和图 7-9 所示。

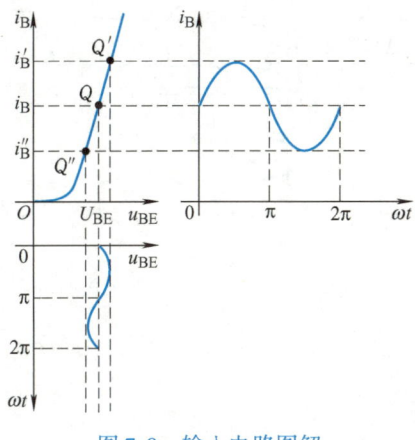

图 7-8 输入电路图解

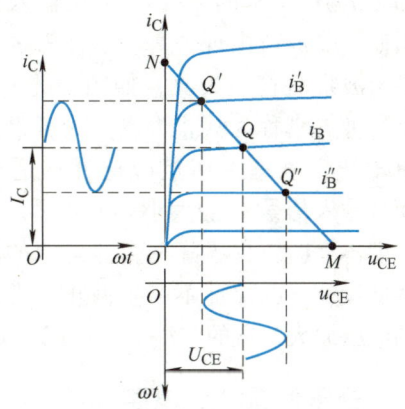

图 7-9 输出电路的图解

其中，直流分量就是由直流电源 U_{CC} 建立起来的静态工作点 Q，而交流分量则是输入信号 u_i 引起的。为了便于区分，通常直流分量用大写字母和大写下标表示，交流分量用小写字母和小写下标表示，总的电压、电流瞬时值用小写字母和大写下标表示。于是有

$$u_{BE} = U_{BE} + u_i \tag{7-10}$$
$$i_B = I_B + i_b \tag{7-11}$$
$$i_C = I_C + i_c \tag{7-12}$$
$$u_{CE} = U_{CE} + u_{ce} \tag{7-13}$$

由于电容的隔直和交流耦合作用，u_{CE} 中的直流分量 U_{CE} 被电容 C_2 隔断，而交流分量

u_{ce} 则可经 C_2 传送到输出端，故输出电压为

$$u_o = u_{CE} - U_{CE} \tag{7-14}$$

如果忽略耦合电容 C_1、C_2 对交流分量的容抗和直流电源 U_{CC} 的内阻，即认为 C_1、C_2 和直流电源对交流信号不产生电压降，可视为短路，就可以画出只考虑交流分量传递路径的交流通路，如图 7-7 所示。由图可见，晶体管集电极–发射极电压的交流分量为

$$u_{ce} = -R_C i_c \tag{7-15}$$

综上所述，可以总结以下几点：

1) 无输入信号时，晶体管的电流、电压都是直流量。当放大电路输入信号电压后，i_B、i_C、U_{CE} 都在原来静态值的基础上叠加了一个交流量。虽然 i_B、i_C 和 u_{CE} 的瞬时值是变化的，但它们的方向始终是不变的。

2) 输出电压 u_o 与输入电压 u_i 是同频率的正弦波，且输出电压 u_o 的幅度比输入电压 u_i 大得多。

3) 电流 i_b、i_c 与输入电压 u_i 同相，而输出电压 u_o 与输入电压反相，即共发射极放大电路具有倒相作用。

4) 静态工作点的选择必须合适。若选得过高，如图 7-10 所示的 Q' 点，则输入信号较大时，在 u_i 的正半周期，晶体管很快进入饱和区，输出波形就产生失真，这种失真称为饱和失真，如图 7-10 中的 i'_C 和 u'_o 波形；若选得过低，如图 7-10 所示的 Q'' 点，则在输入信号的负半周期，i_B 波形出现失真，晶体管进入截止区，输出波形也产生失真，如图中的 i''_C 和 u''_o 波形，这种失真称为截止失真。为了得到最大不失真输出，静态工作点应选择在适当的位置，而且输入信号 u_i 的大小亦要合适。当输入信号幅度不大时，为了降低直流电源的能量消耗及降低噪声，在保证不产生截止失真和保证一定的电压放大倍数的前提下，可把 Q 点选择得低一些。

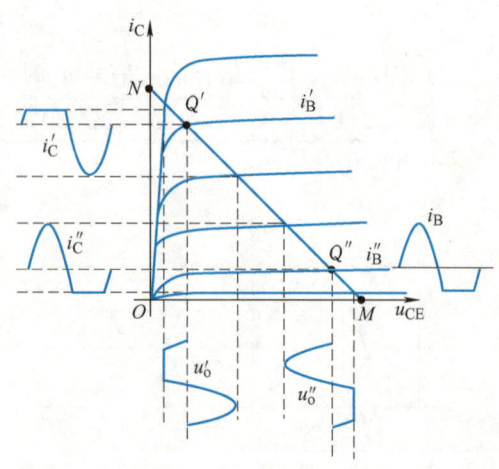

图 7-10　工作点与波形失真

7.1.2　分压偏置放大电路

🔍 观察思考

前面说过，放大电路应有合适的静态工作点，以保证有较好的放大效果，并且不引起非线性失真。但由于某些原因，例如温度的变化，将使集电极电流的静态值 I_C 发生变化，从而影响静态工作点的稳定性，使得此静态工作点会移动，若移动到不合适的位置导致产生截止失真或饱和失真，将使放大电路无法正常工作。

大家可以想一想，用什么方法可以保证静态工作点稳定？

上面所述的放大电路称为固定偏置放大电路，它不能稳定静态工作点。

第7章 放大电路的分析与应用

为此，常用图 7-11 所示的分压偏置放大电路，其中 R_{B1} 和 R_{B2} 构成偏置电路，当 R_{B1} 和 R_{B2} 取值适当时，使 $I_1 \gg I_B$（即 $I_1 \approx I_2$），则基极对地电压为

$$U_B \approx \frac{R_{B2}}{R_{B1} + R_{B2}} U_{CC} \tag{7-16}$$

即可认为 U_B 与晶体管的参数无关，不受温度影响，而仅由 R_{B1} 和 R_{B2} 的分压电路所固定。引入发射极电阻 R_E 后，由图 7-12 可列出：

$$I_E \approx I_C = \frac{U_B - U_{BE}}{R_E} \approx \frac{U_E}{R_E} \tag{7-17}$$

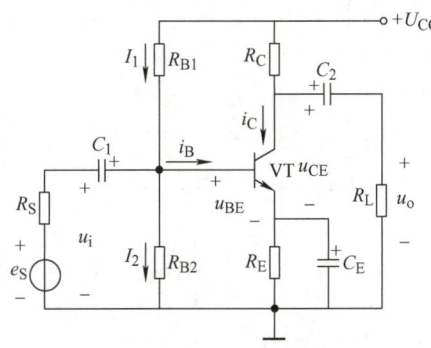

图 7-11　分压偏置放大电路

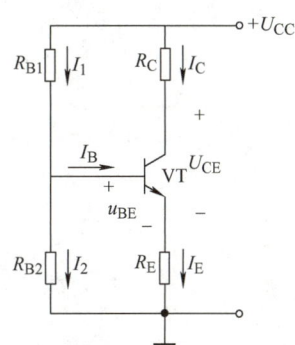

图 7-12　直流通路

当 U_B、R_E 一定，且 $U_B \gg U_{BE}$ 时，I_E 基本不变，且与晶体管的参数 β、U_{BE} 几乎无关，很少受温度影响，当换用不同的晶体管时，静态工作点也可以近似不变，只取决于外电路参数。

此电路稳定静态工作点过程：当 I_C 由于某种原因增加时，I_E 也增加，发射极对地电压 $U_E = R_E I_E$ 就升高，使外加于晶体管的 U_{BE} 减小（因 $U_{BE} = U_B - U_E$，而 U_B 被 R_{B1} 和 R_{B2} 固定了），从而使 I_B 自动减小，抑制了 I_C 的增加，达到稳定 I_C 的目的。要使静态工作点稳定，必须要 $I_1 \gg I_B$、$U_B \gg U_{BE}$，一般可选取：

硅管：I_1 为（5~10）I_B；U_B 为 3~5V。

锗管：I_1 为（10~20）I_B；U_B 为 1~3V。

为使 R_E 对输入的交流信号不起作用，故在 R_E 两端并联一容量足够大（一般为几十微法）的电容器 C_E，使 $X_{CE} \ll R_E$。这样，R_E 只起稳定静态工作点的作用，而对交流信号，由于 C_E 的容抗很小，R_E 相当于被短路，C_E 称为发射极旁路电容。

 应用案例

应用案例 7-3　如图 7-11 分压偏置放大电路中，$U_{CC} = 12V$，$R_C = 2k\Omega$，$R_E = 2k\Omega$，$R_{B1} = 20k\Omega$，$R_{B2} = 10k\Omega$，$R_L = 6k\Omega$，晶体管的 $\overline{\beta} = 37.5$。试求（1）静态值；（2）画出微变等效电路；（3）计算该电路的 A_u，r_i，r_o。

解：（1）　　$U_B \approx \dfrac{R_{B2}}{R_{B1} + R_{B2}} U_{CC} = \dfrac{10}{10+20} \times 12V = 4V$

$$I_C \approx I_E = \frac{U_B - U_{BE}}{R_E} = \frac{4 - 0.6}{2 \times 10^3}\text{A} = 1.7\text{mA}$$

$$I_B \approx \frac{I_C}{\beta} = \frac{1.7}{37.5}\text{mA} = 0.045\text{mA}$$

$$U_{CE} \approx U_{CC} - (R_C + R_E)I_C = [12 - (2+2) \times 10^3 \times 1.7 \times 10^{-3}]\text{V} = 5.2\text{V}$$

（2）微变等效电路如图 7-13 所示。

图 7-13　应用案例 7-3 微变等效电路

（3）
$$r_{be} \approx 200\Omega + (\bar{\beta} + 1)\frac{26\text{mV}}{I_E} = \left[200 + (1 + 37.5) \times \frac{26}{1.7}\right]\Omega = 0.79\text{k}\Omega$$

$$A_u = -\beta \frac{R'_L}{r_{be}} = -37.5 \times \frac{1.5}{0.79} = -71.2$$

式中，$R'_L = \frac{R_C R_L}{R_C + R_L} = \frac{2 \times 6}{2 + 6}\text{k}\Omega = 1.5\text{k}\Omega$

$$r_i \approx r_{be} = 0.79\text{k}\Omega$$

$$r_o \approx R_C = 2\text{k}\Omega$$

7.1.3　基本共集电极放大电路

从基本共发射极放大电路的分析中可以体会到，当晶体管在输入信号整个周期内均工作在放大状态时，不但维持着输出电压与输入电压的线性关系，而且通过基极电流对集电极电流的控制作用，实现了能量的转换，使负载电阻从直流电源 U_{CC} 中获得比信号源提供的大得多的输出信号功率。共发射极放大电路既实现了电流放大，又实现了电压放大。实际上，一个放大电路仅放大电流或仅放大电压，就能实现功率的放大。共集电极放大电路（简称共集放大电路）以集电极为公共端，通过 i_b 对 i_c 的控制作用实现功率放大。

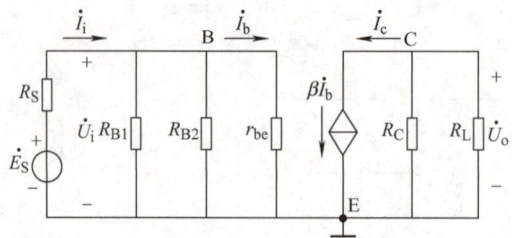

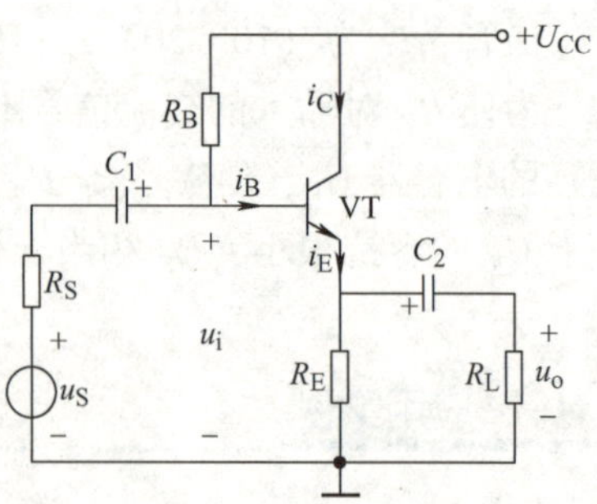

图 7-14　基本共集放大电路

1. 电路组成

图 7-14 所示为基本共集放大电路，图中 u_S 和 R_S 是信号源的电压及内阻。图 7-15 所示是电路的交流通路，集电极是输入和输出回路的公共端，故称共集电极放大电路；图 7-16 所示是直流通路，直流电源为 U_{CC}。

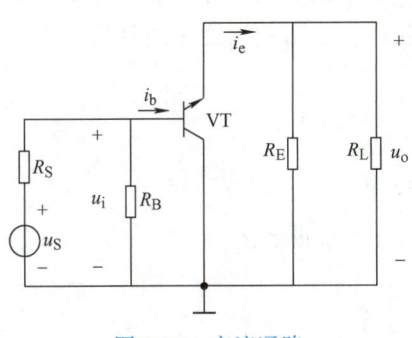

图 7-15　交流通路

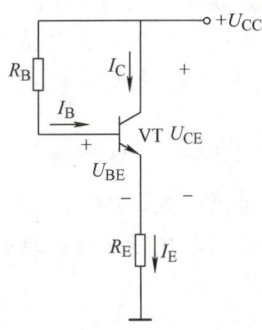

图 7-16　直流通路

交流信号 u_i 输入时，产生动态的基极电流 i_b，通过晶体管得到放大的发射极电流 i_e，其交流分量 i_e 在发射极电阻 R_E 上产生的交流电压即为输出电压 u_o。由于输出电压从发射极获得，故也称共集放大电路为<u>射极输出器</u>。

2. 静态分析

在图 7-16 所示直流通路中，列出输入回路的方程

$$U_{CC} = I_B R_B + U_{BE} + I_E R_E = I_B R_B + U_{BE} + (1+\beta) I_B R_B \tag{7-18}$$

则

$$I_B = \frac{U_{CC} - U_{BE}}{R_B + (1+\beta) R_E} \tag{7-19}$$

$$I_E = (1+\beta) I_B \tag{7-20}$$

$$U_{CE} = U_{CC} - I_E R_E \tag{7-21}$$

3. 动态分析

(1) 放大倍数　由图 7-15 所示交流通路可得

$$A_u = \frac{\dot{U}_o}{\dot{U}_i} = \frac{(1+\beta) R'_L}{r_{be} + (1+\beta) R'_L} \tag{7-22}$$

式中，$R'_L = R_L // R_E$。

式(7-22) 表示，A_u 大于 0 且小于 1，即 u_o 与 u_i 同相且 $u_o < u_i$。当 $(1+\beta) R'_L \gg r_{be}$ 时，$A_u \approx 1$，即 $u_o = u_i$，故常称共集放大电路为<u>射极跟随器</u>。虽然 $A_u < 1$，电路无电压放大能力，但是输出电流 i_E 远大于输入电流 i_B，所以电路仍有功率放大作用。

(2) 输入电阻　根据输入电阻 r_i 的物理意义能够得出输入电阻 r_i 的表达式为

$$r_i = \frac{\dot{U}_i}{\dot{I}_i} = R_B // [r_{be} + (1+\beta) R'_L] \tag{7-23}$$

可见，共集放大电路的输入电阻比共射放大电路的输入电阻大得多，可达几十千欧到几百千欧。

(3) 输出电阻　输出电阻 r_o 的表达式为

$$r_o = R_E // \frac{R_B + r_{be}}{1+\beta} \tag{7-24}$$

由于通常情况下，R_B 取值较小，r_{be} 也多在几百欧到几千欧，而 β 至少几十倍，因此输出电阻较小。

因为共集放大电路输入电阻大、输出电阻小，因而从信号源索取的电流小而且带负载能力强，所以常用于多级放大电路的输入级和输出级；也可用它连接两电路，减少电路间直接连接所带来的影响，起缓冲作用。

注意事项

射极输出器注意事项：

射极输出器电压放大倍数接近1，输入电阻大，输出电阻小。

7.2 多级放大电路

在实际应用中，要把一个微弱的信号放大到需要的数值，可能需要几千倍或几万倍甚至更大的放大倍数，单级放大器不能满足这样的要求。通常要把若干级放大器连接起来，构成多级放大器，将信号逐级放大。两级放大器之间的连接称为级间耦合。级间耦合首先需要考虑的问题是各级电路的工作点必须合乎要求，各级电路都能正常工作，而信号能够在允许的失真范围内、损耗尽可能小地从前级顺利送到后级。

7.2.1 多级放大电路的耦合方式

多级放大电路常见的耦合方式：阻容耦合、变压器耦合、直接耦合。

1. 阻容耦合

阻容耦合是通过电容器将前级的交流信号传送到后级，如图7-17所示。这种放大电路的低频特性差，适应放大高频交流信号，交流信号可通过电容器从前级传送到后级，不能放大直流信号。阻容耦合将使前后两级的工作点互不影响相互独立，在求解或实际调试 Q 点时可按单级处理，所以电路的分析、设计和调试简单易行。此外，在集成电路中制造大电容很困难，甚至不可能，所以这种耦合方式不便于集成应用，在分立元器件电路中广泛使用。

2. 变压器耦合

变压器耦合是利用变压器把前、后级连接起来，通过电磁感应将前级的交流信号传送到后级，如图7-18所示。它只能传递交流信号而不能传递直流信号或变化缓慢的信号。在集成电路工艺中，也难以制造电感和大容量的电容元件，因此在集成运放中，多采用直接耦合。

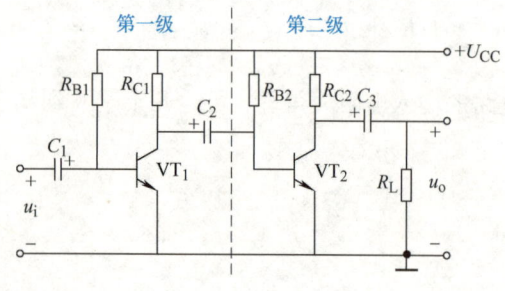

图7-17　阻容耦合方式

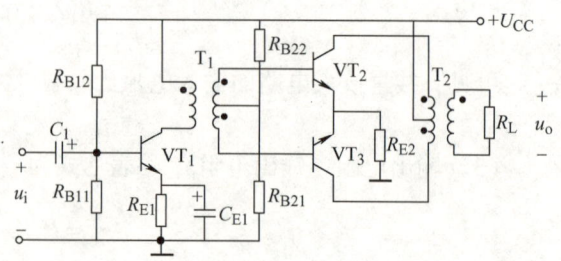

图7-18　变压器耦合方式

3. 直接耦合

直接耦合是把前、后级电路直接用导线连接起来。直接耦合方式电路结构简单，可以使信号不受损耗地从前级传送到后级，且交流信号和直流信号都可采用直接耦合，但前、后级之间静态工作点相互影响，这是在设计电路时必须考虑解决的问题。直接耦合电路的主要问题是电路存在零点漂移现象。对一个电压放大倍数很高的多级直接耦合放大电路，由于晶体管特性、参数随温度变化或电源电压不稳定等影响，即使输入端短路，在输出端也会出现电压波动，即输出端电压会偏离原来的值而上下变动，这种现象称为零点漂移。在多级直接耦合放大电路中，由于输入级本身的波动会因直接耦合而逐级放大，因此当放大电路有输入信号时，这种电压波动会与有用信号混合而无法辨别，严重时使放大电路丧失工作能力，如图 7-19 所示。

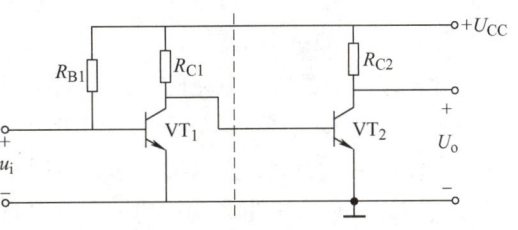

图 7-19　直接耦合方式

为了减小直接耦合放大电路的零点漂移，工程上除了采用高质量的电路元器件和高稳定性的电源外，常采用温度补偿电路、信号调制放大等方法或从电路结构上采取措施。

7.2.2　多级放大电路的动态分析

在图 7-17 阻容耦合放大器中，前级集电极与后级基极之间串接一个大容量（一般为几十微法）的电容 C_2，称为耦合电容。它的作用是：一方面把前级晶体管集电极上的交流信号传送到下一级晶体管基极；另一方面是将前级集电极直流电压和后级基极偏压隔断，这样使前后两级直流工作状态互不影响。

在阻容耦合放大器中，由于耦合电容的隔直作用，故可以独立地设置各级放大器的静态工作点，而交流信号可以顺利通过耦合电容传送到下一级。图 7-20 为三级放大电路。

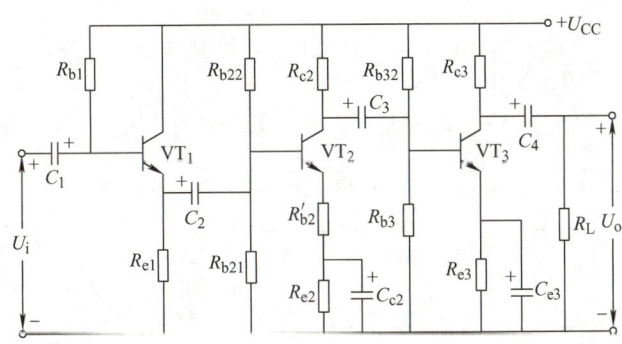

图 7-20　三级放大电路

1. 电压放大倍数

$$A_u = \frac{U_o}{U_i} \tag{7-25}$$

由于 $U_i = U_{i1}$，$U_{i2} = U_{o1}$，$U_{i3} = U_{o2}$，$U_o = U_{o3}$，则上式可写为

$$A_u = \frac{U_o}{U_i} = \frac{U_{o3}}{U_{i3}} \cdot \frac{U_{o2}}{U_{i2}} \cdot \frac{U_{o1}}{U_{i1}} = A_{u1}A_{u2}A_{u3} \tag{7-26}$$

推广到 n 级放大器，则

$$A_u = A_{u1}A_{u2}A_{u3}\cdots A_{un} \tag{7-27}$$

2. 输入电阻和输出电阻

一般说来，多级放大电路的输入电阻就是输入级的输入电阻，而输出电阻就是输出级的输出电阻。由于多级放大电路的放大倍数为各级放大倍数的乘积，所以，在设计多级放大电路的输入级和输出级时，主要考虑输入电阻和输出电阻的要求，而放大倍数的要求由中间级完成。具体计算输入电阻和输出电阻时，可直接利用已有的公式。但要注意电路形式，要考虑后级对输入级电阻的影响和前一级对输出电阻的影响。

7.2.3 放大电路在汽车中的应用

1. 汽车电压调节器

放大电路在汽车中的应用十分广泛，其中汽车电压调节器就是利用晶体管的开关作用控制发电机励磁电路的通和断，从而调节励磁电流和磁极磁通，达到在发电机转速超过一定数值以后仍维持发电机电压恒定的目的。

汽车上的发电机是由发动机通过风扇皮带驱动旋转的，由于发动机工作时的转速在很宽的范围内变化，使发电机的转速随之变化，发电机的电压也将在很宽的范围内变化。汽车用电设备的工作电压和对蓄电池的充电电压是恒定的，一般为 12V、24V 或 6V。为此，要求在发动机工作时，发电机的输出电压也保持恒定，以便保证用电设备和蓄电池正常工作。因此，汽车上使用的发电机，必须配电压调节器，以便在发电机转速变化时，保持发电机端电压恒定。发电机工作时，在发电机电压超过一定值以后，电压调节器通过调节经过励磁绕组的电流来调节磁场磁通，保持发电机端电压为规定值。发电机的调节电压一般为 13.5 ~ 14.5V（或 13.8 ~ 14.8V）。电压调节器有触点振荡式电压调节器、晶体管电压调节器和集成电路电压调节器等多种形式。

（1）CA1091 型汽车发电机上配用的晶体管电压调节器电路　如图 7-21 所示，接通点火开关，蓄电池的电压作用于发电机的磁场接线柱"F"，并经调节器的"＋"端作用于分压器 R_1、R_2 的两端，使稳压管 VS_1 承受反向电压。由于作用于分压器两端的电压是蓄电池的

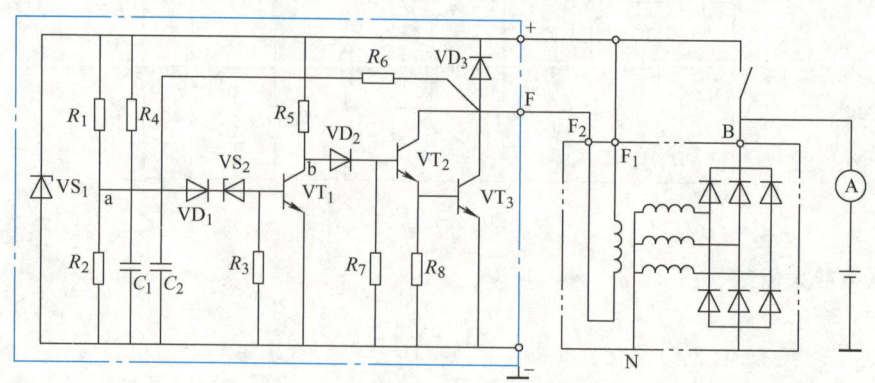

图 7-21　晶体管电压调节器电路原理图

电压,低于发电机的调节电压,使作用于稳压管 VS_2 两端的电压也低于它的反向击穿电压,稳压管 VS_2 截止,晶体管 VT_1 也截止。"b"点的电位接近电源电位,使二极管 VD_2、晶体管 VT_2、VT_3 导通,接通发电机的励磁回路,发电机建立磁场,开始发电。随着发电机转速升高,发电机电压上升,作用于分压器的电压及稳压管两端的反向电压升高。当发电机电压略高于规定的调节电压时,稳压管 VS_2 被反向击穿而导通,晶体管 VT_1 也导通。VT_1 导通后,"b"点的电位降低到接近零电位,于是二极管 VD_2 及晶体管 VT_2、VT_3 截止,切断发电机的励磁回路,发电机的励磁电流中断,磁场迅速消失,发电机电压下降。发电机电压下降到略低于规定的调节电压时,稳压管 VS_2 已截止,发电机电压又上升,如此反复使发电机转速变化时,发电机电压保持恒定。

可见,晶体管电压调节器在发动机工作时,由电阻 R_1、R_2 组成的分压器感受发电机电压的变化,利用稳压管和晶体管的开关作用控制发电机励磁回路的通、断,调节发电机的励磁电流和磁极磁通,在发电机转速超过一定值后保持发电机电压恒定。

(2) 整体式交流发电机电路　图 7-22 所示为 JFZ1913Z 和 JFZ1813Z 整体式外搭铁十一管交流发电机电路,应用于桑塔纳等车型,额定功率为 1.2kW。发电机共有 2 个接线柱,输出接线柱直接与蓄电池正极相连对外供电;磁场接线柱通过二极管、充电指示灯、熔断器和点火开关与蓄电池正极连接,为发电机提供他励电流,控制充电指示灯。调节器采用发电机电压检测法,通过 3 个端子分别与发电机的励磁二极管输出端、电刷和壳体连接。

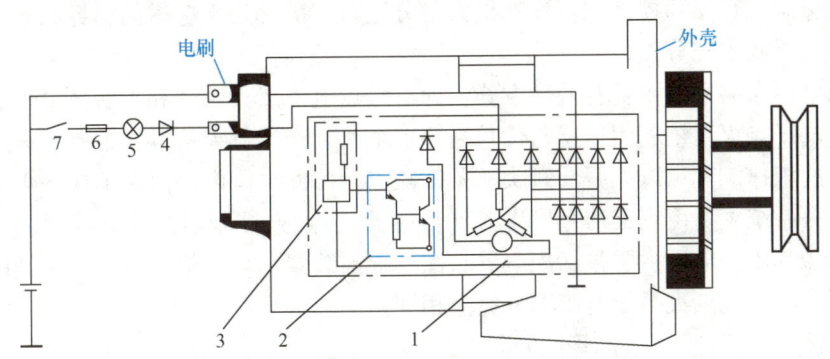

图 7-22　整体式交流发电机的电路原理图

1—交流发电机　2—内装式调节器　3—调节器的检测控制部分　4—二极管
5—充电指示灯　6—熔断器　7　点火开关

接通点火开关,蓄电池通过点火开关、熔断器、充电指示灯、二极管给发电机提供他励电流,为调节器检测控制部分提供电压。由于蓄电池电压低于调节器的调节电压上限值,调节器使励磁电路接通,同时充电指示灯亮。他励电路和充电指示灯电路为:蓄电池正极→点火开关→熔断器→充电指示灯→二极管→励磁绕组→调节器→搭铁→蓄电池负极。

随着发动机转速升高,当发电机端电压超过蓄电池的端电压时,发电机开始自励并给负载供电,给蓄电池充电,并为调节器检测控制部分提供电压。充电指示灯因两端的电压几乎为零而熄灭,指示发电机正常工作。如果发电机端电压还未升高到调节器的调节电压上限值,则调节器使励磁电路接通。发电机自励电路为:发电机定子绕组→励磁二极管→励磁绕组→调节器→搭铁→负极管→发电机定子绕组。当发电机端电压高于调节器的调节电压上限值时,调节器使励磁电路断开,发电机磁通减弱,端电压降低;当发电机端电压低于调节器的调节电压下限值时,调节器又使励磁电路接通,发电机电压上升。如此循环,调节器不断控制励磁电路通、断,维持发电机端电压不超过调节器调节电压。与充电指示灯串联的二极管的作用是在发电机端电压高于蓄电池端电压时,保证发电机不通过励磁二极管和充电指示灯对外供电,以免充电指示灯亮,给驾驶人造成错觉,以及励磁二极管过负载损坏。

2. 汽车电子点火系统

普通的电子点火系统虽然增加了闭合角控制、恒流控制等,并大大提高了点火系统的性能;但还存在着一些缺点,如点火提前的控制不精确,考虑影响点火提前角的因素不全面(仍采用真空与离心式的点火提前角控制装置)等。为了避免大负载时的爆震,采用妥协方式降低点火提前角,但仍脱离不了机械控制范围。因此,在电控汽油喷射发动机中广泛采用电子点火系统,即通过 ECU 对点火系统进行控制。电子点火控制包括点火提前角控制、通电时间控制和爆震控制三个方面。

电子点火系统也称微机控制点火系统,主要由三部分组成:监测发动机运行状况的传感器、处理信号并发出指令的微处理器(ECU)、执行 ECU 指令的执行器(包括点火器、点火线圈、分电器和火花塞等)。

电子点火系统不仅能根据发动机转速控制点火线圈一次电路的通电电流,而且还取消了真空式和机械离心式点火提前装置,由电控单元根据汽油机的运行工况调整和控制点火提前角,使发动机的动力性、经济性、排放等方面的性能达到最优。另外,电子点火系统通过爆震传感器对爆震进行反馈控制,使汽油机大部分运行工况都处于爆震的临界状态,使汽油机的动力性潜力得到了充分发挥。

常用的电子点火系统主要有两种方式:即有触点电子点火系统和无触点电子点火系统。

无触点电子点火系统利用传感器代替断路器触头,产生点火信号,控制点火线圈的通断和点火系统的工作。其可以克服与触头相关的缺点,因此在国内外汽车上应用十分广泛。无触点电子点火系统主要由点火信号发生器(传感器)、点火控制器、点火线圈、分电器、火花塞等组成。其中分电器主要包括配电器和离心提前装置、真空提前装置,它们的作用、结构和工作原理与传统点火系统对应部分完全相同。

汽车无触点电子点火系统原理图如图 7-23 所示,接通点火开关,当点火信号发生器(霍尔效应传感器)发出点火信号,输出具有一定幅值的正脉冲时,就会触发点火控制器,使其中的功率晶体管导通,于是点火线圈的一次电路接通。一次电流由电源的"+"极点控制器、搭铁,流经电源的"-"极。由于点火线圈一次绕组中有电流通过,于是点火线圈中便形成磁场,并将电能转变为磁场能储存起来。

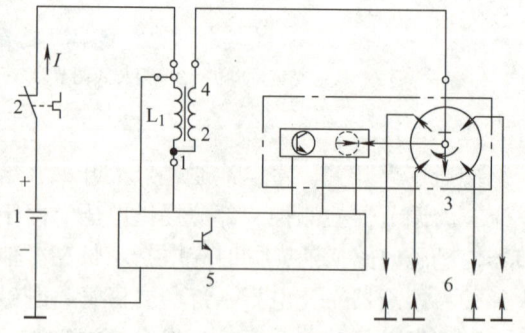

图 7-23 汽车无触点电子点火系统原理图
1—直流电源 2—开关 3—配电器
4—点火线圈 5—断电器 6—火花塞

3. 汽车前灯监视报警器电路

汽车前灯监视报警器电路以晶体管为主要工作器件,如图 7-24 所示。在白天误开前灯或忘记关闭前灯时,报警器能及时发出声光报警信号,以提醒驾驶员关灯。在图 7-24 中,VT_1 是光电晶体管,光照时导通;VT_2、VT_3

是 NPN 型晶体管；HA 是蜂鸣器，当有电流流过时发出蜂鸣声；VL 是高亮度的发光二极管。

在白天，光电晶体管 VT_1 受光照而导通，呈低电阻状态，使 VT_2 因基极为低电平而截止。此时若驾驶员误开前灯或忘记关前灯，VT_3 的基极将变为高电平，使 VT_3 导通，蜂鸣器 HA 发出报警声，同时发光二极管 VL 也会点亮。

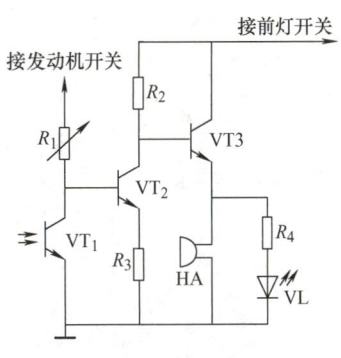

图 7-24　汽车前灯监视报警器电路

在晚上，VT_1 因无光照或光照很弱而截止，呈高电阻状态，VT_2 也因基极变为高电平而导通，使 VT_3 的基极为低电平，VT_3 截止，蜂鸣器 HA 不发声，发光二极管 VL 也不亮。此时若关断汽车发动机开关，则 VT_2 截止，VT_3 导通，蜂鸣器发出报警声，VL 点亮，提醒驾驶员。

7.3　集成放大电路

7.3.1　差动放大电路

1. 差动放大电路的简介

在直接耦合放大电路中，即使将输入端短路，用灵敏的直流电压表测量输出端，也会有变化缓慢的输出电压。这种输入电压为零而输出电压不为零且缓慢变化的现象，称为零点漂移现象（简称零漂）。

（1）零点漂移产生的原因　在放大电路中，任何参数的变化，如电源电压的波动、元器件的老化、半导体器件参数随温度变化而产生的变化，都可能导致输出电压的漂移。采用高质量的稳压电源就可以大大减小由此产生的漂移。温度变化引起的半导体器件参数的变化是产生零点漂移的主要原因，称为温度漂移，简称温漂。

（2）抑制零漂的方法　对于直接耦合放大电路，如果不采取措施抑制零点漂移，其他方面的性能再优良，也不能成为实用电路。从某种意义来讲，零点漂移就是 Q 点的漂移，目前抑制零漂比较有效的实用方法是采用差动放大电路，它可以使零漂降低到微伏数量级。

2. 差动放大电路的原理分析

差动放大电路是由典型的工作点稳定电路演变而来的。如图 7-25 所示，它是由两个完全对称的单晶体管放大电路组合而成的。

该电路参数完全相同，晶体管特性也相同，电路以两个晶体管集电极电位差作为输出，当外界因素发生变化时，两晶体管静态值同时发生漂移，其变化量差值就等于零，起到了克服零点漂移的作用。

1）对共模信号的抑制作用。共模信号：输入信号 u_{i1} 和 u_{i2} 大小相等，极性相同，即 $u_{i1} = u_{i2}$。由图 7-26 可知，共模信号的输入使两晶体管集电极电位有相同的变化。理想状态下，电路参数对称，温度变化时晶体管的电流变化完全相同，故电路中的零点漂移可用输入端施加共模信号来模拟。此时输出信号为零，因此差动放大电路对共模信号没有放大作用。

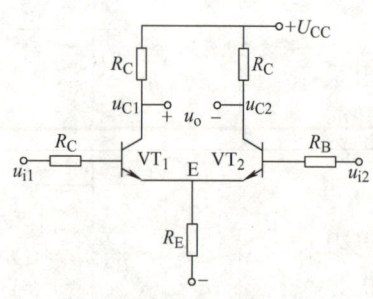

图 7-25 基本差动放大电路

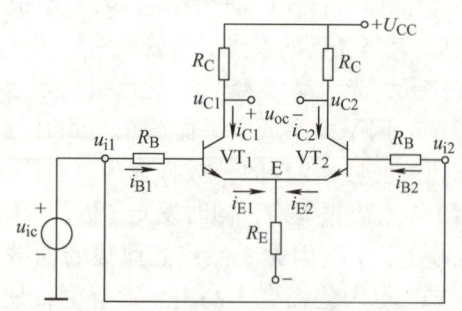

图 7-26 差动放大电路加共模信号

2) 对差模信号的放大作用。差模信号：输入信号 u_{i1} 和 u_{i2} 大小相等，极性相反，即 $u_{i1} = -u_{i2}$，如图 7-27 所示。对于这种信号，差动电路能进行放大，那么它的放大倍数又是多少呢？下面进行理论分析。

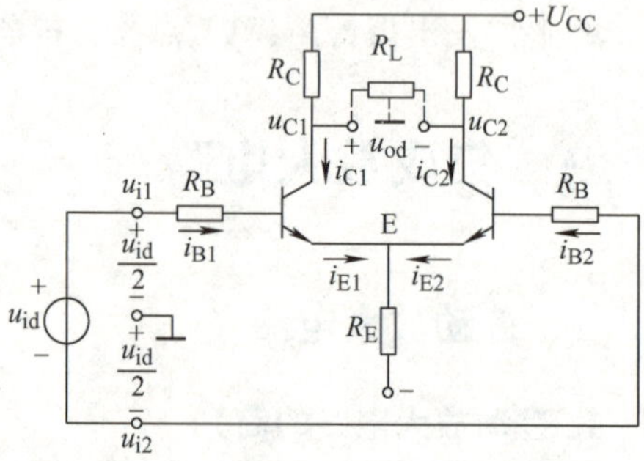

电压放大倍数定义为差模输出电压和差模输入电压的比值，即

$$A_{ud} = \frac{\Delta u_{od}}{\Delta u_{id}} = \frac{2u_{o1}}{2u_{o2}} = -\frac{\beta\left(R_C // \frac{1}{2}R_L\right)}{R_b + r_{be}} \quad (7\text{-}28)$$

图 7-27 差动放大电路加差模信号

输入输出电阻为

$$r_{id} = 2(R_b + r_{be}) \quad (7\text{-}29)$$

共模抑制比定义为差模电压放大倍数 A_{ud} 和共模电压放大倍数 A_{cd} 的比值，即

$$K_{CMR} = \frac{A_{ud}}{A_{cd}}$$

显然差模电压放大倍数越大、共模电压放大倍数越小，即共模抑制比越大，差动放大电路的性能越好。

7.3.2 集成运算放大器

1. 集成电路简介

前面讲的放大电路，都是由互相分开的晶体管、电阻、电容等元器件组成的，称为分立元器件电路。集成电路是相对于分立元器件电路而言的，把整个电路的各个元器件以及相互之间的连接同时制造在一块半导体芯片上，组成一个不可分割的整体。按其功能的不同，集成电路可分为模拟集成电路和数字集成电路两种。

模拟集成电路种类很多，例如集成运算放大器（简称集成运放）、集成功率放大器、集成稳压器等，其中应用最广的就是集成运放。它具有体积小、重量轻、价格低、使用可靠、灵活方便、通用性强等优点，在检测、自动控制、信号产生与处理等方面获得了广泛应用，有"万能放大器"的美称。

2. 集成运放简介

集成运放是一种电压放大倍数高、性能优越、集成化的多级放大器。

集成运放由输入级、中间级、输出级、偏置电路组成，如图7-28所示。

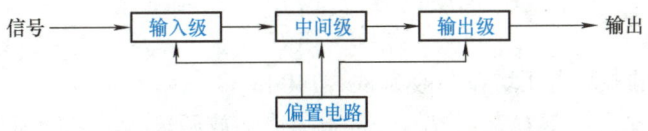

图7-28 集成运放基本组成

输入级是集成运放的关键部分，由差动放大电路构成。差动放大电路由完全相同的两个放大电路对称组成，输入电阻很高，能有效地放大有用信号，抑制干扰信号。

中间级一般由共射放大电路构成，以提供电压放大倍数，将电压放大到所需的值。

输出级一般由互补对称式功率放大器构成。互补对称式功率放大器是由射极输出器发展而来的，它的输出电阻低，能输出较大的功率推动负载。

偏置电路为各级放大电路设置稳定、合适的静态工作点和提供恒流源。

集成运放除了这四个主要组成外，通常根据实际需要还可以设置外接调零电路和 R_C 相位补偿环节。

集成运放是一类比较理想的电压放大器件，其放大倍数可达几万到几十万；输入电阻大，一般为几百千欧到几兆欧；输出电阻较低，在几百欧以下。因此，在实际应用中，常常可以把集成运放看作"理想放大器"。后面对运算放大器都视为理想运算放大器进行分析。

3. 集成运放图形符号及信号输入方式

集成运放产品型号较多，内部电路也较复杂，但基本结构类似。集成运放有两个输入端和一个输出端，其图形符号如图7-29所示。图中 u_- 端称为反相输入端，用"−"号表

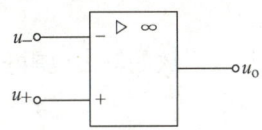

图7-29 集成运放图形符号

示，当输入信号从反相输入端输入时，输出信号与输入信号反相；u_+ 端称为同相输入端，用"+"号表示，当集成运放的输入信号从同相输入端输入时，输出信号与输入信号同相；u_o 为输出端。集成运放在使用时，通常需加正、负电源，图中正、负电源端未画出。

集成运放在实际使用时，其信号有三种基本输入方式：若同相输入端接地，信号从反相端与地之间输入，称为反相输入方式；若反相输入端接地，信号从同相端与地之间输入，称为同相输入方式；若信号从两输入端之间输入或两输入端都有信号输入，称为差分输入方式。

4. 集成运放主要参数

要正确地选用集成运放，必须了解其主要参数，介绍如下：

（1）输入失调电压 U_{IO} U_{IO} 是指为使输出电压为零需在输入端加的补偿电压。它的大小反映了输入级电路的对称程度和电位配合情况，一般为 mV（毫伏）数量级。

（2）输入失调电流 I_{IO} I_{IO} 是指集成运放两输入端的静态电流之差，即 $I_{IO} = I_{IB+} - I_{IB-}$。它主要由输入级差分对晶体管的特性不完全对称所致，一般为 nA（纳安）数量级。

（3）输入偏置电流 I_{IB} I_{IB} 是指集成运放两输入端静态电流的平均值，即 $I_{IO} = (I_{IB+} - I_{IB-})/2$。其值一般为 nA（纳安）或 μA（微安）数量级。

（4）开环差模电压放大倍数 A_o A_o 是指集成运放的输出端与输入端之间无外接回路（称开环）时的输出电压与两输入端之间的信号电压之比，也称开环电压增益，常用 dB

（分贝）表示，定义为

$$A_o = 20\lg\left(\frac{U_o}{U_i}\right)$$

常用集成运放的开环电压增益一般为 80~140dB。

(5) 最大差模输入电压 U_{idmax}　U_{idmax} 是指集成运放两输入端之间所能承受的最大电压值。超过此值，输入级差分对晶体管中某个晶体管的发射结将反向击穿，从而使集成运放性能变差，甚至损坏。

(6) 最大共模输入电压 U_{icmax}　U_{icmax} 是指集成运放所能承受的共模输入电压最大值。超过此值，将会使输入级工作不正常和共模抑制比下降，甚至损坏运放。

(7) 共模抑制比 K_{CMR}　集成运放的共模抑制比 K_{CMR} 一般为 70~130dB。

(8) 最大输出电压 U_{omax}　U_{omax} 是指集成运放在额定电源电压和额定负载下，不出现明显非线性失真的最大输出电压峰值。它与集成运放的电源电压值有关，如电源电压上下限为 ±15V 时，U_{omax} 上下限为 ±13V。

(9) 最大输出电流 I_{omax}　I_{omax} 是指集成运放在额定电源电压下，达到最大输出电压时所能输出的最大电流。通用型集成运放的 I_{omax} 一般为几至几十毫安。

(10) 输入电阻 r_i 和输出电阻 r_o　集成运放的输入电阻 r_i 是从集成运放的两个输入端看进去的等效电阻。输入电阻 r_i 一般为 10^5~$10^{11}\Omega$，当输入级采用场效应晶体管时，在 $10^{11}\Omega$ 以上。

集成运放的输出电阻 r_o 是从集成运放输出端看进去的等效电阻。输出电阻一般为几十至几百欧。

5. 集成运放的电压传输特性

集成运放的电压传输特性是指开环时输出电压与输入电压的关系曲线，即 $u_o = f(u_i)$。集成运放的电压传输特性如图 7-30 所示，它有一个线性区和两个饱和区。

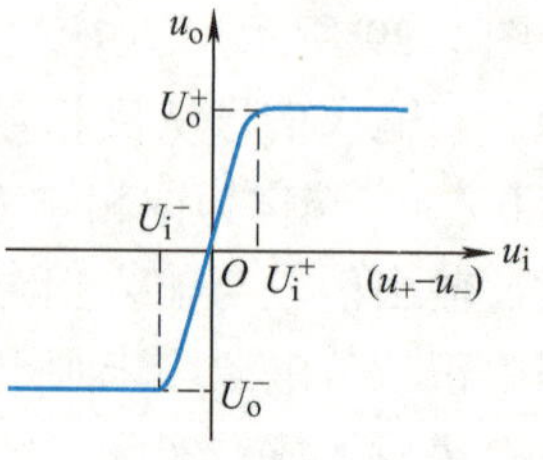

① 在线性区工作时（$U_i^- < u_i < U_i^+$），输出电压 u_o 与两输入端之间的电压 u_i 呈线性关系，即

$$u_o = A_o u_i = A_o(u_+ - u_-) \quad (7-30)$$

式中，u_+、u_- 分别是同相输入端和反相输入端对地电压。

图 7-30　集成运放的电压传输特性

② 在饱和工作区时（$u_o = U_o^+$ 或 $u_o = U_o^-$），这时 U_o^+ 和 U_o^- 分别为输出正饱和电压和负饱和电压，其绝对值分别略低于正、负电源电压。

6. 集成运放的理想特性

常用集成运放具有很高的开环（无反馈电路）电压增益和共模抑制比、很大的输入电阻、很小的输出电阻。因此，在实际应用中可将集成运放理想化，称其为"理想运放"，即近似认为

① 开环电压放大倍数 $A_o \to \infty$。

② 输入电阻 $r_i \to \infty$。

③ 输出电阻 $r_o \to \infty$。

④ 共模抑制比 $K_{CMR} \to \infty$。

其电压传输特性如图 7-31 所示。

集成运放线性工作区的特点：

① "虚短"：集成运放同相输入端和反相输入端的电位近似相等。此时电路开环电压放大倍数 A_o 很大，输出电压 u_o 为有限值，输入电压 $u_i = u_+ - u_- = \dfrac{u_o}{A_o} \approx 0$，两输入端近似短路，因此电路称为"虚短"。

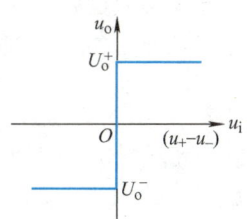

图 7-31　理想运放的电压传输特性

② "虚断"：集成运放同相输入端和反相输入端的电流趋于零，此时集成运放的输入电阻 r_i 很大，$i_- = i_+ \approx 0$，两输入端近似断路，因此电路称为"虚断"。

集成运放非线性工作区的特点：

当集成运放引入正反馈或处在开环状态时，只要在输入端输入很小的电压变化量，输出端输出的电压即为输出正饱和电压 U_o^+ 或输出负饱和电压 U_o^-。

1）当 $u_+ < u_-$ 时，$u_o = U_o^-$。

2）当 $u_+ > u_-$ 时，$u_o = U_o^+$。

"虚断"的条件原则上仍成立，$i_i \approx 0$；"虚短"的条件原则上不成立，$u_+ \neq u_-$。

 应用案例

应用案例 7-4　运算放大器 F007 的正、负电源电压分别为 ±15V，开环电压放大倍数 $A_o = 2 \times 10^5$，输出正饱和或负饱和电压（即 U_o^+ 或 U_o^-）为 13V 或 -13V。在图 7-29 中分别加下列输入电压，求输出电压及其极性：(1) $u_+ = 15\mu V$，$u_- = -10\mu V$；(2) $u_+ = -5\mu V$，$u_- = 10\mu V$；(3) $u_+ = 0V$，$u_- = 5mV$；(4) $u_+ = 5mV$，$u_- = 0V$。

解：由式(7-30) 可知

$$u_+ - u_- = \dfrac{u_o}{A_o} = \dfrac{\pm 13}{2 \times 10^5} V = \pm 65 \mu V$$

可见，只要两个输入端之间的电压绝对值超过 $65\mu V$，输出电压就达到正或负的饱和值。

(1) $u_o = 2 \times 10^5 \times (15 + 10) \times 10^{-6} V = 5V$

(2) $u_o = 2 \times 10^5 \times (-5 - 10) \times 10^{-6} V = -3V$

(3) $u_o = -13V$

(4) $u_o = 13V$

7.3.3　集成运算放大器在模拟信号运算方面的应用

1. 反相比例运算电路

所谓比例运算就是输出电压 u_o 与输入电压 u_i 之间具有线性比例关系，即 $u_o = Ku_i$。当比例系数 $K > 1$ 时，即为放大电路。

如果输入信号是从反相输入端引入，便是反相运算。图 7-32 是反相比例运算电路。输入信号 u_i 经输入端电阻 R_1 送到反相输入端，而同相输入端通过电阻 R_2 "接地"，反馈电阻 R_f 跨接在输出端和反相输入端之间。

根据集成运放线性工作区时可知：$i_i = i_f$，$u_- \approx u_+ = 0$，处于"虚地"状态，即

$$u_o = u_- - R_f i_f = -R_f i_f \qquad (7\text{-}31)$$

$$i_f = i_i - i_- = i_i = \frac{u_i - u_-}{R} = \frac{u_i}{R} \qquad (7\text{-}32)$$

$$u_o = -\frac{R_f}{R} u_i \qquad (7\text{-}33)$$

闭环电压放大倍数为

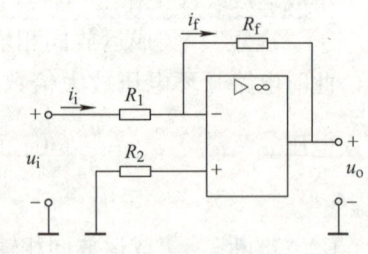

图 7-32 反相比例运算电路

$$A_{uf} = \frac{u_o}{u_i} = -\frac{R_f}{R} \qquad (7\text{-}34)$$

式(7-34)表明，输出电压 u_o 与输入电压 u_i 是比例运算关系。其比值由电阻 R_f 和 R 决定，而与集成运放本身参数无关，式(7-34)中的负号表示 u_o 和 u_i 反相，通常 R_f 和 R 取值范围为 $1k\Omega \sim 1M\Omega$。若式(7-34)中 $R_f = R$，则 $u_o = -u_i$ 或 $A_{uf} = -1$，表明输出电压 u_o 与输入电压 u_i 大小相等，相位相反，故此时电路称为<u>反相器</u>。

2. 同相比例运算电路

同相比例运算电路如图 7-33 所示，得出

$$u_- \approx u_+ = u_i - R_b i_i \approx u_i$$

$$u_o = u_- + R_f i_f = u_i + R_f i_f$$

$$i_f = i_R = \frac{u_-}{R} = \frac{u_i}{R}$$

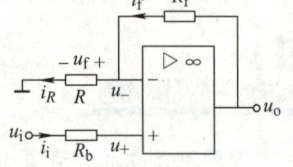

图 7-33 同相比例运算电路

$$u_o = u_i + \frac{R_f}{R} u_i = \left(1 + \frac{R_f}{R}\right) u_i \qquad (7\text{-}35)$$

可见比例系数

$$K = 1 + \frac{R_f}{R}$$

$$A_{uf} = \frac{u_o}{u_i} = 1 + \frac{R_f}{R}$$

若使电路的 $R_f = 0$ 或 $R = \infty$，则 $u_o = u_i A_{uf} = 1$，表明输出电压 u_o 与输入电压 u_i 大小相等、相位系数相同，则此时电路称为<u>电压跟随器</u>。

3. 加法运算电路

若在反相输入端增加若干输入电路，则构成反相加法运算电路。图 7-34 所示为具有两个输入信号的加法运算电路。图中平衡电阻 $R_b = R_1 // R_2 // R_f$。由于理想运放输入电流 $i_- \approx 0$，故：

$$i_1 + i_2 = i_f \qquad (7\text{-}36)$$

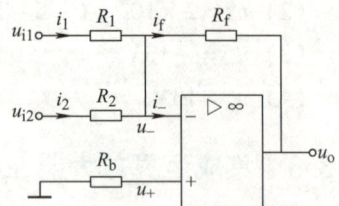

图 7-34 加法运算电路

$$\frac{u_{i1} - u_-}{R_1} + \frac{u_{i2} - u_-}{R_2} = \frac{u_- - u_o}{R_f} \qquad (7\text{-}37)$$

根据反相输入方式反相端"虚地"的概念（即 $u_- \approx 0$），有

$$\frac{u_{i1}}{R_1} + \frac{u_{i2}}{R_2} = -\frac{u_o}{R_f} \qquad (7\text{-}38)$$

$$u_o = -\left(\frac{R_f}{R_1}u_{i1} + \frac{R_f}{R_2}u_{i2}\right) \tag{7-39}$$

式(7-39)表示输出电压等于各输入电压按不同比例相加。

若 $R_1 = R_2 = R$，则

$$u_o = -\frac{R_f}{R}(u_{i1} + u_{i2}) \tag{7-40}$$

即表示输出电压与各输入电压之和成比例。

若 $R_f = R$，则

$$u_o = -(u_{i1} + u_{i2}) \tag{7-41}$$

即从而实现反相加法运算。

加法运算电路不限于两个输入信号，它可实现多个输入信号相加。加法电路的输入信号也可以从同相输入端输入，但由于运算关系和平衡电阻的选取比较复杂，并且同相输入时集成运放的两输入端承受共模电压，它不允许超过集成运放的最大共模输入电压，因此一般很少使用同相输入的加法电路。

4. 减法运算电路

图 7-35 所示电路有两个输入信号 u_{i1} 和 u_{i2}，其中 u_{i1} 经 R_1 加于反相输入端，其 u_{i2} 经 R_2、R_3 分压后加在同相输入端。输出电压 u_o 经 R_f 反馈至反相输入端，构成电压负反馈，使集成运放工作在线性区。因此输出电压 u_o 可由 u_{i1} 和 u_{i2} 分别作用产生的输出电压叠加而得。

当只有 u_{i1} 作用时（令 $u_{i2}=0$），即为反相比例运算电路，由式(7-33)得此时的输出电压为

$$u'_o = -\frac{R_f}{R_1}u_{i1} \tag{7-42}$$

当只有 u_{i2} 作用时（令 $u_{i1}=0$），类似同相输入比例运算电路，由式(7-35)得此时的输入电压为

$$u''_o = \frac{R_1+R_f}{R_1}u_+ = \frac{R_1+R_f}{R_1}\cdot\frac{R_3}{R_2+R_3}u_{i2} \tag{7-43}$$

因此当 u_{i1} 和 u_{i2} 共同作用时，输出电压为

$$u_o = u'_o + u''_o = -\frac{R_f}{R_1}u_{i1} + \frac{R_1+R_f}{R_1}\cdot\frac{R_3}{R_2+R_3}u_{i2} \tag{7-44}$$

为使集成运放两个输入端的外接电阻平衡，常取 $R_1=R_2$，$R_3=R_f$，则式(7-44)简化为

$$u_o = \frac{R_f}{R_1}(u_{i2}-u_{i1}) \tag{7-45}$$

可见，输出电压 u_o 与两输入电压之差成正比，这种输入方式便是差分输入方式，故此电路称为<u>差分输入运算电路</u>或差值放大电路。若使式(7-45)中的 $R_1=R_f$，则有

$$u_o = u_{i2} - u_{i1} \tag{7-46}$$

此时电路便成为减法运算电路。

图 7-35 所示电路中集成运放的两输入端也存在共模电压，

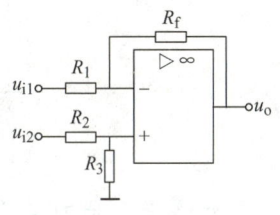

图 7-35 差分输入运算电路

其值 $u_c = u_+ = \dfrac{R_3}{R_2+R_3} u_{i2}$，此电压不能超过集成运放所能承受的最大共模输入电压 U_{icmax}。

7.3.4 集成运算放大器在汽车中的应用

1. 汽车制动灯故障监视器

汽车制动灯故障监视器是利用比较器设计的一种监视电路，如图 7-36 所示。图中 A_1、A_2 为运算放大器，实现比较器的功能；E 为汽车上的蓄电池；S 为制动开关；HL_1、HL_2 分别为左制动灯和右制动灯；VL_1 和 VL_2 是发光二极管，分别发出绿光和红光，VD_1 和 VD_2 是硅整流二极管；R_1、R_2 是大电阻（1MΩ 左右）。

平时，制动开关 S 处于断开状态，当制动灯 HL_1 和 HL_2 完好时，制动灯的阻值很小，而电阻 R_1 和 R_2 的阻值很大，所以 HL_1 和 HL_2 不亮，运放 A_1、A_2 的同相输入端电位低于其反相输入端电位，它们的输出端均输出负电压，两个发光二极管都不发光，表明制动灯正常。

若左制动灯 HL_1 损坏，则 HL_1 两端电阻值变大，使运放 A_2 的同相输入端电位高于其反相输入端电位，所以运放 A_2 的输出端输出正电压，使 VL_2 点亮，发出红色光，指示左制动灯 HL_1 已损坏。

若右制动灯 HL_2 损坏，则 HL_2 两端电阻值变大，使运放 A_1 的同相输入端电位高于其反相输入端电位，所以运放 A_1 的输出端输出正电压，使 VL_1 点亮，发出绿色光，指示右制动灯 HL_2 已损坏。

该电路还可以检测制动开关 S 工作是否正常。当踩下制动器时，制动开关 S 被接通，HL_1 和 HL_2 分别经过二极管 VD_1 和 VD_2 形成直流回路，使运放 A_1、A_2 的同相输入端电位高于其反相输入端电位，它们的输出端均输出正电压，两个发光二极管发光，表明制动开关 S 正常。若踩下制动器时发光二极管不发光，则说明制动开关 S 已损坏。

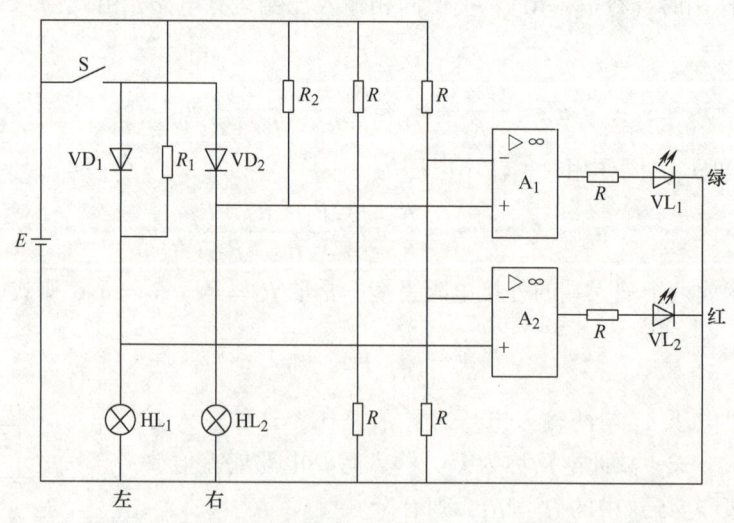

图 7-36 汽车制动灯故障监视器

2. 汽车进气压力测量电路

汽车电喷发动机中，用来测量进气量的进气压力测量电路由压阻式固态压力传感器和集成运放制成。这种测量电路被广泛采用。图 7-37 所示为压敏电阻式固态压力传感器的安装示意图和电路图。

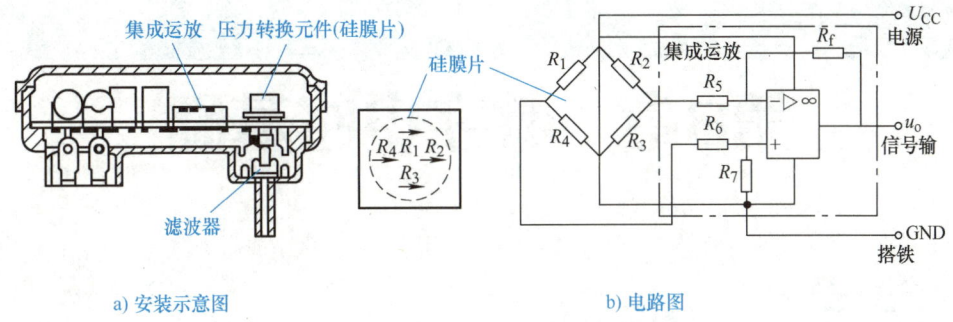

图 7-37 压敏电阻式固态压力传感器

压敏式固态压力传感器是在硅膜片上利用集成电路工艺制作了四个阻值相等的电阻，硅膜片底部被加工成中间薄周边厚的杯形，称为硅杯，如图 7-37a 所示。当硅杯两侧存在压力差时，硅膜片发生变形，四个应变电阻阻值发生变化，电桥失去平衡，输出与硅膜片两侧压差成正比的电压。由于电桥输出电压一般很小，因此需要经过集成运放进行放大，如图 7-37b 所示。

第8章 数字电路基础

学习目标

数字电路早期又称作开关电路,因为它主要由一系列开关元器件组成,具有相反的二状态特征,特别适合用于逻辑代数分析和研究,因此逻辑代数广泛应用于数字电路。

本章主要介绍数字电路的基本概念、基本逻辑门电路和复合逻辑门电路的逻辑关系、符号、真值表与表达式;集成D触发器和JK触发器的逻辑功能分析与应用;计数器的组成及N进制计数器的设计方法;寄存器的基本概念及数码寄存器、移位寄存器和译码器的相关知识。

学习完本章后,你将能够:
- 掌握基本逻辑门电路的逻辑功能、逻辑符号、真值表和逻辑表达式。
- 学会分析和设计简单的组合逻辑电路,通过逻辑电路解决实际问题。
- 掌握集成触发器的逻辑功能分析与应用。
- 掌握N进制计数器的基本原理与设计方法,理解同步计数和异步计数的概念。
- 能进行数字电路的组装、调试、分析及故障排除。

观察思考

用电子计数器记录客流量时,当有人通过时,给计数器一个信号,使之加1;平时没有人通过时,给计数器的信号是0。可见计数信号无论在时间上还是数值上都是不连续的,因此它是一个数字信号。你还能找出一些这样的例子吗?

8.1 数字电路的基本概念

数字电路的基本概念

视野拓展:计算机世界的0和1

8.1.1 模拟量与数字量

不同的物理量尽管性质各异,但就其变化规律而言,不外乎两类,一类为模拟量,另一类为数字量。

1. 模拟量

模拟量在时间上和幅值上则是连续变化的。把表示模拟量的信号叫作模拟信号,如图8-1a所示。用于传递、加工和处理模拟信号的电子电路,称作模拟电路。

例如，热电偶在工作时输出的电压信号就属于模拟信号，因为在任何情况下，被测温度都是连续变化的，所以测得的电压信号无论在时间上还是在数值上都是连续的。而且，电压信号在连续变化的过程中的任何一个取值都有具体的物理意义，即表示一个相应的温度。

2. 数字量

数字量的变化在时间上和数值上都是离散的。也就是说，它们的变化在时间上是不连续的。把表示数字量的信号叫作数字信号，如图 8-1b 所示。

例如，用电子电路记录从自动生产线上输出的零件数目时，每送出一个零件便给电子电路一个信号，使之加 1，而平时没有零件送出时给电子电路的信号是 0，所以不计数。可见，零件数目这个信号，无论在时间上还是数值上都是不连续的，因此它是一个数字信号。这类信号的特点是在时间上和幅值上都是断续变化的离散信号。

通用的数字信号是二值信号，用两个电平（高电平和低电平）分别来表示两个逻辑值，高电平为逻辑 1，低电平为逻辑 0。数字电路主要研究输出信号与输入信号之间的对应逻辑关系，其分析的主要工具是逻辑代数。因此，数字电路又称作逻辑电路。

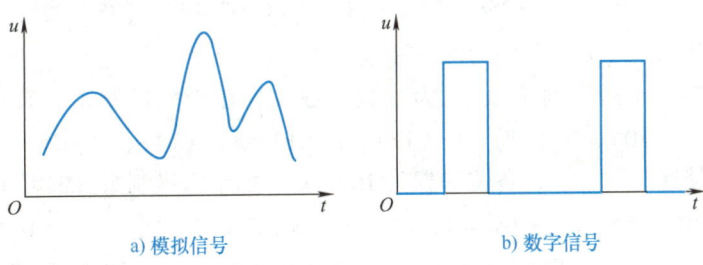

图 8-1　模拟信号和数字信号

8.1.2　数制与码制

1. 数制

数制是一种计数的方法，它是计数进位制的简称。用数字量表示物理量的大小时，仅用一位数码往往不够用，因此经常需要用进位计数的方法组成多位数码使用。把多位数码中每一位的构成方法以及从低位到高位的进位规则称为数制。

采用何种计数方法应根据实际需要而定。在日常生活中，人们习惯用十进制数，而在数字系统中多采用二进制、八进制、十六进制等。

(1) 十进制　十进制是以 10 为基数的数制。在十进制中，有 0、1、2、3、4、5、6、7、8、9 十个数码，其进位规律是逢十进一。在十进制数中，数码所处的位置不同，其所代表的数值是不同的，即"权重"不同，十进制数可表示为

$$(N)_{10} = a_n \times 10^n + a_{n-1} \times 10^{n-1} + a_{n-2} \times 10^{n-2} + \cdots + a_1 \times 10^1 + a_0 \times 10^0 +$$
$$a_{-1} \times 10^{-1} + a_{-2} \times 10^{-2} + \cdots + a_{-m} \times 10^{-m} = \sum_{i=n}^{-m} a_i \times 10^i$$

式中，a_i 为该位的系数（0~9）；10 为基数；10^i 为该位的权（10 的幂）；$a_i \times 10^i$ 为该位的加权系数。

因此，十进制数的数值为各位加权系数之和。例如：

$$(1982)_{10} = (1 \times 10^3 + 9 \times 10^2 + 8 \times 10^1 + 2 \times 10^0)_{10}$$

(2) 二进制 二进制是以 2 为基数的数制。在二进制中，只有 0 和 1 两个数码，其进位规律是<u>逢二进一</u>。各位的权都是 2 的幂，则二进制数可表示为

$$(N)_2 = b_n \times 2^n + \cdots + b_1 \times 2^1 + b_0 \times 2^0 + \cdots + b_{-m} \times 2^{-m} = \sum_{i=n}^{-m} b_i 2^i$$

式中，b_i 为该位的系数（0，1）；2 为基数；2^i 为该位的权；$b_i 2^i$ 为该位的加权系数。

因此，二进制数的各位加权系数的和就是其对应的十进制数。例如：

$$(10110110)_2 = (1 \times 2^7 + 0 \times 2^6 + 1 \times 2^5 + 1 \times 2^4 + 0 \times 2^3 + 1 \times 2^2 + 1 \times 2^1 + 0 \times 2^0)_{10}$$

$$(1011.11)_2 = 1 \times 2^3 + 0 \times 2^2 + 1 \times 2^1 + 1 \times 2^0 + 1 \times 2^{-1} + 1 \times 2^{-2}$$
$$= 8 + 0 + 2 + 1 + 0.5 + 0.25 = (11.75)_{10}$$

(3) 八进制 八进制是以 8 为基数的数制。在八进制中，有 0、1、2、3、4、5、6、7 八个不同的数码，其进位规律是<u>逢八进一</u>，各位的权为 8 的幂。如八进制数 $(437.25)_8$ 可表示为

$$(437.25)_8 = 4 \times 8^2 + 3 \times 8^1 + 7 \times 8^0 + 2 \times 8^{-1} + 5 \times 8^{-2}$$
$$= 256 + 24 + 7 + 0.25 + 0.078125 = (287.328125)_{10}$$

式中，8^2、8^1、8^0、8^{-1}、8^{-2} 分别为八进制数各位的权。

(4) 十六进制 十六进制是以 16 为基数的数制。在十六进制中，有 0、1、2、3、4、5、6、7、8、9、A（10）、B（11）、C（12）、D（13）、E（14）、F（15）十六个不同的数码，其进位规律是<u>逢十六进一</u>，各位的权为 16 的幂。如十六进制数 $(3BE.C4)_{16}$ 可表示为

$$(3BE.C4)_{16} = 3 \times 16^2 + 11 \times 16^1 + 14 \times 16^0 + 12 \times 16^{-1} + 4 \times 16^{-2}$$
$$= 768 + 176 + 14 + 0.75 + 0.015625 = (958.765625)_{10}$$

式中，16^2、16^1、16^0、16^{-1}、16^{-2} 分别为十六进制数各位的权。

表 8-1 中列出了十进制、二进制、八进制和十六进制不同数制的对照关系。

表 8-1 十进制、二进制、八进制、十六进制对照表

十进制	二进制	八进制	十六进制	十进制	二进制	八进制	十六进制
0	0000	0	0	8	1000	10	8
1	0001	1	1	9	1001	11	9
2	0010	2	2	10	1010	12	A
3	0011	3	3	11	1011	13	B
4	0100	4	4	12	1100	14	C
5	0101	5	5	13	1101	15	D
6	0110	6	6	14	1110	16	E
7	0111	7	7	15	1111	17	F

(5) 不同数制间的转换

1) 各种数制转换成十进制。二进制数、八进制数、十六进制数转换成十进制数时，只要将它们按权展开，求出各加权系数的和，便得到相应进制数对应的十进制数。

例如：

$$(11010.011)_2 = 1 \times 2^4 + 1 \times 2^3 + 1 \times 2^1 + 1 \times 2^{-2} + 1 \times 2^{-3} = 16 + 8 + 2 + 0.25 + 0.125 = (26.375)_{10}$$

$$(172.01)_8 = 1 \times 8^2 + 7 \times 8^1 + 2 \times 8^0 + 1 \times 8^{-2} = 64 + 56 + 2 + 0.015625 = (122.015625)_{10}$$

$$(4C2)_{16} = 4 \times 16^2 + 12 \times 16^1 + 2 \times 16^0 = (1218)_{10}$$

2）十进制数转换为二进制数。将十进制数的整数部分转换为二进制数采用"除2取余法"；将十进制小数部分转换为二进制数采用"乘2取整法"。具体操作方法见应用案例8-1。

应用案例

应用案例8-1　将十进制数 $(107)_{10}$ 转换成二进制数。

解：本例只涉及整数部分转换。将十进制数的整数部分转换为二进制数采用"除2取余法"：将整数部分逐次被2除，依次写下余数，直到商为0。第一个余数为二进制数的最低位，最后一个余数为最高位。

```
           余数
 2 ⌊ 107  ……  1  …… K₀  最低位
   2 ⌊ 53  ……  1  …… K₁  ↑
     2 ⌊ 26  ……  0  …… K₂  读
       2 ⌊ 13  ……  1  …… K₃  数
         2 ⌊ 6   ……  0  …… K₄  顺
           2 ⌊ 3  ……  1  …… K₅  序
             2 ⌊ 1  ……  1  …… K₆  最高位
                 0
```

所以：$(107)_{10} = (K_6 K_5 K_4 K_3 K_2 K_1 K_0)_2 = (1101011)_2$

十进制数转换为八进制数和十六进制数的方法和十进制数转换为二进制数的方法基本相同，这里不再赘述。

3）二进制数转换成八进制数。由于八进制数的基数 $8 = 2^3$，故每位八进制数由三位二进制数构成。因此，二进制数转换为八进制数的方法是：整数部分从低位开始，每三位二进制数为一组，最后一组不足三位的，则在高位加0补足三位；小数点后的二进制数则从高位开始，每三位二进制数为一组，最后一组不足三位的，则在低位加0补足三位，然后用对应的八进制数来代替，再按顺序排列写出对应的八进制数。

应用案例

应用案例8-2　将二进制数 $(11100101.11101011)_2$ 转换成八进制数。

解：$(11100101.11101011)_2 = (011\ 100\ 101.111\ 010\ 110)_2 = (345.726)_8$

4）八进制数转换成二进制数。将每位八进制数用三位二进制数来代替，再按原来的顺序排列起来，便得到了相应的二进制数。

应用案例

应用案例8-3　将八进制数 $(745.361)_8$ 转换成二进制数。

解：$(745.361)_8 = (111\ 100\ 101.011\ 110\ 001)_2$

5）二进制数转换成十六进制数。由于十六进制数的基数 $16 = 2^4$，故每位十六进制数由四位二进制数构成。因此，二进制数转换为十六进制数的方法是：整数部分从低位开始，每四位二进制数为一组，最后一组不足四位的，则在高位加 0 补足四位；小数部分从高位开始，每四位二进制数为一组，最后一组不足四位的，在低位加 0 补足四位，然后用对应的十六进制数来代替，再按顺序写出对应的十六进制数。

应用案例 8-4 将二进制数 $(10011111011.111011)_2$ 转换成十六进制数。

解：$(10011111011.111011)_2 = (0100\ 1111\ 1011.1110\ 1100)_2 = (4FB.EC)_{16}$

6）十六进制数转换成二进制数。将每位十六进制数用四位二进制数来代替，再按原来的顺序排列起来，便得到了相应的二进制数。

应用案例 8-5 将十六进制数 $(3BE5.97D)_{16}$ 转换成二进制数。

解：$(3BE5.97D)_{16} = (11\ 1011\ 1110\ 0101.1001\ 0111\ 1101)_2$

2. 码制

为便于记忆和处理，在编制代码时要遵循一定的规则，这些规则就叫作码制。

在数字系统中，二进制数码不仅可以表示数值的大小，还常用来表示特定的信息。这种由数码 0 和 1 按一定规则排列起来的数码组合又称为二进制代码，或称二进制码。比如运动员的号码，它只用来表示不同的运动员，并不表示数值的大小。

将十进制数的 0~9 十个数字用二进制数码组合表示的代码，称为二—十进制代码，又称 BCD 码。

由于十进制数有十个不同的数码，因此需要用四位二进制数码的组合代码来表示。而四位二进制代码有十六种不同的组合，从中取出十种组合来表示 0~9 十个数可有多种方案，所以二—十进制代码也有多种方案。表 8-2 示出了几种常用的二—十进制代码。其中 8421BCD 码是一种应用十分广泛的代码。这种代码每位的权值是固定不变的，为恒权码。它取四位二进制数的前十种组合表示分别对应表示十进制数码 0~9，即 0000（0）~1001（9），从高位到低位的权值分别为 8、4、2、1，故称为 8421BCD 码，去掉了四位二进制数的后六种组合 1010~1111。8421BCD 码每组二进制代码各位加权系数的和便为它所代表的十进制数。如 8421BCD 码 0101 按权展开式为 $0 \times 2^3 + 1 \times 2^2 + 0 \times 2^1 + 1 \times 2^0 = 5$。所以，8421BCD 码 0101 表示十进制数 5。

表 8-2 常用二—十进制代码表

十进制数	有权码				无权码
	8421 码	5421 码	2421（A）码	2421（B）码	余 3 码
0	0000	0000	0000	0000	0011
1	0001	0001	0001	0001	0100

(续)

十进制数	有权码				无权码
	8421 码	5421 码	2421（A）码	2421（B）码	余 3 码
2	0010	0010	0010	0010	0101
3	0011	0011	0011	0011	0110
4	0100	0100	0100	0100	0111
5	0101	0101	0101	0101	1000
6	0110	1001	0110	1100	1001
7	0111	1010	0111	1101	1010
8	1000	1011	1110	1110	1011
9	1001	1100	1111	1111	1100

8.2 组合逻辑电路的分析

组合逻辑电路的分析与设计

观察思考

如果数字量表示的是事件的逻辑状态，如图 8-2 所示，开关 S_1 和 S_2 的闭合与断开决定了灯 HL 的亮灭，而开关 S_1 和 S_2 的状态只有两种取值，要么取 1（开关闭合），要么取 0（开关断开）；灯的亮灭状态也只有两种取值，要么灯 HL 亮（1），要么灯 HL 灭（0）。显然它们都是数字量。数字量之间的因果关系有什么运算规律？

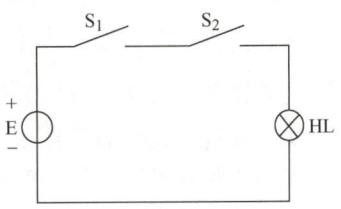

图 8-2 灯的控制电路

8.2.1 开关电路

1. 二极管开关电路

二极管具有单向导电性，利用这一特性可将二极管当作一个开关。图 8-3 所示实验电路能更清楚认识这个问题。

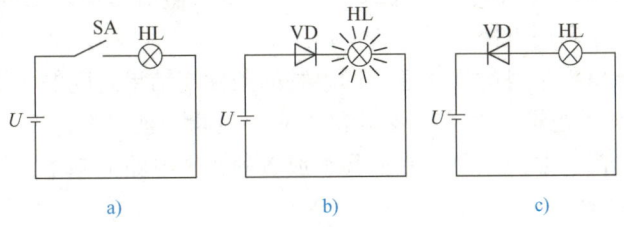

图 8-3 二极管开关特性实验电路

在图 8-3a 中，开关 SA，可控制灯亮或灭。而在图 8-3b 中，二极管处于正向偏置，灯亮；在图 8-3c 中，二极管处于反向偏置，此时灯灭。即二极管正向偏置时相当于图 8-3a 中开关 SA 闭合；二极管反向偏置时相当于开关断开。由此可见二极管具有开关特性。二极管开关只能近似于理想开关，具有动作时间短、使用频率高、无触点等优点。

2. 晶体管开关电路

（1）晶体管的开关特性　晶体管具有饱和、放大、截止三种工作状态。如果有目的地控制晶体管基极电压或电流，就可使晶体管交替工作于饱和或截止状态，相当于晶体管工作在开关的闭合或断开状态，可用图 8-4 的实验电路来加以验证。在图 8-4a 中，加在晶体管基极的电源电压为 3V，晶体管工作于饱和状态，即相当于开关闭合，此时灯亮；在图 8-4b 中，加在晶体管基极的电源电压为 0V，晶体管工作于截止状态，即相当于开关断开，此时灯灭。

（2）基本开关电路　反相器是最基本的开关电路，电路如图 8-5a 所示。

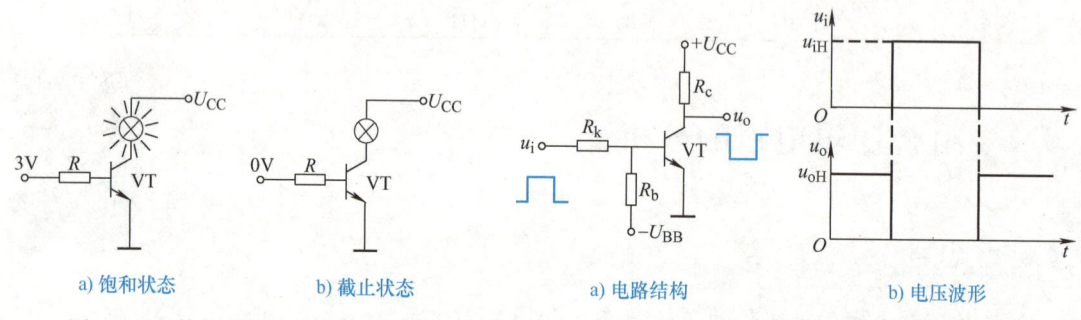

a) 饱和状态　　　b) 截止状态　　　　　　a) 电路结构　　　　　b) 电压波形

图 8-4　晶体管开关特性实验电路　　　图 8-5　反相器的电路结构及波形

当晶体管基极输入信号为低电平时，由于负电源 $-U_{BB}$ 的作用，使 $U_{BE}<0$，使晶体管发射结反向偏置，此时晶体管截止，$i_C=0$，$u_o=U_{CC}$，即输出高电平。

当晶体管基极输入信号突变为高电平时，就可使晶体管进入饱和状态。若忽略晶体管的饱和电压降，则有 $u_o\approx 0$，即输出低电平。输入电压与输出电压的波形如图 8-5b 所示，从图中看出输出电压与输入电压的波形相位相反，故称之为反相器。

8.2.2　门电路

开关电路有两个特点，其一，电路通断状态由输入信号决定。也就是说，只有满足一定条件时，开关才能接通。对信号而言，它像设在电路中的门，当满足一定条件时，门自动开启，使信号通过；当不满足条件时，门自动关闭，信号不能通过。所以这种开关电路称为门电路。其二，开关电路的输出与输入之间存在一定的逻辑关系，故门电路又称为逻辑门电路。

所谓逻辑，是指事物本身的规律性，即事物的条件与结果之间的因果关系。基本的逻辑关系有三种，即"与"逻辑、"或"逻辑和"非"逻辑。能够实现与、或、非逻辑关系的电路分别为与门、或门、非门电路。它们是组成各种逻辑电路的基本逻辑门电路。

1. 基本逻辑门电路

（1）与门　"与"逻辑可用图 8-6 所示的电路来说明。

在图 8-6a 中，只有开关 S_1 和 S_2 都闭合时，灯才会亮。开关与灯亮的关系就是"与"逻辑关系。可表述为当决定一个事件的所有条件都具备时，事件才能发生。与门逻辑符号如图 8-6b 所示。其中，A 表征开关 S_1 状态，B 表征开关 S_2 状态，Y 表征灯状态。

在数字电路中，常用数字"1"来表示高电平，用数字"0"表示低电平，称为正逻辑。

反之,称为负逻辑,本书中一律采用正逻辑。常用的表达逻辑关系的方法有真值表、逻辑表达式等。

表征输入与输出之间全部可能状态的表格,称为真值表。双输入与门真值表见表 8-3。

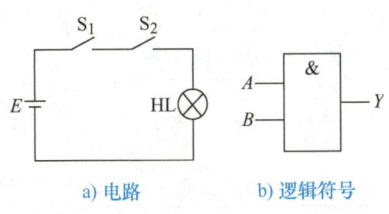

表 8-3 双输入与门真值表

A	B	Y
0	0	0
0	1	0
1	0	0
1	1	1

a) 电路　　b) 逻辑符号

图 8-6　与门实验电路与逻辑符号

从表中可得出"与"逻辑关系表达式为

$$Y = A \cdot B = AB \tag{8-1}$$

"与"逻辑的基本运算规则为

$$0 \cdot 0 = 0;\ 1 \cdot 0 = 0 \tag{8-2}$$

$$0 \cdot 1 = 0;\ 1 \cdot 1 = 1 \tag{8-3}$$

即"见 0 得 0,全 1 得 1"。

(2) 或门　"或"逻辑可用图 8-7 所示的电路来说明。

在图 8-7a 中,开关 S_1 和 S_2 只要有一个闭合时,灯就会亮。开关与灯亮的关系就是"或"逻辑关系。可表述为当决定一个事件的所有条件中,只要具备一个条件时,这个事件就会发生。或门逻辑的符号,如图 8-7b 所示。A、B、Y 表征的含义不变。

双输入或门真值表见表 8-4。

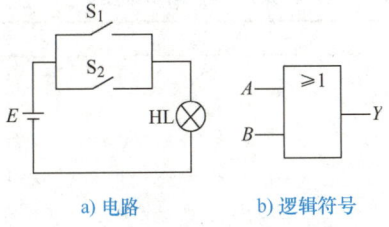

表 8-4 双输入或门真值表

A	B	Y
0	0	0
0	1	1
1	0	1
1	1	1

a) 电路　　b) 逻辑符号

图 8-7　或门实验电路与逻辑符号图

从表中可得出"或"逻辑关系表达式为

$$Y = A + B \tag{8-4}$$

"或"逻辑的基本运算规则为

$$0 + 0 = 0;\ 1 + 0 = 1$$

$$0 + 1 = 1;\ 1 + 1 = 1$$

即"见 1 得 1,全 0 得 0"。

(3) 非门　反相器就是非门电路。当某一条件具备时,事件不发生;而当条件不具备时,事件却发生,这种逻辑关系就称为"非"逻辑关系。"非"逻辑可用图 8-8 所示电路来说明。

从图 8-8a 可见,当开关 S 闭合时,灯不亮;而当开关 S 断开时,灯才会亮。图 8-5a 中的反相器正好满足这样的逻辑关系：输入高电平时，输出低电平；输入低电平时，输出高电平。输入信号与输出信号的相位是相反的。"非"逻辑表达式为

$$Y = \overline{A} \tag{8-5}$$

非门真值表见表 8-5。

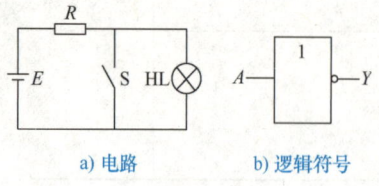

a) 电路　　　b) 逻辑符号

图 8-8　"非门"电路与逻辑符号

表 8-5　非门真值表

A	Y
0	1
1	0

2. 复合逻辑门电路

与门、或门、非门等基本逻辑门电路功能简单，实际应用中常将它们组合起来，构成各种复杂的门电路，称为复合逻辑门电路，以实现各种复杂的逻辑功能。常用的有与非门、异或门、同或门等。

（1）与非门　与非门逻辑符号如图 8-9 所示。

"与非"的逻辑功能为当输入端全为"1"时，输出为"0"；当输入端有一个或几个为"0"时，输出为"1"。简言之，即全"1"时出"0"，有"0"时出"1"。与非逻辑关系表达式为

$$Y = \overline{ABC} \tag{8-6}$$

与非门的逻辑状态用真值表表示，见表 8-6。

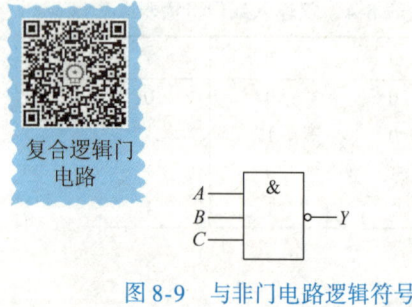

图 8-9　与非门电路逻辑符号

表 8-6　与非门真值表

A	B	C	Y
0	0	0	1
0	0	1	1
0	1	0	1
0	1	1	1
1	0	0	1
1	0	1	1
1	1	0	1
1	1	1	0

（2）异或门　双输入异或门的逻辑功能为输入端相异时，输出为"1"；输入端相同时，输出为"0"。异或门的逻辑符号如图 8-10 所示。

异或门的逻辑状态用真值表表示，见表 8-7。

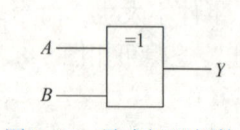

图 8-10　异或门逻辑符号

表 8-7　异或门真值表

A	B	Y
0	0	0
0	1	1
1	0	1
1	1	0

由状态表看出只有当 A、B 两个输入端相异时,输出端才是高电平 1;而当输入端相同时,输出端为低电平 0,这种逻辑关系称为异或逻辑,其逻辑表达式为

$$Y = A \oplus B = A\overline{B} + \overline{A}B \tag{8-7}$$

异或逻辑关系可以总结如下:"相异得 1,相同得 0"。

(3) 同或门　同或门的逻辑符号如图 8-11 所示。输入端 A、B 和输出端 Y 的逻辑状态用真值表表示,见表 8-8。

表 8-8　同或门真值表

A	B	Y
0	0	1
0	1	0
1	0	0
1	1	1

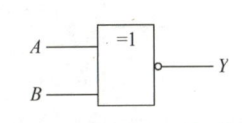

图 8-11　同或门逻辑符号

由真值表看出只有当 A、B 两个输入端相异时,输出端才为低电平"0",而当输入端相同时,输出端为高电平"1",这种逻辑关系称为同或逻辑,其逻辑表达式为

$$Y = \overline{A \oplus B} = AB + \overline{A}\,\overline{B} \tag{8-8}$$

同或逻辑关系可以总结如下:"相异得 0,相同得 1"。

3. 组合逻辑电路的分析与设计

所谓逻辑电路的分析,就是找出给定逻辑电路输出和输入之间的逻辑关系,并确定电路的逻辑功能。分析过程一般按以下步骤进行:①根据给定的逻辑电路,从输入端开始,逐级推导出输出端的逻辑函数表达式;②通过化简,将逻辑函数表达式变换成最简表达式;③根据表达式列出真值表;④用文字概括出电路的逻辑功能。

所谓组合逻辑电路的设计,就是根据实际逻辑问题,抽象为输入量与输出量,根据其状态组合列写真值表,从而求得其逻辑表达式,最后设计出实现这一逻辑功能的最佳逻辑电路。

工程上的最佳设计,通常需要用多个指标去衡量,主要考虑以下几个方面:①所用的逻辑元器件数目最少,器件的种类最少,且器件之间的连线最少,这样的电路称"最小化"电路;②满足速度要求,应使级数最少,以减少门电路的延迟;③功耗小,工作稳定可靠。

注意事项

在设计实际数字系统时,应注意以下几点:
1) 为了减少所用器件的数目,往往不限于使用单一逻辑功能的门电路。
2) 希望得到的最简逻辑式可能既不是单一的与或式,也不是单一的与非式,而是一种混合式。
3) 究竟将函数式化成什么形式最为有利,还要根据选用哪些种类的电子器件而定。

 **应用案例**

应用案例 8-6　设计一个三人表决电路,结果按"至少有两人通过"的原则决定。

解：（1）列真值表，见表 8-9。

（2）由真值表写出逻辑表达式为

$$Y = \overline{A}BC + A\overline{B}C + AB\overline{C} + ABC \tag{8-9}$$

（3）化简得最简与或表达式为

$$Y = AB + BC + AC \tag{8-10}$$

（4）画出逻辑图，如图 8-12 所示。

表 8-9 应用案例 8-6 真值表

A	B	C	Y
0	0	0	0
0	0	1	0
0	1	0	0
0	1	1	1
1	0	0	0
1	0	1	1
1	1	0	1
1	1	1	1

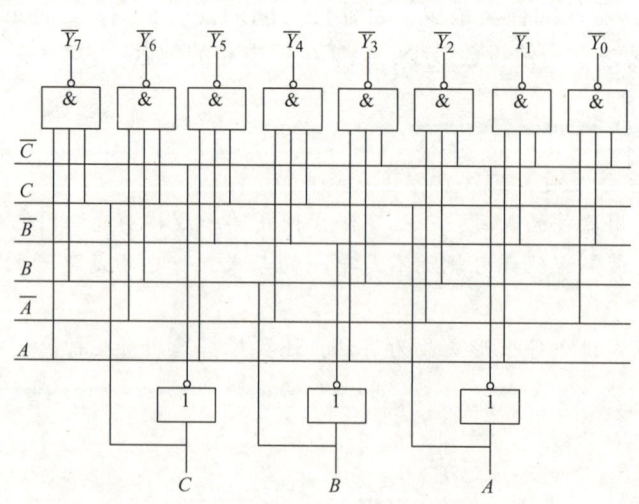

图 8-12 应用案例 8-6 逻辑图

8.2.3 译码器

译码器的功能是将二进制代码的含义进行"翻译"，并转换成相应的输出信号。实现译码功能的数字电路称为译码器。常见的译码器有二进制译码器、二—十进制译码器和显示译码器等。

1. 二进制译码器

二进制译码器是将代码按它的原意翻译为相应的输出信号的电路。图 8-13 是一种常用的由与非门组成的三位二进制译码器。其三个输入端共有 8 种组合，即对应有 8 个输出状态，故又称其为 3 线-8 线译码器。

图 8-13 3 线-8 线译码器

图 8-13 中，3 位输入是 A、B、C，8 线输出是 $\overline{Y}_0 \sim \overline{Y}_7$。输入与输出的逻辑关系见表 8-10。

表 8-10　3 线 –8 线译码器真值表

输入端			输出端							
C	B	A	$\overline{Y}_0$	$\overline{Y}_1$	$\overline{Y}_2$	$\overline{Y}_3$	$\overline{Y}_4$	$\overline{Y}_5$	$\overline{Y}_6$	$\overline{Y}_7$
0	0	0	0	1	1	1	1	1	1	1
0	0	1	1	0	1	1	1	1	1	1
0	1	0	1	1	0	1	1	1	1	1
0	1	1	1	1	1	0	1	1	1	1
1	0	0	1	1	1	1	0	1	1	1
1	0	1	1	1	1	1	1	0	1	1
1	1	0	1	1	1	1	1	1	0	1
1	1	1	1	1	1	1	1	1	1	0

实际应用中，常用 CT74LS138 集成 3 线 –8 线译码器，其引脚排列如图 8-14 所示。

图 8-14 中，A_0、A_1、A_2 为输入端，$\overline{Y}_0 \sim \overline{Y}_6$ 为输出端。STA、$\overline{STB}$、$\overline{STC}$ 为选通端。在使用时，只有当 $STA = 1$，$\overline{STB} = 0$，$\overline{STC} = 0$ 时，才能进行译码工作。

2. 二—十进制译码器

将二进制代码翻译成 0~9 的 10 个十进制数码的电路称为二—十进制译码器。一个二—十进制译码器有四位二进制代码，所以该译码器有 4 个输入端和 10 输出端，也称为 4 线 – 10 线译码器。常用的 4 线 – 10 线译码器 CT74LS42，其引脚排列如图 8-15 所示。

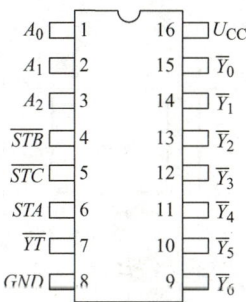

图 8-14　CT74LS138 引脚排列

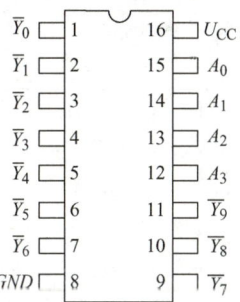

图 8-15　CT74LS42 引脚排列

其输入端为 $A_0 \sim A_3$，输出端为 $\overline{Y}_0 \sim \overline{Y}_9$，低电平有效。其真值表见表 8-11。

表 8-11　CT74LS42 真值表

十进制数	输入端				输出端									
	A_3	A_2	A_1	A_0	$\overline{Y}_0$	$\overline{Y}_1$	$\overline{Y}_2$	$\overline{Y}_3$	$\overline{Y}_4$	$\overline{Y}_5$	$\overline{Y}_6$	$\overline{Y}_7$	$\overline{Y}_8$	$\overline{Y}_9$
0	0	0	0	0	0	1	1	1	1	1	1	1	1	1
1	0	0	0	1	1	0	1	1	1	1	1	1	1	1
2	0	0	1	0	1	1	0	1	1	1	1	1	1	1
3	0	0	1	1	1	1	1	0	1	1	1	1	1	1

（续）

十进制数	输入端				输出端									
	A_3	A_2	A_1	A_0	$\overline{Y_0}$	$\overline{Y_1}$	$\overline{Y_2}$	$\overline{Y_3}$	$\overline{Y_4}$	$\overline{Y_5}$	$\overline{Y_6}$	$\overline{Y_7}$	$\overline{Y_8}$	$\overline{Y_9}$
4	0	1	0	0	1	1	1	1	0	1	1	1	1	1
5	0	1	0	1	1	1	1	1	1	0	1	1	1	1
6	0	1	1	0	1	1	1	1	1	1	0	1	1	1
7	0	1	1	1	1	1	1	1	1	1	1	0	1	1
8	1	0	0	0	1	1	1	1	1	1	1	1	0	1
9	1	0	0	1	1	1	1	1	1	1	1	1	1	0
无关项	1	0	1	0	1	1	1	1	1	1	1	1	1	1
	1	0	1	1	1	1	1	1	1	1	1	1	1	1
	1	1	0	0	1	1	1	1	1	1	1	1	1	1
	1	1	0	1	1	1	1	1	1	1	1	1	1	1
	1	1	1	0	1	1	1	1	1	1	1	1	1	1
	1	1	1	1	1	1	1	1	1	1	1	1	1	1

3. 显示译码器

显示译码器是将数字电路中的二进制数码，用直观的十进制数在显示元件上显示出来的电路。显示元件很多，使用最为广泛的是七段数码管，其结构如图 8-16 所示。七段数码管有七个能发光的"段"，发光段可由辉光数码管、荧光数码管、LED（发光二极管）数码管或 LCD（液晶显示器）数码管构成。以下介绍使用较广的几种数码管及其显示电路。

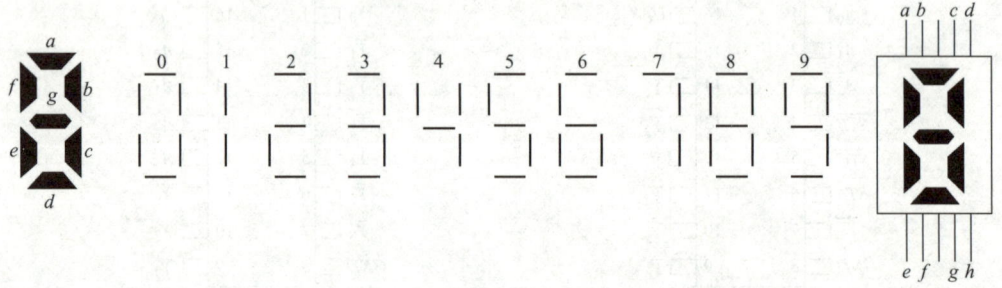

图 8-16　七段数码管结构及字形表

LED 数码管由七个发光二极管组成。常用的发光二极管的颜色有红色、黄色和绿色三种。

LED 数码管有共阴极接法和共阳极接法，其结构如图 8-17 所示。采用共阳极接法时，若想要 LED 数码管的某段发光，该段相应的二极管应经限流电阻 R 接低电平；采用共阴极接法时，若想要 LED 数码管的某段发光，该段相应的二极管应经限流电阻 R 接高电平。$a \sim g$ 各段和译码驱动器的相应输出端连接，选择不同的字段发光，就可以组成不同的字形。

LCD 数码管也称为液晶显示器，其优点是电压低、功耗小。液晶是一种有机化合物，它的颜色和透明度随电场而变化。可以用电压来控制显示部位发光或不发光来。液晶显示器问世较晚，但其发展很快，应用十分广泛。

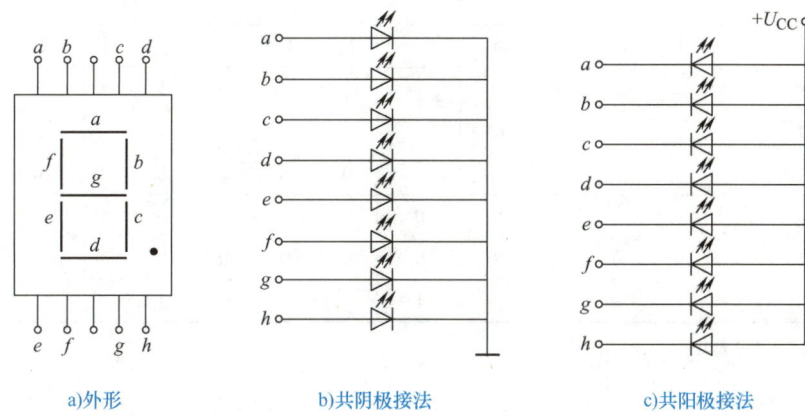

a)外形　　　　b)共阴极接法　　　　c)共阳极接法

图 8-17　LED 数码管结构原理

将七段数码管与译码器组合起来，由译码器的输出来控制七段数码管哪些段发光、哪些段不发光，就实现了显示译码功能。常用的译码与驱动集成电路有 CT74LS248 等，图 8-18 是 CT74LS248 的引脚排列，其中 $A_0 \sim A_3$ 为输入端，$Y_a \sim Y_g$ 为七段码输出端，高电平有效，可驱动共阴极 LED 数码管。$\overline{BI/RBO}$ 和 $\overline{RBI}$ 为消隐输入端，$\overline{LT}$ 为灯测试输入端。

其真值表见表 8-12。

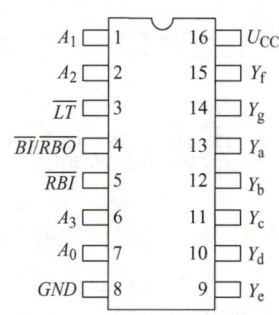

图 8-18　CT74LS248 引脚排列

表 8-12　CT74LS248 真值表

十进制数或功能	输入						输出							字形
	$\overline{LT}$	$\overline{RBI}$	A_3	A_2	A_1	A_0	$\overline{BI/RBO}$	Y_a	Y_b	Y_c	Y_d	Y_e	Y_f	Y_g	
0	1	1	0	0	0	0	1	1	1	1	1	1	1	0	0
1	1	×	0	0	0	1	1	0	1	1	0	0	0	0	1
2	1	×	0	0	1	0	1	1	1	0	1	1	0	1	2
3	1	×	0	0	1	1	1	1	1	1	1	0	0	1	3
4	1	×	0	1	0	0	1	0	1	1	0	0	1	1	4
5	1	×	0	1	0	1	1	1	0	1	1	0	1	1	5
6	1	×	0	1	1	0	1	1	0	1	1	1	1	1	6
7	1	×	0	1	1	1	1	1	1	1	0	0	0	0	7
8	1	×	1	0	0	0	1	1	1	1	1	1	1	1	8
9	1	×	1	0	0	1	1	1	1	1	0	0	1	1	9
10	1	×	1	0	1	0	1	0	0	0	1	1	0	1	c
11	1	×	1	0	1	1	1	0	0	1	1	0	0	1	Ↄ
12	1	×	1	1	0	0	1	0	1	0	0	0	1	1	U

（续）

十进制数或功能	输入						$\overline{BI/RBO}$	输出							字形
	$\overline{LT}$	$\overline{RBI}$	A_3	A_2	A_1	A_0		Y_a	Y_b	Y_c	Y_d	Y_e	Y_f	Y_g	
13	1	×	1	1	0	1	1	1	0	0	1	0	1	1	c
14	1	×	1	1	1	0	1	0	0	0	1	1	1	1	-
15	1	×	1	1	1	1	1	0	0	0	0	0	0	0	t
消隐	×	×	×	×	×	×	0	0	0	0	0	0	0	0	
脉冲消隐	1	0	0	0	0	0	0	0	0	0	0	0	0	0	
灯测试	0	×	×	×	×	×	1	1	1	1	1	1	1	1	8

注：1—高电平；0—低电平；×—任意。

显示结果：

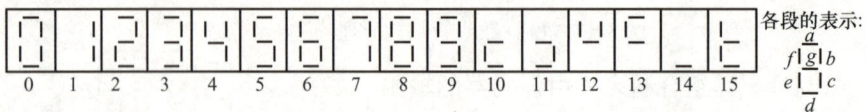

8.3 集成触发器

触发器是具有记忆功能的单元电路，触发器具有"0"和"1"两个稳定的输出状态。当输入某一规定的触发信号后，它的输出状态被置"0"或"1"。而当输入信号消失后，输出的状态能保持不变，即触发器具有记忆功能。触发器的分类很多，按照其逻辑功能可分为 RS 触发器、D 触发器、T 触发器和 JK 触发器四种类型。下面分别介绍 RS 触发器、JK 触发器和 D 触发器。

8.3.1 RS 触发器

1. 基本 RS 触发器

图 8-19 是由与非门 A、B 构成的"与非"型基本 RS 触发器。图 8-20 是它的逻辑符号，图中输入端用一个小圈来表示低电平触发。

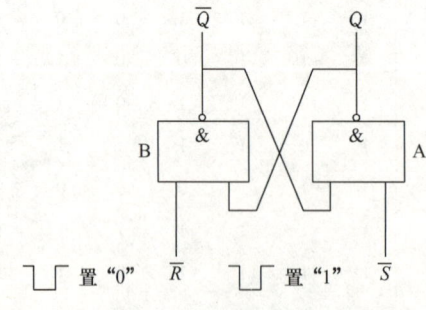

图 8-19 基本 RS 触发器

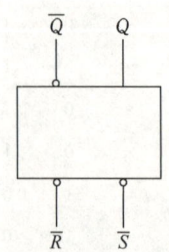

图 8-20 RS 触发器的逻辑符号

基本 RS 触发器由两个与非门交叉耦合构成。其中，$\overline{R}$、$\overline{S}$ 是两个输入端，由此输入触发信号；Q 和 $\overline{Q}$ 为一对互补的输出端，并规定 Q 端（0 或 1）来表示整个触发器的状态。电路的工作原理分析如下：

1) $\bar{R}=0$，$\bar{S}=0$。由与非门的特性可知，$Q=\bar{Q}=1$，而前面已规定 Q 和 $\bar{Q}$ 是互补的。显然，这时触发器功能被破坏了。此时，一旦输入信号拆除，输出端的状态将是不确定的，因此基本 RS 触发器不允许 $\bar{R}$ 和 $\bar{S}$ 同时为 0 的状态。

2) $\bar{R}=0$，$\bar{S}=1$。由于 $\bar{R}=0$，则 $\bar{Q}=1$，同时 $\bar{Q}$ 反馈到与非门 A 的输入端，使与非门 A 的两个输入端均为 1，则 $Q=0$。在这种情况下，无论触发器的原状态如何，当输入信号触发后，触发器必处于 0 状态。所以 $\bar{R}$ 端叫作置"0"端。

3) $\bar{R}=1$，$\bar{S}=0$。由于 $\bar{S}=0$，则 $Q=1$，同时 Q 反馈到与非门 B 的输入端，使与非门 B 的两个输入端均为 1，则 $\bar{Q}=0$。在这种情况下，无论触发器的原状态如何，当输入信号触发后，触发器必处于 1 状态。所以 $\bar{S}$ 端叫作置"1"端。

4) $\bar{R}=1$，$\bar{S}=1$。这时由与非门的工作特性可知，Q 和 $\bar{Q}$ 的状态决定于其原来状态。当原态 $Q=0$，$\bar{Q}=1$ 时，此时与非门 B 的输入为 $\bar{R}=1$，$Q=0$，则其输出必为 $\bar{Q}=1$。与非门 A 的输入为 $\bar{S}=1$，$\bar{Q}=1$，则其输出 Q 必为 0。

原态 $Q=1$，$\bar{Q}=0$ 时，此时与非门 A 的输入为 $\bar{S}=1$，$\bar{Q}=0$，则其输出必为 $Q=1$。与非门 B 的输入为 $\bar{R}=1$，$Q=1$，则其输出 $\bar{Q}$ 必为 0。

通过以上分析，$\bar{R}=1$，$\bar{S}=1$ 时，无论 Q 和 $\bar{Q}$ 的原态如何，都将保持不变。这就体现了触发器的保持功能，表明触发器具有记忆功能。

由上述分析的输入和输出的状态关系，可以得出基本 RS 触发器的逻辑状态表，见表 8-13。

表 8-13　基本 RS 触发器逻辑状态表

R	S	Q^{n+1}
0	0	不定
0	1	0
1	0	1
1	1	Q^n

2. 同步 RS 触发器

基本 RS 触发器的特点是输入信号可以直接控制触发器的输出状态，因此其抗干扰能力较差，实际应用中更多采用受时钟脉冲控制的同步 RS 触发器，如图 8-21 所示。图 8-22 为其逻辑符号。

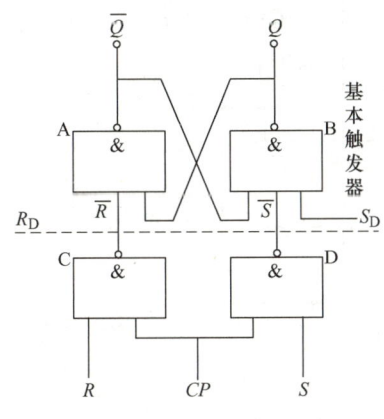

图 8-21　同步 RS 触发器

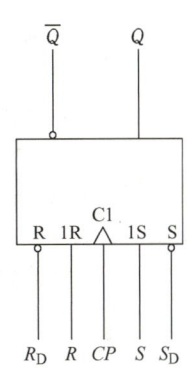

图 8-22　逻辑符号

同步 RS 触发器是在基本 RS 触发器的基础上增加两个控制门 C、D 和一个时钟控制信号 CP 组成的。$\bar{R}_D$ 和 $\bar{S}_D$ 为直接置 "0" 和置 "1" 端，R 和 S 为触发器的输入端，Q 和 $\bar{Q}$ 为输出端。

CP 为时钟脉冲控制端，它能决定触发器动作时刻，使触发器能在人为的控制下按一定的时间节拍工作。其工作原理是：

1) $CP=0$ 时，无论控制门 C 和 D 的输入端 R 和 S 为何状态，其输出均为 1，即控制门 C 和 D 被封锁，R 和 S 的输入信号不能通过。由与非门 A，B 构成的基本触发器的输入端 $\bar{R}$ 和 $\bar{S}$ 为 1，此时触发器保持原状态。

2) $CP=1$ 时，这时 R 和 S 的信号可以通过控制门 C 和控制门 D。根据前面对基本 RS 触发器的分析，不难得出以下结论：

$R=S=0$，即 $\bar{R}=\bar{S}=1$，则触发器保持原状态。

$R=0$，$S=1$，即 $\bar{R}=1$，$\bar{S}=0$，触发器被置 "1"，$Q=1$，$\bar{Q}=0$。

$R=1$，$S=0$ 即 $\bar{R}=0$，$\bar{S}=1$，触发器被置 "0"，$Q=0$，$\bar{Q}=1$。

$R=S=1$，$\bar{R}=\bar{S}=0$，触发器处于不定状态，此种情形应避免出现。

由上述的输入、输出的状态可列出同步 RS 触发器的逻辑状态表，见表 8-14。表中，Q^n 和 Q^{n+1} 分别表示时钟脉冲 CP 作用前后触发器的状态。Q^n 称为现态，Q^{n+1} 为次态。

表 8-14 同步 RS 触发器逻辑状态表

R	S	Q^{n+1}
0	0	Q^n
0	1	1
1	0	0
1	1	不定

应用案例

应用案例 8-7 设同步 RS 触发器的初始状态为 $Q^n=0$，输入信号 R、S 及时钟脉冲 CP 的波形如图 8-23a 所示。试画出 Q 与 $\bar{Q}$ 的波形。

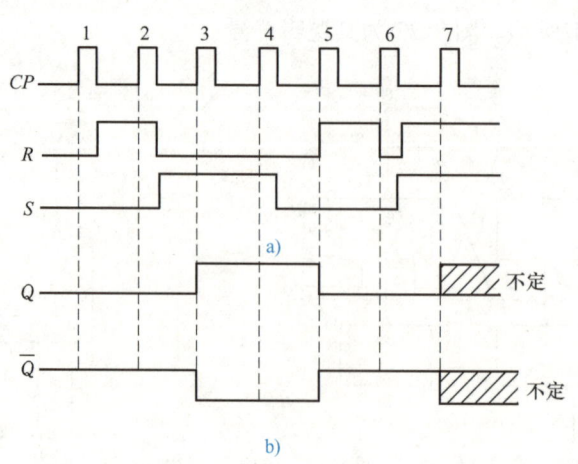

图 8-23 应用案例 8-7 波形

解：根据表8-14可知：当第一个时钟脉冲CP到来时，$R=S=0$，则$Q=0$；当第二个时钟脉冲CP到来时，$R=1$，$S=0$，则$Q=0$；当第三个时钟脉冲到来时，$R=0$，$S=1$，则$Q=1$；依此可推出输出端Q的波形。再由Q与$\overline{Q}$的互补关系，可得到$\overline{Q}$的波形。所得结果如图8-23b所示。

8.3.2 主从JK触发器

同步RS触发器在使用中有两个缺点：一是具有一种不定状态；二是在$CP=1$期间，若输入信号变化，会引起输出状态也发生变化，即出现空翻现象。为了克服这些缺点，可采用主从JK触发器。

1. 主从JK触发器的逻辑结构及逻辑符号

图8-24所示为主从JK触发器的逻辑结构，其逻辑符号如图8-25所示。

主从JK触发器实际上是由两个同步RS触发器构成的，将后级的输出反馈至前级，即将Q与R_1相连，$\overline{Q}$与S_1相连，采用反馈后，由于Q和$\overline{Q}$的互补作用，即使主触发器的J、K端同时为高电平1，与非门7、8也不会同时输出低电平0，从而避免了RS触发器的不定状态。同时主从JK触发器在时钟脉冲$CP=1$期间，主触发器根据输入信号变化而被设置状态，由于与非门3、4的输入端的时钟脉冲$CP=0$，故从触发器的输出端Q和$\overline{Q}$状态不变。只有当时钟脉冲CP由1下跳为0时，主触发器的输入端的时钟脉冲$CP=0$，无论J、K的状态如何变化，主触发器的状态再也不能翻转了，此时从触发器将主触发器的状态置出。因此主从JK触发器状态翻转分为两步：一是在时钟脉冲$CP=1$时，主触发器根据输入端J、K的信号被置为相应的状态；二是在时钟脉冲CP的下降沿到来时，从触发器的输出端将主触发器的状态置出。图8-25的CP端有一个小圈，表示时钟脉冲CP下降沿有效。

2. JK触发器的特性方程

$$Q^{n+1} = J\overline{Q}^n + \overline{K}Q^n \quad (CP下降沿有效)$$

3. JK触发器的逻辑状态

表8-15是主从JK触发器的逻辑状态表。

表8-15 主从JK触发器逻辑状态表

J	K	Q^{n+1}
0	0	Q^n
0	1	0
1	0	1
1	1	$\overline{Q}^n$

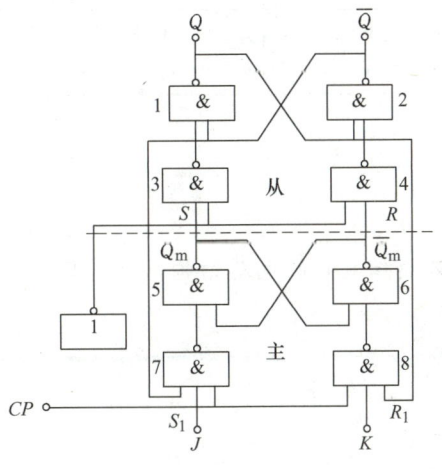

图8-24 主从JK触发器

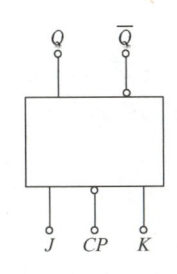

图8-25 逻辑符号

应用案例

应用案例 8-8 已知主从 JK 触发器输入端（CP、J 和 K）的状态如图 8-26a 所示，设 Q 的初始状态为 1，画出输出端 Q 的状态波形图。

解：根据 JK 触发器的逻辑状态表，由 J 和 K 的状态，在脉冲 CP 下降沿到来后，输出端 Q 的波形如图 8-26b 所示。

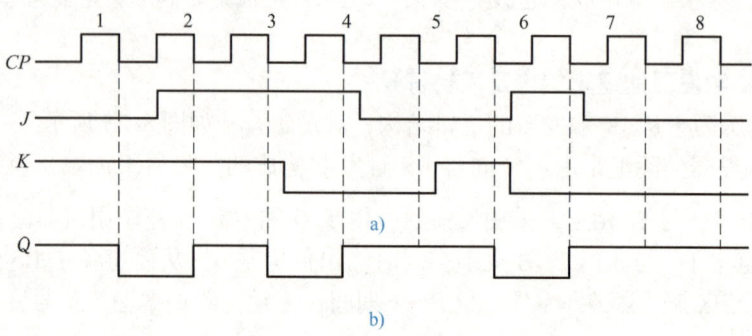

图 8-26 应用案例 8-8 电路波形

8.3.3 D 触发器

D 触发器的逻辑符号如图 8-27 所示，它只有一个输入端 D，逻辑功能为

$D = 0$ 时，时钟脉冲 CP 到来时，$Q^{n+1} = 0$。

$D = 1$ 时，时钟脉冲 CP 到来时，$Q^{n+1} = 1$。

表 8-16 是 D 触发器的逻辑状态表。由于 D 触发器的输出状态总是与时钟脉冲 CP 到来之前输入端的状态相同，因此，D 触发器也叫作延迟触发器。

表 8-16 D 触发器的逻辑状态表

D	Q^{n+1}
0	0
1	1

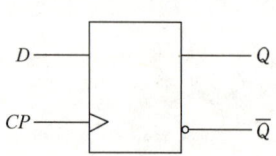

图 8-27 D 触发器的逻辑符号

注意事项

选择触发器电路时，不仅要知道它逻辑功能，还必须知道它的电路结构类型。只有这样，才能把握住它的动作特点，做出正确的设计。

8.3.4 555 定时器

555 定时器是一种模拟电路和数字电路相结合的器件，其内部电路结构如图 8-28 所示。

555 定时器电路由三部分组成。

1) 电阻分压器和电压比较器：由三个等值的电阻 R 和两个集成运放 C_1、C_2 构成。电源电压 U_{CC} 经分压取得 U_{+2}、U_{-1} 作为比较器的输入参考电压，在无外加电压 U_m 时，$U_{+2} = U_{CC}/3$，$U_{-1} = 2U_{CC}/3$；外加电压 U_m 可改变参考电压值。

2) 基本 RS 触发器：由集成运放输出电位 U_{C1}、U_{C2} 控制其状态。$\overline{R_D}$ 为复位端，当 $\overline{R_D}=0$ 时，触发器反相输出 $\overline{Q}=1$，使 555 定时器输出 $U_o=0$，同时使 VT 导通。

3) 输出缓冲器和开关：由反相器和集电极开路的晶体管 VT 构成。反相器用以提高带负载能力，并起到隔离作用。

555 定时器的逻辑功能主要取决于集成运放 C_1、C_2 的工作状态。

在无外加控制电压 U_m 的情况下，当 $U_{i1} > U_{-1}$，$U_{i2} > U_{+2}$ 时，集成运放输出 $U_{C1}=1$，$U_{C2}=0$，触发器置"0"，$\overline{Q}=1$，使 555 定时器输出 $U_o=0$，同时使 VT 导通，U'_o 对地导通，此时定义为 555 定时器的"0"状态。

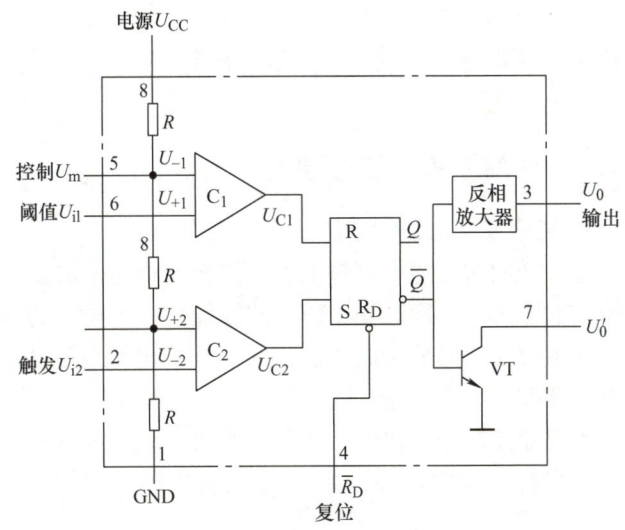

图 8-28　555 定时器电路结构

当 $U_{i1} < U_{-1}$，$U_{i2} < U_{+2}$ 时，集成运放输出 $U_{C1}=0$，$U_{C2}=1$，触发器置"1"，$\overline{Q}=0$，使 555 定时器输出 $U_o=1$，同时使 VT 截止，U'_o 对地断开，此时定义为 555 定时器的"1"状态。

当 $U_{i1} < U_{-1}$，$U_{i2} > U_{+2}$ 时，集成运放输出 $U_{C1}=0$，$U_{C2}=0$，触发器维持原状态。

555 定时器的应用十分广泛，用 555 定时器构成的多谐振荡器如图 8-29a 所示。多谐振荡器是一种能自动产生脉冲波的振荡器，所以也称矩形波发生器。

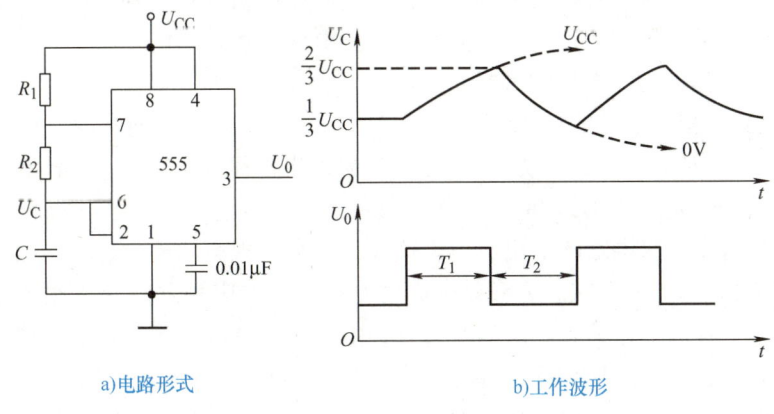

a) 电路形式　　　　　　　　b) 工作波形

图 8-29　555 定时器构成的多谐振荡器

图中电容 C、电阻 R_1 和 R_2 作为振荡器的定时元件，决定着输出脉冲的宽度。工作波形如图 8-29b 所示。

由自励多谐振荡器和触点开关构成的电子闪光器的原理如图 8-30 所示。

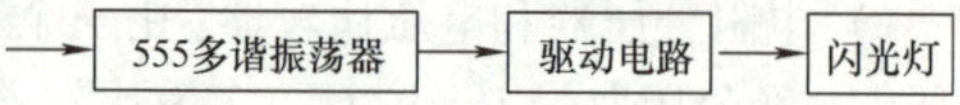

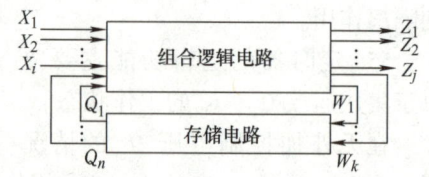

图 8-30　有触点电子闪光器的原理

8.4　时序逻辑电路的分析

8.4.1　时序逻辑电路概述

1. 时序逻辑电路特点及分类

前面介绍过了组合逻辑电路，组合逻辑电路的输出只与当时的输入信号有关，而与电路的以前状态无关；而时序逻辑电路在任何一个时刻的输出状态不仅取决于当时的输入信号，而且还取决于电路原来的状态。时序逻辑电路主要由存储电路和组合逻辑电路两部分组成，如图 8-31 所示。触发器是时序逻辑电路的存储单元，是必不可少的，而组合逻辑电路在有些时序逻辑电路中则可以没有。

按电路中触发器状态变化是否同步可分为同步时序逻辑电路和异步时序逻辑电路。

图 8-31　时序逻辑电路的结构框图

同步时序逻辑电路是指电路状态改变时，电路中更新状态的触发器是同步翻转的，各个触发器受同一个时钟脉冲的控制。

异步时序逻辑电路是指电路状态改变时，电路中要更新状态的触发器，有的先翻转，有的后翻转，是异步进行的，各个触发器无统一的时钟脉冲。有的触发器，其 CP 信号就是输入时钟脉冲 CP，有的触发器则不是，而是其他触发器的输出信号。

常用的时序逻辑电路有寄存器、移位寄存器、计数器等。

2. 时序逻辑电路的分析方法

时序逻辑电路的分析是根据给定的电路，写出它的方程、列出状态转换真值表、画出状态转换图和时序图，而后分析其实现的功能。由于时序逻辑电路的种类很多，它们的逻辑功能各异，只要掌握了分析方法，就能很方便地得到电路的逻辑功能。

时序逻辑电路分析的基本步骤概括如下：

1）写方程式。根据已知的逻辑电路图，写出每个触发器的时钟脉冲方程（同步时序逻辑电路可不写）、驱动方程和输出方程（无输出端时此方程可不写）。所谓驱动方程，即每个触发器输入信号的表达式，如 JK 触发器 J 和 K 的逻辑表达式、D 触发器 D 的逻辑表达式等。输出方程是时序逻辑电路的输出逻辑表达式，通常为现态的函数。

2）求电路的状态方程。状态方程是将驱动方程代入相应触发器的特性方程中而得到的该触发器的次态方程。时序逻辑电路的状态方程由各触发器次态的逻辑表达式组成。

3）列出状态转换真值表。将电路现态的各种取值代入状态方程和输出方程中进行计算，求出相应的次态和输出的值，从而列出状态转换真值表。如现态的起始值已给定，则从给定值开始计算。如没有给定，则可设定一个现态起始值依次进行计算。

第8章 数字电路基础

4）画出状态转换图和时序图。状态转换图是指电路由现态转换到次态的示意图。电路的时序图是在时钟脉冲 CP 作用下，各触发器状态变化的波形图。

5）确定时序电路的逻辑功能，进行必要说明。

下面通过应用案例8-9进行说明。

应用案例8-9 试分析图8-32所示同步时序逻辑电路的功能。FF_0、FF_1、FF_2 为下降沿触发的JK触发器，输入端悬空时相当于逻辑1状态。

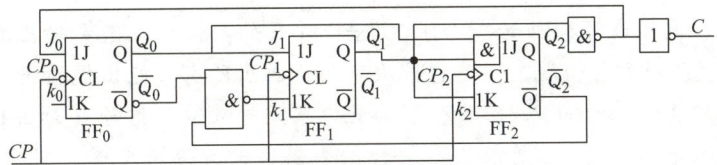

图8-32　应用案例8-9同步时序逻辑电路图

解：1. 写方程式

（1）时钟脉冲方程为

$$CP_2 = CP_1 = CP_0 = CP \tag{8-11}$$

（2）驱动方程为

$$\begin{cases} J_0 = \overline{Q_1^n Q_2^n} & K_0 = 1 \\ J_1 = Q_0^n & K_1 = \overline{\overline{Q_0^n} \cdot \overline{Q_2^n}} \\ J_2 = Q_0^n Q_1^n & K_2 = Q_1^n \end{cases} \tag{8-12}$$

（3）输出方程为

$$C = Q_1^n Q_2^n \tag{8-13}$$

2. 求状态方程

将驱动方程式(8-12)代入JK触发器的特性方程 $Q^{n+1} = J\overline{Q^n} + \overline{K}Q^n$，得到电路的状态方程为

$$\begin{cases} Q_0^{n+1} = \overline{Q_1^n Q_2^n} \cdot \overline{Q_0^n} \\ Q_1^{n+1} = Q_0^n \overline{Q_1^n} + \overline{Q_0^n} \cdot \overline{Q_2^n} \cdot Q_1^n \\ Q_2^{n+1} = Q_0^n Q_1^n \overline{Q_2^n} + \overline{Q_1^n} \cdot Q_2^n \end{cases} \tag{8-14}$$

3. 列状态转换真值表

设电路的初始状态 $Q_2^n Q_1^n Q_0^n = 000$，代入式(8-14)中进行计算，得表8-17。

表8-17　应用案例8-9电路的状态转换表

计数脉冲 CP	现态			次态			输出
	Q_2^n	Q_1^n	Q_0^n	Q_2^{n+1}	Q_1^{n+1}	Q_0^{n+1}	C
1	0	0	0	0	0	1	0
2	0	0	1	0	1	0	0
3	0	1	0	0	1	1	0

(续)

计数脉冲 CP	现态			次态			输出
	Q_2^n	Q_1^n	Q_0^n	Q_2^{n+1}	Q_1^{n+1}	Q_0^{n+1}	C
4	0	1	1	1	0	0	0
5	1	0	0	1	0	1	0
6	1	0	1	1	1	0	0
7	1	1	0	0	0	0	1
无效状态	1	1	1	0	0	0	1

4. 画出状态转换图和时序图

根据状态转换真值表可从初始态 $Q_2^n Q_1^n Q_0^n = 000$ 开始，找出次态和输出状态，而这个次态又作为下一个 CP 到来前的现态，这样依次下去，画出所有可能出现的状态，如图 8-33 所示。状态转换图中 X/Y 表示输入/输出，因为此电路无外来输入信号（时钟信号只是触发控制信号，不是输入逻辑变量），所以状态转换图中斜线前方没有变量，斜线后方变量 $Y = C$（进位输出）。

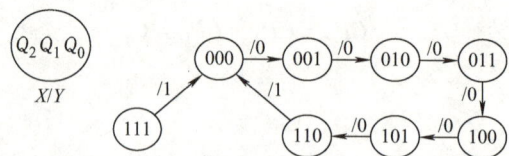

图 8-33 应用案例 8-9 电路的状态转换图

该电路中利用的有效状态有七个，其中 111 状态没有利用，称为无效状态。无效状态在 CP 作用下总能进入有效状态的循环中来，称之为能自启动，否则就是不能自启动。不能自启动的电路是没有实际意义的。应用案例 8-9 电路的时序图如图 8-34 所示。

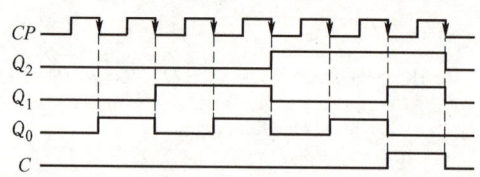

图 8-34 应用案例 8-9 电路的时序图

5. 电路的逻辑功能描述

该电路是一个能自启动的同步七进制加法计数器。

拓展提高 8-1 试分析图 8-35 所示异步时序逻辑电路的功能。FF_0、FF_1、FF_2 为下降沿触发的 JK 触发器，每个 JK 触发器 J 和 K 输入端连接在一起并接高电平（悬空时也相当于逻辑 1 状态）。

解：1. 写方程式

时钟方程为

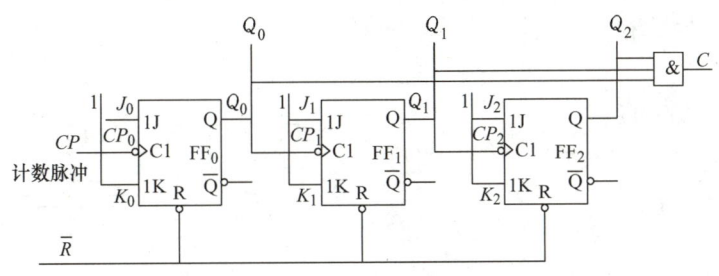

图 8-35 拓展提高 8-1 逻辑电路图

$$CP_0 = CP \downarrow$$
$$CP_1 = Q_0^n \downarrow \tag{8-15}$$
$$CP_2 = Q_1^n \downarrow$$

驱动方程为

$$J_0 = K_0 = 1$$
$$J_1 = K_1 = 1 \tag{8-16}$$
$$J_2 = K_2 = 1$$

输出方程为

$$C = Q_2^n Q_1^n Q_0^n \tag{8-17}$$

2. 求状态方程

将驱动方程式(8-16)代入 JK 触发器的特性方程 $Q^{n+1} = J\overline{Q^n} + \overline{K}Q^n$，得到电路的状态方程为

$$Q_0^{n+1} = \overline{Q_0^n}(CP \downarrow)$$
$$Q_1^{n+1} = \overline{Q_1^n}(Q_0^n \downarrow) \tag{8-18}$$
$$Q_2^{n+1} = \overline{Q_2^n}(Q_1^n \downarrow)$$

3. 列状态转换真值表

由状态方程求出状态转换真值表，见表 8-18。

表 8-18 拓展提高 8-1 电路的状态转换真值表

计数脉冲	现态			次态			输出
CP	Q_2^n	Q_1^n	Q_0^n	Q_2^{n+1}	Q_1^{n+1}	Q_0^{n+1}	C
1	0	0	0	0	0	1	0
2	0	0	1	0	1	0	0
3	0	1	0	0	1	1	0
4	0	1	1	1	0	0	0
5	1	0	0	1	0	1	0
6	1	0	1	1	1	0	0
7	1	1	0	1	1	1	0
8	1	1	1	0	0	0	1

4. 画出状态转换图和时序图（见图 8-36）

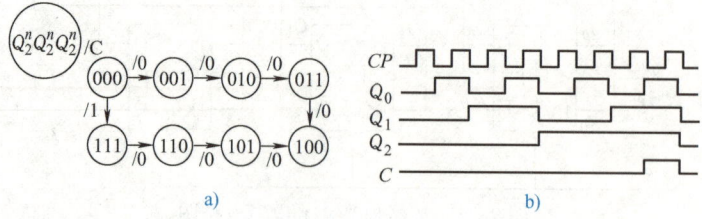

图 8-36　拓展提高 8-1 电路状态转换图

5. 电路的逻辑功能表述

该电路是一个异步八进制加法计数器。

8.4.2　计数器

计数器是用来累计时钟脉冲（CP）个数的时序逻辑部件。它是数字系统中用途最广泛的基本部件之一，在各种数字系统中几乎都有计数器。计数器不仅可以计数，还可以对时钟脉冲分频，构成时间分配器或时序发生器，对数字系统进行定时、程序控制操作，此外，还能执行数字运算。

1. 计数器的分类

（1）按计数器中触发器翻转是否同步分类

1）同步计数器：计数脉冲引到所有触发器的时钟脉冲输入端，所有应翻转的触发器在时钟脉冲作用下同时翻转。

2）异步计数器：计数脉冲只加到部分触发器的时钟脉冲输入端，而其他触发器的触发信号则由电路内部提供，应翻转的触发器状态的更新有先有后。

（2）按计数增减分类

1）加法计数器：计数器在时钟脉冲作用下进行累加计数（每来一个时钟脉冲，计数器加 1）。

2）减法计数器：计数器在时钟脉冲作用下进行累减计数（每来一个时钟脉冲，计数器减 1）。

3）可逆计数器：计数器可按加法计数规律计数，也可按减法计数规律计数，由控制端决定。

（3）按计数进制分类　二进制计数器按二进制规律计数，最常用的有四位二进制计数器，计数范围从 0000～1111。

十进制计数器是按十进制数运算规律进行计数的电路。BCD 码十进制计数器是按二进制规律计数，但计数范围为 0000～1001。

1）二进制计数器。二进制计数器可由触发器构成，它利用触发器的状态来表示二进制数码。触发器输出端 Q 有 0 和 1 两个状态，可用来表示二进制数码 0 和 1。如果要表示 n 位二进制数，就得用 n 个触发器。根据上述，可以列出四位二进制加法计数器的逻辑状态表，见表 8-19，表中还列出对应的十进制数。

表 8-19　四位二进制加法计数器的逻辑状态表

计数脉冲	二进制数				十进制数
	Q_3	Q_2	Q_1	Q_0	
0	0	0	0	0	0
1	0	0	0	1	1
2	0	0	1	0	2
3	0	0	1	1	3
4	0	1	0	0	4
5	0	1	0	1	5
6	0	1	1	0	6
7	0	1	1	1	7
8	1	0	0	0	8
9	1	0	0	1	9
10	1	0	1	0	10
11	1	0	1	1	11
12	1	1	0	0	12
13	1	1	0	1	13
14	1	1	1	0	14
15	1	1	1	1	15
16	0	0	0	0	0

要实现表 8-19 所列的四位二进制加法计数，须用四个双稳态触发器。由表 8-19 可见，每来一个计数脉冲，最低位触发器翻转一次；而高位触发器是在相邻的低位触发器由"1"变"0"进位时翻转。因此可用四个 JK 触发器来组成四位异步二进制加法计数器，如图 8-37 所示。每个触发器的 J、K 端悬空，相当于"1"，故具有计数功能。触发器的进位脉冲从 Q 端输出送到相邻高位触发器的 C 端，这符合主从触发器在输入正脉冲的下降沿触发的特点。其工作波形如图 8-38 所示。

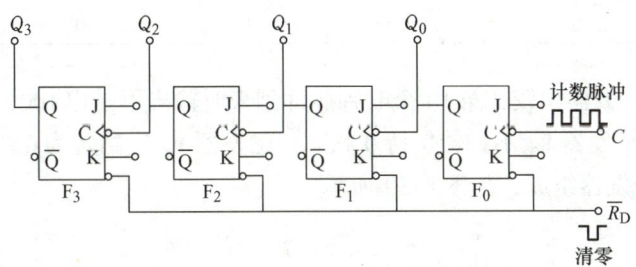

图 8-37　由主从 JK 触发器组成的四位异步二进制加法计数器

所以此计数器称为"异步"加法计数器，这是由于时钟脉冲不是同时加到各位触发器的 C 端，而是只加到最低位触发器的时钟输入端，其他各位触发器则由相邻低位触发器输出的进位脉冲来触发，因此它们状态的变化有先有后，是异步的。

2）十进制计数器。二进制计数器虽然结构简单，但是读数不习惯，在有些场合采用十进制计数器较为方便。十进制计数器是在二进制计数器的基础上得出的，用四位二进制数来

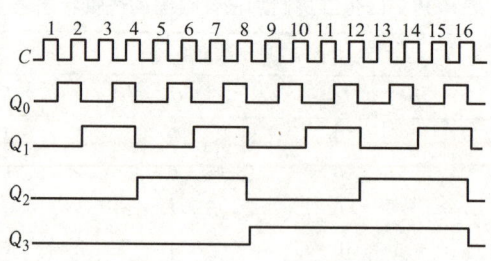

图 8-38 二进制加法计数器的工作波形

代表十进制的每一位数,所以也称为二—十进制计数器。

前面讲过 8421 编码方式,是取四位二进制数前面的 0000~1001 来表示十进制数 0~9 十个数码,而去掉后面的 1010~1111 六个数。也就是计数器计到第 9 个脉冲时再来一个脉冲,即由 1001 变为 0000。经过 10 个脉冲循环一次。表 8-20 是 8421 码十进制加法计数器的逻辑状态表。

表 8-20 8421 码十进制加法计数器的逻辑状态表

计数脉冲	二进制数				十进制数
	Q_4	Q_3	Q_2	Q_1	
0	0	0	0	0	0
1	0	0	0	1	1
2	0	0	1	0	2
3	0	0	1	1	3
4	0	1	0	0	4
5	0	1	0	1	5
6	0	1	1	0	6
7	0	1	1	1	7
8	1	0	0	0	8
9	1	0	0	1	9
10	0	0	0	0	进位

与二进制加法计数器比较,第 10 个时钟脉冲到来时输出不是由 1001 变为 1010,而是恢复为 0000,即要求触发器 F_2 不翻转保持 0 状态,触发器 F_4 应翻转为 0。十进制加法计数器仍由四个主从 JK 触发器组成,如图 8-39 所示。

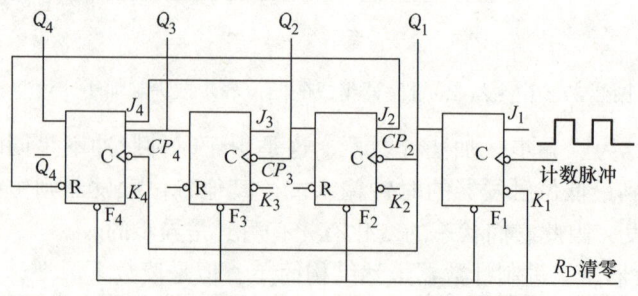

图 8-39 由主从 JK 触发器组成的四位异步十进制加法计数器

该电路中，J_2 与 $\overline{Q_4}$ 相连，这就使 F_2 的翻转受到 F_4 的控制。触发器 F_4 的输入端 $J_4 = Q_2Q_3$，$CP_4 = Q_1$，所以只有当 $Q_2 = Q_3 = 1$，且在 CP_4 的下降沿时 F_4 才能翻转。

在计数过程中，计数脉冲 0～7 时，即计数器的状态由 0000 变为 0111 时，Q_4 一直为 0，$\overline{Q_4}$ 为 1。这时计数器的工作过程与前面分析的二进制计数器完全相同。

当第 8 个时钟脉冲 CP 到来时，在 CP 的下降沿，Q_1 的状态由 1 变为 0，Q_1 的下降沿使 Q_2 的状态由 1 变为 0。第 8 个时钟脉冲 CP 下降沿到来前，已经使得 $J_4 = Q_2Q_3 = 1$，所以 Q_1 的下降沿使触发器 F_4 翻转，Q_4 状态由 0 变为 1。这时候计数器的状态由刚才的 0111 变为 1000。

第 9 个时钟脉冲 CP 到来后，在时钟脉冲 CP 的下降沿，Q_1 的状态翻转，由 0 变 1，而其他触发器的状态都不变，计数器的状态由 1000 变为 1001。

第 10 个时钟脉冲 CP 到来后，在时钟脉冲 CP 的下降沿，Q_1 的状态翻转，由 1 变 0，但此时触发器 F_2 的输入端 $J_2 = \overline{Q_4} = 0$，故 Q_1 的下降沿不能使 Q_2 的状态翻转，所以 Q_2 的状态仍为 0。此时，$Q_3 = 0$，使 $J_4 = 0$，K_4 一直悬空为 1，这样 Q_1 的下降沿使 Q_4 置 0，计数器的状态由 1001 变为 0000。

所以，该电路可以跳过 1010～1111 这六个状态，从而实现了 8421 码计数。电路波形如图 8-40 所示。

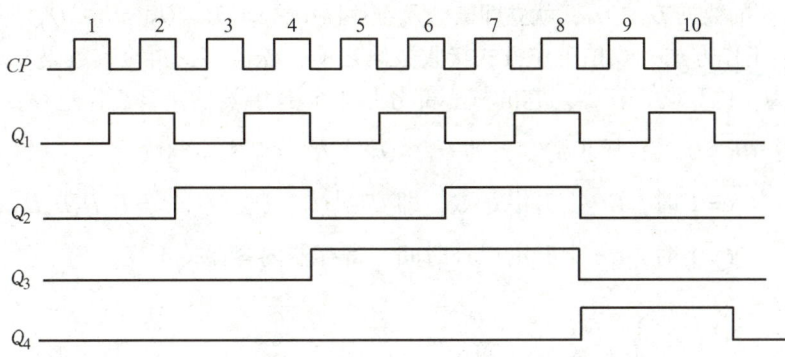

图 8-40　8421 码十进制加法计数器波形

8.4.3　寄存器

1. 寄存器概述

寄存器被广泛应用于数字系统和计算机中，它由触发器组成，是一种用来暂时存放二进制数码的逻辑部件。触发器可以存放一位二进制代码，因此 n 位寄存器应由 n 个触发器组成。有些寄存器由门电路构成控制电路，以保证信号的接收和清除。

寄存器存放数据的方式有并行和串行两种。并行方式是数码从各对应输入端同时输入到寄存器中，串行方式是数码从一个输入端逐位输入到寄存器中。

寄存器取出数据的方式也有并行输出和串行输出两种。并行输出方式中，被取出的数码同时出现在各位的输出端。串行输出方式中，被取出的数码在一个输出端逐位出现。

寄存器分为数码寄存器（也称基本寄存器）和移位寄存器。

2. 数码寄存器

数码寄存器具有存储二进制代码，并可输出所存二进制代码的功能。按接收数码的方式可分为单拍式和双拍式。单拍式即接收数据后直接把触发器置为相应的数据，不考虑初态。双拍式即接收数据之前，先用清零脉冲把所有的触发器清零，第二拍把触发器置为接收的数据。

（1）单拍工作方式　单拍工作方式只需一个接收脉冲就可以完成数码接收。集成数码寄存器几乎都采用单拍工作方式。数码寄存器要求所存的代码与输入代码相同，故由 D 触发器构成。

图 8-41 为 D 触发器组成的 4 位数据寄存器。

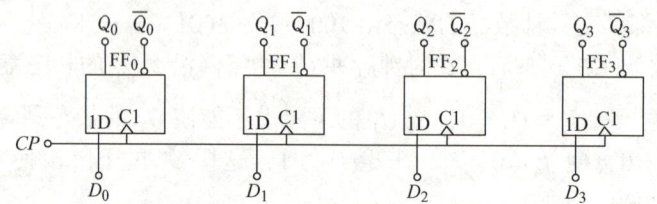

图 8-41　由 D 触发器组成的 4 位数据寄存器

无论寄存器中原来的内容是什么，只要待接收数码在控制时钟脉冲 CP 上升沿到来，加在并行数据输入端的数据 $D_0 \sim D_3$，就立即被送入寄存器中，即 $Q_3^{n+1} Q_2^{n+1} Q_1^{n+1} Q_0^{n+1} = D_3 D_2 D_1 D_0$。

（2）双拍工作方式　双拍工作方式接收数码之前，先清零，再接收数码。

图 8-42 为 4 位数码寄存器。它的核心部分是 4 个 D 触发器。其工作过程：

1）清零：$\overline{CR} = 0$ 时，异步清零，即 $Q_3^{n+1} Q_2^{n+1} Q_1^{n+1} Q_0^{n+1} = 0000$

2）送数：$\overline{CR} = 1$ 时，CP 上升沿送数，即 $Q_3^{n+1} Q_2^{n+1} Q_1^{n+1} Q_0^{n+1} = D_3 D_2 D_1 D_0$

3）保持：$\overline{CR} = 1$ 时，CP 上升沿以外时间，寄存器内容保持不变。

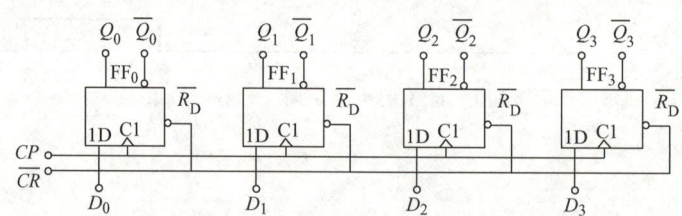

图 8-42　4 位数码寄存器

3. 移位寄存器

移位寄存器具有数码寄存和移位两个功能，在移位脉冲的作用下，数码如向左移一位，则称为左移寄存器，反之称为右移寄存器。具有单向移位功能的移位寄存器称为单向移位寄存器，既可向左移也可向右移的移位寄存器称为双向移位寄存器。

（1）右移寄存器　图 8-43 是由 4 个 D 触发器组成的右移寄存器（由低位到高位）。图中各触发器的 CP 连接在一起作为移位脉冲控制端，数据从最低位触发器输入端 D 输入，前一触发器输出端 Q 和后一触发器输入端 D 连接。设 4 位二进制数码 $d_3 d_2 d_1 d_0 = 1011$，按移位脉冲工作节拍，从高位到低位逐位送到 D 端。根据 D 触发器特性方程 $Q^{n+1} = D$，经第 1

个 CP 后,$Q_0 = d_3$,经第 2 个 CP 后,F_0 状态移入 F_1,F_0 移入新数码 d_2,即变成 $Q_1 = d_3$,$Q_0 = d_2$,依此类推,经过 4 个 CP 脉冲后 $Q_3 = d_3$,$Q_2 = d_2$,$Q_1 = d_1$,$Q_0 = d_0$。表 8-21 是右移寄存器状态转换表。可见数码由低位触发器逐位移入高位触发器,是一个右移寄存器。

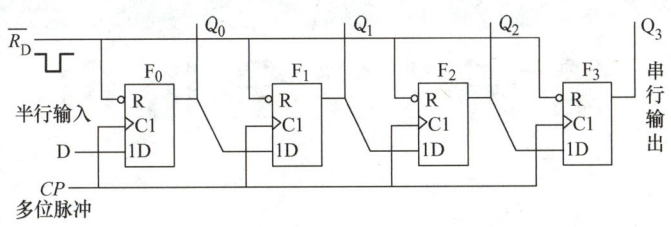

图 8-43　4 个 D 触发器组成的右移寄存器

表 8-21　4 位右移寄存器状态转换表

Q_0	Q_1	Q_2	Q_3	串行输入	CP
d_3	—	—	—	d_3	1
d_2	d_3	—	—	d_2	2
d_1	d_2	d_3	—	d_1	3
d_0	d_1	d_2	d_3	d_0	4

(2)左移寄存器　图 8-44 是由 JK 触发器组成的左移寄存器(由高位向低位)。

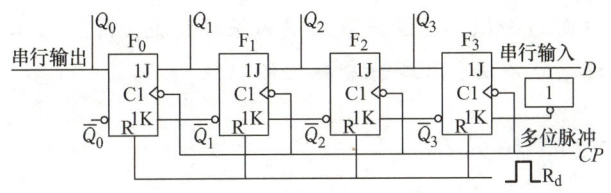

图 8-44　4 个 JK 触发器组成的左移寄存器

R_d 为正脉冲清零端,各触发器 CP 连接在一起作为移位脉冲控制端,最高位触发器转换成 D 触发器,D 端作为串行数码输入端,其余各触发器也具有 D 触发器的功能,显然,经过 4 个 CP 后 4 位数据全部存入寄存器。表 8-22 为该寄存器状态转换表。

表 8-22　4 位左移寄存器状态转换表

Q_0	Q_1	Q_2	Q_3	串行输入	CP
—	—	—	d_0	d_0	1
—	—	d_0	d_1	d_1	2
—	d_0	d_1	d_2	d_2	3
d_0	d_1	d_2	d_3	d_3	4

第9章 安全用电

学习目标

随着社会和经济的发展，电能在生产生活中发挥着重要作用。因此，安全用电的知识与技能，不仅是电气工作人员必须掌握的，也是每个普通用户在日常生活中必须了解的。只有这样，才能保证用电安全，让电能更好地为人类服务。

在生产实践当中，已经总结出了很多用电安全规则和方法，并且形成了安全用电保证体系。按照用电安全规则用电及处理电气故障，电力系统即可正常运行，否则可能因为疏忽引发严重的电气及触电事故。

学习完本章后，你将能够：
- 认识人体自身的阻抗及其抵抗电流、电压的能力。
- 了解触电的种类和方式，知道触电的危害，能分析触电的常见原因。
- 掌握安全用电方面的知识，能够采取正确的保护措施，防止人体触电。
- 掌握简单的触电急救方法，理解保护接地的原理。

9.1 电流对人体的效应

9.1.1 触电电流

观察思考

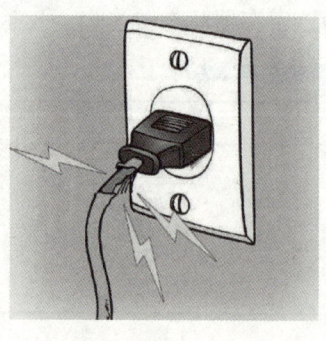
a)

b)

图9-1 短路触电

日常在使用家里电器时，还有哪些情况下可能出现安全事故？

不同的电流会引起人体不同的反应。根据人体对电流的反应，习惯上将触电电流分为感知电流、摆脱电流和致命电流。

1）感知电流：通过人体时，能引起人体任何感觉的最小电流值。

感知电流值由人体与电极接触的面积、接触的状态以及个人的生理特点等因素决定，因人而异。

2）摆脱电流：手握电极的人能自行摆脱电极的最大电流值。这个电流值由接触面积、电极的形状和大小以及个人的生理特点等因素决定。摆脱交流电流的平均值为10mA。对直流电流没有确定的摆脱值。

3）致命电流：大于摆脱电流，能够置人于死地的最小电流。

9.1.2 人体阻抗

在一定电压作用下，流过人体的电流与人体电阻成反比，即触电时，人体电阻越大，流过人体的电流越小，对人体造成的伤害越小。因此，人体电阻是影响人体触电后果的另一重要因素。

对交流电流而言，人体相当于阻抗，由皮肤阻抗和人体内阻抗组成。

皮肤阻抗由许多小的电阻和电容网络组成。电流增加时皮肤阻抗会随之减小。接触电压在50V以下时，即使是同一个人，皮肤阻抗值也随接触表面积、湿度、呼吸等的变化而变化。当接触电压为50～100V时，皮肤阻抗明显降低，并且在皮肤被击穿时，其阻抗值接近于零可忽略不计。当接触电压的频率增加时，皮肤阻抗也会明显降低。

人体内阻抗基本上呈电阻性。有关研究结果表明，人体内电抗一般为1000～3000Ω。

由此可以看出，皮肤阻抗对人体阻抗起重要作用。人体皮肤阻抗与皮肤状态有关，随时间不同在很大范围内变化。如皮肤在干燥、洁净、无破损的情况下，可高达几十千欧；而潮湿的皮肤，其电阻可能在1000Ω以下。同时，人体电阻还与皮肤的粗糙程度有关。

9.1.3 电流对人体的影响

相同的电流流过人体所产生的效应与以下因素有关：

1. 电流持续时间

人体触电时间越长，电流对人体产生的热伤害、化学伤害及生理伤害越严重。一般情况下，工频电流为15～20mA及直流电流50mA以下，对人体是安全的。但如果触电时间很长，即使工频电流为8～10mA，也可能使人致命。

2. 电流流经途径

电流流过人体的途径也是影响人体触电严重程度的重要因素之一。当电流通过人体心脏、脊椎或中枢神经系统时，危险性最大。电流通过人体心脏，引起心室颤动，可能使心脏停止跳动。

3. 电流频率

经研究表明，人体触电的危害程度与触电电流频率有关。一般来说，频率为25～300Hz的电流对人体触电的伤害程度最为严重。低于或高于此频率段的电流对人体触电的伤害程度明显减轻。在高频情况下，人体能够承受的更大的电流作用，如医疗上采用20kHz以上的高频电流对人体进行治疗。

4. 人体状况

电流对人体的伤害与性别、年龄、身体及精神状态有很大的关系。一般地说，女性比男性对电流敏感，小孩比大人敏感。

9.1.4 安全电流和安全电压

触电对人体的伤害程度取决于通过人体电流的大小。而通过人体电流的大小又与人体的电阻和人体所触及的电压有关。

1. 安全电流

安全电流就是人体触电后的最大摆脱电流。安全电流值，各国规定并不完全一致。我国一般采用30mA（50Hz）作为安全电流值，但其触电时间按不超过1s计，因此安全电流值也称为30mA·s。但在一般观察中，人体通过1mA的工频电流时就有不舒服的感觉，通过50mA就有生命危险，而达到100mA时就足以使人死亡。

2. 安全电压

安全电压是不致危及人身安全的电压。

安全电压值与使用的环境条件有关。在一般正常环境条件下，人体电阻并非定值，与皮肤是否潮湿或是否有污垢有关，一般为800Ω到几万欧不等。如果人体电阻按800Ω计算，通过人体电流不超过50mA为限，则算得安全电压为40V。在一般情况下，规定36V以下为安全电压，对潮湿的地面或井下安全电压的规定则更低，如24V、12V。

9.1.5 按规定采用安全用具

安全用具主要是辅助承受电气设备安全电压的绝缘器材。使用时可对人身安全有进一步的保障，例如绝缘手套、绝缘靴、绝缘地毯、绝缘垫台、低压验电笔等。通常绝缘垫台会在实验室或实训基地使用。而低压验电笔是检验导线或电气设备是否带电的一种检验工具。

9.1.6 安全用电注意事项

1）电气设计、安装和检查必须遵照有关规范进行。检查电气设备或更换熔体时，要先切断电源，并在电源开关处挂上"严禁合闸"的警告牌；在没有采取足够安全措施的情况下，严禁带电作业。

2）使用不同的电气设备，应采取相应的安全措施。

3）电热设备应远离易燃物，用完即断开电源。

4）判断电线或用电设备是否带电，必须用验电器检查判断（如250V以下可用验电笔），不允许用手去摸试。

5）电灯开关接在相线上，用螺旋式灯头时不可把相线接在螺旋套相连的接线柱上。

6）电气设备失火时，应迅速切断电源，在带电状态下，可用黄沙、二氧化碳灭火器和1211灭火器进行灭火。

7）发现有人触电时，应首先使触电者脱离电源，然后进行现场抢救。

9.2 防触电措施

9.2.1 电击和电伤

触电是指电流以人体为通路，使身体一部分或全身受到电的刺激或伤害。触电可分为电击和电伤两种类型。

电击是指电流通过人体使内部组织受到损害。人体触电时肌肉发生收缩，如果触电者不能迅速摆脱带电体，电流将持续通过人体，甚至因神经系统受到损害，使心脏和呼吸器官停止工作而死亡。所以电击危险性最大，而且是经常遇到的一种伤害。

电伤是指电流的热效应或化学效应对人体外部的局部伤害，如烧伤、金属沫溅伤等。电伤的危险虽不像电击那样严重，但也不容忽视。

9.2.2 触电的原因和方式

1. 触电的原因

1）没有遵守操作规程，人体直接与带电体接触。
2）由于用电设备管理不当，使绝缘损坏，发生漏电，人体碰触漏电设备外壳。
3）高压线路落地，与人体形成跨步电压造成触电。
4）检修中，安全组织措施和安全技术措施不完善，接线错误，造成触电事故。
5）其他偶然因素，如雷击等。

2. 触电方式

（1）单相触电　单相触电是指人体站在地面时，人体某一部位触及一相带电导体的触电事故，如图9-2所示。大部分触电事故都是单相触电。单相触电使人体承受220V的相电压，这是十分危险的。

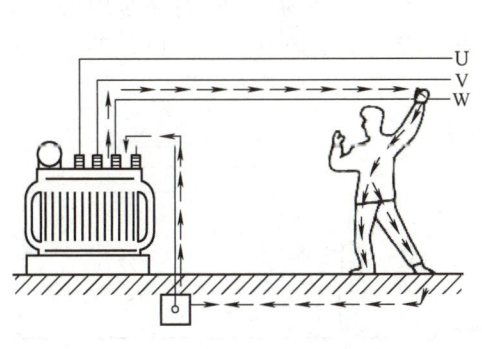
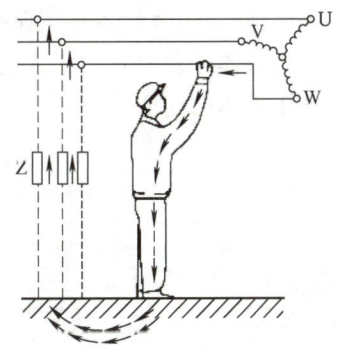

a) 中性点接地系统的单相触电　　b) 中性点不接地系统的单相触电

图9-2　单相触电

（2）两相触电　两相触电是指人体同时触及两根相线，如图9-3所示。这时加在人体的电压是380V线电压，其触电后果更为严重。

（3）跨步电压触电　跨步电压触电是指当一根高压线落在地上，以此高压线的落地点为圆心，20m 以内形成圆周上电位各不相同的（即电位差）同心圆。距离圆心越近，电位越高。当人走进圆心 10m 以内，双脚迈开时（约 0.8m），势必出现电位差，这就叫作跨步电压。电流从电位高的一脚进入，由电压低的一脚流出，通过人体，使人触电，如图 9-4 所示。

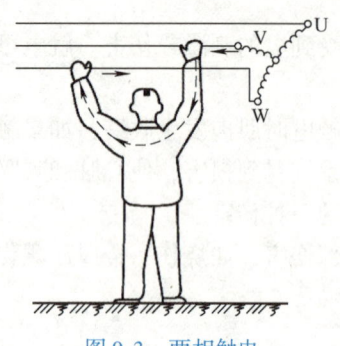

图 9-3　两相触电

图 9-4　跨步电压触电

（4）雷击触电　雷击触电是雷对地面突出物产生放电而造成的触电，它是一种特殊的触电方式。雷击感应电压为几十伏到几百万伏，其能量可把建筑物摧毁，使可燃物燃烧，把电力线或用电设备击穿、烧毁，造成人身伤亡，危害性极大。目前，一般通过避雷设施将强大的电流引入地下，避免雷击危害。

9.2.3　保护措施

为了保障电气设备的安全运行，防止人身触电事故发生，电气设备常采用保护接地的措施。

保护接地是将电气设备的金属外壳与接地体之间可靠连接，如图 9-5 所示。接地体可利用敷设于地下的金属水管或房屋的金属结构，如果自然接地体达不到接地电阻小于 4Ω 的要求，还可采用人工接地体（如用长 2~3m，直径 35~50mm 的钢管垂直打入地下，然后与埋在地下的钢条相连）。电气设备采用保护接地以后，若因为某种原因造成电气设备绝缘损坏使外壳带电，当人体碰及时，由于人体电阻远远大于接地电阻，所以几乎没有电流通过人体，从而保证了人体的安全。

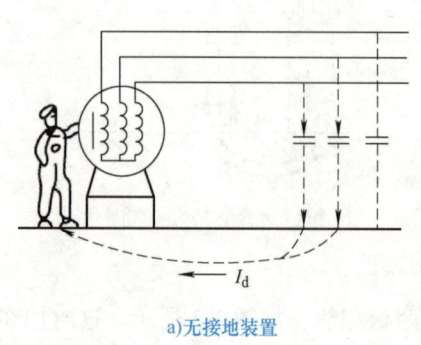

a) 无接地装置　　　　　　　　　　b) 有接地装置

图 9-5　保护接地的作用

安全保护措施还有使用安全电压和保护用具，以及定期检查电气设备的绝缘老化程度、有无漏电状况、有无裸漏部分、设备安装有无违规等情况，这里不再具体叙述。

9.3 触电的紧急救护

紧急救护的基本原则是在现场采取积极措施，保护伤员的生命，减少伤情，减轻痛苦，并根据伤情需要，迅速与医疗急救中心（医疗部门）联系救治。急救成功的关键是动作快，操作正确。任何拖延和操作错误都会导致伤员伤情加重或死亡。

9.3.1 使触电者迅速脱离电源

发现有人触电时，不要惊慌失措，应该在保护自己不被触电的情况下，使触电者迅速脱离电源，越快越好。因为电流作用的时间越长，伤害越严重。根据现场情况，使触电者脱离电源，如图9-6所示。一般有以下三种情况：

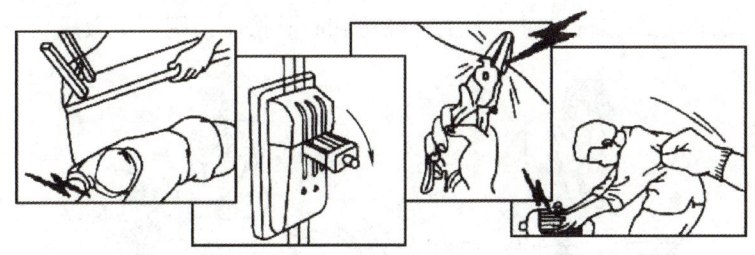

图9-6 使触电者迅速脱离电源

1）如果开关（或插座）就在附近，应迅速断开开关（或拔掉插头），把电源切断，但应注意，如果电灯开关误接在中性线上，开关虽然断开了，导线仍然带电，不能认为已切断电源。为了使触电者确实脱离电源，还必须迅速用干燥木棍把导线挑开。

2）如果开关离触电地点很远或一时找不到开关，导线已落在触电者身上，遇到这种情况，应迅速用干燥的木棍、竹竿、扁担等把导线挑开，如果身边有电工钳（带绝缘手柄的），应迅速用电工钳剪断电源线；如果触电者手握导线且攥得很紧或者触电者被导线缠住，应立即用干燥的木把斧子、镐头或铁锹等砍断电源线。但挑电线或砍电线时，应注意防止导线弹到他人或自己身上。在黑天或风雨天，应尤其注意安全。

3）如果有人在高空作业触电或在高压电气设备上触电，同样应迅速断开高压开关或用更干燥更长的木杆使触电者脱离电源。抢救高空作业触电者时，应做好防护工作，防止触电者脱离电源后从高空摔下来，加重伤势。

9.3.2 现场就地急救

触电者脱离电源以后，现场救护人员应迅速对触电者的伤情进行判断，对症抢救。同时设法联系医疗急救中心（医疗部门）的医生到现场接替救治。要根据触电者的不同情况，采用不同的急救方法。

1）触电者神志清醒，有意识，心脏跳动，但呼吸急促，面色苍白，或曾一度昏迷，但未失去知觉。此时不能用心肺复苏法抢救，应将触电者抬到空气新鲜、通风良好的地方平躺下，安静休息 1~2h，让其慢慢恢复正常。天凉时要注意保温，并随时观察呼吸、脉搏变化。

2）触电者神志不清，判断意识无，有心跳，但呼吸停止或极微弱时，应立即用仰头抬颏法，使气道开放，并进行口对口人工呼吸，如图9-7所示。此时切记不能对触电者施行心脏按压法。如果此时不及时用口对口人工呼吸法抢救，触电者将会因缺氧过久而心跳停止。

图9-7 口对口人工呼吸

3）触电者神志丧失，判断意识无，心跳停止，但有极微弱的呼吸时，应立即施行口对口人工呼吸及心脏按压法抢救，如图9-8所示。不能认为尚有微弱呼吸，只需进行心脏按压法施救，因为这种微弱呼吸已起不到人体需要的氧气交换作用，如不及时口对口人工呼吸可能会导致死亡，若能立即施行口对口人工呼吸法和心脏按压，则可抢救成功。

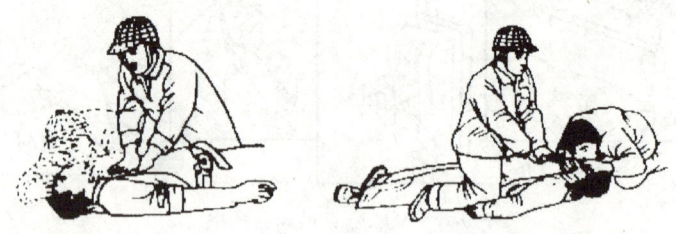

图9-8 口对口人工呼吸及心脏按压法

4）触电者心跳、呼吸停止时，应立即进行心脏按压法抢救，不得延误或中断。在医务人员未接替救治前，不应放弃现场抢救，更不能只根据没有呼吸或脉搏的表现，擅自判定伤员死亡，放弃抢救。只有医务人员有权做出伤员死亡的诊断。与医务人员接替时，应提醒医务人员在触电者转移到医院的过程中不得间断抢救。

第10章 技能训练

学习目标

根据高职院校培养应用型人才的需要,特设计本章技能训练,力求做到有效地培养学生的电工电子应用技能以及电工电子基础理论分析和解决问题的能力,使学生正确掌握中级电工电子技术人员所必需的电工测量和电工仪表应用技能;常用电路的接线原理,检查、排除故障,并通过实验能够具有一定的读图能力和设计能力。

学习完本章后,你将能够:
- 掌握电工实训装置基本功能。
- 掌握常用电工仪表使用方法。
- 掌握基尔霍夫定律验证电路的接线及测试方法。
- 掌握荧光灯电路的接线及测试。
- 掌握三相交流电路电压、电流的接线与调试方法。
- 掌握三相交流异步电动机的点动、长动、正反转控制线路连接与调试方法。

10.1 电工综合实训装置简介

电工综合实训装置能完成识别基本元器件基础训练、电工仪表操作训练和各种常见电路的接线与调试,从而大大提高学生的实训动手操作能力。实训测量仪表采用数字化显示,对控制屏及各挂箱采取功能保护并安装了实时报警器。

1. 实训装置工作条件

1) 输入电源:三相四线制380V(±10%),50Hz。
2) 工作环境:温度10~140℃,相对湿度<85%(25℃)。
3) 装置容量:<1.5kV·A。
4) 单相智能功率表:功率测量精度0.5级。
5) 直流数字电压表:测量范围0~200V。
6) 直流数字毫安表:测量范围0~200MA。
7) 交流数字电压表:测量范围0~500V。

2. 实训挂箱

1) 电压、电流、功率等常用仪表挂箱。
2) 可变电阻、电容等常用器件挂箱。
3) 基尔霍夫定律验证电路的接线与测试挂箱。

4）可完成两种实际电源等效变换电路的接线与测试挂箱。
5）互感电路的接线与调试挂箱。
6）电度表校验挂箱。
7）荧光灯电路的接线与调试挂箱。
8）三相电路的接线与调试挂箱等。

10.2 常用电工仪表操作训练

1. 实训目的

1）了解万用表的面板结构及测量功能。
2）掌握万用表的使用方法。
3）学会用万用表测量电阻。

2. 实训器材

1）直流稳压电源，1台。
2）万用表，1块。
3）电阻，10只（其中1kΩ/5W 1只）。
4）导线若干。

3. 实训电路（见图10-1）

4. 实训内容及步骤

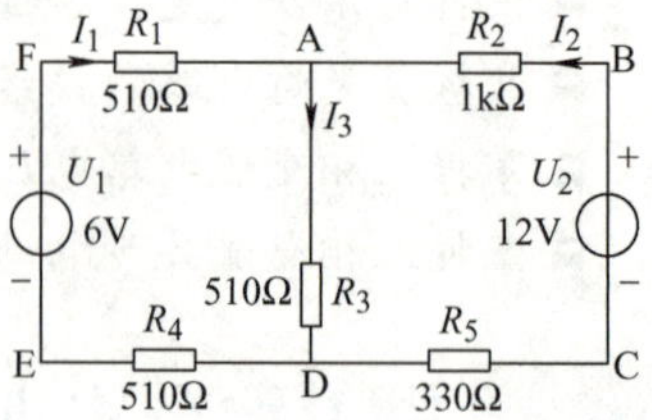

（1）用万用表电阻档测电阻

1）把万用表转换开关旋至电阻档，根据被测电阻值的大小，选择适当的倍率。万用表常用的倍率有 $R\times 1$、$R\times 10$、$R\times 100$ 等。

2）将两个表笔短接，调节调零旋钮，使万用表指针指在电阻刻度的零位。

图10-1 万用表使用实训电路

3）将两个表笔分别与电阻的两个电极引线相接，读取指针读数，则被测电阻的实际值为读数×倍率。

4）测量10只标准电阻，将结果记于表10-1中。

（2）用万用表直流电压档测量直流电压

1）把万用表转换开关旋至直流电压档。
2）根据被测直流电压的大小，选择适当的量程。
3）测量时将两个表笔的正、负极与被测电压的正负极并联，从直流电压表刻度上读取指针示数。
4）调整直流稳压电源，使其电压值为表10-2所示值，用万用表测量对应电压，记于表10-2中。

（3）用伏安法测量电阻，绘制伏安特性曲线

1）按图10-1连接电路，电源选用直流稳压电源。
2）把万用表转换开关旋至直流电流档，选择10mA量程。
3）按表10-3所示，调整直流稳压电源电压，测出相应的电流，记入表10-3中。

4）由测得的电流值计算电阻，结果记入表 10-3 中。

5. 实训数据

表 10-1　实训数据测定表（一）

标称值									
测量值									

表 10-2　实训数据测定表（二）

稳压电源电压值/V	2	4	6	8	10	12	14	16	18	20
测量值/V										

表 10-3　实训数据测定表（三）

电压/V	1	2	3	4	5	6	7	8	9	10
电流/mA										
电阻/Ω										

6. 实训讨论题

1）分析用伏安法测量电阻时产生误差的原因。

2）由表 10-3 的电压、电流值，绘制电阻元件的伏安特性曲线。

10.3　基尔霍夫定律验证电路的接线与测试

1. 实训目的

1）掌握基尔霍夫定律，加深对基尔霍夫定律的理解。

2）学会用电流插头、插座测量各支路电流。

2. 实训原理

基尔霍夫定律是电路的基本定律之一。测量某电路的各支路电流及每个元件两端的电压，应能分别满足基尔霍夫电流定律（KCL）和基尔霍夫电压定律（KVL）。即对电路中的任一个节点而言，应有 $\sum I = 0$；对任何一个闭合回路而言，应有 $\sum U = 0$。

运用上述定律时必须注意各支路或闭合回路中电流、电压的参考方向，此方向可预先任意设定。

3. 实训器材（见表 10-4）

表 10-4　实训器材

序号	名称	型号与规格	数量	备注
1	直流可调稳压电源	0～30V	2 路	
2	万用表	MF-500	1	
3	直流数字电压表	0～200V	1	
4	电位、电压测定实验电路板		1	KMDG-03

4. 实训内容及步骤

实训电路用 DG05 挂箱的"基尔霍夫定律/叠加原理"电路，如图 10-2 所示。

1）实训前先设定三条支路和三个闭合回路的电流参考方向，如图 10-2 所示。电压、电流取关联参考方向。

2）分别将两路直流稳压源接入电路，令 $U_1 = 6V$，$U_2 = 12V$。

3）熟悉电流插头的结构，将电流插头的两端接至数字毫安表的"+""-"两端。

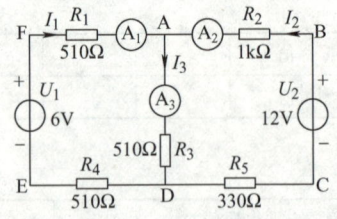

图 10-2 基尔霍夫定律验证电路

4）将电流插头分别插入三条支路的三个电流插座中，读出并记录电流值。

5）用直流数字电压表分别测量两路电源及电阻元件上的电压值，记录于表 10-5 中。

表 10-5 基尔霍夫定律项目测定数据表

被测量	I_1/mA	I_2/mA	I_3/mA	U_1/V	U_2/V	U_{FA}/V	U_{AB}/V	U_{AD}/V	U_{CD}/V	U_{DE}/V
计算值										
测量值										
相对误差										

5. 实训注意事项

1）所有需要测量的电压值，均以电压表测量的读数为准。U_1、U_2 也需测量，不应取电源本身的显示值。

2）应注意防止稳压电源两个输出端碰线短路。

3）用指针式电压表或电流表测量电压或电流时，如果仪表指针反偏，则必须调换仪表极性，重新测量。此时指针正偏，可读得电压或电流值。若用数字式电压表或电流表测量，则可直接读出电压或电流值。但应注意：所读得的电压或电流值的正确正、负号应根据设定的参考方向来判断。

6. 实训讨论题

1）根据图 10-2 中电路参数，计算出待测的电流 I_1、I_2、I_3 和各电阻上的电压值，记入表 10-5 中，以便实验测量时，可正确地选定毫安表和电压表的量程。

2）实训中，若用指针式万用表直流毫安档测量各支路电流，在什么情况下可能出现指针反偏现象，应如何处理？在记录数据时应注意什么？若用直流数字毫安表进行测量，则会有什么显示呢？

7. 实训报告

1）根据实训数据，选定节点 A，列出 KCL 方程，验证其正确性。

2）根据实训数据，选定实训电路中的任一个闭合回路，列出 KVL 方程，验证其正确性。

3）将支路和闭合回路的参考方向重新设定，重复1）、2）两项验证。

4）分析误差原因。

5)交流心得体会。

10.4 荧光灯电路的接线与调试

1. 实训目的

1)研究正弦稳态交流电路中电压、电流相量之间的关系。
2)掌握荧光灯电路的接线。
3)理解改善电路功率因数的意义并掌握其方法。

2. 实训原理

1)在单相正弦交流电路中,用交流电流表测得各支路的电流值,用交流电压表测得回路各元件两端的电压值,它们之间的关系满足相量形式的基尔霍夫定律,即 $\sum \dot{I} = 0$ 和 $\sum \dot{U} = 0$。

2)图10-3所示的 RC 串联电路,在正弦稳态信号 $\dot{U}$ 的激励下,$\dot{U}_R$ 与 $\dot{U}_C$ 保持90°的相位差,即当 R 阻值改变时,$\dot{U}_R$ 的相量轨迹是一个半圆。$\dot{U}$、$\dot{U}_C$ 与 $\dot{U}_R$ 三者形成一个电压三角形,且此三角形为直角三角形如图10-4所示。R 值改变时,可改变 φ 的大小,从而达到移相的目的。

3)荧光灯电路如图10-5所示,图中 HL 是荧光灯管,L 是镇流器,S 是辉光启动器,C 是补偿电容器,用以改善电路的功率因数($\cos\varphi$ 值)。有关荧光灯的工作原理请自行翻阅有关资料。

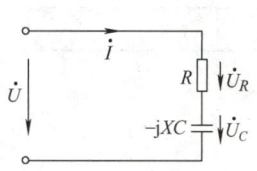

图10-3 RC 串联电路

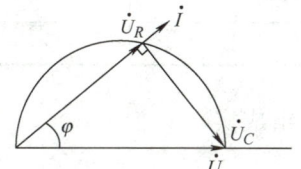

图10-4 电压三角形电路图

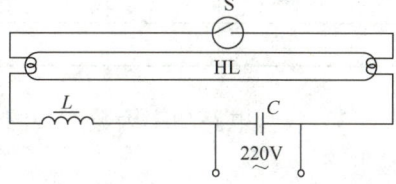

图10-5 荧光灯电路

3. 实训器材(见表10-6)

表10-6 实训器材

序号	名称	型号与规格	数量	备注
1	交流电压表	0~450V	1	
2	交流电流表	0~5A	1	
3	功率表		1	
4	自耦调压器		1	
5	镇流器、辉光启动器	与40W灯管配用	各1	KMDG-04
6	荧光灯灯管	40W	1	屏内
7	电容器	1μF、2.2μF、4.7μF/500V	各1	KMDG-03
8	白炽灯及灯座	220V、15W	1~3	KMDG-04
9	电流插座		3	KMDG-04

4. 实训内容及步骤

1) 按图 10-3 接线。R 为 220V、15W 的白炽灯，电容器为 4.7μF/450V。经指导教师检查后，接通实训台电源，将自耦调压器输出（即 U）调至 220V。记录 U、U_R、U_C 值，得出电压三角形关系。测量数据录入表 10-7。

表 10-7 测量数据表

测量值			计算值		
U/V	U_R/V	U_C/V	U' ($U' = \sqrt{U_R^2 + U_C^2}$)	$\triangle U = (U' - U)V$	$\triangle U/U$（%）

2) 荧光灯电路接线与测量。按图 10-6 接线。经指导教师检查后接通实训台电源，调节自耦调压器的输出，使其输出电压缓慢增加，直到荧光灯刚到启辉点亮为止，记下三个仪表的指示值。然后将输出电压调至 220V，测量功率 P，电流 I，电压 U、U_L、U_A 等值，验证电压、电流相量关系测量数据录入表 10-8。

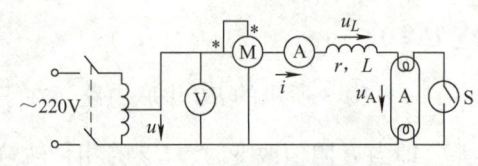

图 10-6 荧光灯接线图

表 10-8 测量数据表

	测量数值					计算值
	P/W	$\cos\varphi$	I/A	U/V	U_L/V	U_A/V	$\cos\varphi = \dfrac{P}{UI}$
启辉值							
正常工作值							

3) 改善电路功率因数。按图 10-7 组成实验电路。

经指导教师检查后，接通实验台电源，将自耦调压器的输出调至 220V，记录功率表、电压表读数。通过一只电流表和三个电流插座分别测得三条支路的电流，改变电容值，进行三次重复测量。数据记入表 10-9 表中。

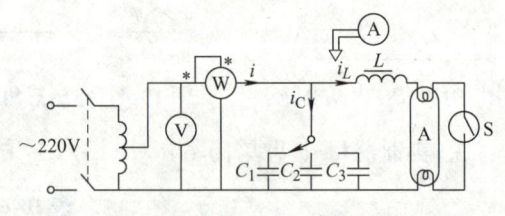

图 10-7 改善荧光灯电路功率因数接线图

表 10-9 测量数据表

电容值	测量数值					计算值
$C/\mu F$	P/W	$\cos\varphi$	U/V	I/A	I_L/A	I_C/A	$\cos\varphi = \dfrac{P}{UI}$
0							
1							
2.2							
4.7							

5. 实训注意事项

1）本实训用 220V 交流电，务必注意用电和人身安全。

2）功率表要正确接入电路。

3）电路接线正确，荧光灯不能启辉时，应检查辉光启动器及其接触是否良好。

6. 实训讨论题

1）参阅课外资料，了解荧光灯的启辉原理。

2）在日常生活中，当荧光灯上缺少了辉光启动器时，人们常用一根导线将辉光启动器的两端短接一下，然后迅速断开，使荧光灯点亮（DG09 实训挂箱上有短接按钮，可用它代替辉光启动器进行试验），或用一个辉光启动器去点亮多个同类型的荧光灯，这是为什么？

3）为了改善电路的功率因数，常在感性负载上并联电容器，此时增加了一条电流支路，试问电路的总电流是增大还是减小，此时感性元件上的电流和功率是否改变？

4）提高电路功率因数为什么只采用并联电容器法，而不用串联法？所并联的电容器是否越大越好？

7. 实训报告

1）完成数据表格中的计算，进行必要的误差分析。

2）根据实训数据，分别绘出电压、电流相量图，验证相量形式的基尔霍夫定律。

3）讨论改善电路功率因数的意义和方法、装接荧光灯电路的心得体会。

10.5 三相交流电路的接线与调试

1. 实训目的

1）掌握三相负载进行星形联结、三角形联结的方法，掌握这两种联结方式线电压与相电压及线电流与相电流之间的关系。

2）充分理解三相四线制供电系统中中性线的作用。

2. 实训原理

1）对于对称三相负载，采用Y联结时，线电压 U_L 是相电压 U_P 的 $\sqrt{3}$ 倍，线电流 I_L 等于相电流 I_P，即

$$U_L = \sqrt{3}\, U_P, \qquad I_L = I_P$$

在这种情况下，流过中性线的电流 $I_N = 0$，所以可以省去中性线。

当对称三相负载采用△联结时，有 $I_L = \sqrt{3}\, I_P$，$U_L = U_P$。

2）对于不对称三相负载，采用Y联结时，必须采用三相四线制，即Y_0接法，而且中性线必须牢固连接，以保证三相不对称负载的每相电压维持对称。

倘若中性线断开，会导致三相负载电压的不对称，致使负载轻的一相的相电压过高，使负载遭受损坏；负载重的一相的相电压又过低，使负载不能正常工作。

当不对称三相负载采用△联结时，$I_L \neq \sqrt{3}\, I_P$，但只要电源的线电压 U_L 对称，加在三相负载上的电压仍是对称的，对各相负载工作没有影响。

3. 实训器材（见表10-10）

表10-10 实训器材

序号	名称	型号与规格	数量	备注
1	交流电压表	0~500V	1	
2	交流电流表	0~5A	1	
3	万用表		1	
4	三相自耦调压器		1	
5	三相灯组负载	220V，15W 白炽灯	9	KMDG-04
6	电门插座		3	

4. 实训内容及步骤

（1）三相负载星形联结（三相四线制供电） 按图10-8接线，即三相灯组负载经三相自耦调压器接通三相对称电源。将三相自耦调压器的旋柄置于输出为0V的位置（即逆时针旋到底）。经指导教师检查合格后，方可开启实训台电源，调节调压器的输出，使输出的三相线电压为220V，分别测量三相负载的线电压、相电压、线电流、相电流、中性线电流、电源与负载中性点间的电压。将所测得的数据填入表10-11中，并观察各相灯组亮暗的变化程度，特别要注意观察中性线的作用。

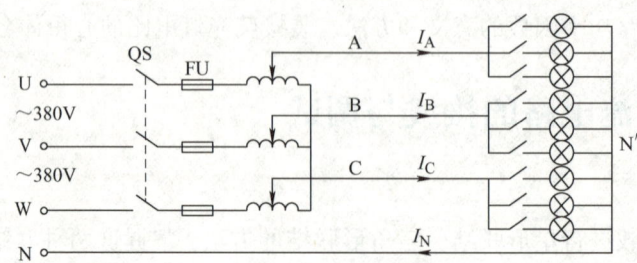

图10-8 三相负载星形联结电路

表10-11 三相负载星形联结电路测量数据表

测量数据 实训内容 （负载情况）	开灯盏数			线电流/A			线电压/V			相电压/V			中性线电流	中性点电压
	A相	B相	C相	I_A	I_B	I_C	U_{AB}	U_{BC}	U_{CA}	$U_{AN'}$	$U_{BN'}$	$U_{CN'}$	I_N/A	$U_{NN'}$/V
Y₀联结，对称负载	3	3	3											
Y联结，对称负载	3	3	3											
Y₀联结，不对称负载	1	2	3											
Y联结，不对称负载	1	2	3											
Y₀联结，B相断开	1		3											
Y联结，B相断开	1		3											
Y联结，B相短路	1		3											

（2）三相负载三角形联结（三相三线制供电） 按图10-9改接电路，经指导教师检查

合格后接通三相电源,并调节调压器,使其输出线电压为220V,并按表10-12的内容进行测试。

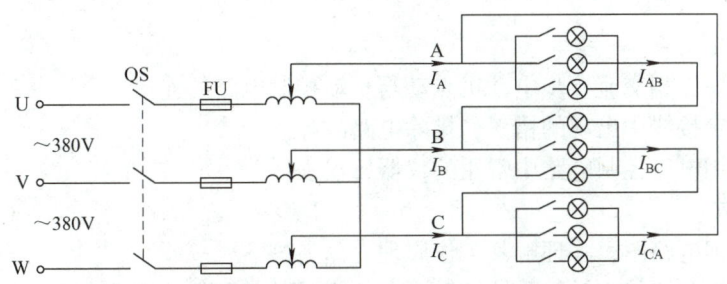

图10-9　三相负载三角形联结电路

表10-12　三相负载三角形联结电路测量数据表

测量数据	开灯盏数			线电压=相电压/V			线电流/A			相电流/A		
负载情况	A-B相	B-C相	C-A相	U_{AB}	U_{BC}	U_{CA}	I_A	I_B	I_C	I_{AB}	I_{BC}	I_{CA}
三相对称	3	3	3									
三相不对称	1	2	3									

5. 实训注意事项

1)本实训采用220V三相交流电,线电压为380V,应穿绝缘鞋进实训室。实训时要注意人身安全,不可触及导电部件,防止意外事故发生。

2)每次接线完毕,同组应先自查一遍,由指导教师检查后,方可接通电源,必须严格遵守先断电、再接线、后通电,先断电、后拆线的实验操作原则。

3)星形联结负载进行短路实验时,必须首先断开中性线,以免发生短路事故。

4)为避免烧坏灯,在进行丫联结不平衡负载或断相实验时,所加电压应以最高相电压<240V为宜。

6. 实训讨论题

1)三相负载根据什么条件进行星形或三角形联结?

2)复习三相交流电路有关内容,不对称三相负载星形联结,在无中性线情况下,当某相负载开路或短路时会出现什么情况?如果接上中性线,情况又如何?

3)本实训中为什么要通过三相调压器将380V电压降为220V线电压使用?

7. 实训报告

1)用实训测得的数据验证对称三相负载相电压与线电压、相电流与线电流之间的关系。

2)用实训数据和观察到的现象,总结三相四线制供电系统中中性线的作用。

3)三相不对称负载三角形联结,能否正常工作?实训是否能证明这一点?

4)根据三相不对称负载三角形联结时的相电流值绘制相量图,并求出线电流值,然后与实训测得的线电流进行比较并分析。

5)分享心得体会。

10.6 三相交流异步电动机的点动与长动控制

1. 实训目的

1)熟练掌握三相交流异步电动机点动与长动控制电路的连接。
2)能够判定接线中出现的错误,排除电路故障。
3)熟练使用电气控制电路中常用的仪器、仪表。

2. 预习要求

1)看懂实训电路图,并理解其工作原理。
2)什么是接触器的主触头和辅助触头?什么是其常开触头和常闭触头?按钮的常开触头和常闭触头是如何定义的?
3)什么是"自锁"作用?它是利用接触器的什么部件来完成动作的?

3. 实训简述

在生产中,小容量的三相笼型异步电动机都采用直接起动,一般将用来控制其起动的控制电器及保护电器装在一个铁箱里,称磁力起动器。

磁力起动器所用的电气元器件不多,它所具有的功能也不多,仅能控制电动机的直接起动和停止,并能实现对电动机的过载保护和失电压保护,根据不同的需要它可以接成点动控制电路或长动控制电路。

本实训把有关的电气元器件自行组装成一个磁力起动器。

4. 实训器材

1)交流接触器,1只。
2)熔断器,3只。
3)热继电器,1只。
4)复合按钮,2组。
5)三联开关,1个。
6)三相笼型异步电动机(或三相灯负载),1台(1组)。

5. 实训电路(见图10-10、图10-11)

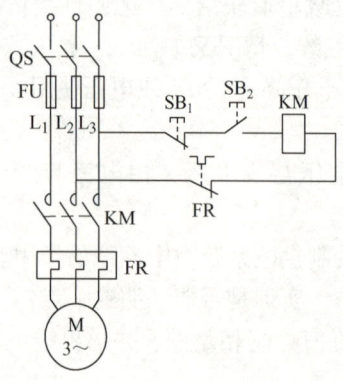

图10-10 点动控制电路

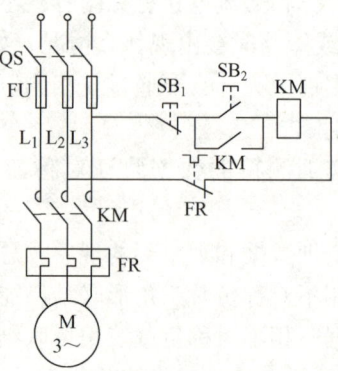

图10-11 长动控制电路

6. 实训内容及步骤

1) 检查各电气元器件是否完好。

2) 三相交流异步电动机的点动控制：按图 10-10 接线，请指导教师检查后，接通电源进行点动控制实验，按下起动按钮，观察电动机是否转动；松开起动按钮，观察电动机是否转动。

3) 三相交流异步电动机的长动控制：按图 10-11 接线，请指导教师检查后，接通电源进行长动控制实验，按下起动按钮，观察电动机是否转动；松开起动按钮，观察电动机是否转动。

7. 实训讨论题

电路中已经使用了热继电器，为什么还要安装熔断器？是否重复了？热继电器、熔断器在电路中各起什么作用？

10.7 三相交流异步电动机正、反转控制

1. 实训目的

1) 掌握三相交流异步电动机正、反转控制电路的连接和操作。

2) 加深理解三相交流异步电动机正、反转控制电路的工作原理以及电路中自锁和互锁环节的作用。

2. 预习要求

识读实训电路，理清下列问题：

1) 为了使电动机正、反转，需要把三根电源线中的任意两根对调，因此在电路中采用了两个接触器。两个接触器的主触头应如何连接才能在它们分别吸合时实现两根电源线的对调？

2) 接触器同时吸合，会出现什么问题？为了防止接触器同时吸合，在控制电路中采取了哪些措施？

3. 实训注意事项

1) 在实训中，由于没有拖动机械负载，故电动机的正、反转方向可任意假定，因此如果认为接触器 KM_1 吸合时电动机正转，则接触器 KM_2 吸合时电动机便是反转。

2) 为了防止两个接触器在工作过程中发生同时吸合而造成电源短路的事故，在电路中采用了"联锁"环节，即在正转接触器线圈电路里串联接入反转接触器的常闭触头，在反转接触器线圈电路里串联接入正转接触器的常闭触头，这使得一个接触器通电时、另一个接触器的线圈无法得电，以保证两个接触器不会同时吸合，称为"互锁"。

4. 实训器材

1) 交流接触器，2 只。

2) 熔断器，3 只。

3) 热继电器，1 只。

4) 复合按钮，3 组。

5) 三联开关，1 个。

6) 三相笼型异步电动机（或三相灯负载），1 台（1 组）。

5. 实训电路（见图 10-12）

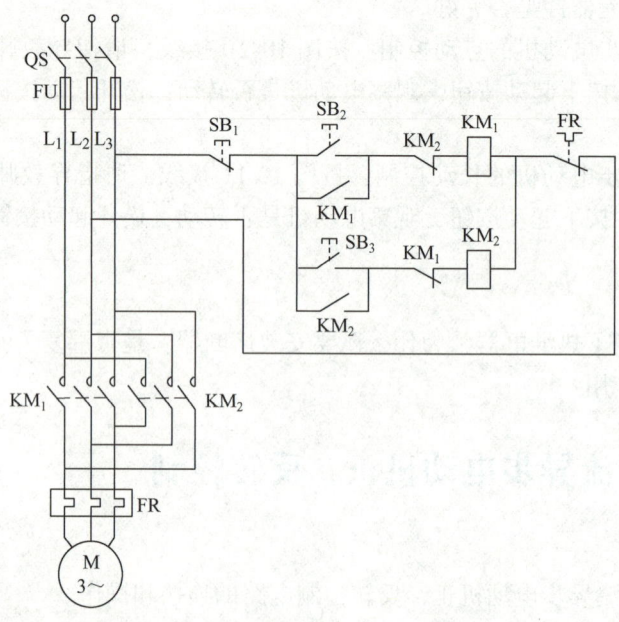

图 10-12 三相异步电动机正反转控制

6. 实训内容及步骤

1）检查各电气元器件是否完好。

2）按图 10-12 接线，接线时可先接主电路，后接控制电路。主电路从电源端开始逐渐接到负载端，并且先接好正转接触器的主触头，再并联反转接触器的主触头。控制电路则可以先接正转控制回路，然后再接反转控制回路。电路接好请指导教师检查后，开始操作。

7. 实训讨论题

本实训电路中共有哪些保护环节？分别由什么电气元器件来完成的？

10.8 单级共射基本放大电路测试

1. 实训目的

1）掌握共射基本放大电路的工作原理。

2）掌握放大电路静态工作点的测量和调试方法，了解电路参数对静态工作点的影响。

3）学会测量放大电路的动态性能指标，掌握放大电路电压放大倍数、输入电阻、输出电阻及最大不失真输出电压的测试方法。

4）进一步掌握双踪示波器、函数信号发生器、交流毫伏表、数字万用表的使用方法。

5）熟悉模拟电路实训设备的使用。

2. 预习要求

识读实训电路，理清下列问题：

1）当晶体管处于什么状态时，晶体管对电流有放大作用？

2）阅读本书中有关晶体管放大电路的内容，估算实训电路的性能指标及静态工作点。

3. 实训器材

1）实验台，1台。
2）低频信号发生器，1只。
3）双踪示波器，1个。
4）数字万用表，1块。
5）交流毫伏表，1块。

4. 实训内容及步骤

1）按图 10-13 连接各电气元器件。

2）调节静态工作点。先接通直流电源 $U_{CC}=12V$，u_i 不接入，调节基极偏置电位器 R_p，使得集电极对参考点电位 V_c 为 5.5~6V，用万用表进行测试。

3）测量电压放大倍数 A_u。放大电路的静态工作点调整好后，调节低频信号发生器输入频率 f 为 1kHz，用交流毫伏表测量输出电压 u_i 为 20mV，输入信号调好后，接入放大电路的输入端，用示波器观测输出电压波形，用交流毫伏表测量输出电压 u_o，并计算电压放大倍数 $A_u = U_o/U_i$。

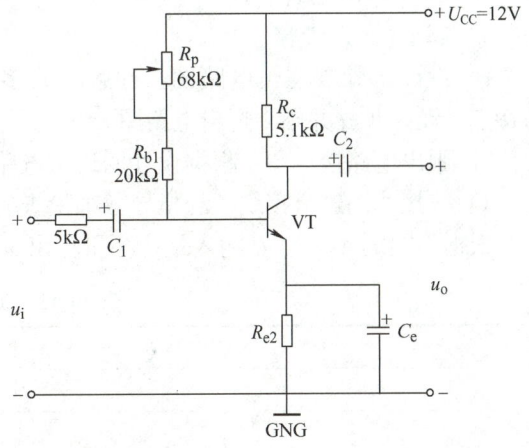

图 10-13　共射基本放大电路

4）调节基极偏置电位器 R_p，用示波器观察输出电压波形失真情况，画出并分析失真波形。

5）不接旁路电容 C_e，重复步骤3），测量输出电压 u_o，计算 A_u 的值。

6）选取合适的静态工作点，加大 u_i 信号幅值，观察输出波形失真情况，并进行记录。

10.9　三人多数表决电路设计、接线与调试

1. 实训目的

1）学会用门电路设计逻辑电路。
2）学会用卡诺图化简逻辑函数。
3）能用与非门设计简单逻辑电路，完成一个三人多数表决电路的设计。
4）培养具有三人多数表决电路接线、排查故障与调试能力。
5）培养具有合作完成实训、独立完成任务计划和撰写实训报告的能力。

2. 预习要求

1）预习门电路及三人表决电路的工作原理及相应逻辑表达式。
2）根据实训任务要求，写出设计步骤，画出逻辑电路图，根据选用的集成块在电路图上标出集成电路的引脚号。

3. 实训简述

1）用与非门设计一个三人多数表决电路，三人分别用 A、B、C 来表示，决议用 Y 来表示，写出设计方法与步骤，要求用 CT74LS10 与非门芯片实现，电路要最简。

2)查阅 CT74LS10 芯片的引脚图并画出其引脚图（如图 10-14 所示）。

3)在教学训练装置上用两片 CT74LS10 芯片完成自己所设计的电路接线，并调试。

4. 实训器材

1)数字逻辑实验箱，1 台。

2)CT74LS10 芯片，1 个。

5. 实训内容及步骤

1)设计步骤与逻辑电路图：理解三人多数表决电路特点，设计步骤并画出逻辑电路图。

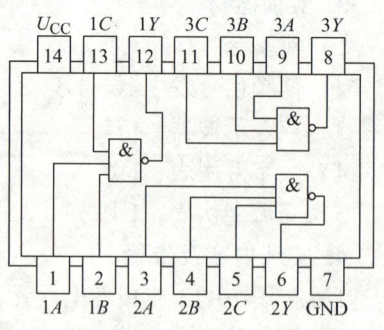

图 10-14　CT74LS10 引线图

2)画出电路接线图：根据设计的逻辑电路图，在图 10-14 中画出接线图。

3)按接线图进行接线，经指导教师检查后，通电进行实验。

根据不同的 A、B、C 输入量，测量输出 Y，并把数据记录在表 10-13 中。

表 10-13　测量数据表

A	B	C	Y

附录　实训项目实施考核标准

实训项目名称：		扣分	得分
评分标准			
接线（30分）	1. 准确操作各仪器、仪表（10分） 2. 应用原理设计电路（10分） 3. 按设计电路原理图接线（10分）		
调试 （40分）	1. 能正确选择仪器、仪表进行调试（10分） 2. 在规定时间内完成接线（15分） 3. 调试结果正确（15分） 4. 虚接、漏接、错接，每处扣2分；接线时损坏元器件，每件扣2分 5. 调试过程中仪器、仪表档位选错，每次扣5分 6. 带电接线、拆线，每次扣5分		
团队协作 （20分）	1. 接线调试过程中团结协作（10分） 2. 制定分工计划，完成任务明确（10分） 3. 不动手、不协作，扣5分		
结果分析（10分）	对测试数据以及误差原因能够正确分析、总结（10分）		
组员签到			

参 考 文 献

[1] 王慧丽，刘江. 电工电子技术基础 [M]. 北京：机械工业出版社，2019.
[2] 申凤琴. 电工电子技术及应用 [M]. 3版. 北京：机械工业出版社，2016.
[3] 徐国和. 电工学与工业电子学 [M]. 5版. 北京：高等教育出版社，1993.
[4] 沈忆宁，刘江. 汽车电工电子基础：汽车运用与维修专业 [M]. 北京：高等教育出版社，2006.
[5] 白乃平. 电工基础 [M]. 4版. 西安：西安电子科技大学出版社，2018.
[6] 王兆义，霍大勇. 电工电子技术基础 [M]. 3版. 北京：高等教育出版社，2016.
[7] 陈丽琴. 电气工程基础 [M]. 北京：科学出版社，2009.
[8] 秦曾煌. 电工学：下册 电子技术 [M]. 7版. 北京：高等教育出版社，2010.
[9] 席时达. 电工技术 [M]. 5版. 北京：高等教育出版社，2019.
[10] 丁振华，詹新生. 电工技术及应用 [M]. 北京：高等教育出版社，2012.
[11] 叶挺秀，张伯尧. 电工电子学 [M]. 4版. 北京：高等教育出版社，2014.
[12] 夏奇兵. 电工电子技术基础：下册 电子 [M]. 北京：机械工业出版社，2015.
[13] 储克森. 电工电子技术：上册 [M]. 北京：机械工业出版社，2006.
[14] 丁卫民. 电工电子技术与技能 [M]. 2版. 北京：机械工业出版社，2016.
[15] 陈丽琴，王慧丽. 电工应用技术 [M]. 北京：中国水利水电出版社，2014.
[16] 李源生，李艳丽. 电路与模拟电子技术 [M]. 3版. 北京：电子工业出版社，2013.
[17] 童诗白，华成英. 模拟电子技术基础 [M]. 5版. 北京：高等教育出版社，2015.
[18] 王慧丽. 模拟电子技术 [M]. 北京：机械工业出版社，2015.
[19] 邱敏. 电工电子技术基础：上册 电工 [M]. 2版. 北京：机械工业出版社，2007.
[20] 熊昇，杨利军. 电工技能训练 [M]. 3版. 北京：机械工业出版社，2015.

职业教育汽车类专业理实一体化教材
职业教育改革创新教材

汽车电工电子技术基础

习 题 册

主　编　刘　江　王慧丽　张　勇
副主编　郭晓宇
参　编　王莲花　樊可钰　李耀武　张勇强　李诚智
主　审　朱　光

机械工业出版社

第1章　汽车电路基本常识

1. 主要内容

本章与中学物理电学部分的内容相衔接，讲述汽车电路的基本概念、汽车电路常用元器件、基本定律和分析计算方法，介绍了电阻、电容、电感的基本知识，为学习交流电路、电工技术及电子技术打好基础。具体包括以下内容：

1) 直流电路的基本概念：电路和电路模型；电流、电压、电位、电动势、电功率；电路的通路、断路、短路三种工作状态。

2) 简单电路的相关内容：电阻、欧姆定律、电源的外特性；电阻的串联、并联和混联电路分析。

3) 复杂电路的相关内容：基尔霍夫定律、支路电流法、叠加定理、戴维南定理，其中戴维南定理作为选学内容。

4) 电容：电容的概念、充电和放电原理、种类和选用。

2. 重点

1) 电路的基本组成及电路的三种不同工作状态。

2) 电路的各基本物理量。掌握电压与电位的概念区别，在实际电路中，往往设有接"地"点或假设参考零电位点，此时可用"电位"的概念对电路进行分析和计算，使问题简单化。

3) 电阻的串联、并联和混联。电阻的串联及并联在实际中应用相当广泛，在讲解串联分压、并联分流以后，应通过大量的实例来说明电阻串联和并联电路在工程实际中的具体应用。通过练习巩固和掌握电阻混联电路等效电阻的求法。

4) 欧姆定律和基尔霍夫定律。对电路进行分析和计算的最基本定律就是欧姆定律和基尔霍夫定律，不论电路的形式、性质、复杂程度如何，在一定的条件下，均可运用这两个基本定律进行分析和求解。这两个定律也是学习电工、电子技术的重要理论依据，必须熟练掌握。

5) 支路电流法、叠加定理、戴维南定理。支路电流法是最基本的分析方法，是基尔霍夫定律的应用。叠加定理和戴维南定理可用于求解复杂电路。

6) 电容。电容是电路的基本元件之一，主要工作在充、放电状态，有"隔直耦交"的作用。

3. 难点

1) 实际方向与参考方向。要进行电路的分析、计算及测量，必须首先明确电流、电压、电动势的实际方向与参考方向的关系。

2) 基尔霍夫第二定律。学生在列写基尔霍夫第二定律方程时，很容易被正负号困惑，应注意元件电压方向与绕行方向的关系。

3）电容的"隔直"作用。在直流稳定电路中，电容相当于开路，理解电容的充、放电过程，并运用于直流稳定电路的分析计算。

习题 1　汽车电路的基本概念

一、填空题

1. 电路一般可以看成是由_____、_____和_____三部分组成，也可以说是由_____电路和_____电路构成。
2. 实际电路的种类很多，从作用来看，一类是_____，另一类是_____。
3. 电路通常有_____、_____、_____三种状态。
4. 电路负载工作（通路）状态时，有_____、_____、_____三种情况；电路的断路状态分为_____和_____两种。
5. 电路最严重、最危险的状态是_____状态，所以要在电路上加装_____装置来避免出现此状态，一般该装置应装在电路的_____线上。
6. 电气元件或设备的_____等于额定值的工作状态称为额定工作状态，也称_____；超载的工作状态是指_____；轻载的工作状态是指_____。
7. 电流用字母____或____表示。____表示恒定不变的电流，____表示变化的电流。
8. 电流表必须_____接到被测量的电路中。用直流电流表测量电流时，接线柱上标明的"＋"应该接电流的_____端，"－"应该接电流的_____端。
9. 电压表必须____接到被测电路的两端，电压表的____端接高电位，____端接低电位。
10. 电路中某点的电位是指_____与_____之间的电压。电位具有_____性，而电压具有_____性。
11. 参考点的电位等于_____，低于参考点的电位为_____值，高于参考点的电位为_____值。
12. 某电路的电压为 U，电流为 I，若选择其电压、电流参考方向为关联参考方向，则该电路的功率计算公式为_____；若选择其电压、电流参考方向为非关联参考方向，则该电路的功率计算公式为_____。当计算结果是正数时，说明该电路_____功率，即_____能量，则该电路是_____；当计算结果是负数时，说明该电路_____功率，即_____能量，则该电路是_____。

二、选择题

1. 下列关于电流的说法正确的是（　　）。
   A. 通过的电量越多，电流就越大　　B. 通电时间越长，电流就越大
   C. 通电时间越短，电流就越大
   D. 通过一定的电量时，所需时间越小，电流就越大
2. 电路中任意两点电位的差值称为（　　）。
   A. 电动势　　　　　B. 电压　　　　　C. 电位
3. 电路中两点间的电压高，则（　　）。
   A. 这两点的电位都高　　　　　B. 这两点的电位差大

C. 这两点的电位都大于零

4. 电路的额定工作状态是指（　　）。
   A. 负载的电阻值等于额定电阻　　　　B. 负载的工作功率等于额定功率
   C. 电源输出功率等于其额定功率

5. 某电路的计算结果是 $I_2 = 2A$，$I_3 = -3A$，它表明（　　）。
   A. 电流 I_2 与电流 I_3 方向相反　　　　B. 电流 I_2 大于电流 I_3
   C. 电流 I_3 大于电流 I_2　　　　　　　D. 电流 I_3 的实际方向与参考方向相同

6. 图 1-1 所示电路中，$E = 1.5V$，若以 C 为参考点，$V_A = 3V$，若以 B 为参考点，则 V_A 和 U_{AC} 分别是（　　）。

   A. 3V，1.5V　　　　B. 1.5V，3V
   C. 3V，3V　　　　　D. 1.5V，1.5V

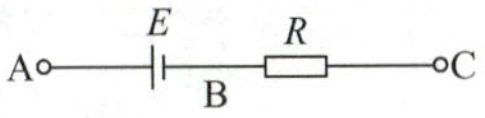

图 1-1　选择题 6 题图

三、判断题

1. 电路中两点间的电压等于其电位差，所以两点间的电压与参考点的选择有关。（　　）
2. 电路中两点间的电压具有相对性，参考点变化时电压值也随之发生变化。（　　）
3. 在电路中，通常所说的大负载是指阻值大的负载。（　　）
4. 如果电路中两点的电位都很高，则该两点间的电压也很大。（　　）
5. 电流的参考方向，既可能是实际方向，也可能与实际方向相反。（　　）
6. 电压的参考方向，既可能是实际方向，也可能与实际方向相反。（　　）
7. 电路中的电位具有相对性，其大小与参考点的选择有关。（　　）

四、解答题

1. 已知 $U_{AB} = 20V$，$U_{BC} = 40V$，若以 C 点为参考点，则 V_A 和 V_B 各为多少？

2. 根据电压电流方向关系，计算图 1-2 各电路的功率，说明是吸收功率还是发出功率。

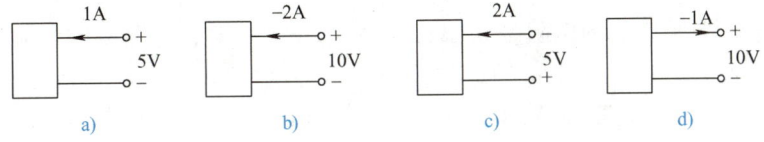

图 1-2　解答题 2 题图

3. 电路如图 1-3 所示。
   （1）求 I_{AB}，I_{CB}，I_{DC}，I_{DA}，I_1，I_2，I_3，I_4；
   （2）求 U_{AB}，U_{CB}，U_{DC}，U_{DA}，U_1，U_2，U_3，U_4。

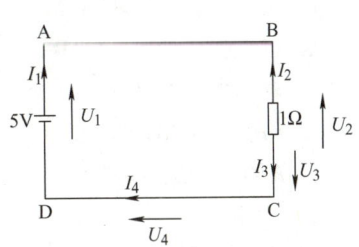

图 1-3　解答题 3 题图

4. 求图 1-4 所示电路中 A 点的电位 V_A。

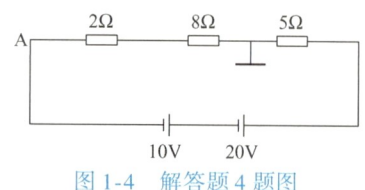

图 1-4　解答题 4 题图

习题 2　汽车电路常用元器件

一、填空题

1. 通常汽车上的电源有两种，分别是_____和_____。

2. 电源既有电动势，又有端电压，电动势方向由____极指向____极；端电压方向由____极指向____极。当电源断路时，其电动势与端电压_____、_____。

3. 当电源具有一定的内阻时，其端电压与电动势的大小关系为：在通路状态下，端电压____电动势；在断路状态下，端电压____电动势；在短路状态下，端电压____电动势。（大于、等于、小于）

4. 请将色环电阻的阻值和误差填于表 1-1 中。

表 1-1　填空题 4 题表

电阻的色环	电阻 1 棕—绿—黄—红	电阻 2 蓝—黑—金—银	电阻 3 绿—棕—黑—金—红	电阻 4 黄—橙—红—黑—紫
电阻值				
误差				

5. 凡是在电路中耗能的元件都可以看作是电阻元件，所以电阻是_____元件，而电容和电感都是_____元件。

6. 电路中电压变化越大，电容的阻碍作用越_____，电流的变化越大，电感的阻碍作用越_____；因此，直流电路中，电容相当于_____，电感相当于_____。

二、选择题

1. 电源电动势为 2V，内电阻是 0.1Ω，当外电路短路时，电路中的电流和端电压分别是（　　）。
   A. 20A，2V　　　B. 20A，0V　　　C. 0A，20V　　　D. 0A，0V

2. 由欧姆定律变换式 $R = U/I$ 可知：一段导体的电阻与其两端所加的（　　）。
   A. 电压成正比　　B. 电流成正比　　C. A 和 B 说法都对　　D. A 和 B 说法都不对

3. 某导体的电阻是 1Ω，通过它的电流是 2A，那么 1min 内电流所做的功为（　　）。
   A. 1J　　　　　　B. 60J　　　　　　C. 120J　　　　　　D. 240J

4. 电阻的功率 $P = UI = I^2R = U^2/R$，下列说法正确的是（　　）。
   A. 功率与电阻成正比　　　　　　B. 功率与电阻成反比
   C. A 和 B 说法都对　　　　　　　D. A 和 B 说法都不对

三、判断题

1. 电源内部电子在外力作用下由负极移向正极。（　　）

2. 电源在开路状态下，流过的电流为零，电源的端电压也为零。（　　）

3. 物体对电流的阻碍作用叫作电阻作用,电阻作用的大小可用电阻值来表示。( )

4. 电阻这个概念有双重含义,有时指电阻作用的大小,有时指电阻元件。( )

5. 电阻和电导都可以表示物体电阻作用的大小,电阻越大,电导就越大。( )

6. 电阻和电导都反映了物体的导电能力,电导越大,导电能力越强。( )

7. 线性电容元件的电流与该时刻电压成正比,电容上电压越大电流就越大。( )

8. 电容元件在电路中有隔断直流信号的作用。( )

四、解答题

1. 图 1-5 各图都表示处于开路状态的电源。图中标出的方向是参考方向。试计算各未知量的值,并写出 A、B 两端的实际极性。

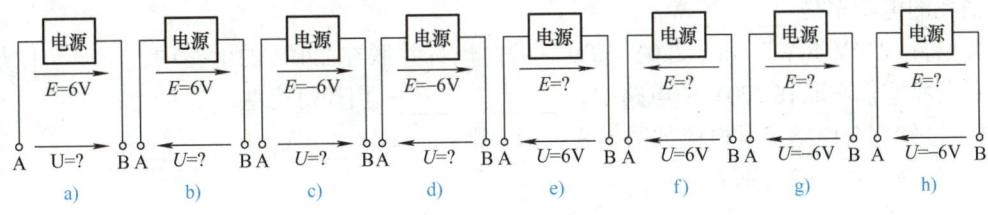

图 1-5 解答题 1 题图

2. 图 1-6 各图都表示处于通路状态的电阻负载,已知 $R=5\Omega$。图中标出的方向是参考方向。试计算各未知量的值,并写出 A、B 两端的实际极性。

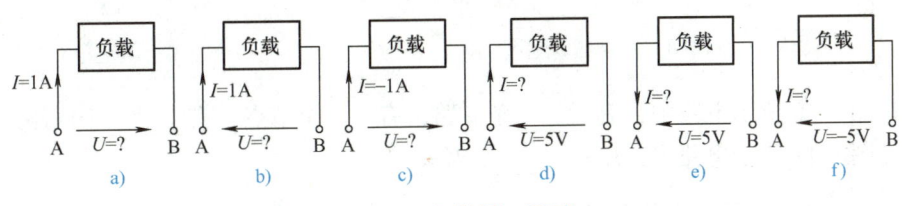

图 1-6 解答题 2 题图

3. 图 1-7 各图都表示处于通路中的电源,计算各未知量的值。

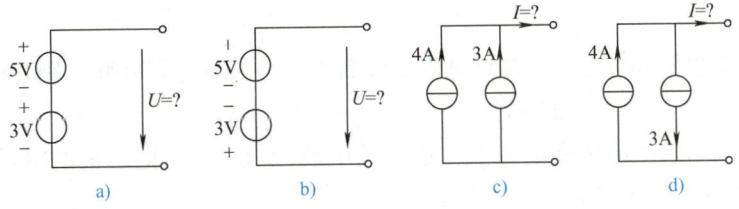

图 1-7 解答题 3 题图

习题3　电路的分析方法

一、填空题

1. 电阻串联可以将总电阻_____，还可以扩大_____表的量程；电阻并联可以将总电阻_____，还可以扩大_____表的量程，工作电压相同的负载几乎都是_____联使用的。
2. 一个电路中，既有电阻的____，又有电阻的____，这种连接方式称电阻混联。
3. 把5Ω的电阻和10Ω的电阻串联接在15V的电源上，则5Ω电阻消耗的电功率是_____。若把两个电阻并联在另一个电源上，已知5Ω电阻消耗的电功率是10W，则10Ω电阻消耗的电功率是_____W。
4. 将"220V 40W"和"220V 60W"的白炽灯并联在220V的电路中，_____白炽灯亮些；若将它们串联在220V的电路中，_____白炽灯亮些。
5. 已知部分电路及其电流如图1-8所示，则：I_X = _____A；I = _____A。
6. 如图1-9所示，则I = _____A。

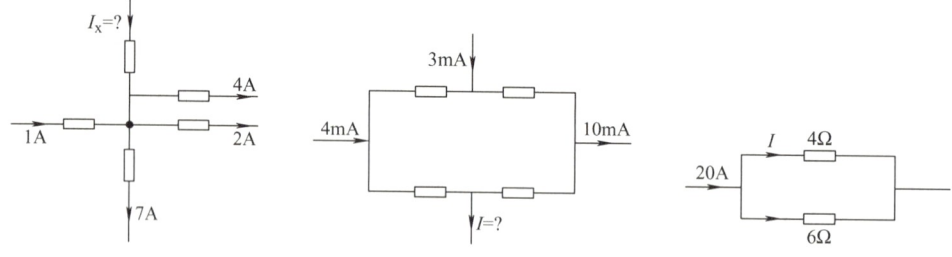

图1-8　填空题5题图　　　　　　　　　　　图1-9　填空题6题图

7. 在图1-10所示电路中，有_____条支路，有____个节点，有_____个回路。
8. 在图1-11所示电路中，I_1 = _____，I_2 = _____。

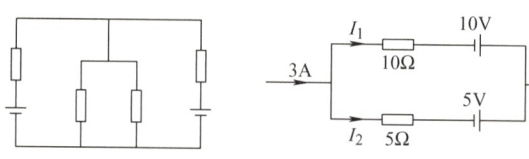

图1-10　填空题7题图　　　图1-11　填空题8题图

二、选择题

1. 三只电阻阻值均为R，若两只电阻串联后再与另一只电阻并联，则总电阻为(_____)。
   A. $R/3$　　　　　B. $2R/3$　　　　　C. $3R$　　　　　D. R
2. 将一根均匀的电阻接在电源上，通过的电流为10A，再把这根电阻对折后，仍接在该电源上，这时通过的电流是(_____)。
   A. 40A　　　　　B. 20A　　　　　C. 10A　　　　　D. 2.5A
3. 将n个电阻并联后接于电源（不计内阻），测得电流为I，若将这n个电阻串联后再接于相同的电源，则电流将会(_____)。
   A. 减小到原来的$1/n$　　　　　　　　B. 减小到原来的$1/n^2$

C. 减小到原来的 1/(2n)　　　　　　D. 减小到原来的 2/n

4. 有一个电压表,其内阻为 1.8kΩ,现在要将它的量程扩大为原来的 10 倍,则（　　）。

A. 用 18kΩ 的电阻与电压表串联　　　B. 用 180kΩ 的电阻与电压表并联

C. 用 16.2kΩ 的电阻与电压表串联　　D. 用 180Ω 的电阻与电压表串联

5. 将内阻为 1kΩ、量程为 100μA 的表头改装成量程为 1mA 的电流表,需并联的电阻大小为（　　）。

A. 100/9Ω　　　B. 90Ω　　　C. 99Ω　　　D. 1000/9Ω

6. 图 1-12 所示电路中所示的四只电阻的连接关系是（　　）。

A. 串联　　　B. 并联

C. 混联　　　D. 复杂连接

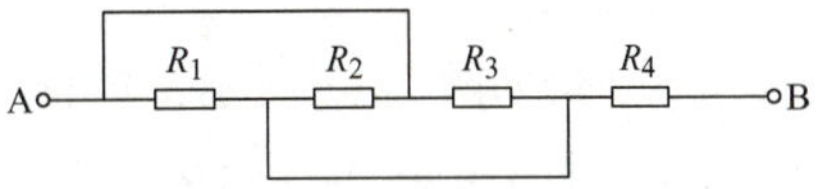

图 1-12　选择题 6 题图

7. 图 1-13 所示电路中,则 R_{AB} 为（　　）。

A. 9Ω　　　B. 15Ω　　　C. 8Ω　　　D. 6Ω

8. 图 1-14 所示电路中,$R_1 = R_2 = R_3 = 3Ω$,$R_4 = 6Ω$,则 R_{AB} 为（　　）。

A. 5Ω　　　B. 15Ω　　　C. 10.5Ω　　　D. 3Ω

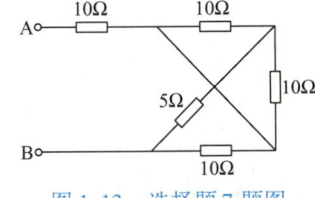

图 1-13　选择题 7 题图

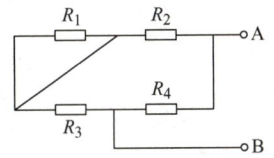

图 1-14　选择题 8 题图

9. 一只白炽灯额定电压为 6V,额定电流为 50mA,图 1-15 中能正常发光的是（　　）。

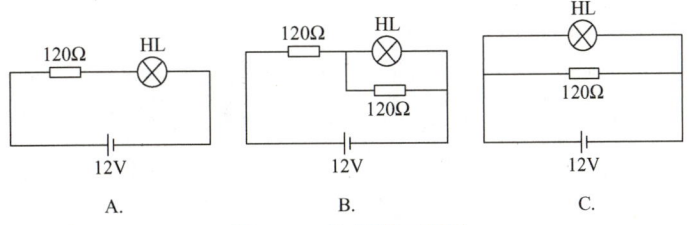

图 1-15　选择题 9 题图

10. 一只 "220V 40W" 的白炽灯接到 110V 电路中,消耗的功率为（　　）W。

A. 40　　　B. 20

C. 10　　　D. 100

11. "220V　40W" 的白炽灯正常发光 25h,耗电（　　）kW·h。

A. 2　　　B. 20

C. 1　　　D. 10

12. 在图 1-16 所示电路中,与方程 $U = IR - E$ 相对应的电路是（　　）。

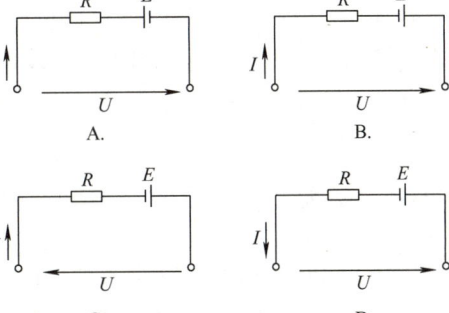

图 1-16　选择题 12 题图

三、判断题

1. 在电阻分压电路中,电阻值越大,其两端分得的电压就越高。( )
2. 对于电路中任一节点,流入节点的电流之和一定等于流出该节点的电流之和。( )
3. 用支路电流法分析电路时,若电路中有 n 个节点,则可以列出 n 个 KCL 方程。( )
4. 利用 KVL 列写回路电压方程时,所设的回路绕行方向不同会影响计算结果。( )
5. 通过电阻的并联可以达到分流的目的,电阻越大,分流作用越显著。( )

四、解答题

1. 电路如图 1-17 所示,电流表 A_1 的读数为 9A,电流表 A_2 的读数为 3A,$R_1 = 4\Omega$,$R_2 = 6\Omega$,计算电阻 R_3 的阻值。

2. 有三只电阻串联后接到电源的两端,已知 $R_1 = 2R_2$,$R_2 = 3R_3$,R_2 两端的电压为 10V,电源两端的电压是多少?(设电源内阻为零)

3. 如图 1-18 所示电路,当开关 S 扳向位置 2 时,电压表读数为 6.3V,当开关 S 扳向位置 1 时,电流表读数为 3A。已知 $R = 2\Omega$,求电源的电动势和内阻。

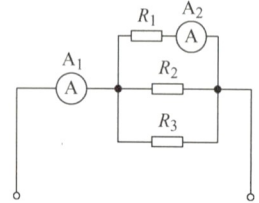

图 1-17　解答题 1 题图

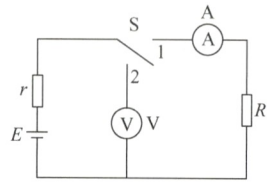

图 1-18　解答题 3 题图

4. 电路如图 1-19 所示,外电阻 $R_2 = R_3 = 4\Omega$。开关 S 闭合时电压表的读数是 2.9V,电流表的读数是 0.5A;S 断开时电压表的读数是 3V。求:(1) 电源的电动势和内电阻;(2) 外电路电阻 R_1。

5. 图 1-20 所示电路中各元件上的电流和电压取关联参考方向。
   (1) 若 $I_1 = 10A$,$I_2 = 4A$,$I_5 = 6A$,求 I_3,I_4,I_6。
   (2) 若 $U_1 = 1V$,$U_3 = 2V$,$U_4 = 4V$,$U_S = 8V$,求 U_2,U_5,U_6。

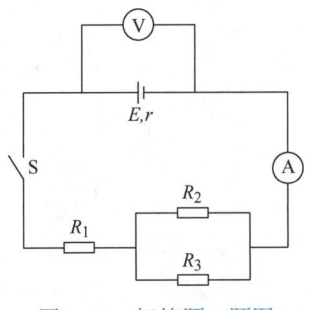

图 1-19　解答题 4 题图

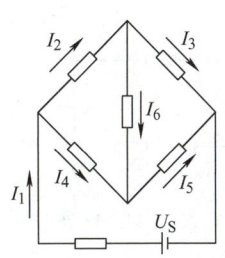

图 1-20　解答题 5 题图

6. 电路如图 1-21 所示，计算两图中 AB 端的等效电阻。

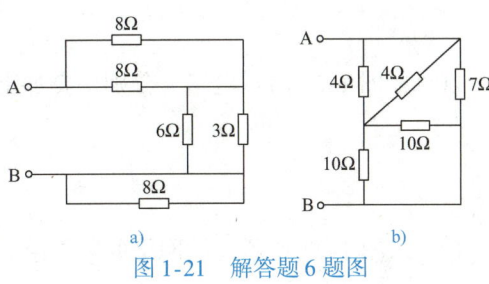

　　　　a)　　　　　　　　　　　b)

图 1-21　解答题 6 题图

7. 如图 1-22 所示电路中，$R_1=100\Omega$，$R_2=400\Omega$，$R_3=300\Omega$，$R_4=200\Omega$，$R_5=120\Omega$。求开关 S 断开与闭合时 A、B 之间的等效电阻。

8. 电路如图 1-23 所示，求 R 的阻值及流过它的电流。

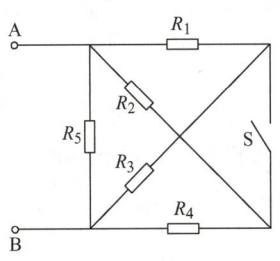

图 1-22　解答题 7 题图

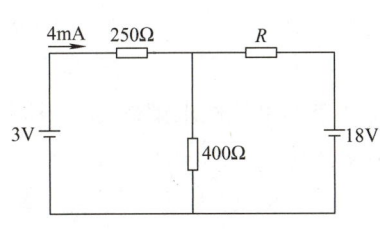

图 1-23　解答题 8 题图

9. 求图 1-24 所示电路中，A、B 两点的电位及这两点间的电压。

10. 电路如图 1-25 所示，已知 $E_1=60V$，$E_2=10V$，$R_1=10\Omega$，$R_2=20\Omega$，$R_3=15\Omega$。分别用支路电流法、叠加定理、戴维南定理求出 R_3 支路的电流。

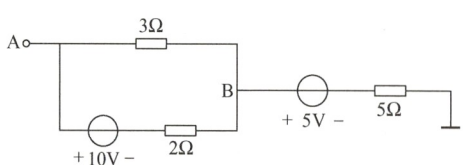

图 1-24　解答题 9 题图

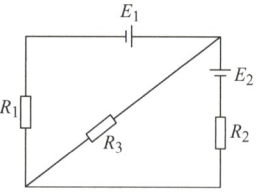

图 1-25　解答题 10 题图

11. 如图 1-26 所示电路，分别用叠加定理和戴维南定理求通过 3Ω 电阻的电流和功率。

12. 求图 1-27 所示二端网络的戴维南等效电路。

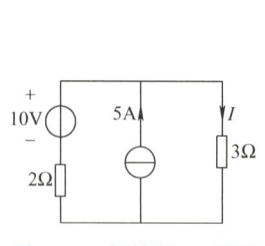

图 1-26　解答题 11 题图

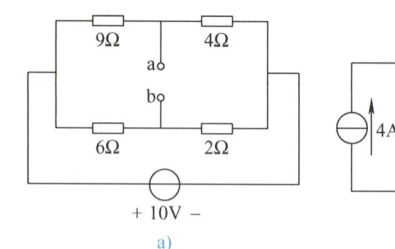

图 1-27　解答题 12 题图

13. 列出用支路电流法求解图 1-28 所示中各支路电流的方程，不计算。

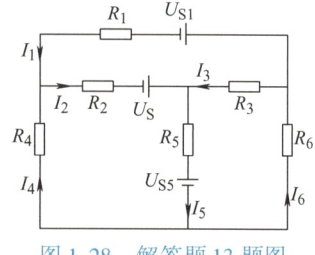

图 1-28　解答题 13 题图

专项测试题　直流电路分析

一、填空题

1. 电路一般由_____、_____、_____三部分组成。
2. 电路的工作状态有_____、_____和_____三种。
3. 基尔霍夫电流定律中，电流关系可用表达式表示为_____。
4. 电阻用符号_____表示，单位是_____；电流用符号_____表示，单位是_____；电压用符号_____表示，单位是_____。

5. 基尔霍夫电压定律（KVL）可叙述为对于集中参数电路，任一时刻，沿着任何一个闭合回路绕行一周，所有支路的电压代数和为_____，表达式为_____。

6. 基尔霍夫电流定律（KCL）可叙述为对于集中参数电路，任一时刻与流入任一节点相连的支路_____的_____为零，表达式为_____。

7. 串联电路中，电阻越大，分得的电压越_____（大、小），分压公式中分得电压与电阻大小成_____（正比/反比）。

8. 并联电路中，电阻越大，分得的电流越_____（大、小）。

9. 一个电路中，既有电阻的串联，又有电阻的_____，这种连接方式称为电阻混联。

10. 当电路中电流的参考方向与电流的真实方向相反时，该电流为_____（正值/负值）。

11. 并联电路分流公式中，电阻越大，分得的电流越_____（大/小），分流公式中分得电流与电阻大小成_____（正比/反比）。

12. 一个理想电路元件，其功率 $P>0$，该电路元件_____（吸收/发出）功率，是_____（负载/电源）元件；$P<0$，该电路元件_____（吸收/发出）功率，是_____（负载/电源）元件。

13. 在任一瞬时，通过任意闭合面的电流的代数和恒等于_____。

14. 如图1-29所示，若 $U=20V$，$R_1=1Ω$，$R_2=4Ω$，则 $U_1=$ _____V，$U_2=$ _____V。

15. 电阻串联可以实现分压，如图1-30a所示，若 $U=20V$，$R_1=40Ω$，$R_2=6Ω$，则 $U_1=$ _____V；电阻并联可以实现分流，如图1-30b所示，若 $I=10A$，$R_1=2Ω$，$R_2=3Ω$，则 $I_1=$ _____A。

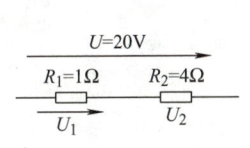

图1-29　填空题14题图

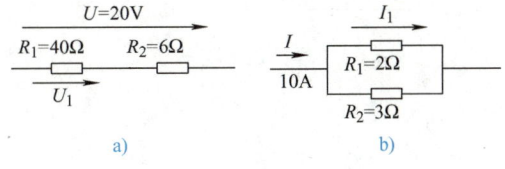

图1-30　填空题15题图

16. 根据图1-31所示电路，可计算其功率为_____W，是_____（吸收还是发出）。

二、解答题

1. 如图1-32所示电路，求 I_X。

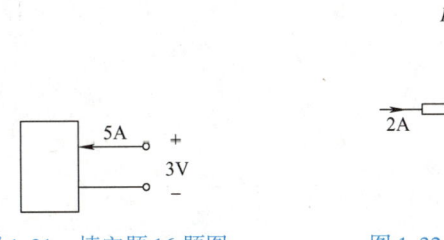

图1-31　填空题16题图　　　　图1-32　解答题1题图

2. 求图1-33所示电路的未知电流 I。

3. 如图 1-34 所示，用基尔霍夫电流定律（KCL）求电流 I_1 和 I_2 的值。

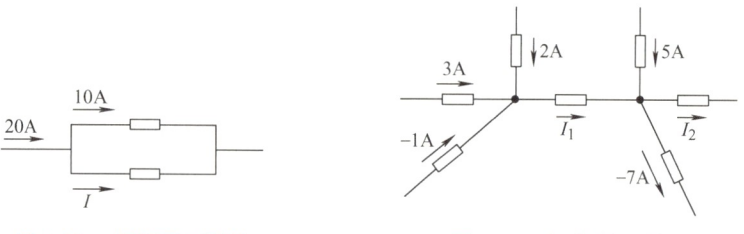

图 1-33　解答题 2 题图　　　　图 1-34　解答题 3 题图

4. 试根据两种实际电源模型的等效互换化简图 1-35。

5. 用叠加定理求图 1-36 所示中间支路 1Ω 电阻上的电流 I。

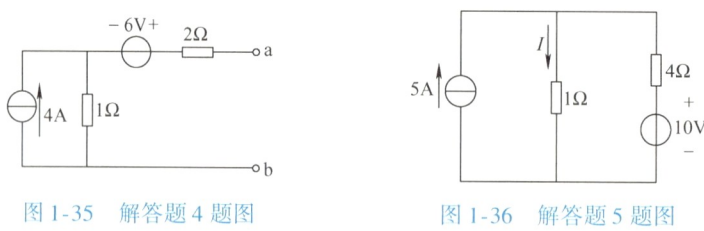

图 1-35　解答题 4 题图　　　　图 1-36　解答题 5 题图

6. 如图 1-37 所示，已知 $U_{S1}=10V$，$U_{S2}=6V$，$R_1=1\Omega$，$R_2=3\Omega$，$R_3=6\Omega$，用基尔霍夫定律求取电流 I_1、I_2、I_3 的值。

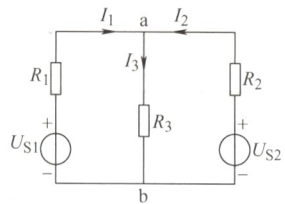

图 1-37　解答题 6 题图

第2章　交流电路的分析与应用

本章小结

1. 主要内容

正弦交流电是电工电子技术中很重要的一部分知识，在生产实际（如汽车行业）和生活中得到了广泛应用。本章从交流电的基本概念入手，引入了正弦量的三要素，逐一介绍了周期、频率、角频率、瞬时值、有效值、最大值、相位和相位差等相关量及其相互间的关系；讲解了正弦量的相量表示法及和、差的求法；通过分析正弦交流电路中的纯电阻电路、纯电感电路和纯电容电路，系统地阐述了交流电路的特点和简单的分析计算方法；讲解了三相交流电源和三相负载的电压、电流关系及实际应用。

2. 重点

1）正弦量的三要素。
2）周期、频率、角频率、瞬时值、有效值、最大值、相位差等相关量间的关系。
3）正弦量的相量表示法及和、差的求法。
4）纯电阻电路、纯电感电路和纯电容电路及 RLC 串联电路的电压、电流关系及功率。
5）分析三相交流电源的星形联结和三相负载三角形联结电路特点。

3. 难点

1）正弦交流电的三要素及各相关量之间的关系。
2）荧光灯电路分析，功率因数的概念及提高方法。
3）三相交流电源星形联结时，线电压与相电压的关系及应用。
4）三相负载三角形联结时，线电流和相电流的关系及应用。

习题 1　正弦交流电路的基本概念

一、填空题

1. 已知 $u = 10\sqrt{2}\sin(3140t - 240°)$ V，则 $U_m =$ _____ V，$U =$ _____ V，$\omega =$ _____ rad/s，$f =$ _____ Hz，$T =$ _____ s，$\varphi =$ _____。

2. 有一交流电流 $i(t) = 5\sqrt{2}\sin(1000t + 300°)$ A，它的有效值 $I =$ _____，角频率 $\omega =$ _____，初相位 $\varphi_i =$ _____。

3. 用电流表测得一正弦交流电路的电流为 8A，则其最大值为 _____ A。

4. 在正弦交流电中完成一次周期性变化所用的时间叫作 _____。

5. 正弦交流电 1s 内变化的次数叫作正弦交流电的 _____。

6. 周期、频率和角频率三者的关系是 _____。

7. 描述正弦量的三要素是 _____。

8. 周期 $T = 0.02s$，振幅为 50V、初相位为 60° 的正弦交流电压 u 的解析式为 _____，其有效值为 _____。

二、选择题

1. 交流电流表在交流电路中的读数是（   ）。
   A. 瞬时值   B. 平均值   C. 最大值   D. 有效值

2. 正弦交流电压 $u = 100\sin(628t + 60°)$ V，它的频率为（   ）。
   A. 100Hz   B. 50Hz   C. 60Hz   D. 628Hz

3. 已知正弦交流电压 $u = 220\sin(314t - 30°)$ V，则其角频率约为（   ）rad/s。
   A. 30   B. 220   C. 50   D. 100π

4. 正弦交流电流的有效值为 10A，频率为 50Hz，初相位为 -30°，它的解析式为（   ）。
   A. $i = 10\sqrt{2}\sin(314t + 30°)$ A   B. $i = 10\sin(314t - 30°)$ A
   C. $i = 10\sqrt{2}\sin(314t - 30°)$ A   D. $i = 10\sin(50t + 30°)$ A

5. 已知一正弦量，其有效值为 100V，初始时刻位于四象限，与时间正方向的夹角为 60°，则此正弦量的解析式为（   ）。
   A. $u = 100\sqrt{2}\sin(\omega t - 60°)$ V   B. $u = 100\sin(\omega t - 60°)$ V
   C. $u = 100\sin(\omega t + 60°)$ V   D. $u = 100\sqrt{2}\sin(\omega t + 60°)$ V

6. 关于正弦交流电相量的叙述中，（   ）的说法不正确。
   A. 模表示正弦量的有效值   B. 辐角表示正弦量的初相位
   C. 辐角表示正弦量的相位   D. 相量只表示正弦量的大小

7. 在正弦交流电的波形图上，若两个正弦量正交，说明这两个正弦量的相位差是（   ）。
   A. 180°   B. 60°   C. 90°   D. 0°

8. 正弦交流电 $e = E_m\sin(\omega t + \varphi)$ V，式中的 $(\omega t + \varphi)$ 表示正弦交流电的（   ）。
   A. 周期   B. 相位   C. 初相位   D. 机械角

9. 图 2-1 所示正弦交流电流的有效值是（   ）A。
   A. $5\sqrt{2}$ B. 5
   C. 10   D. 6.7

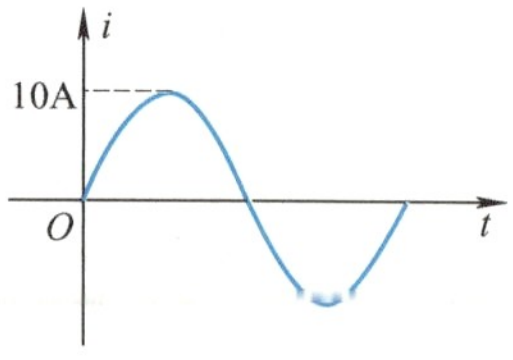

10. 在式 $u = U_m\sin(\omega t + \varphi)$ V 中，φ 表示（   ）。
    A. 频率   B. 相位
    C. 初相位   D. 相位差

图 2-1 选择题 9 题图

11. 已知正弦交流电流 $i = 100\pi\sin(100\pi t + \varphi)$ A，则电流的有效值为（   ）A。
    A. 70.7   B. 100
    C. 70.7π   D. 100π

12. 图 2-2 中，属于直流电压波形的是（   ），属于交流电压波形的是（   ）。

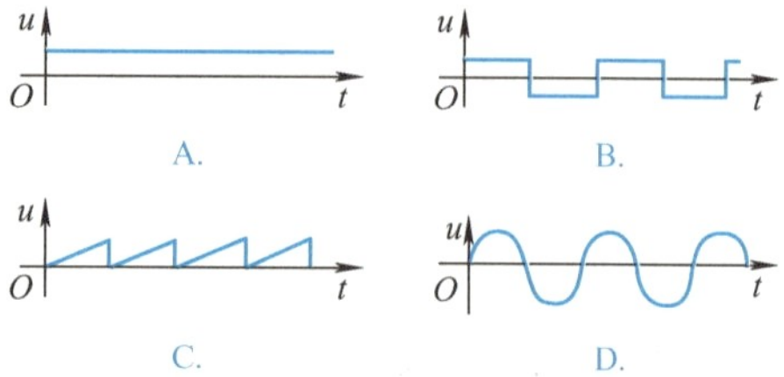

图 2-2 选择题 12 题图

三、判断题

1. 大小和方向都随时间变化的电流属于交流电流。（　）
2. 直流电流的频率为零，其周期为无限大。（　）
3. 正弦交流电的三要素是周期、频率和初相位。（　）
4. 对于同一个正弦交流量来说，周期、频率和角频率是三个互不相干的物理量。（　）
5. 交流电的有效值是最大值的 1/2。（　）
6. 电气设备铭牌标示的参数、交流仪表的指示值，一般指交流电的最大值。（　）
7. 人们平时所用的交流电压表、电流表所测出的数值是有效值。（　）
8. 频率为 50Hz 的交流电，其周期为 0.02s。（　）
9. 已知 $u_1 = 100\sqrt{2}\sin(\omega t)$ V，$u_2 = 150\sqrt{2}\sin(\omega t - 120°)$ V，如图 2-3 所示，则：

(1) $u = u_1 + u_2$　　　　　　　　　　（　）

(2) $\dot{U} = \dot{U}_1 + \dot{U}_2$　　　　　　　　　　（　）

(3) $U = U_1 + U_2$　　　　　　　　　　（　）

(4) $U_m = U_{1m} + U_{2m}$　　　　　　　　（　）

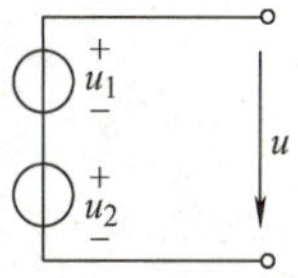

图 2-3　判断题 9 题图

四、解答题

1. 已知某电路电流的瞬时表达式为 $i = 14.14\sin(314t + 30°)$ A，问：（1）该电流的最大值、有效值是多少？（2）周期、频率各为多少？（3）初相位是多少？（4）时间 $t = 0$ 和 $t = 0.1$s 时的电流是多少？（5）画出其波形图。

2. 已知正弦量：$u_1 = 20\sin(314t + 45°)$ V，$u_2 = 40\sin(314t - 90°)$ V，则它们的相位和初相位分别是多少？求两者的相位差，说出它们的相位关系。

3. 两个同频率的正弦电压 u_1 和 u_2 的有效值分别为 30V 和 40V，试问：

（1）什么情况下，$u_1 + u_2$ 的有效值为 70V？

（2）什么情况下，$u_1 + u_2$ 的有效值为 50V？

（3）什么情况下，$u_1 + u_2$ 的有效值为 10V？

4. 三个工频正弦量 i_1、i_2 和 i_3 的最大值分别为 1A、2A 和 3A，若 i_3 的初相位为 60°，i_1 较 i_2 超前 30°，较 i_3 滞后 150°，试分别写出三个电流的解析式。

5. 画出下列各正弦量的相量图。
（1）$i = 3.8\sin(\omega t + 47°)$ A；
（2）$i = 3.8\sin\omega t$ A；
（3）$i = 3.8\sin(\omega t - 180°)$ A；
（4）$u = 3.8\cos(\omega t + 47°)$ V；
（5）$u = 3.8\sin(\omega t - 47°)$ V；
（6）$u = 3.8\sin(\omega t + 90°)$ V。

6. 两个电动势的表达式分别为 $e_1 = 110\sin 314t$ V，$e_2 = 110\sin(314t + 120°)$ V。试用相量法求出（$e_1 + e_2$）与（$e_1 - e_2$）的瞬时值解析式。

习题2　单相交流电路的分析

一、填空题

1. 电容的容抗与自身电容量是_____（正比或反比）关系，与信号频率是_____（正比或反比）关系。

2. 线圈的感抗与自身电感值是_____（正比或反比）关系，与信号频率是_____（正比或反比）关系。

3. 电阻元件的功率因数为____，感性负载电路中，功率因数介于____与____之间。

4. 在 RLC 串联电路中，当 $X_L > X_C$ 时，电路呈____性；当 $X_L < X_C$ 时，电路呈____性；当 $X_L = X_C$ 时，电路呈____性。

5. 在交流电路中，P 称为_____，单位是_____，它是电路中_____元件消耗的功率；Q 称为____，单位是____，它是电路中____或____元件与电源进行能量交换时瞬时功率的最大值；S 称为_____，单位是_____，它是_____提供的总能量。

二、选择题

1. 一白炽灯与电感组成串联电路，接在交流电源上，如果交流电的频率增加，则电感的（　　）。
A. 电感增加　　　　B. 电感减小　　　　C. 感抗增加　　　　D. 感抗减小

2. 某白炽灯额定电压220V，这是指（　　）。
A. 最大值　　　　B. 瞬时值　　　　C. 有效值　　　　D. 平均值

3. RLC 串联电路中，只有下列（　　）情况属于电感性电路。
A. $R = 4\Omega$，$X_L = 1\Omega$，$X_C = 2\Omega$　　　　B. $R = 4\Omega$，$X_L = 0\Omega$，$X_C = 2\Omega$
C. $R = 4\Omega$，$X_L = 3\Omega$，$X_C = 2\Omega$　　　　D. $R = 4\Omega$，$X_L = 2\Omega$，$X_C = 2\Omega$

三、判断题

1. 电阻元件上电压、电流的初相位一定都是零，所以它们是同相的。（　　）

2. 电感元件电压相位超前于电流 π/2，所以电路中总是先有电压后有电流。（　　）

3. 电感元件在直流电路中不呈现感抗，因为此时电感量为零。（　　）

4. 电容元件在直流电路中相当于开路,因为此时容抗为无穷大。( )

5. 如果某电路的功率因数为1,则该电路一定是只含电阻的电路。( )

6. 选定电感元件、电容元件的电压与电流关联参考方向时:

(1) $u_L = \omega L I_L$ ( )   (2) $U_L = \omega L I_L$ ( )

(3) $u_L = \omega L i_L$ ( )   (4) $i_C = \dfrac{u_C}{C}$ ( )

(5) $I_C = \dfrac{U_C}{\omega C}$ ( )   (6) $i_C = \dfrac{U_C}{X_C}$ ( )

7. RLC 串联电路中:

(1) $U = U_R + U_L + U_C$ ( )   (2) $U = \sqrt{U_R^2 + (U_L - U_C)^2}$ ( )

(3) $\dot{U} = \dot{U}_R + \dot{U}_L + \dot{U}_C$ ( )   (4) $Z = R + X_L + X_C$ ( )

8. 在 RLC 串联电路中,若 $X_L = X_C$,这时电路的端电压与电流的相位差为零。( )

四、解答题

1. 两个相同的电阻,在相同的时间里,分别通过10A 的直流电和最大值为10A 的交流电,问哪个电阻产生的热量大?

2. 为什么常把电感线圈称为"低通"元件(即低频电流容易通过),而把电容称为"高通"元件?

3. 常用的电容都标明了耐压值。现有一个耐压 500V 的电容器,可否将它接在电压为 500V 的交流电源上使用?为什么?

4. 荧光灯电路由哪些元件组成?分别起了哪些作用?

5. 一个220V,60W 的白炽灯接在 $u = 220\sqrt{2}\sin(314t + 30°)$ V 的电源上,求流过白炽灯的电流,写出电流的解析式并画出电压、电流的相量图。

6. 一线圈在工频电压作用下,感抗为 47.1Ω,试求其电感;当通过此线圈的电流频率为 100Hz 与 10^{-6} Hz 时,其感抗各为多少?

7. 一个可以忽略电阻的线圈，电感 $L = 414\text{mH}$，接在 $u = 278.5\sin(314t + 90°)$ V 的电源上，试求线圈上的电压、电流及线圈的无功功率。

8. 一只耐压为 400V、容量为 220μF 的电容，接在 $u = 220\sqrt{2}\sin(314t + 60°)$ V 的电源上，其通过的电流是多少？写出电流的瞬时表达式。

9. 具有电感 $L = 160\text{mH}$ 和电阻 $R = 25\Omega$ 的线圈与电容 $C = 127\mu\text{F}$ 串联后，接到电压 $u = 180\sin314t$ V 的电源上。求（1）电路中的电流；（2）有功功率和无功功率；（3）画出相量图。

10. 为了测量一荧光灯电路灯管的等效电阻值和镇流器的等效电感值，用频率为 f_1 和 f_2 的两个正弦电源做实验，测得数据为：$f_1 = 50\text{Hz}$ 时，线圈两端电压为 60V，电流为 10A；$f_2 = 100\text{Hz}$ 时，线圈两端电压为 60V，电流为 6A。试根据所得数据求所需确定的值。

11. 在图 2-4 所示交流电路中，已知 $R = X_L = X_C$，试比较各电流表的读数。

12. 三个相同的白炽灯，分别与电阻、电感及电容串联后接在交流电源上，如图 2-5 所示。如果 $R = X_L = X_C$，试问白炽灯的亮度是否一样？为什么？假如将它们改接在直流电源上，白炽灯的亮度各有什么变化？

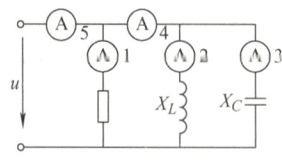

图 2-4　解答题 11 题图

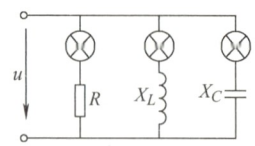

图 2-5　解答题 12 题图

13. 荧光灯电路中荧光灯的等效电阻为 300Ω，镇流器的等效电感抗为 446Ω，已知电源电压表达式可写成 $u = 220\sqrt{2}\sin(100\pi t)$ V，为了提高荧光灯电路的功率因数，在荧光灯电路上并联一个 $C = 4.75\mu\text{F}$ 的电容，求并联电容后整个电路的功率因数 $\cos\varphi$。

习题 3　三相交流电路的分析

一、填空题

1. 对称三相电源星形联结时，$U_L =$ _____ U_P，线电压的相位超前于它所对应相电压的相位 _____ 。

2. 正序对称三相电源星形联结，若 $\dot{U}_{VW} = 380\angle 30°\text{V}$，则 $\dot{U}_{UV} =$ _____ V，$\dot{U}_U =$ _____ V，$\dot{U}_W =$ _____ V。

二、选择题

1. 三相电源星形联结时，线电压与相电压的关系是（　　）。
   A. $U_L = U_P$，线电压滞后与之对应的相电压 30°
   B. $U_L = \sqrt{3}U_P$，线电压滞后与之对应的相电压 30°
   C. $U_L = U_P$，线电压超前与之对应的相电压 30°
   D. $U_L = \sqrt{3}U_P$，线电压超前与之对应的相电压 30°

2. 三相四线制供电系统中，线电压指的是（　　）。
   A. 两相线间的电压　　　　　　B. 中性线对地电压
   C. 相线与中性线间电压　　　　D. 相线对地电压

3. 三相四线制供电线路中，若相电压为 220V，则相线间电压为（　　）。
   A. 220V　　　B. 380V　　　C. 311V　　　D. 440V

4. 三相四线制供电系统中，中性线电流等于（　　）。
   A. 零　　　B. 3 倍相电流　　　C. 各相电流的代数和　　　D. 各相电流的相量和

5. 中性点接地，设备外壳接中性线的运行方式叫（　　）。
   A. 保护接地　　　B. 保护接零　　　C. 接地或接零　　　D. 接地保护

三、判断题

1. 三相负载三角形联结时，U_L 必为 U_P 的 $\sqrt{3}$ 倍。（　　）

2. 阻抗值相等的三相负载称为三相对称负载。（　　）

3. 三相四线制供电系统中，中性线的作用是保证负载不对称时，三个相电流对称。（　　）

4. 在三相功率计算式 $P = \sqrt{3}U_L I_L \cos\varphi$ 中，φ 是指线电压与线电流的相位差。（　　）

5. 一台三相电动机，每个绕组的额定电压是 220V，现三相电源的线电压是 2200V，则这台电动机的绕组应采用星形联结。（　　）

6. 三相交流电源是由频率、有效值、相位都相同的三个单相交流电源按一定方式组合起来构成的。（　　）

四、解答题

1. 试判断图 2-6 中的 3 种三相电路是星形联结还是三角形联结？是几相几线制？

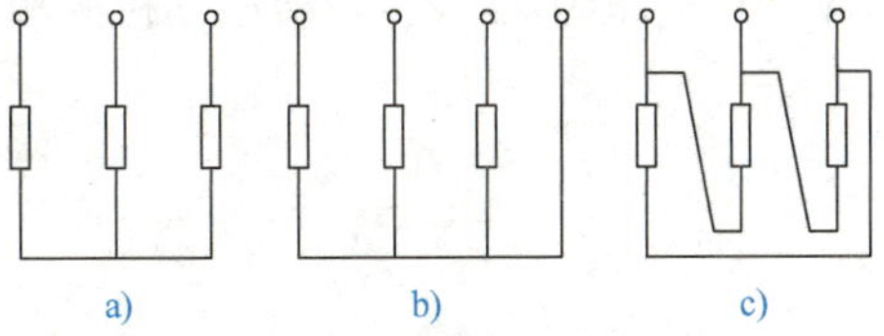

图 2-6　解答题 1 题图

2. 三相对称电源接成三相四线制时，能够输出几种电压？它们有何关系？

3. 什么是三相电源的相序？工程上用哪三种颜色区分？

4. 图 2-7 所示电路中，设三相负载是对称的，已知接在电路中的电流表 A_1 的读数是 15A。问：电流表 A_2 的读数是多少？

5. 图 2-8 所示电路中，设三相负载是对称的，已知接在电路中的电压表 V_2 的读数是 660V。问：电压表 V_1 的读数是多少？

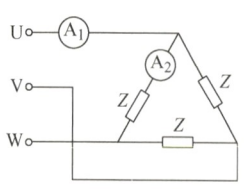

图 2-7　解答题 4 题图

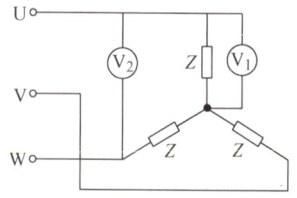

图 2-8　解答题 5 题图

6. 三只白炽灯额定功率相同，额定电压均为 220V，如图 2-9 所示，接在线电压为 380V 的三相四线制电源上。接在 U 相的开关 S 闭合与断开时，对 V、W 两相的白炽灯亮度有无影响？如果不接中性线，影响又将如何？为什么？

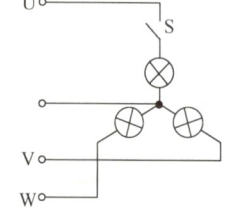

图 2-9　解答题 6 题图

7. 将图 2-10 中的各相负载分别采用星形联结或三角形联结。已知电源的线电压为 380V，相电压为 220V，每台电动机的额定电压为 380V。

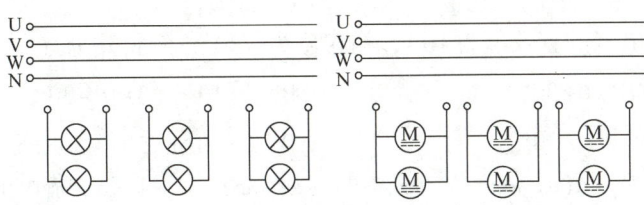

图 2-10 解答题 7 题图

专项测试题 2.1 单相交流电路分析

一、填空题

1. 用电流表测得一正弦交流电路的电流为 10A，则其最大值为____A。
2. 描述正弦量的三要素是_____、_____、_____。
3. 正弦交流电路电流的最大值为 $10\sqrt{2}$ A，则其有效值为____A。
4. 已知 $u = 20\sqrt{2}\sin(314t + 120°)$ V，则最大值 U_m = ____V，角频率 ω = ____rad/s，频率 f = ____Hz，周期 T = ____s，初相位 φ = ____。
5. 电容的容抗 X_C = _____电感的感抗 X_L = _____。
6. 电阻元件的功率因数为____，感性负载电路中，功率因数介于____与____之间。
7. $u_1 = 110\sqrt{2}\sin(100\pi t + 30°)$ V，该电压最大值_____，有效值_____，角频率_____，频率_____，初相位_____。
8. 已知 $u = 20\sqrt{2}\sin(314t + 120°)$ V，则 U_m = ____V，ω = ____rad/s，f = ____Hz，T = ____s，φ = ____。
9. RLC 串联电路中，当 $X_L > X_C$ 时，电路的性质为_____；当 $X_L < X_C$ 时，电路性质为_____；当 $X_L = X_C$ 时，电路性质为_____。
10. 写出电流 $i = 10\sqrt{2}\sin(314t + 47°)$ A 的相量式_____。
11. 在纯电阻电路中，相位上电压_____（同相位、超前、滞后）电流 90°。
12. 在纯电感电路中，相位上电压_____（超前、滞后）电流 90°。
13. 在纯电容电路中，相位上电压_____（超前、滞后）电流 90°。
14. 在供电系统中，当电源电压及负载的有功功率一定时，提高电路的功率因数，可采用的办法是_____（并联/串联）电容。
15. 在正弦交流电路中完成一次周期性变化所用的时间称为_____。
16. 正弦交流电在 1s 内变化的次数称为正弦交流电的_____。
17. 在供电系统中，当电源电压及负载的有功功率一定时，提高电路的功率因数，可使供电电路的功率损耗_____（增大/减小）。
18. 在交流电路中电压瞬时值用____表示，电压有效值用____表示，电压最大值用_____表示。
19. 线圈的感抗与其电感值是_____（正比或反比）关系。

二、选择题

1. 交流电流表在交流电路中的读数是（　　）。

A. 瞬时值　　　　　B. 平均值　　　　　C. 最大值　　　　　D. 有效值

2. 工频下正弦电流的有效值为 10A，初相位为 $-30°$，解析式为（　　）。

A. $i=10\sqrt{2}\sin(314t+30°)$ A　　　　B. $i=10\sin(314t-30°)$ A

C. $i=10\sqrt{2}\sin(314t-30°)$ A　　　　D. $i=10\sin(50t+30°)$ A

3. 交流电 $e_m=E_m\sin(\omega t+\varphi)$ V，式中的（$\omega t+\varphi$）表示正弦交流电的（　　）。

A. 周期　　　　　　B. 相位　　　　　　C. 初相位　　　　　D. 机械角

4. 功率因素提高的方法是（　　）。

A. 并联电阻　　　　B. 串联电容　　　　C. 并联电感　　　　D. 并联电容

5. 在 RLC 串联电路中，当 $X_L<X_C$ 时，电路呈（　　）性。

A. 电感　　　　　　B. 电阻　　　　　　C. 电容　　　　　　D. 不确定

6. RLC 串联电路中，下列（　　）情况属于感性电路。

A. $R=4\Omega$，$X_L=1\Omega$，$X_C=2\Omega$　　　　B. $R=4\Omega$，$X_L=0$，$X_C=2\Omega$

C. $R=4\Omega$，$X_L=3\Omega$，$X_C=2\Omega$　　　　D. $R=4\Omega$，$X_L=2\Omega$，$X_C=2\Omega$

7. 在 RLC 串联电路中，电路的有功功率 $P=30$W，无功功率 $Q=40$var，则视在功率 S 为（　　）。

A. 100V·A　　　　B. 70V·A　　　　　C. 50V·A　　　　　D. 80V·A

三、解答题

1. 一电阻 $R=10\Omega$，R 两端的电压 $u_R=20\sqrt{2}\sin(314t+45°)$ V，求：

（1）通过电阻 R 的电流有效值 I_R 和电流瞬时值 i_R；（2）电阻 R 吸收的功率 P_R。

2. 设有一线圈为纯电感，$L=127$mH，接在 $u=220\sqrt{2}\sin(314t+30°)$ V 的交流电路中，求：

（1）流过线圈的有效值和瞬时表达式；（2）画出电压和电流的相量图；（3）线圈的无功功率。

3. 把一个 10μF 的电容，接到 $U=220$V，$\varphi=30°$ 的工频交流电源上，试写出电流的瞬时表达式，画出电流、电压的相量图，求出电路的无功功率。

专项测试题 2.2　三相交流电路分析

一、填空题

1. 三相对称交流电动势的特点是最大值、频率_____（相等/不等）、相位互差_____

（120°/90°）。

2. 三相交流电源的正相序为＿＿＿＿＿＿，逆相序为＿＿＿＿＿＿。

3. 三相电源的联结方式有＿＿＿＿＿与＿＿＿＿＿两种，常采用＿＿＿＿＿＿方式供电。

4. 三相电源星形联结是把三相电源各绕组的末端 U_2、V_2、W_2 连在一起引出，该引出线称为＿＿＿线；把三相电源各绕组的首端 U_1、V_1、W_1 各自引出，称为＿＿＿线。

5. 三相电源星形联结，线电压 U_L 和相电压 U_P 的关系为＿＿＿＿＿＿。

6. 三相电源三角形联结，线电压 U_L 和相电压 U_P 的关系为＿＿＿＿＿＿。

7. 当三相电源采用星形联结时，电路中存在的两种电压，一种是相电压，另一种是＿＿＿电压，它们之间的关系是 $U_L = $＿＿＿$U_P$。

8. 通常所说交流 220V 或 380V 电压，指的是＿＿＿＿＿＿（最大值/有效值）。

9. 三相负载星形联结线电流 I_L 和相电流 I_P 的关系是＿＿＿＿＿＿。

10. 三相负载三角形联结线电流 I_L 和相电流 I_P 的关系是＿＿＿＿＿＿。

二、选择题

1. 三相对称交流电动势的三个相电压的关系是（　　）。
   A. 最大值、频率、相位都相等　　B. 最大值、频率、相位都不相等
   C. 最大值、频率相等，相位互差 120°　　D. 最大值、相位相等，频率不相等

2. 通常所说交流 220V 或 380V 电压，指的是（　　）
   A. 平均值　　B. 最大值　　C. 瞬时值　　D. 有效值

3. 在供电系统中，当电源电压及负载的有功功率一定时，提高电路的功率因数，可使供电电路的功率损耗（　　）。
   A. 增大　　B. 减小　　C. 不变　　D. 不能确定

4. 电阻值为 6Ω 的电阻与感抗为 8Ω 的电感串联，接在电压 $u = 110\sqrt{2}\sin\omega t$ V 的交流电源上，其电流的瞬时值表达式为（　　）。
   A. $i = 11\sin\omega t$ A　　B. $i = 11\sqrt{2}\sin\omega t$ A
   C. $i = 11\sqrt{2}\sin(\omega t + 53.1°)$ A　　D. $i = 11\sqrt{2}\sin(\omega t - 53.1°)$ A

5. 当三相交流电源星形联结时，线电压是相电压的（　　）倍。
   A. $\sqrt{2}$　　B. $\sqrt{3}$　　C. 3　　D. 2

6. 三相四线制供电系统中，线电压指的是（　　）。
   A. 两相线间的电压　　B. 中性线对地电压
   C. 相线与中性线间电压　　D. 相线对地电压

7. 三相四线制供电系统中，中性线电流等于（　　）。
   A. 零　　B. 3 倍相电流　　C. 各相电流的代数和　　D. 各相电流的相量和

8. 线电压为 380V 的星形联结三相对称电路中，其各相电压为（　　）V。
   A. 220　　B. 380　　C. 127　　D. 110

9. 三相电源绕组星形联结时，线电压与相电压的关系是（　　）。
   A. $U_L = U_P$，线电压滞后与之对应的相电压 30°
   B. $U_L = \sqrt{3}U_P$，线电压滞后与之对应的相电压 30°
   C. $U_L = U_P$，线电压超前与之对应的相电压 30°

D. $U_L = \sqrt{3} U_P$,线电压超前与之对应的相电压 30°

10. 三相电路中,下列说法中一定需要中性线的是(   )。

A. 三相对称负载Y联结   B. 三相对称负载△联结
C. 三相不对称负载Y联结   D. 三相不对称负载△联结

11. 图2-11 所示电路中,设三相负载是对称的,已知接在电路中的电压表 V_2 的读数是 660V,则电压表 V_1 的读数为(   )V。

A. 660   B. $\dfrac{660}{\sqrt{3}}$

C. 0   D. $660\sqrt{3}$

12. 正弦交流电流有效值为 10A,频率为 50Hz,初相位为 -30°,它的解析式为(   )。

A. $i = 10\sqrt{2}\sin(314t + 30°)$ B. $i = 10\sin(314t - 30°)$
C. $i = 10\sqrt{2}\sin(314t - 30°)$ D. $i = 10\sqrt{2}\sin(50t + 30°)$

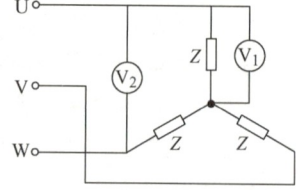

图 2-11 选择题 11 题图

三、解答题

1. 如图 2-12 所示,设三相负载星形联结,负载阻抗是对称的,已知接在电路中的电压表 V_2 的读数为 380V,则电压表 V_1 的读数是多少?

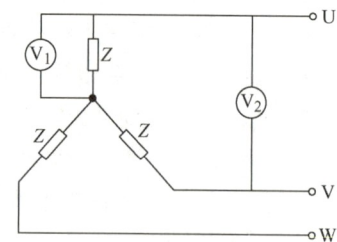

图 2-12 解答题 1 题图

2. 试判断图 2-13 中 3 种三相电路是星形联结还是三角形联结?是几相几线制?

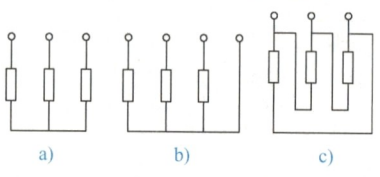

图 2-13 解答题 2 题图

3. 如图 2-14 所示,三只白炽灯额定功率相同,额定电压均为 220V,接在线电压为 380V 的三相四线制的电源上。(1) 将接在 V 相的开关 S 闭合与断开时,对 U、W 两相的白炽灯亮度有无影响?(2) 如果不接中性线,接在 V 相开关 S 闭合与断开时,对 U、W 两相的白炽灯亮度有无影响?为什么?

4. 如图 2-15 所示,在 380V/220V 三相四线制照明电路中,设 $R_U = 11\Omega$,$R_V = R_W = 22\Omega$。(1) 若中性线突然断开,U 相断开,求负载 R_V、R_W 的相电压,会出现什么问题?(2) 若中性线突然断开,U 相短路,求负载 R_V、R_W 的相电压,会出现什么问题?(3) 通过上述分析,在三相不对称负载中,中性线是否可以没有?

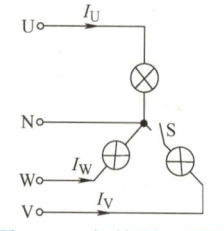

图 2-14 解答题 3 题图

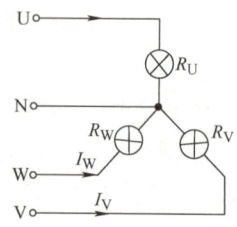

图 2-15 解答题 4 题图

第3章 变压器

 本章小结

1. 主要内容

本章讲述了变压器的原理和应用，具体包括以下几方面的内容：

1) 变压器的结构与分类。
2) 变压器的基本工作原理，变压器的电压变换、电流变换、阻抗变换。
3) 变压器的损耗和额定值。

2. 重点

1) 变压器的基本结构由铁心和绕组组成；基本工作原理是电磁感应原理。
2) 变压器具有电压变换、电流变换、阻抗变换的作用，掌握相关公式及应用。

3. 难点

变压器具有电压变换、电流变换、阻抗变换的作用；每种变换应用场景不同，注意公式选择和计算。

习题 变压器

一、填空题

1. 小型变压器的基本结构主要有_____和_____两部分。

2. 变压器的铁心是由_____构成的。根据铁心绕组的安装位置可将变压器分为_____和_____。

3. 变压器可分为升压变压器和降压变压器，当变压器电压比 $K > 1$ 时是_____；当变压器电压比 $K > 1$ 时是_____。

4. 变压器的作用有_____、_____、_____。

5. 电路最严重、最危险的状态是_____状态，所以要在电路上加装_____装置来避免出现此状态，一般该装置应装在电路的_____线上。

6. 变压器的绕组常用绝缘铝线或铜线绕制而成。接_____的绕组称为一次绕组；接负载的绕组称为_____。

二、选择题

1. 变压器的负载电流增加时，其输出端电压将（ ）。
   A. 上升　　　　B. 不变　　　　C. 下降　　　　D. 三种情况都有可能

2. 单相变压器上标明"220/36V、300V·A"，（ ）规格的白炽灯能接在此变压器的二次绕组电路中使用。

A. 36V　500W　　B. 36V　60W　　C. 12V　60W　　D. 220V　25W

3. 有一理想变压器，一次绕组接在220V电源上，测得二次绕组的端电压11V，如果一次绕组的匝数为220匝，则变压器的电压比、二次绕组的匝数分别为（　　）。

A. 20、22　　B. 20、11　　C. 10、11　　D. 10、22

4. 理想变压器的一次电压$U_1=300V$，其电压比$K=15$；当二次电流$I_2=60A$时，二次电压U_2、一次电流I_1分别为（　　）。

A. 20V、4A　　B. 20V、15A　　C. 50V、4A　　D. 50V、10A

5. 变压器一次侧供电电压因故障降低5%时，为了使二次电压不变，应将（　　）。

A. 一次绕组匝数增加5%　　　　B. 一次绕组匝数减少5%

C. 二次绕组匝数减少5%　　　　D. 不变

6. 电力变压器是常用于改变（　　）的电气设备。

A. 电能大小　　B. 交流电压大小　　C. 直流电压大小　　D. 交流电源频率大小

7. 变压器负载运行并且负载功率因数一定时，变压器的效率和（　　）的关系叫变压器负载运行的效率特性。

A. 时间　　B. 主磁通　　C. 铁损耗　　D. 负载系数

三、判断题

1. 有一变压器空载运行时，一次绕组加交流额定电压220V，若其绕组的匝数为10匝，则此时一次绕组电流为22A。（　　）

2. 变压器的电压比$K>1$时，变压器用于升压；$K<1$时，用于降压。（　　）

3. 变压器带负载运行时，当一次侧加以额定电压后，在任何负载下，一次电流都是额定值。（　　）

四、计算题

1. 单相变压器一次侧接330V电源，空载时，二次侧接一只电压表，其读数为220V。如果二次侧有20匝，试求：（1）变压器的电压比；（2）变压器的一次侧匝数。

2. 已知单相变压器一次电压为1000V，二次电压为220V，若在二次侧接10kW的电炉，问一次电流、二次电流各为多少？

3. 单相变压器的一次绕组接在$U_1=3000V$的交流电源上，已知其电压比$K=15$，求二次绕组的输出电压U_2；若二次绕组中电流$I_2=60A$，求一次绕组中的电流。

4. 一台降压变压器一次绕组接到6600V的交流电源上，二次电压为220V。

（1）试求其电压比。

（2）若一次绕组的匝数$N_1=3300$匝，试求二次绕组的匝数N_2。

（3）若电源电压降低到6000V，为使二次绕组电压保持不变，试问一次绕组匝数应调整到多少？

第4章 直流电机

1. 主要内容
本章讲述了直流电机的原理和应用,具体包括以下几方面的内容:
1) 直流电机的结构造与分类。
2) 直流电机的基本工作原理。
3) 直流电机励磁方式和特性。
4) 直流电机的额定值。

2. 重点
1) 直流电机的基本结构由定子和转子组成;基本工作原理是通电导体在磁场中受力的作用。
2) 直流电机励磁方式有他励、并励、串励、复励。

3. 难点
直流电机有4种励磁方式,每种励磁方式的应用场景。

习题 直流电机

一、填空题
1. 按照励磁方式不同,直流电机有_____、_____、_____、_____四种。
2. 直流电机由_____和_____两大部分组成,固定不动的是_____,旋转的是_____。
3. 直流电机的制动方式有_____、_____和_____。

二、选择题
1. 励磁绕组不与电枢连接,励磁电流由独立的电源供给的直流电机称为(　　)电机。
   A. 他励　　　　B. 串励　　　　C. 并励　　　　D. 复励
2. 直流电机主磁极上两个励磁绕组,一个与电枢绕组串联,一个与电枢绕组并联,此种励磁方式称为(　　)。
   A. 他励　　　　B. 串励　　　　C. 并励　　　　D. 复励
3. 直流电机主磁极的作用是(　　)。
   A. 产生换向磁场　　B. 产生主磁场　　C. 削弱主磁场　　D. 削弱电枢磁场
4. 直流电机的电枢铁心一般用(　　)制成。

A. 0.5mm 厚的薄钢板冲制成型后再用铆钉铆紧

B. 0.5mm 厚有绝缘层的硅钢片叠压

C. 整块铝板　　　　　　　　　　D. 整块铸铁

5. 直流电机中的电刷是为了引导电流，在实际应用中一般都采用（　　　）。

A. 铜质电刷　　　B. 银质电刷　　　C. 金属石墨电刷　　　D. 电化石墨电刷

6. 直流电机中的换向极由（　　　）组成。

A. 换向极铁心　　　　　　　　　　B. 换向极绕组

C. 换向器　　　　　　　　　　　　D. 换向极铁心和换向极绕组

三、判断题

1. 理论上，同一直流电机既可输入机械能、输出电能作为发电机运行，也可输入电能而输出机械能作为电动机运行。（　　　）

2. 直流电机中主磁极的作用是通入交流励磁电流，产生主磁场。（　　　）

3. 直流电机中的换向器用以产生换向磁场，以改善电机的换向。（　　　）

4. 直流电动机起动时，必须限制起动电流。（　　　）

四、解答题

1. 一台直流发电机转速为 1200r/min 时，产生 110V 的感应电动势，若将每极磁通 Φ 增加 6%，转速增至 1400r/min，试求此时的感应电动势。

2. 图 4-1 所示为直流发电机的原理图，其电枢在原动机带动下顺时针旋转。要求：(1) 画出电枢导线中通过的电流方向。(2) 画出导线所受电磁力的方向。(3) 上述电磁力所产生的电磁转矩与原动机的转矩是否相同，怎样才能保持发电机的转速恒定？

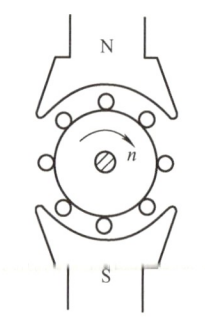

图 4-1　解答题 2 题图

第5章 交流电动机

本章小结

1. 主要内容

本章讲述了交流电动机的原理和应用,具体包括以下几方面的内容:

1) 三相交流电动机的结构。
2) 三相交流电动机的基本工作原理。
3) 三相交流电动机的转速和铭牌。

2. 重点

1) 三相交流电动机主要由定子和转子组成。
2) 三相交流电动机的基本工作原理是定子通入三相交流电后产生旋转磁场带动转子转动。

3. 难点

理解三相交流电动机旋转磁场的产生。

 **习题1 三相交流异步电动机**

一、填空题

1. 电动机主要是由_____和_____两大部分组成的。
2. 三相交流异步电动机的定子绕组工作时接_____电源。定子绕组可以采用_____或_____。
3. 笼型异步电动机常用的两种减压起动方法是_____和_____。减压起动仅适用于电动机在_____或_____情况下起动的场合。
4. 三相异步电动机常用的制动方法是_____。
5. 要想让三相异步电动机反转,只需将_____即可。

二、选择题

1. 在三相异步电动机定子上布置结构完全相同、在空间位置上互差120°电角度的三相绕组,分别通入(   ),则在定子与转子的空气间隙将会产生旋转磁场。
   A. 直流电　　　　B. 交流电　　　　C. 脉动直流电　　　D. 三相对称交流电
2. 在三相交流异步电动机定子绕组中通入三相对称交流电,定子与转子的空气间隙产生的磁场是(   )。
   A. 恒定磁场　　　B. 脉动磁场　　　C. 合成磁场为零　　D. 旋转磁场
3. 三相异步电动机定子各相绕组在每个磁极下应均匀分布,以达到(   )的目的。

A. 磁场均匀　　　　B. 磁场对称　　　　C. 增强磁场　　　　D. 减弱磁场

4. 三相异步电动机定子各相绕组的电源引出线应彼此相隔（　　）电角度。

A. 60°　　　　　　B. 90°　　　　　　C. 120°　　　　　　D. 180°

5. 在三相交流异步电动机的定子绕组上布置有（　　）的三相绕组。

A. 结构相同、空间位置互差 90°电角度

B. 结构相同、空间位置互差 120°电角度

C. 结构不同、空间位置互差 180°电角度

D. 结构不同、空间位置互差 120°电角度

6. 三相异步电动机同一绕组的各个有效边在同一磁极下的电流方向（　　）。

A. 相同　　　　　　　　　　　　　B. 相反

C. 一半相同、一半相反　　　　　　D. 随意

7. 三相异步电动机的正反转控制关键是改变（　　）。

A. 电源电压　　　B. 电源相序　　　C. 电源电流　　　D. 负载大小

8. 改变三相异步电动机的旋转磁场方向就可以使电动机（　　）。

A. 停转　　　　　B. 减速　　　　　C. 反转　　　　　D. 减压起动

9. 改变三相异步电动机的电源相序是为了使电动机（　　）。

A. 改变旋转方向　B. 改变转速　　　C. 改变功率　　　D. 减压起动

三、判断题

1. 三相异步电动机产生旋转磁场的条件，一是在定子布置结构完全相同、空间位置互差 120°电角度的三相绕组，二是向三相绕组中通入三个交流电流。（　　）

2. 要使三相异步电动机反转，只要改变定子绕组任意两相相序即可。（　　）

3. 反接制动由于制动时对电动机产生的冲击比较大，因此应串入限流电阻，而且仅用于小功率异步电动机。（　　）

4. 三相电动机的机械制动一般采用电磁抱闸制动。（　　）

5. 改变三相异步电动机磁极对数的调速称为变极调速。（　　）

6. 三相异步电动机的变极调速属于无极调速。（　　）

7. 将三相异步电动机断电后电动机就可以马上停转。（　　）

四、分析题

在图 5-1 所示异步电动机接线盒中画出定子绕组采用星形和三角形联结时的接线图。

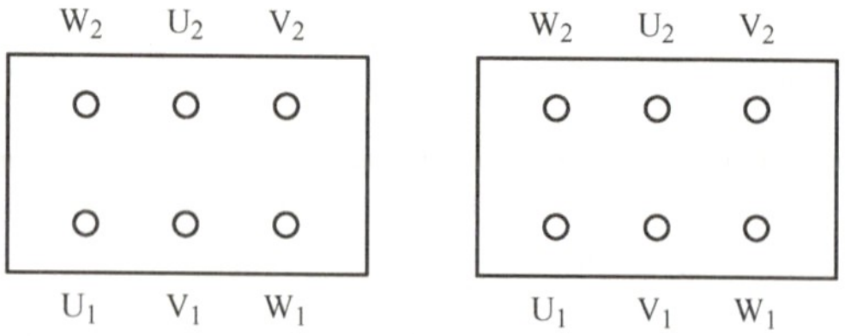

图 5-1　分析题图

习题 2　三相交流异步电动机的控制电路

一、填空题

1. 电器按照工作电压不同可分为＿＿＿＿和＿＿＿＿。对于交流低压电器，工作电压在＿＿＿＿V 以下。

2. 按钮可以分为_____、_____、_____三种。
3. 熔断器一般只能用作_____。

二、选择题

1. 时间继电器的作用是（　　）。
   A. 短路保护　　　　B. 过电流保护　　C. 延时通断主回路　　D. 延时通断控制回路
2. 通电延时型时间继电器，它的动作情况是（　　）。
   A. 线圈通电时触头延时动作，断电时触头瞬时动作
   B. 线圈通电时触头瞬时动作，断电时触头延时动作
   C. 线圈通电时触头不动作，断电时触头瞬时动作
   D. 线圈通电时触头不动作，断电时触头延时动作
3. 交流接触器的作用是（　　）。
   A. 频繁通断主回路　　　　　　　　B. 频繁通断控制回路
   C. 保护主回路　　　　　　　　　　D. 保护控制回路
4. 热继电器中双金属片的弯曲作用是由于双金属片（　　）。
   A. 温度效应不同　　B. 强度不同　　C. 膨胀系数不同　　D. 所受压力不同
5. 型号相同、线圈额定电压均为380V的两只接触器，若串联后接入380V回路，则（　　）。
   A. 都不吸合　　　　B. 有一只吸合　　C. 都吸合　　　　D. 不确定
6. 低压断路器不具备（　　）功能。
   A. 短路保护　　　　B. 过载保护　　　C. 欠电压保护　　　D. 过电流保护
7. 热继电器作为电动机的保护时，适用于（　　）。
   A. 短路保护　　　　B. 过载保护　　　C. 欠电压保护　　　D. 过电流保护

三、分析题

1. 分析图 5-2 工作过程，找出电路中的错误，并改正。

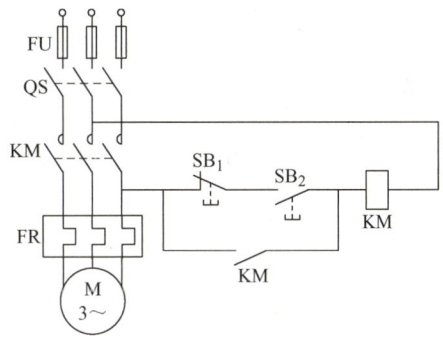

图 5-2　分析题 1 题图

2. 回答下述问题：
   （1）熔断器在三相交流电路中能否只接两相？
   （2）热继电器为什么不能用于短路保护？
   （3）起自锁作用的主要电气元件是什么？
   （4）互锁的主要作用是什么？

3. 试分析图 5-3 所示的控制电路的工作原理。（未画出主电路）

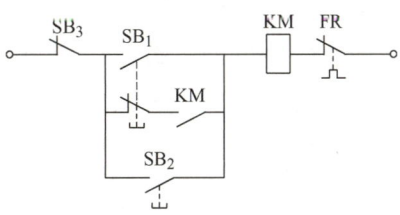

图 5-3　分析题 3 题图

专项测试题 5.1 电机与变压器

一、填空题

1. 变压器既可以变换电压，也可以变换_____和_____。
2. K 称为变压器的电压比，当 $K>1$ 时，为_____变压器；$K<1$ 时，为_____变压器。
3. 变压器的铁心是由_____叠成的，当其电压比 $K>1$ 时是____变压器（升压或降压）。

二、选择题

1. 一单相变压器二次电压 11V，折算为一次电压为 220V，则此变压器的电压比为（　　）。
   A. 10　　　　　B. 20　　　　　C. 0.1　　　　　D. 0.2
2. 某三相变压器，其一次电压为 220V，二次电压为 660V，则该变压器为（　　）变压器，电压比 K（　　）零。
   A. 降压　大于　　B. 升压　大于　　C. 升压　小于　　D. 降压　小于

三、分析题

1. 某型号汽车点火线圈，一次绕组的匝数为 330 匝，二次绕组的匝数为 26070 匝，试求其匝数比。若一次绕组所加电压为 12V，则二次绕组将产生多大电压？这是升压变压器还是降压变压器？

2. 一变压器油箱上的出线端，其中一排的导线截面积较小，另一排的导线截面积较大，问哪一侧是高压出线端，哪一侧是低压出线端？

3. 变压器一次侧接在 220V 的交流电源上，一次绕组匝数为 60 匝，二次绕组匝数为 360 匝。求：（1）电压比 K；（2）二次电压；（3）判断该变压器是升压变压器还是降压变压器。

第5章 交流电动机

专项测试题 5.2 电力拖动

一、填空题

1. 三相异步电动机的定子绕组工作时接_____电源。定子绕组可以采用_____或_____。定子绕组通电后产生_____。
2. 三相异步电动机转子有_____和_____两种形式。
3. 笼型异步电动机常用的两种减压起动方法是_____和_____。减压起动仅适用于电动机在_____或_____情况下起动的场合。
4. 要想让三相异步电动机反转，只需将_____即可。
5. 三相交流异步电动机的起动分为减压起动和_____，常用的减压起动方法有_____和_____。

二、问答题

1. 要想让异步电动机反转，应采取什么样的措施？

2. 在图 5-4 所示异步电动机的接线盒中画出定子绕组为星形联结和三角形联结时的接线图。

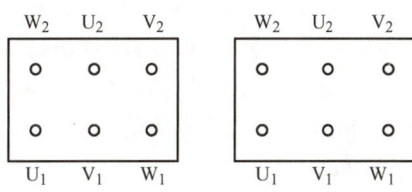

图 5-4　问答题 2 题图

3. 图 5-5 为电动机自锁控制电路。
（1）说明此图中各个元件名称（QS、FU、KM、FR、SB_1、SB_2）；
（2）说明此图电动机起动、停止工作过程原理。

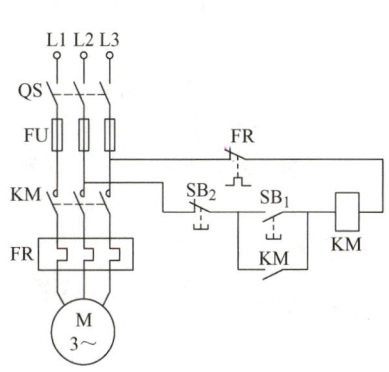

图 5-5　问答题 3 题图

第6章 稳压电源电路分析

1. 主要内容

本章包括以下几方面的内容：
1) 二极管、晶体管的结构、特性与分类。
2) 二极管、晶体管的应用。
3) 查找器件资料，利用仪表测试器件性能。
4) 整流电路的组成及工作原理。
5) 单相半波整流电路的电压与电流关系，并能进行简单计算。
6) 单相桥式全波整流电路的电压与电流关系，并能进行简单计算。
7) 滤波电路的分类及工作原理。
8) 电容滤波电路的结构及输出电压的估算。
9) 硅稳压管稳压电路的稳压过程。
10) 三端集成稳压器的外形和符号。
11) 三端集成稳压器的原理。

2. 重点
1) 二极管、晶体管的结构、特性。
2) 二极管、晶体管的应用。
3) 整流电路的组成及工作原理。
4) 单相半波整流电路的电压与电流关系，并能进行简单计算。
5) 单相桥式全波整流电路的电压与电流关系，并能进行简单计算。
6) 滤波电路的分类及工作原理。
7) 电容滤波电路的结构及输出电压的估算。

3. 难点
1) 单相半波整流电路的电压与电流关系，并能进行简单计算。
2) 单相桥式全波整流电路的电压与电流关系，并能进行简单计算。
3) 滤波电路的分类及工作原理。
4) 电容滤波电路的结构及输出电压的估算。

习题1 半导体器件

一、填空题

1. N型半导体中的_____数远远大于_____数，所以它主要靠_____导电；P

型半导体中的_____数远远大于_____数，所以它主要靠_____导电。

2. PN结具有_____导电性，即加正向电压时PN结_____，加反向电压时PN结_____。

3. 如果在PN结两侧外加一个直流电压，把P区接电源_____极，N区接电源_____极，称PN结加_____电压，此时电流能通过PN结，称此时PN结处于_____状态。

4. 从二极管的伏安特性曲线可知，二极管加_____时，二极管导通。导通时的正向压降，硅管约为_____V，锗管约为_____V。

5. 当晶体管的_____正向偏置、_____反向偏置时，晶体管具有放大作用，即_____极电流能控制_____极电流。

6. 根据晶体管的放大电路的输入回路与输出回路公共端的不同，可将晶体管放大电路分为_____、_____、_____三种。

7. 晶体管的特性曲线主要有_____曲线和_____曲线两种。

8. 晶体管输入特性曲线指晶体管集电极与发射极间所加电压 U_{CE} 一定时，_____与_____之间的关系。

9. 为了使放大电路输出波形不失真，除需设置_____外，还需输入信号_____。

10. 为了保证不失真放大，放大电路必须设置静态工作点。对NPN型晶体管组成的基本共射放大电路，如果静态工作点太低，将会产生_____失真，应调 R_B，使其_____，则 I_B _____，这样可克服失真。

11. 某晶体管3个电极电位分别为 $V_E=1V$，$V_B=1.7V$，$V_C=1.2V$，可判定该晶体管是工作于_____区的_____型晶体管。

12. 已知一放大电路中某晶体管的三个引脚电位分别为①3.5V，②2.8V，③5V，试判断：
    a. ①脚是_____，②脚是_____，③脚是_____（e，b，c）。
    b. 管型是_____（NPN，PNP）。
    c. 材料是_____（硅，锗）。

13. 硅二极管的正向压降约为____V，锗二极管的正向压降约为____V；硅二极管的死区电压约为____V，锗二极管的死区电压约为____V。

二、判断题

1. 反向击穿电压和正向平均电流是选择整流二极管时必须考虑的两个主要参数。（　）

2. 稳压二极管工作在反向击穿状态，切断外加电压后，PN结仍处于反向击穿状态。（　）

3. 当工作电流超过最大稳定电流时，稳压二极管将不起稳压作用，但并不损坏。（　）

4. 利用两个晶闸管反向并联可以组成单相调压电路。（　）

5. 双向晶闸管不能共用一个门极。（　）

三、问答题

1. 晶体管的基本结构和放大原理是什么？

2. 晶体管输出特性曲线有哪三种工作状态？每种工作状态的特性是什么？

3. 晶体管的发射极和集电极是否可以调换使用？为什么？

4. 晶体管电流放大的内部和外部条件分别是什么？

5. 有两只晶体管，一只晶体管 $\bar{\beta} = 50$，$I_{CBO} = 0.5\mu A$；另一只晶体管 $\bar{\beta} = 150$，$I_{CBO} = 2\mu A$。如果其他参数一样，选用哪只晶体管好？为什么？

6. 半导体具有哪些主要特性？

7. 半导体导电的基本特性是什么？PN 结的单向导电性指的是什么？

8. 什么是 P 型半导体？什么是 N 型半导体？

9. 如何用万用表判断二极管的正、负极与二极管的好坏？

10. 试述下列二极管型号的含义：
（1）2AP9； （2）2CZ12； （3）2CW4； （4）2CP12

习题 2　整 流 电 路

一、填空题

1. 图 6-1 所示电路是＿＿＿＿整流电路，如果变压器二次电压 U_2 为 20V，则各整流二极管承受的最大反向电压是＿＿＿＿V。

2. 整流是将交流电压转换为＿＿＿＿电压，但这种电压的＿＿＿＿程度比较大。为了获得平滑的输出电压，可在整流电路后面再加上_____电路，其常用电路有_____、_____和_____三种。

3. 在单相桥式整流电路中，若有一个二极管断路，电路会出现_____现象；若有一个二极管短路，电路会出现_____现象。假若有一个二极管反接出现_____情况，如果输出端短路，又会出现_____问题。

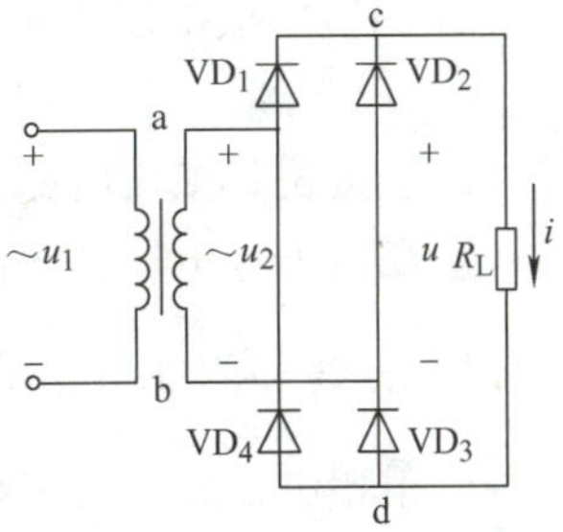

4. 整流是指将_____变换成_____的过程，整流电路中起整流作用的是具有_____性质的_____或_____。

图 6-1 填空题 1 题图

5. 把交流电变换成直流电的电路称为_____。

6. 单相半波整流电路中滤波电容器的容量是_____，耐压是_____。

7. 将_____变成_____的过程称为整流。在单相半波整流电路中，常见的整流形式有_____，_____，_____。

8. 在单相桥式整流电路中，如果负载电流是 20A，则流过每只二极管的电流是_____A。

二、选择题

1. 交流电通过整流电路后，所得到的输出电压是（　　）。
   A. 交流电压　　　　　　　　B. 稳定的直流电压
   C. 脉动的直流电压　　　　　D. 平滑的直流电压

2. 单相桥式整流电路的输出电压是输入电压的（　　）倍。
   A. 0.5　　　B. 1.2　　　C. 0.9　　　D. 1

3. 桥式整流电路的输入电压为 10V，负载是 2Ω，则每个二极管的平均电流是（　　）。
   A. 9A　　　B. 2.25A　　　C. 4.5A　　　D. 5A

4. 桥式整流电路每个二极管承受的反向电压是输入电压的（　　）倍。
   A. $\sqrt{2}$　　　B. 0.9　　　C. 1.2　　　D. 0.45

5. 单相桥式整流电路中，如果一只整流二极管接反，则（　　）。
   A. 引起电源短路　　　　　　　　　　B. 成为半波整流电路
   C. 仍为桥式整流电路，但输出电压减小　D. 仍为桥式整流电路，但输出电压增加

6. 在单相桥式整流电路中，整流二极管的反向电压最大值出现在二极管（　　）。
   A. 截止时　　　　　　　　　B. 由截止转为导通时
   C. 由导通转为截止时　　　　D. 导通时

7. 在单相桥式整流电路中，每个二极管的平均电流等于输出平均电流的（　　）。
   A. 1/4　　　B. 1/2　　　C. 1/3　　　D. 2

8. 整流的目的是（　　）。
   A. 将交流信号变为直流信号　　B. 将正弦波变为方波
   C. 将低频信号变为高频信号　　D. 将直流信号变为交流信号

9. 某单相桥式整流电路，变压器二次电压为 U_2，当负载开路时，整流输出电压为（　　）。
   A. 0　　　B. U_2　　　C. $0.9U_2$　　　D. $\sqrt{2}U_2$

10. 晶闸管整流电路输出电压的改变是通过（　　）来实现的。
    A. 调节触发电压相位　　　　B. 调节触发电压大小

C. 调节阳极电压大小　　　　　　D. 调节负载的大小

三、判断题

1. 流过桥式整流电路中每只整流二极管的电流和负载电流相等。（　）
2. 反向击穿电压和正向平均电流是选择整流二极管时必须考虑的两个主要参数。（　）
3. 桥式整流电路中，设 $u=\sqrt{2}U_2\sin\left(\omega t-\dfrac{\pi}{3}\right)$V，则输出电压 U_o 的值应为 $0.9U_2$。（　）
4. 单相可控整流电路输出直流电压的范围为 $0\sim U_2$。（　）

四、问答题

1. 将图 6-2 所示二极管连接成单相桥式整流电路，并接上交流电源和负载电阻，分析当输入电压分别为正、负半周时电路的工作情况。

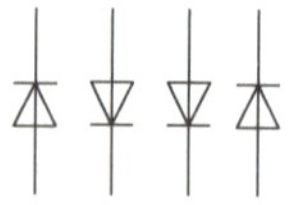

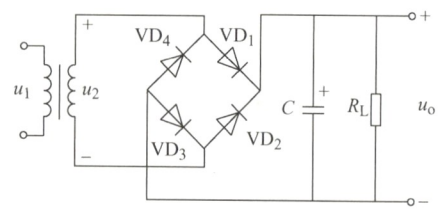

图 6-2　问答题 1 题图

2. 桥式整流电路如图 6-3 所示。（1）在 u_2 的正、负半周各有哪几只二极管导通？（2）若 $U_2=20$V，$R_L=100Ω$，则负载电压 U_o 和则负载电流 I_o 各为多少？（3）试确定电容的容量和耐压值。当用万用表测得负载电压 U_o 分别分 9V、18V、20V 和 24V，试分析电路是否正常工作，如有故障，故障可能存在何处？

图 6-3　问答题 2 题图

五、解答题

1. 某电阻性负载需 24V 直流电压和 8A 直流电流，现采用单相半波整流电路，试选用合适的整流二极管，并画出电路图。

2. 有一电阻性负载 $R_L=120Ω$，要求工作电流为 0.25A。采用 220V 交流电路供电。试为该负载设计一个单相桥式整流电路。
   （1）画出电路图。
   （2）求变压器的电压比。
   （3）选择合适的二极管。

3. 有一电阻性直流负载的额定电压为 12V，额定电流 600mA，由单相 220V 交流电源供电，若采用单相桥式整流电路，试选用整流二极管和确定整流变压器的电压比。

4. 电路如图 6-4 所示，已知 $u_i = 56\sin\omega t$ V，试画出 u_i 与 u_o 的波形。二极管正向导通电压可忽略不计。

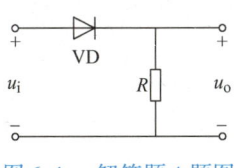

图 6-4　解答题 4 题图

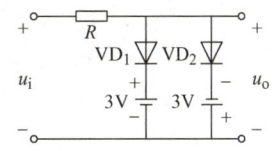

图 6-5　解答题 5 题图

5. 电路如图 6-5 所示，已知 $u_i = 5\sin\omega t$ V，二极管导通电压 $U_D = 0.7$ V。试画出电路的传输特性及 u_i 与 u_o 的波形，并标出幅值。

6. 电路如图 6-6 所示，其输入电压 u_{i1} 和 u_{i2} 的波形如图 6-6b 所示，二极管导通电压 $U_D = 0.7$ V。试画出输出电压 u_o 的波形，并标出幅值。

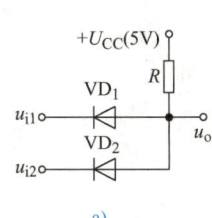

a)

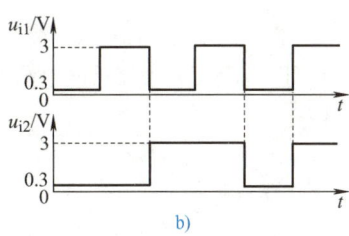

b)

图 6-6　解答题 6 题图

习题 3　滤波与稳压电路

一. 填空题

1. 电容滤波是将电容与负载_____联，而电感滤波是将电感线圈与负载_____联。
2. 图 6-7 所示电路是_____电路，VS 是_____元件，该电路的输出电压是_____V。
3. 图 6-8 所示电路是稳压管并联型稳压电路。
（1）若限流电阻 $R = 0$，电路会出现_____，电阻 R 在电路中起_____作用。
（2）如果稳压管 VS 的极性接反了，会出现_____问题。

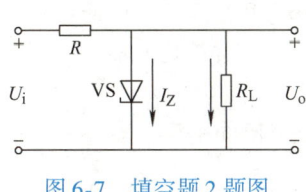

图 6-7　填空题 2 题图

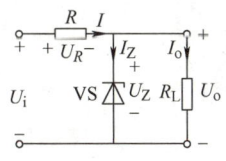

图 6-8　填空题 3 题图

4. 图 6-9 所示电路中 VS_{Z1} 和 VS_{Z2} 的稳定电压分别为 7V 和 13V，正向导通压降均为 0.7V，则各个电路的输出电压是：图 6-9a _____；图 6-9b _____；图 6-9c _____。

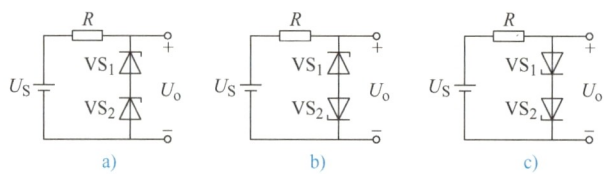

图 6-9　填空题 4 题图

5. 图 6-10 所示电路中二极管为理想器件，则 VD_1 工作在_____状态，VD_2 工作在_____状态，U_A 为_____V。

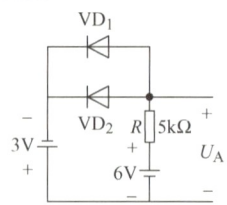

图 6-10　填空题 5 题图

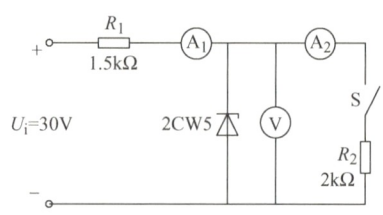

图 6-11　填空题 6 题图

6. 在图 6-11 所示电路中稳压管 2CW5 的参数为：稳定电压 $U_Z = 12V$，最大稳定电流 $I_{Zmax} = 20mA$。图中电压表中流过的电流忽略不计。当开关 S 闭合时，电压表 V 和电流表 A_1、A_2 的读数分别为_____、_____、_____；当 S 断开时，其读数分别为_____、_____、_____。

7. 滤波电路能将_____的直流电变成_____的直流电。

8. 滤波电路有_____、_____、_____三种。

9. 电容滤波是根据电容的_____在电路状态改变时不能跃变的特性制成的，它适用于负载电流_____的场合。

10. 电感滤波是利用线圈产生_____电动势阻碍电流变化的特点制成的，它适用于负载电流要求_____且负载变化_____的场合。

11. 多级滤波是将_____和_____混合起来组成的，滤波效果更好，使输出电压脉动_____。

二、选择题

1. 在电容滤波电路中，当负载开路时，输出电压为电源输入电压的（　　）倍。
A. 0.9　　　　　B. 1.2　　　　　C. 1.414　　　　　D. 1

2. 电容滤波电路是在输出端（　　）电容，利用（　　）特点来滤波。
A. 串联　　　　B. 并联　　　　C. 充放电　　　　D. 自感

3. 电容和电感在电路中作为滤波电路元件时，与负载的连接情况为（　　）。
A. 电容串联、电感并联　　　　B. 电容并联、电感串联
C. 两者都是串联　　　　　　　D. 两者都是并联

4. 稳压管正常工作时（　　）。
A. 正向导通　　　B. 反向截止　　　C. 反向击穿

5. W7800 系列集成稳压器输出（　　）。
A. 正电压　　　B. 负电压　　　C. 正、负电压均可　　　D. 无法判断

三、判断题

1. 当工作电流超过最大稳定电流时，稳压二极管将不起稳压作用，但并不损坏。（　　）

2. 在并联型稳压电路中，不要限流电阻，只利用稳压管的稳压性能也能输出稳定的直流电压。（　　）

3. 串联型稳压电路是靠调整晶体管 C、E 两极间的电压来实现稳压的。（　　）

四、问答题

1. 什么是滤波？常见的滤波电路有几种形式？

2. 有一电阻性负载，采用单相桥式整流电容滤波电源供电，要求输出电压 20V、电流 1A，问：（1）如何选择整流二极管？（2）电容的耐压值如何确定？

3. 单相桥式整流电容滤波电路，输出直流电压 15V，负载电阻 $R_L = 100\Omega$，试求整流变压器二次电压 U_2。

五、计算题

1. 已知稳压管的稳压值 $U_Z = 6V$，稳定电流的最小值 $I_{Zmin} = 5mA$。求图 6-12 所示电路中 U_{o1} 和 U_{o2}。

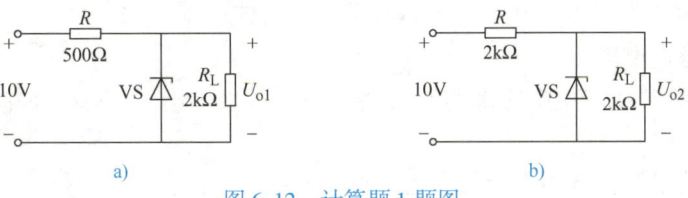

图 6-12　计算题 1 题图

2. 已知稳压管的稳定电压 $U_Z = 6V$，稳定电流的最小值 $I_{Zmin} = 5mA$，最大功耗 $P_{ZM} = 150mW$。试求图 6-13 所示电路中电阻 R 的取值范围。

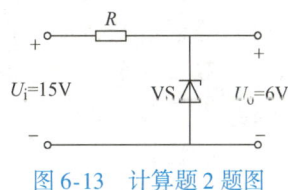

图 6-13　计算题 2 题图

专项测试题　稳压电源电路分析

一、填空题

1. PN 结具有_____导电性，即加正向电压时 PN 结_____，加反向电压时 PN 结_____。

2. 整流是将交流电压转换为_____电压，但这种电压的_____程度比较大。为了获得平滑的输出电压，可在整流电路后面再加上_____电路，为了使输出电压更加稳定，还需加上_____电路。

3. 电容滤波是将电容与负载_____联，而电感滤波是将电感线圈与负载_____联。
4. 稳压电路的作用是_____，图 6-14 所示电路为并联型稳压电路，请将稳压管正确接入该电路。
5. 图 6-15 所示电路是_____电路，W7805 是_____元件，该电路的输出电压是_____V。

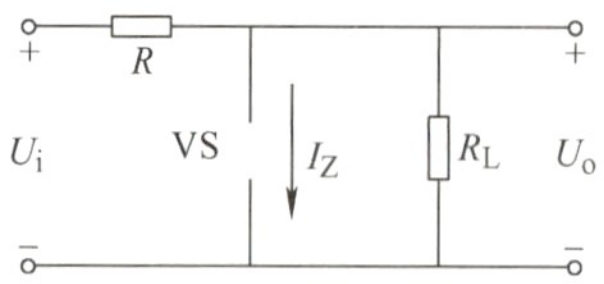

图 6-14　填空题 4 图 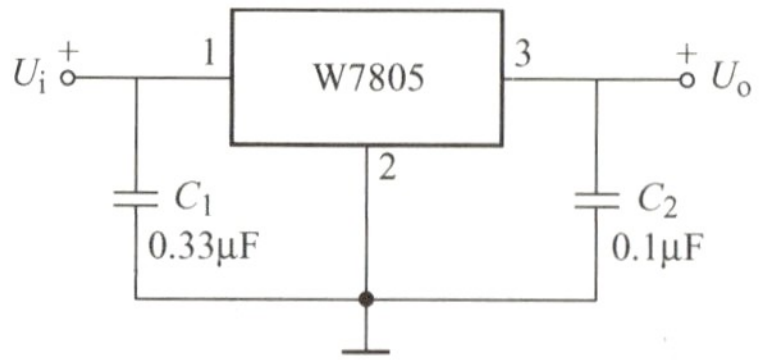　　　　图 6-15　填空题 5 图

6. 当加到二极管上的反向电压增加到一定数值时，反向电流会突然增大，此现象称为_____。
7. 发光二极管是把_____能转变为_____能，它工作于_____状态；光电二极管是把_____能转变为_____能，它工作于_____状态。
8. 整流是把_____转变为_____。滤波是将_____转变为_____。电容滤波器适用于_____的场合，电感滤波器适用于_____的场合。
9. 设整流电路输入交流电压有效值为 U_2，则单相半波整流滤波电路的输出直流电压 U_o = _____，单相桥式整流电容滤波电路的输出直流电压 U_o = _____。
10. 常用的整流电路有_____和_____。
11. 为消除整流后直流电中的脉动成分，常将其通过滤波电路，常见的滤波电路有_____、_____、复合滤波电路。
12. 一个直流电源必备的 4 个环节是变压、_____、_____和_____。
13. 最简单的稳压电路是_____的稳压电路。
14. 三端固定式集成稳压器的负载改变时，其输出电压值_____（变化、不变）。
15. 三端可调式集成稳压器的 3 个引出端分别是输入端、_____、_____。
16. 当温度升高时，半导体的导电能力将_____（增强/减小）。
17. 列举 3 个特殊二极管：_____、_____、_____等。
18. 杂质半导体分为_____型半导体和_____型半导体。
19. 二极管具有单向导电性，外加正偏电压时_____（导通/截止），外加反偏电压时_____（导通/截止）。

二、判断题
1. 二极管的内部结构实质就是一个 PN 结。（　）
2. 锗二极管的热稳定性比硅二极管好。（　）
3. 普通二极管正向使用时也有稳压作用。（　）
4. 二极管反向漏电流越小，表明二极管单向导电性越好。（　）
5. 任何电子电路都需要直流电源供电，因此需要直流稳压电源。（　）
6. 整流电路可将正弦电压变为脉动直流电压。（　）
7. 电容滤波电路适用于小负载电流场合。（　）

三、计算题

1. 电路如图 6-16 所示，试确定二极管是正偏还是反偏。

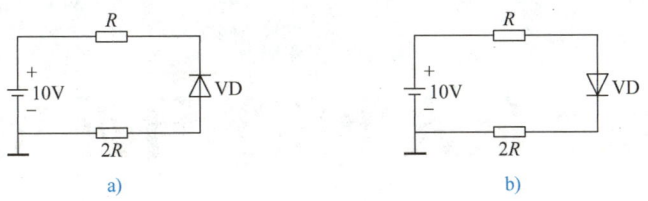

图 6-16　计算题 1 题图

2. 计算图 6-17 所示电路的电位 U_Y（设 VD 为理想二极管）。
   （1）$U_A = U_B = 0$ 时；
   （2）$U_A = 10V$，$U_B = 0$ 时；
   （3）$U_A = U_B = 10V$ 时。

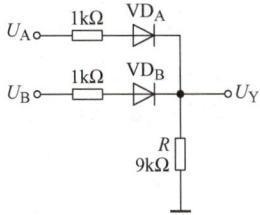

图 6-17　计算题 2 题图

3. 写出图 6-18 所示各电路的输出电压值，设二极管导通电压 $U_D = 0.7V$。

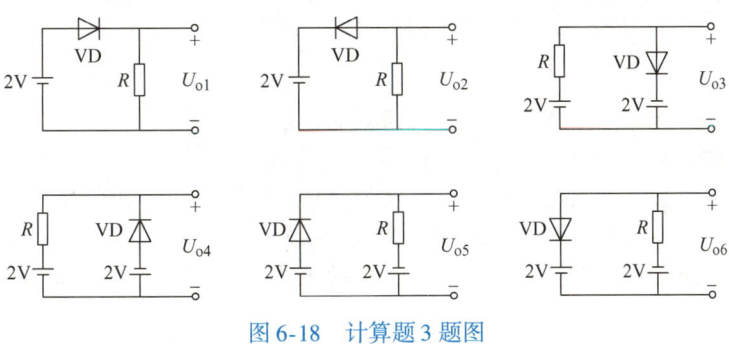

图 6-18　计算题 3 题图

4. 为了安全，机床上常用 36V 直流电压供电的白炽灯作为照明光源，假设变压器输出侧采用半波整流电路，那么变压器输出电压 U_2 为多少？

5. 电路如图 6-19 所示，已知输入端电压 $U_2 = 20V$，$R_L = 47\Omega$，$C = 1000\mu F$。现用直流电压表测量输出电压 u_o，问出现以下几种情况时 U_o 为多大？
   （1）电路正常工作时；（2）R_L 断开时；（3）C 断开时。

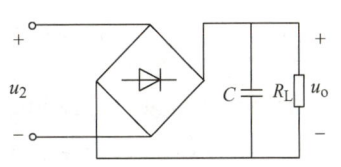

图 6-19　计算题 5 题图

第7章 放大电路的分析与应用

本章小结

1. 主要内容

本章包括以下几方面的内容：
1) 共发射极放大电路直流通路与交流通路的画法。
2) 共发射极放大电路静态工作点的估算。
3) 共基极放大电路直流通路与交流通路的画法。
4) 共集电极放大电路静态工作点的估算。
5) 共集电极放大电路直流通路与交流通路的画法。
6) 多级放大电路的分析和应用。
7) 集成放大电路的分析和应用。

2. 重点

1) 共发射极放大电路直流通路与交流通路的画法。
2) 共发射极放大电路静态工作点的估算。
3) 共基极放大电路直流通路与交流通路的画法。
4) 共集电极放大电路静态工作点的估算。
5) 共集电极放大电路直流通路与交流通路的画法。

3. 难点

1) 多级放大电路的分析和应用。
2) 集成放大电路的分析和应用。

习题 1　基本放大电路

一、填空题

1. 用万用表判别处于正常放大工作的某个晶体管的类型与三个电极时，测出_____最为方便。

2. 晶体管有三个工作区域，在放大区时，偏置情况为_____和_____；在饱和区，偏置情况为_____和_____；在截止区，偏置情况为_____和_____。

3. 温度升高时，晶体管的共射输入特性曲线将_____，输出特性曲线将_____，而且输出特性曲线之间的间隔将_____。

4. 某放大电路的负载开路时的输出电压为4V，接入3kΩ的负载电阻后输出电压降为3V，这说明放大电路的输出电阻为_____。

二、判断题

1. 电路只有既放大电流又放大电压，才称其有放大作用。（ ）
2. 可以说任何放大电路都有功率放大作用。（ ）
3. 放大电路中输出的电流和电压都是由有源元件提供的。（ ）
4. 电路中各电量的交流成分是交流信号源提供的。（ ）
5. 放大电路必须加上合适的直流电源才能正常工作。（ ）
6. 由于放大的对象是变化量，所以当输入信号为直流信号时，任何放大电路的输出都毫无变化。（ ）
7. 只要是共发射极放大电路，输出电压的底部失真都是饱和失真。（ ）
8. 晶体管输入电阻 r_{be} 与静态电流 I_E 的大小有关，因而 r_{be} 是直流电阻。（ ）
9. 放大电路的静态是指：
（1）输入端开路时的状态。（ ）
（2）输入交流信号且幅值为零时的状态。（ ）
10. 共集电极放大电路的电压放大倍数总是小于1，故不能用来实现功率放大。（ ）

三、问答题

1. 试画出共发射极放大电路的直流通路和交流通路。

2. 什么是静态工作点？静态工作点对放大电路有什么影响？

3. 分析放大电路有哪几种方法？这几种方法分别有什么特点？

4. 放大电路存在哪两类非线性失真？

四、计算题

1. 试分析图 7-1 所示各电路是否能够放大正弦交流信号，简述理由。设图中所有电容对交流信号均可视为短路。

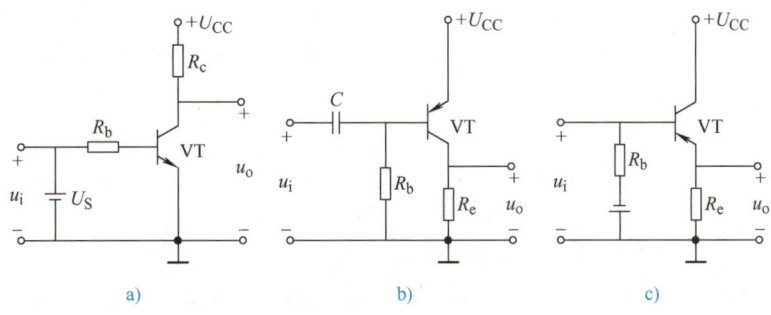

图 7-1　计算题 1 题图

2. 按要求填写表 7-1。

表 7-1　不同电路对比

电路名称	连接方式（e、c、b）			性能比较（大、中、小）				
	公共极	输入极	输出极	$|A_u|$	A_i	R_i	R_o	其他
共发射极电路								
共集电极电路								
共基极电路								

3. 电路如图 7-2a 所示，图 7-2b 是晶体管的输出特性曲线，静态时 $U_{BEQ}=20\mu V$。利用图解法分别求出 $R_L=\infty$ 和 $R_L=3k\Omega$ 时的静态工作点和最大不失真输出电压 U_{om}（有效值）。

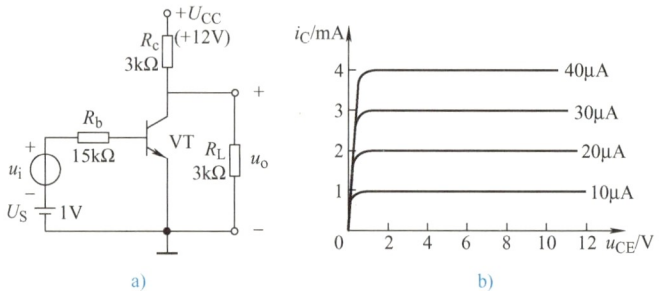

图 7-2　计算题 3 题图

4. 电路如图 7-3 所示，已知晶体管 $\beta=50$，在下列情况下，用直流电压表测晶体管的集电极电位，应分别为多少？设 $U_{CC}=12V$，晶体管饱和管压降 $U_{CES}=0.5V$。

（1）正常情况；（2）R_{b1} 短路；（3）R_{b1} 开路；（4）R_{b2} 开路；（5）R_c 短路。

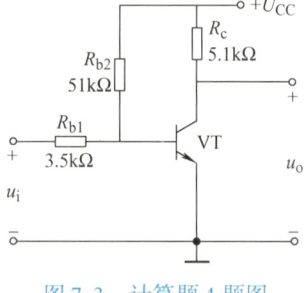

图 7-3　计算题 4 题图

5. 如图 7-4 所示，已知 $\beta=80$，$r'_{bb}=100\Omega$。计算 $R_L=\infty$ 和 $R_L=3k\Omega$ 时的 A_u。

6. 已知图 7-5 所示电路中晶体管的 $\beta=100$，$r_{be}=1k\Omega$。

（1）现已测得静态管压降 $U_{CEQ}=6V$，估算 R_b 约为多少 $k\Omega$？

（2）若测得 U_i 和 U_o 的有效值分别为 1mV 和 100mV，则负载电阻 R_L 为多少 $k\Omega$？

第7章　放大电路的分析与应用

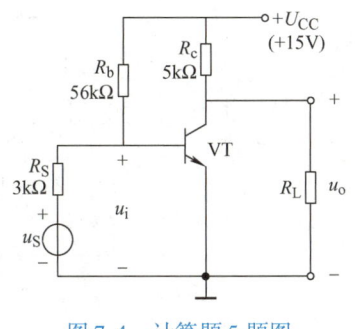

图 7-4　计算题 5 题图

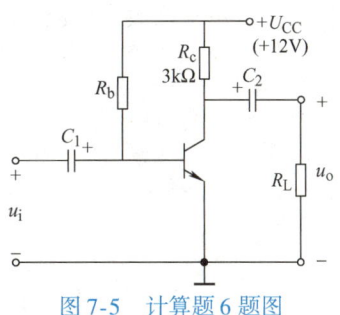

图 7-5　计算题 6 题图

习题 2　多级放大电路

一、填空题

1. 若差动放大电路两输入端电压分别为 $u_{i1}=10\text{mV}$，$u_{i2}=4\text{mV}$，则等值差模输入信号 $u_{id}=$ ＿＿＿＿＿ mV，等值共模输入信号 $u_{ic}=$ ＿＿＿＿＿ mV。若双端输出电压放大倍数 $A_{ud}=10$，则输出电压 $u_o=$ ＿＿＿＿＿ mV。

2. 三级放大电路中，已知 $A_{u1}=A_{u2}=30\text{dB}$，$A_{u3}=20\text{dB}$，则总的电压增益为 ＿＿＿＿＿ dB，折合为 ＿＿＿＿＿ 倍。

3. 在集成电路中，由于制造大容量的 ＿＿＿＿＿ 较困难，所以大多采用 ＿＿＿＿＿ 耦合方式。

4. 多级放大器的总放大倍数为 ＿＿＿＿＿，输入电阻为 ＿＿＿＿＿，输出电阻为 ＿＿＿＿＿。

二、问答题

1. 多级放大电路有哪些耦合方式？各有什么特点？

2. 差分放大电路的结构特点是什么？差分放大电路是怎样抑制零点漂移的？

三、计算题

1. 计算图 7-6 所示多级放大电路的 A_u。

2. 计算图 7-7 所示多级放大电路的 A_u。

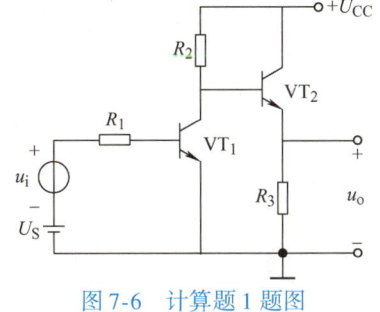

图 7-6　计算题 1 题图

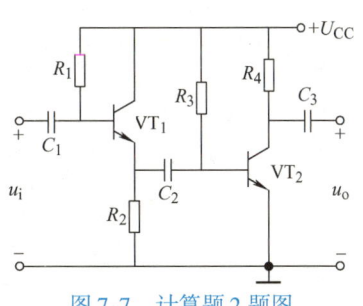

图 7-7　计算题 2 题图

3. 计算图 7-8 所示多级放大电路的 A_u。

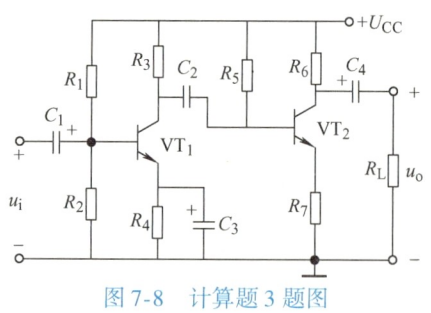

图 7-8　计算题 3 题图

专项测试题　放大电路分析

一、填空题

1. 晶体管工作在放大区的特点是发射结处于_____，集电结处于_____；工作在截止区的特点是发射结和集电结均处于_____。
2. 要使晶体管起放大作用，发射结必须加_____电压，集电结必须加_____电压。
3. 根据晶体管工作状态不同，输出特性曲线通常可以分为三个区域，分别是_____、饱和区和_____。
4. 当晶体管的_____正向偏置，_____反向偏置时，晶体管具有放大作用。
5. 晶体管的三个电极分别是_____、_____、_____。

二、选择题

1. 若使晶体管具有电流放大能力，必须满足的外部条件是（　　）。
   A. 发射结正偏、集电结正偏　　　　B. 发射结正偏、集电结反偏
   C. 发射结反偏、集电结反偏　　　　D. 发射结反偏、集电结正偏
2. 对放大电路进行静态分析的主要任务是（　　）。
   A. 确定电压放大倍数 A_u　　　　　B. 确定输出电阻 r_o
   C. 确定输出电阻 r_i　　　　　　　D. 确定静态工作点 Q

三、分析计算题

如图 7-9 所示，设晶体管的 $\beta = 50$，$U_{BE} = 0.7\text{V}$，$U_{CC} = 12\text{V}$，$R_B = 280\text{k}\Omega$，$R_C = R_L = 3\text{k}\Omega$，试：
（1）画出直流通路；
（2）确定静态工作点 I_B、I_C、U_{CE}；
（3）求电路的电压放大倍数 A_u、输入电阻 r_i、输出电阻 r_o。

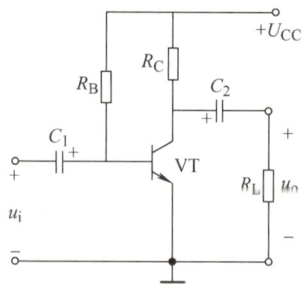

图 7-9　分析计算题图

第8章　数字电路基础

1. 主要内容

本章主要介绍数字电路的基本概念、基本逻辑门电路和复合门的逻辑关系、符号、真值表与表达式；集成 D 触发器和 JK 触发器的逻辑功能分析与应用；计数器的组成及 N 进制计数器的设计方法；寄存器的基本概念及数码寄存器和移位寄存器；译码器知识。

具体包括以下几方面的内容：

1) 基本逻辑门电路。基本逻辑门电路的逻辑功能、逻辑符号、真值表和逻辑表达式。
2) 组合逻辑电路。通过复合逻辑门电路解决实际问题。
3) 集成触发器。集成 D 触发器和 JK 触发器的逻辑功能分析与应用。
4) 计数器。组成 N 进制计数器的基本原理与设计方法，理解同步计数和异步计数。
5) 寄存器。寄存器的基本概念和组成原理，数码寄存器和移位寄存器的工作原理。
6) 译码器。译码器的工作原理和应用。

2. 重点

1) 基本逻辑门电路、复合逻辑门电路逻辑关系、符号、真值表与表达式。
2) 门电路的表达式、逻辑图、真值表之间的转换方法。
3) 使用组合逻辑门电路进行实际电路的分析、设计。
4) N 进制计数器的设计原理分析。

3. 难点

1) 基本逻辑门电路的逻辑表达式、真值表与表达式三者之间的转换、对应关系。
2) 利用复合逻辑门电路解决实际问题过程中，逻辑关系分析、写真值表、化简表达式、搭建并调试数字电路几个设计环节的掌握。
3) N 进制计数器的设计。

习题 1　基本逻辑门电路和组合逻辑电路

一、填空题

1. 在时间上和数值上均连续变化的电信号称为_____信号；在时间上和数值上离散的信号叫作_____信号。

2. 数字信号存在两种状态，即_____和_____。高电平为_____，低电平为_____。

3. 逻辑代数有_____、_____、逻辑非三种基本运算。

4. $(11101100)_2 = ($ 　　　　$)_{10}$，$(10101001)_2 = ($ 　　　　$)_{10}$。

5. 两输入"与"运算的表达式为_____，逻辑符号为_____。

6. 两输入"或"运算的表达式为_____，逻辑符号为_____。

7. "非"运算的表达式为_____，逻辑符号为_____。

8. 两输入"与非"门的表达式为_____，逻辑符号为_____。

9. 两输入"或非"门的表达式为_____，逻辑符号为_____。

10. 两输入"异或"门的表达式为_____，逻辑符号为_____。

11. 两输入"同或"门的表达式为_____，逻辑符号为_____。

12. 当 $A=1$，$B=1$ 时，$AB+A\bar{B}=$_____；$A+AB=$_____；$A+\bar{A}B=$_____。

13. 当 $A=1$，$B=1$，$C=1$ 时，$AB+\bar{A}C+BC=$_____。

14. $A\oplus 1=$_____，$A\odot 1=$_____。

15. 如果输入与输出的关系是"有 0 出 1，全 1 出 0"，这是_____逻辑运算关系。如果是"全 0 出 0，有 1 出 1"，这是_____逻辑运算关系。

16. 复合逻辑门电路的化简方法有_____和_____。其中_____法应用简单、工程上广泛应用。

17. 逻辑代数中"0"和"1"不再表示_____，而只能表示_____。

18. 四位二进制数码的各位的权分别为_____，故称为 8421 码。

19. $(75)_{10}=($_____$)_2=($_____$)_8$。

20. $(0111\ 0011\ 0101)_{8421BCD}=($_____$)_{10}$。

21. "相同出 0，相异出 1"，是_____逻辑运算关系。

22. 八位二进制数能表示十进制数的最大值是_____。

二、选择题

1. 下列逻辑运算式成立的等式是（   ）。
   A. $A+A=2A$ B. $A\cdot A=2A$ C. $A+A=1$ D. $A+1=1$

2. 组合逻辑电路是由（   ）构成的。
   A. 门电路   B. 触发器   C. A 和 B

3. 组合逻辑电路的设计是（   ）。
   A. 已知逻辑要求，求解逻辑表达式并画逻辑图的过程
   B. 已知逻辑要求，列真值表的过程
   C. 已知逻辑图，求解逻辑功能的过程

4. 组合逻辑电路的分析是（   ）。
   A. 已知逻辑图，求解逻辑表达式的过程
   B. 已知真值表，求解逻辑功能的过程
   C. 已知逻辑图，求解逻辑功能的过程

三、判断题

1. 组合逻辑电路在任何时刻的输出信号稳态值仅与该时刻电路的输入信号有关。（   ）

2. 设计楼梯开关系统时，三个开关可以用三个变量。（   ）

3. 可以根据实际中门电路的要求对逻辑表达式进行变换。（   ）

4. 列逻辑状态表时可以把实际问题抽象为逻辑变量的对应关系。（   ）

5. 设计三人表决器时输出结果不能只用一个变量来表示。（　）
6. 异或门在数字电路中作为判断两个输入信号是否相同的门电路。（　）
7. 组合逻辑电路任意时刻的输出不仅与该时刻的输入状态有关，还与先前的输出状态有关。（　）
8. 组合逻辑电路的输出只与当时的输入有关，与电路的上一个状态无关，没有记忆功能。（　）
9. 组合逻辑电路的逻辑功能可用逻辑图、真值表、逻辑表达式、卡诺图和波形图五种方法来描述，它们在本质上是相通的，可以互相转换。（　）
10. 逻辑"或"功能口诀为"有0出0，全1出1"。（　）
11. 组合逻辑电路具有记忆功能。（　）
12. 与门、或门和非门都具有多个输入端和一个输出端。（　）
13. 与门的逻辑功能是"有0出0，全1出1"。（　）
14. 在与门电路后面加上非门，就构成了与非门电路。（　）
15. 逻辑"或"功能口诀："有0出0，全1出1"。（　）
16. "或"运算是所有条件都具备，事件才发生。（　）
17. "与"运算是只要有一个条件具备，事件就会发生。（　）
18. 二进制计数中各位的基是2，不同数位的权是2的幂。（　）
19. 数字电路主要研究电路输出、输入的逻辑关系。（　）
20. 二进制只可以用来表示数字，不可以用来表示文字和符号等。（　）
21. 在时间和幅度上都断续变化的信号是数字信号，语音信号不是数字信号。（　）
22. 数字电路中用"1"和"0"分别表示两种状态，二者无大小之分。（　）
23. 组合逻辑电路的输出只取决于输入信号的现态。（　）
24. 同或门的逻辑功能是"相同为1，相异为0"。（　）
25. 对于任何一个确定的逻辑函数，其函数表达式和逻辑图的形式是唯一的。（　）
26. 或非门的逻辑功能是"有0出1，全1出0"。（　）
27. 与非门的逻辑功能是"有0出1，全1出0"。（　）
28. 真值表能反映逻辑函数最小项的所有取值。（　）

表 8-1　某逻辑函数的真值表

A	B	C	Y
0	0	0	1
0	0	1	0
0	1	0	0
0	1	1	0
1	0	0	0
1	0	1	0
1	1	0	0
1	1	1	1

四、分析题

1. 表 8-1 是某逻辑函数的真值表，试写出 Y 的逻辑表达式，并画出逻辑图。

2. 已知各门电路的输入信号波形如图 8-1 所示。请画出其输出波形。

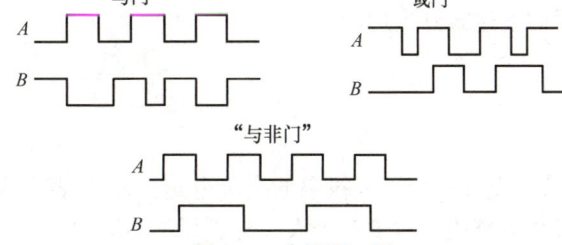

图 8-1　分析题 2 图

3. 根据图 8-2 所示逻辑图写表达式。

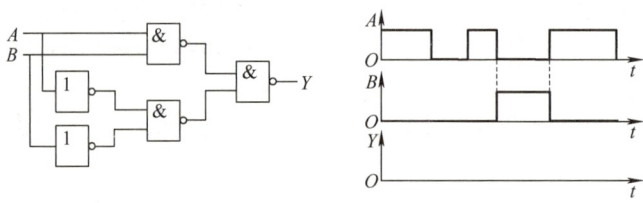

图 8-2　分析题 3 题图

4. 已知 A、B 输入波形如图 8-3 所示，试画出下列各表达式对应的输出波形。
（1）$Y = \overline{A + B}$；（2）$Y = \overline{AB}$；（3）$Y = A\overline{B} + \overline{A}B$。

图 8-3　分析题 4 题图

5. 根据图 8-4 所示逻辑图写出相应的逻辑表达式并化简。

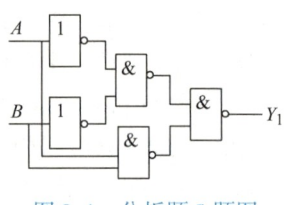

图 8-4　分析题 5 题图

6. 根据逻辑表达式 $Y = AB + AC$ 画出相应的逻辑图。

7. 设计一个监测交通信号灯工作状态的逻辑电路，信号灯为红、黄、绿三种颜色。正常时只能有一盏灯亮，其他情况为故障状态，此时逻辑电路应发出故障信号，提醒维修人员前去修理。

8. 某个车间有红、黄两个故障指示灯，用来表示三台设备的工作情况。如一台设备出现故障，则黄灯亮；如两台设备出现故障，则红灯亮；如三台设备同时出现故障，则红灯和黄灯都亮。试用与非门和异或门设计一个能实现此要求的逻辑电路。试：（1）列真值表；（2）写出逻辑表达式；（3）根据表达式特点将其化成与非式，或者是异或式；（4）根据化简后的表达式画出逻辑图。

9. 设计一个三人投票的表决电路，用 F 表示表决结果，$Y = 1$ 表示多数赞成，$Y = 0$ 表示多数不赞成。对于三个人，分别用 A、B、C 三个变量表示，"1"表示赞成，"0"表示反对。要求：（1）列真值表；（2）写出逻辑表达式并化简；（3）画出逻辑图。

习题 2　触发器和时序逻辑电路

一、填空题

1. 三态门有＿＿＿、＿＿＿和＿＿＿三种输出状态。
2. 与组合逻辑电路不同，时序逻辑电路的特点是：任何时刻的输出信号不仅与＿＿＿有关，还与＿＿＿有关，是＿＿＿（a. 有记忆性 b. 无记忆性）逻辑电路。
3. 触发器具有＿＿＿个稳定状态，在输入信号消失后，它能保持＿＿＿。
4. 主从 JK 触发器是一种能防止＿＿＿现象的实用触发器。
5. 与非门构成的基本 RS 触发器中，$S=0$，$R=1$ 时，其输出状态是＿＿＿。
6. 译码器可分成＿＿＿和＿＿＿。
7. 时序逻辑电路在结构上有两个特点：其一是包含触发器等构成的＿＿＿电路，其二是内部存在＿＿＿通路。
8. 构成 2^n 进制的计数器，共需要＿＿＿个触发器。
9. 用来累计和寄存输入脉冲数目的部件是＿＿＿。
10. 译码器的输入是＿＿＿，输出是＿＿＿。
11. 组合逻辑电路的特点是＿＿＿、＿＿＿，与组合逻辑电路相比，时序逻辑电路的输出不仅仅取决于此刻的＿＿＿，还与电路的＿＿＿有关。

二、选择题

1. 按计数器状态变化的规律分类，计数器可分为（　　）计数器。
   A. 加法、减法及加减可逆　　　　B. 同步和异步
   C. 二进制、十进制和 M 进制
2. 同步计数器和异步计数器相比，同步计数器的显著优点是（　　）。
   A. 工作速度高　　　　　　　　　B. 触发器利用率高
   C. 电路简单　　　　　　　　　　D. 不受 CP 控制
3. 通常计数器应具有（　　）功能。
   A. 清零、置数、累计 CP 个数　　B. 存、取数码
   C. A、B 皆有
4. 仅具有保持和翻转功能的触发器是（　　）。
   A. JK 触发器　　B. T 触发器　　C. D 触发器　　D. T′触发器
5. 时序逻辑电路输出状态的改变（　　）。
   A. 仅与该时刻输入信号的状态有关　　B. 仅与时序逻辑电路原来的状态有关
   C. 与 A、B 皆有关
6. 仅具有置"0"和置"1"功能的触发器是（　　）。
   A. 基本 RS 触发器　B. 钟控 RS 触发器　C. D 触发器　　D. JK 触发器
7. 同步 RS 触发器是（　　）。
   A. 电平触发的触发器　　　　　　B. 上升沿触发的触发器
   C. 上升沿触发的触发器　　　　　D. 主从触发器
8. 触发器的记忆功能是指触发器在触发信号消失后，能保持（　　）。

A. 信号不变　　　　B. 初始状态不变
C. 输出状态不变　　D. 输入状态不变

9. D 触发器的逻辑符号如图 8-5 所示，下面描述正确的是（　　）。

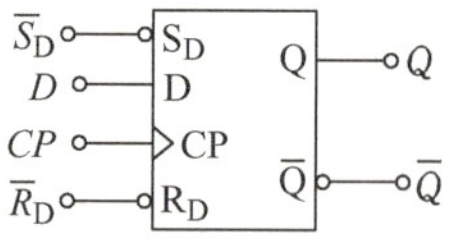

A. $\overline{R}_D$ 端低电平有效，CP 下降沿有效

B. $\overline{R}_D$ 端低电平有效，CP 上升沿有效

C. $\overline{R}_D$ 端高电平有效，CP 下降沿有效

D. $\overline{R}_D$ 端高电平有效，CP 上升沿有效

图 8-5　选择题 9 题图

10. 所谓下降沿触发，是指触发器输出状态的变化发生在 CP（　　）。

A. 从 1 变为 0 时　　B. 从 0 变为 1 时　　C. 等于 0 期间

11. 组合逻辑电路和时序逻辑电路的区别是（　　）。

A. 组合逻辑电路无记忆功能，时序逻辑电路有记忆功能
B. 组合逻辑电路有记忆功能，时序逻辑电路无记忆功能
C. 组合逻辑电路和时序逻辑电路均无记忆功能
D. 组合逻辑电路和时序逻辑电路均有记忆功能

12. 时序逻辑电路可以由（　　）组成。

A. 门电路　　　　　B. 触发器或门电路
C. 触发器或触发器和门电路的组合

13. 图 8-6 所示电路的功能是（　　）。

A. 奇偶校验电路　　B. 三人表决电路
C. 判一致电路

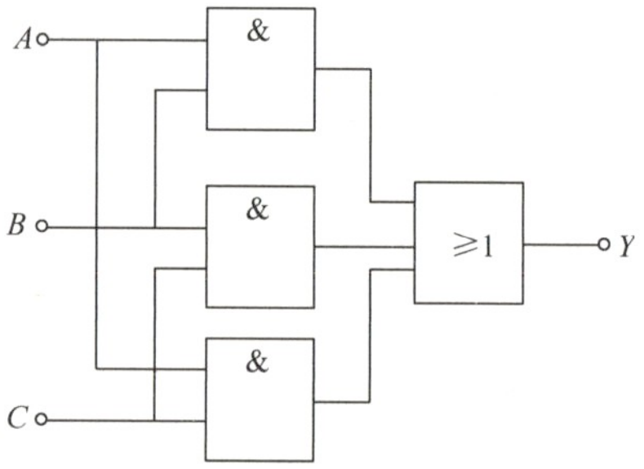

14. 编码电路和译码电路中，（　　）电路的输出是二进制代码。

A. 编码　　　　　　B. 译码　　　　　　C. 编码和译码

图 8-6　选择题 13 题图

15. 译码器的输出表示（　　）。

A. 二进制代码　　　B. 二进制数　　　　C. 特定含义的逻辑信号

16. 完成二进制代码转换为十进制数，应选择（　　）。

A. 译码器　　　　　B. 编码器　　　　　C. 一般组合逻辑电路

17. 二-十进制编码器是指（　　）。

A. 将二进制代码转换成 0~9 十个数字　　D. 将 0~9 十个数字转换成二进制代码
C. 二进制和十进制电路

18. 在下列逻辑电路中，不是组合逻辑电路的是（　　）。

A. 译码器　　　　　B. 编码器　　　　　C. 全加器　　　　　D. 寄存器

三、判断题

1. 触发器是数字电路中非记忆性的基本逻辑单元。（　　）
2. 触发器有两个稳定状态，一个是现态，一个是次态。（　　）
3. 触发器是时序逻辑电路的基本单元。（　　）
4. 触发器的逻辑功能可以用真值表、卡诺图、特性方程、状态图和波形图等方式描述。（　　）

5. 构成计数器电路的器件必须有记忆功能。（　）

6. 各触发器的触发信号来源不同的计数器为同步计数器。（　）

7. 编码是将汉字、字母、数字等按一定的规则组成代码，并赋予每个代码一定含义的过程。（　）

8. 同步时序逻辑电路中各触发器的时钟脉冲 CP 不一定相同。（　）

9. 寄存器可分为基本寄存器和移位寄存器。（　）

10. 一位寄存器可以存储 1 个二进制代码，存放 N 个二进制代码的寄存器需要 N 位的触发器来构成。（　）

11. 3 位二进制译码器应有 3 个输入端和 8 个输出端。（　）

12. 译码是编码的逆过程。（　）

13. 3 线-8 线译码电路是三-八进制译码器。（　）

14. 普通编码器在任何时候只允许一个编码输入信号有效，否则输出就会发生混乱。（　）

15. 用二进制代码表示有关对象的过程叫二进制编码。（　）

16. 在 CP 脉冲作用下，D 触发器的输出总是跟随其输入的变化而变化。（　）

17. D 触发器的特性方程为 $Q^{n+1} = D$，与 Q^n 无关，所以它没有记忆功能。（　）

18. 数码寄存器的工作方式可以是并入、并出的。（　）

19. 同步二进制计数器的电路比异步二进制计数器复杂，实际应用中较少使用。（　）

20. 若将十进制计数器与六进制计数器相串联，可得十六进制计数器。（　）

21. 时序逻辑电路不含具有记忆功能的逻辑器件。（　）

22. JK 触发器的输出状态只与 J、K 和 CP 有关。（　）

23. 寄存器属于组合逻辑电路。（　）

24. 时序逻辑电路的特点是任一时刻的输出只取决于该时刻的输入。（　）

25. 译码器的作用就是将输入的代码译成特定的信号。（　）

26. 译码器是一种多路输入、多路输出的逻辑部件。（　）

27. 计数器的功能是统计输入 CP 脉冲的个数。（　）

四、分析题

1. 基本 RS 触发器的输入波形如图 8-7 所示，试对应画出触发器的输出波形。设触发器的初始状态 $Q = 0$。

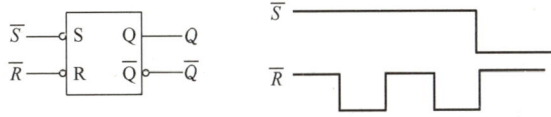

图 8-7　分析题 1 题图

2. 画出基本 RS 触发器的逻辑结构，若已知其输入信号的波形如图 8-8 所示，试画出输出端 Q 和 $\overline{Q}$ 的波形。

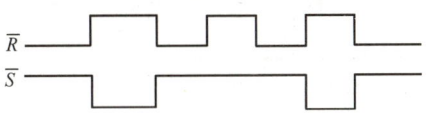

图 8-8　分析题 2 题图

3. 由与非门组成的基本 RS 触发器电路，输入信号 $\overline{S}$、$\overline{R}$ 的波形如图 8-9 所示，试画出输出端 Q 和 $\overline{Q}$ 的波形。

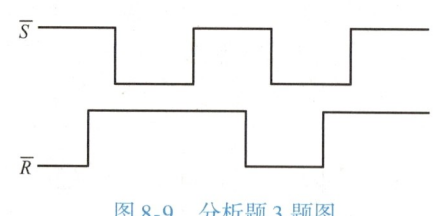

图 8-9　分析题 3 题图

4. 同步 RS 触发器 R、S 和 CP 的波形如图 8-10 所示，假设初始状态为 1，试画出输出端 Q 和 $\overline{Q}$ 的波形。

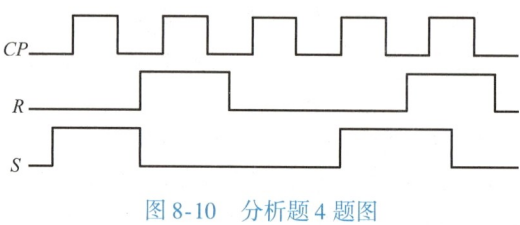

图 8-10　分析题 4 题图

5. 图 8-11 所示的电路和波形，试画出 Q 的波形。设触发器的初始状态为 $Q=0$。

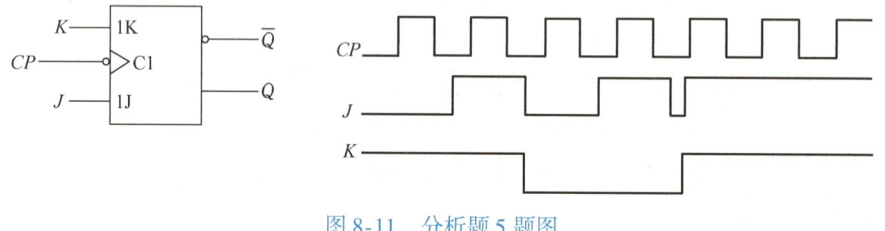

图 8-11　分析题 5 题图

6. D 触发器的电路和波形如图 8-12 所示，设初始状态均为 0，试根据图中 CP 和 D 的波形，画出 Q_1 和 Q_2 的波形。

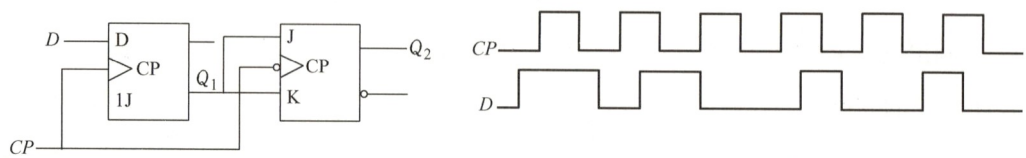

图 8-12　分析题 6 题图

7. D 触发器的输入信号波形如图 8-13 所示，试画出输出端 Q 的波形，设初始状态为 $Q = 0$。

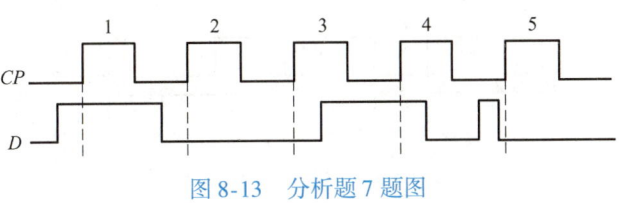

图 8-13　分析题 7 题图

8. 试分析图 8-14 所示电路为几进制计数器。

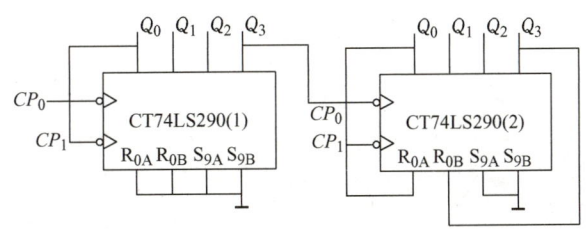

图 8-14　分析题 8 题图

9. 显示译码器框图如图 8-15 所示，要显示数字"6"，则译码器输出 $a \sim g$ 应为什么？

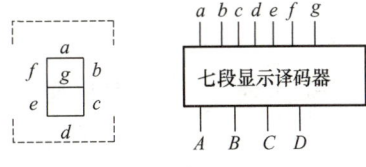

图 8-15　分析题 9 题图

10. 如图 8-16 所示为由边沿 JK 触发器组成的时序逻辑电路，写出电路的驱动方程、状态方程，并画出状态转换图。

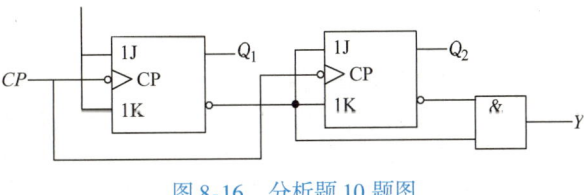

图 8-16　分析题 10 题图

11. 由具有边沿触发器结构的 D 触发器组成的四位移位寄存器如图 8-17 所示，已知 CP 和 D_1 波形，画出 Q_0、Q_1、Q_2、Q_3 的波形。

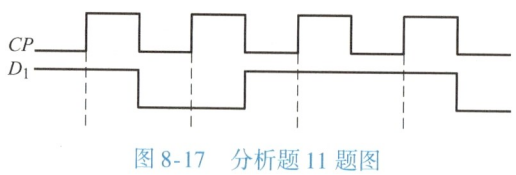

图 8-17　分析题 11 题图

12. 试用 3 线-8 线译码器 74LS138 设计一个三变量多数表决电路。

13. 寄存器有何功能？有哪几种寄存器？

14. 数码寄存器和移位寄存器有什么区别？

15. 试用 JK 触发器和门电路设计一个十三进制计数器，并检查设计的电路能否自启动。

专项测试题　数字电路分析

一、填空题

1. 在时间上和数值上均连续变化的电信号称为_____信号；在时间上和数值上离散的信号叫作_____信号。
2. 逻辑代数有_____、_____和逻辑非三种基本运算。
3. $(254.25)_{10}$ = (　　　　　　)$_2$ = (　　　　　　)$_{16}$。

二、选择题

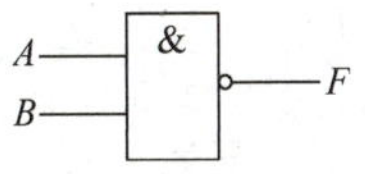

1. 图 8-18 所示逻辑门电路所对应的逻辑关系式为（　　）。
   A. $F = A + B$　　　　　　　B. $F = AB$
   C. $F = \overline{A + B}$　　　　　　D. $F = \overline{AB}$

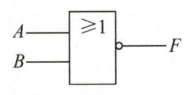

图 8-18　选择题 1 题图

2. 图 8-19 所示逻辑门电路所对应的逻辑关系式为（　　）。
   A. $F = A + B$　　　　　　　B. $F = AB$
   C. $F = \overline{A + B}$　　　　　　D. $F = \overline{AB}$

图 8-19　选择题 2 题图

3. 输入变量 A、B 与输出 F 的逻辑关系见表 8-2，则 A、B 与 F 的逻辑关系为（　　）。
   A. 与　　　　　B. 或
   C. 与非　　　　D. 或非

表 8-2　选择题 3 题表

A	B	F
0	0	0
0	1	0
1	0	0
1	1	1

4. 逻辑函数的基本运算是（　　）。
   A. 加、减、乘　　　　B. 与非、或非
   C. 与、或、非　　　　D. 与非、异或、同或

5. 与非逻辑功能表达式为（　　）。
   A. $Y = AB$　　　　　B. $Y = A + B$
   C. $Y = \overline{AB}$　　　　　D. $Y = \overline{A + B}$

6. 二-十进数 $(1010)_2$ 表示十进制数（　　）。
   A. 8　　　　　B. 10
   C. 11　　　　D. 12

7. 图 8-20 所示电路中，$F = $（　　）。
   A. ABC　　　　　B. $A + B + C$
   C. $AC + BC$　　　D. $A + BC$

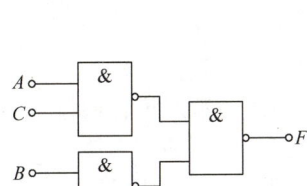

图 8-20　选择题 7 题图

三、分析题

如图 8-21 所示，逻辑表达式 $Y = \overline{ABC} + \overline{BC} + \overline{ABC}$。试：
（1）写出逻辑表达式并化简；
（2）写出真值表；

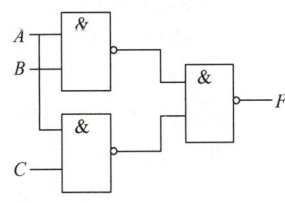

图 8-21　分析题图

第9章 安全用电

1. 主要内容

本章主要讲述安全用电基础知识和触电急救的常识，以及预防触电的具体措施。

2. 重点

1) 了解触电的原因、触电的种类和方式，知道触电对人体的危害。
2) 掌握电气设备安全运行中安全电压、安全电流、安全距离等概念。
3) 掌握保护接地的原理。
4) 掌握安全用电方面的常识，能够采取正确的保护措施，防止人体触电。
5) 了解电气火灾的原因，能够进行防护。
6) 了解静电的防护和安全用电注意事项。

3. 难点

1) 掌握常规触电防护技术以及如何采取急救措施。
2) 掌握保护接地的原理，判别和使用绝缘保护装置。
3) 掌握电气火灾的产生原因，了解如何预防和扑救。

习题 安全用电

一、填空题

1. 一般来说，通过人体的电流越_____，时间越_____，危险越_____。
2. 电流通过人体_____和_____最为危险。
3. _____Hz 的交流电对人体危害最大。
4. 电流达到_____mA 以上就会引起触电者心室颤动而有生命危险。
5. 为防止发生触电事故，应注意开关一定要接在_____上。此外电气设备还常用两种防护措施，分别是_____和_____。
6. 根据电流对人体的伤害程度，触电可分为_____和_____。
7. 一般情况下，安全电压是指_____以下的电压。

二、选择题

1. 通常，( ) 的工频电流通过人体时，就会有不舒服的感觉。
A. 0.1mA　　　　B. 1mA　　　　C. 2mA　　　　D. 4mA
2. ( ) 工频电流通过人体时，就会有生命危险。
A. 0.1mA　　　　B. 1mA　　　　C. 15mA　　　D. 50mA
3. 人体同时触及带电设备及线路的两相导体的触电现象，称为 ( )。

第9章 安全用电

A. 单相触电　　　　B. 两相触电　　　　C. 接触电压触电　　D. 跨步电压触电

4. 接地体制作完成后，应将接地体垂直打入土壤中，至少打入3根接地体，接地体之间相距（　　）。

A. 5m　　　　　　　B. 6m　　　　　　　C. 8m　　　　　　　D. 10m

5. 如果人体直接接触带电设备及线路的一相，电流通过人体而发生的触电现象称为（　　）。

A. 单相触电　　　　B. 两相触电　　　　C. 接触电压触电　　D. 跨步电压触电

6. （　　）工频电流通过人体时，人体尚可摆脱，称为摆脱电流。

A. 0.1mA　　　　　B. 1mA　　　　　　C. 5mA　　　　　　D. 10mA

7. 人体（　　）是最危险的触电形式。

A. 单相触电　　　　B. 两相触电　　　　C. 接触电压触电　　D. 跨步电压触电

8. IT 系统是指（　　）的三相三线制低压配电系统。

A. 电源中性点接地，电气设备的金属外壳也接地

B. 电源中性点接地，电气设备的金属外壳不接地

C. 电源中性点不接地，电气设备的金属外壳直接接地

D. 电源中性点不接地，电气设备的金属外壳也不接地

9. TN－C 系统中的工作中性线与保护接地线是（　　）的。

A. 合为一根　　　　B. 相互独立分开　　C. 不存在　　　　　D. 与大地绝缘

三、判断题

1. 电击伤害是造成触电死亡的主要原因，是最严重的触电事故。（　　）

2. 触电的形式是多种多样的，但除了因电弧灼伤及熔融的金属飞溅灼伤外，可大致归纳为电击和电伤两种形式。（　　）

3. 为了防止发生人身触电事故、设备短路或接地故障，带电体之间、带电体与地面之间、带电体与其他设施之间、工作人员与带电体之间必须保持的最小空气间隙，称为安全距离。（　　）

4. 在爆炸危险场所，如有良好的通风装置，能降低爆炸性混合物的浓度及场所危险等级。（　　）

5. 接地体制作完成之后，在深8～10m的沟中将接地体垂直打入土壤中。（　　）

四、问答题

1. 在火灾现场尚未停电时，应设法先切断电源，切断电源时应注意什么？

2. 巡视检查时应注意安全距离，10kV电压设备不停电的安全距离是什么？

3. 人体触电有哪几种类型？哪几种方式？

4. 发现有人触电，用哪些方法可使触电者尽快脱离危险？

5. 常用的触电现场急救的方法有哪几种？采用人工呼吸时应注意什么？

6. 电流对人体伤害的决定因素有哪些？

7. 通常人们把接触安全电压的值限定为多少？

8. 发生电气火灾的原因是什么？

综合测试题

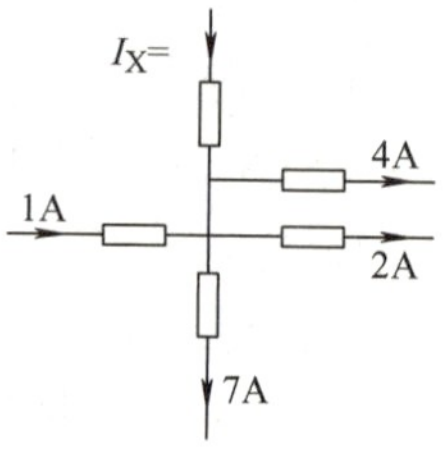

一、填空题

1. 电路通常有_____、_____和_____三种状态。
2. 用电流表测得一正弦交流电路中的电流为 5A，则其最大值为_____A。

图 9-1 填空 3 题图

3. 如图 9-1 所示，则 I_X = _____A。
4. 在 RLC 串联电路中，当 $X_L > X_C$ 时，电路呈_____性；当 $X_L < X_C$ 时，电路呈_____性；当 $X_L = X_C$ 时，电路呈_____性。
5. 门电路中最基本的逻辑门电路有_____、_____和_____。
6. 周期、频率和角频率三者的关系是_____。
7. 要想让三相异步电动机反转，只需把_____即可。
8. 三相交流电正相序为_____。
9. 描述正弦量的三要素是_____、_____、_____。
10. 当三相交流发电机采用星形联结时，电路中存在的两种电压有效值之间的关系是_____，相位的关系是_____。
11. PN 结具有_____导电性，即加正向电压时 PN 结_____，加反向电压时 PN 结_____。
12. 要使晶体管起放大作用，发射结必须加_____电压，集电结必须加_____电压。
13. 已知 $u = 20\sqrt{2}\sin(314t + 60°)$ V，则 U_m = _____V，U = _____V，ω = _____rad/s，f = _____Hz，T = _____s，φ = _____。

二、计算题

1. 如图 9-2 所示，设三相负载是对称的，已知接在电路中的电流表 A_2 的读数是 10A，

则电流表 A_1 的读数是多少？

2. 求图 9-3 所示电路中 A、B 两点的电位。

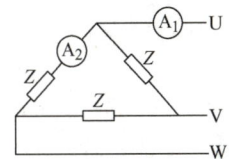

图 9-2 计算题 1 题图

3. 一个可以忽略电阻的线圈，电感 $L = 0.1H$，接在 $u = 10\sqrt{2}\sin(314t)$ V 的正弦电源上，试求线圈上电流 i 及线圈的无功功率。

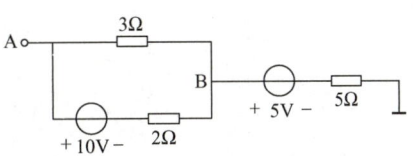

图 9-3 计算题 2 题图

4. 接在 200V 交流电源上的单相变压器，其二次电压为 100V。若二次绕组匝数 N_2 为 50 匝，求：（1）电压比 K；（2）一次绕组的匝数 N_1。

5. 单相半波整流电路如图 9-4 所示。已知直流负载电阻为 20Ω，工作电压为 40V，单相交流电源电压为 220V，试求通过整流二极管的正向电流及二极管承受的最大反向电压。

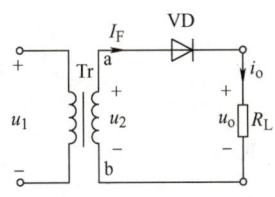

图 9-4 计算题 5 题图

三、分析题

1. 分析图 9-5 所示三相异步电动机起动控制电路。
（1）请分析电动机起动与停止过程中电路的工作过程。
（2）说明当发生短路故障时，哪个器件起保护作用。

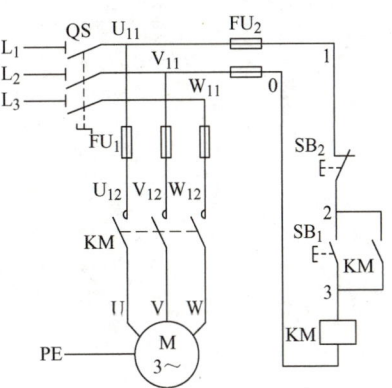

图 9-5 分析题 1 题图

2. 三只白炽灯额定功率相同，额定电压均为 220V，如图 9-6 所示，接在线电压为 380V 的三相四线制电源上。将接在 U 相的开关 S 闭合与断开时，对 V、W 两相的白炽灯亮度有无影响？如果不接中性线，影响又将如何？为什么？

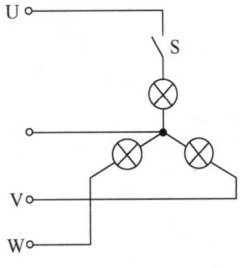

图 9-6 分析题 2 题图